फ़रिश्ते निकले

[उपन्यास]

फ़रिश्ते निकले

मैत्रेयी पुष्पा

राजकमल प्रकाशन

ISBN : 978-81-267-2637-0

मूल्य : ₹ 395

पहला संस्करण : 2014
दूसरा संस्करण : 2016

प्रकाशक : राजकमल प्रकाशन प्रा.लि.
1-बी, नेताजी सुभाष मार्ग, दरियागंज
नई दिल्ली-110 002

शाखाएँ : अशोक राजपथ, साइंस कॉलेज के सामने, पटना-800 006
पहली मंजिल, दरबारी बिल्डिंग, महात्मा गांधी मार्ग, इलाहाबाद-211 001
36 ए, शेक्सपियर सरणी, कोलकाता-700 017

वेबसाइट : www.rajkamalprakashan.com
ई-मेल : info@rajkamalprakashan.com

मुद्रक : बी.के. ऑफसेट
नवीन शाहदरा, दिल्ली-110 032

FARISHTE NIKLE
Novel by Maitreyi Pushpa

बदलाव की उम्मीद के साथ

यह उपन्यास क्यों?

मैं खुद से सवाल करती हूँ कि आखिर इस पुस्तक का मकसद क्या है? जवाब यही पाती हूँ कि यह पुस्तक जैसी भी लिखी गई है इस भयानक और आतंककारी समय में जरूरी थी। यह मेरे ही घर के वासवदत्ता, अल्मा और सिताब जैसे बड़े होते बच्चों की उम्मीदों के लिए है और उनके जैसे हजारों-लाखों किशोर-वय बच्चों तथा उनके माता-पिताओं के वास्ते, जो समझेंगे कि समाज में अभी भी वे लोग बचे हुए हैं जो ज़िन्दगी में स्वाभिमान को मनुष्य की सबसे बड़ी दौलत मानते हैं। वे अपनी हिम्मत, आन-बान और इनसानियत को सबसे ज्यादा प्यार करते हैं। मैंने ऐसे ही लोगों की छोटी-छोटी कहानियों से इस उपन्यास का ताना-बाना बुना है कि कैसे वे मामूली लोग 'बड़े और बड़ों' के अन्यायों, अत्याचारों और खुद पर लादी गई गुलामी के खिलाफ लड़े ताकि मोहब्बत, भाईचारे और इनसानियत का सपना सच हो सके।

–मैत्रेयी पुष्पा

आभार

इस किताब को लिखते हुए कुछ प्रामाणिक जानकारियों के लिए मैं श्री सन्तोष भारतीय की आभारी हूँ, जिनकी पुस्तक (नया दौर : नए प्रतिमान) 'पत्रकारिता' ने मेरा मार्गदर्शन किया।

अनुक्रम

बेला बनाम बेला बहू

उनको हम बेला बहू कहते हैं।

जब-जब उनसे भेंट होती तो घंटा डेढ़ घंटा उनके आग्रह पर पास बैठना ही होता क्योंकि साल या डेढ़ साल के अन्तराल पर हमारे मिलन में कई बातें, कई किस्से या दो एक वारदातें जरूर ऐसी प्रकट होतीं जिनसे बेला बहू का जीवन गहरे तौर पर प्रभावित होता। बस अन्त में उनकी वही पुरानी पुकार मुझसे आ जुड़ती, "बिन्नू, हमारी कथा लिखो न किताब में। कितने कहानी-किस्सा लिख डाले, अकेले हम ही अछूत करके छोड़ दिए। सो काये? बिन्नू साँची-साँची कहियो, तुम्हें सरम लगती है न हमारी कहानी उजागर करने में? लगती होगी, अवस्य लगती होगी। हमारी जिन्दगी है ही ऐसी कि तुम्हारी किताब भी बेइज्जती की चपेट में आ जाएगी। हम समझते हैं। परिवार के तमाम किस्से खुल जाएँगे..."

"मैं भी समझती हूँ बेला बहू कि तुम ये बातें क्यों कह रही हो। मुझ पर लिखने का दबाव बनाने के लिए ही न? आँखों में आँखें डालकर चुनौती दे रही हो कि हिम्मत हो तो लिखो। किसी भी स्त्री की कहानी के साथ दो परिवारों की कहानी तो जरूर ही खुलती है, यह बात क्या मैं जानती नहीं? वैसे अपनी कहानियों और उपन्यासों में थोड़ा-बहुत मैंने तुम्हारा जिक्र किया है।"

"बिन्नू! कोई आदमी जहाँ-तहाँ या थोड़ा-मोड़ा नहीं होता। वह जब होता है तो अपने गुन-अवगुनों के साथ पूरा-पूरा होता है, इतनी बात हम जानते हैं तो तुम भी अवस्स जानती होंगी।"

"बेला बहू! परिवार की पोल खुलेगी लेकिन तुम्हारा चाल-चलन तो जितना भी खुलेगा, लोगों की दिलचस्पी की चीज होगी। समाज हो या साहित्य या कि राजनीति, इनमें आनेवाली स्त्री 'कैची पॉइंट' मानी जाती है। मर्दों के चरित्र को कौन देखता है?

'त्रिया चरित्रं पुरुषस्य भाग्यं दैवं न जानाति कुतः मनुष्यः?'"

स्त्री के चरित्र की जानकारी देवताओं के लिए भी उत्सुकता का विषय रही है। जब मैंने यह श्लोक सुनाया तो बेला बहू ने अपना सिर झटक दिया, "अरे काये को

बिन्नू! सब पुराने बखेड़ा हैं। पंडित, पुजारी और बाबा-सन्तन के तमाम जाल फैले हैं। पूरे बारह साल भक्ति करके देख ली। समझो कि साधु-सन्त और पुजारी महराजों में बरबाद भए। पुन्न-धरम के तमाम टटरम करते-करते बिलात जमा-पूँजी बहा दी। देवी जागरण, साधु सेवा, बरत उपास और तुम्हारे जन्तर-मन्तर सब धोखाधड़ी लगे हमें तो।''

बेला बहू मेरे सामने जो धार्मिक विचार पेश कर रही थीं, वे उनके निजी थे। उनके गोरे और इक्का-दुक्का सिकुड़नों से सँवरे चेहरे पर आवेश की लालिमा झलक आई।

बेला बहू का यह विचार परिवर्तन?

इससे पहले जब वे मुझे मिली थीं और एक विवाह समारोह में इसी जगह भेंट हुई थी तो मेरे भाई ने हँसते हुए कहा था, ''बिन्नू, बेला बहू तुम्हारे उपन्यास की दिलचस्प पात्र हो सकती हैं। लिख दो इनकी स्टोरी। किरदार भी मामूली नहीं है।''

बेला बहू को जो कुछ समझना था, समझ लिया और भाई से मुखातिब हुई, ''इश्टोरी लिखाओ लला, अपनी मतारी की। और बँचवाओ, जगह-जगह। हमारी इश्टोरी क्या लिखेंगी बिन्नू? हम ठहरीं भगतिन। मीरा बाई सरीखी संन्यासिन। भजन-कीर्तन के सिवा हमारा अब क्या काम रह गया है? और अब भी क्या हम तुम्हारे घर के ब्याह-शादी में आए हैं? देवी जागरण के लाने माइक न चाहिए होता, तब क्या आते?''

बेला बहू ने मेरी ओर अपना चेहरा घुमाया और बोलीं, ''भंडारा कर रहे हैं बिन्नू। पाँच गाँव की पंगत है। तुम चलो हमारे संगै।''

''भंडारा? इतना पैसा कहाँ से आया?''

''पइसा की क्या किल्लत? सब देवी माता की किरपा है। चार भैंसे पाल रहे हैं, दूध बेचते हैं।''

वह समय पीछे रह गया।

बेला बहू कह रही हैं आज, ''बखत सब सिखा देता है। आदमी और देवताओं की असलियत भी खोल देता है। पंडा-पुजारी तो कौन खेत की मूरी हैं अब हमारे लानें।''

सफेद धोती-ब्लाउज पहने हुए बेला बहू की मुद्रा उनकी पहली छवि से मेल नहीं खा रही थी। लम्बा कद और आज भी कमनीय-सा शरीर। कलाइयों में चाँदी की दो-दो चूड़ी और गले में काले पोत की माला। पाँवों में चाँदी का एक-एक लच्छा।

रूप-स्वरूप वही है, बेला बहू का मन बदल गया? जिस घर में पाहुनी भी आई हैं क्या इस घर की औरतें इनके बदले हुए अन्दरूनी रूप को पहचानती हैं? उनकी जो चैतन्य-सी छवि मुझे झकझोर गई है क्या यहाँ के लोग भी इस बदलाव को देख रहे हैं? मैं समझ तो सकती हूँ कि बेला बहू के किसी भी रूप, किसी भी छवि की यहाँ मुकम्मल शिनाख्त नहीं। वे आज भी दिलचस्पी और उपहास का विषय हैं। मगर उनमें चेतना अपने मूल रूप में जन्मी है।

बेला बहू अपने बारे में लोगों की राय जानते हुए भी विचलित नहीं होतीं, साथ ही इसकी भी परवाह नहीं कि उनकी लगन की जबरदस्त कहानी किस रूप में पढ़ी जाएगी। उन्हें तो वह कहानी याद आती है मौके-बेमौके, जो रामायण सुनने और पढ़ने के दौरान उनकी श्रवण शक्ति और निगाहों के जरिए गुजरी है और मन में खलबली मचाती रही है-

"क्या रसूख, हैसियत और धन-पइसा वाले लोग अपनी बात का भी मान रखना भूल जाते हैं? मैं बचपन से देखती रही हूँ, अहम फैसले लेते समय वे निहायत लापरवाही के साथ टुच्चे-से-टुच्चे फैसले लेते हैं और जिस पर अपने फैसले लादते हैं, उसे तबाह कर रहे हैं या नष्ट कर रहे हैं, यह सब भूल जाते हैं।"

बेला बहू मुखर हुईं-

"बिन्नू, रामायन बहुत सुनी, बहुत बाँची। राजा दशरथ की तीन रानियों का जैसे ही जिकर आता, मँझली रानी कैकेयी को लोग कोसने लगते, तभी से जब दशरथ ने उस कन्या से ब्याह रचाया था। बताओ तब उस लड़की में क्या दोष था?

"रामायन में भी बहुतेरी बातें नाइनसाफी वाली हैं। राजा दशरथ ने ब्याह के समय कैकेयी के पिता को वचन दिया था कि कैकेयी से जन्मा बेटा ही अयोध्या के राजपाट का मालिक होगा। जब वचन पूरा करने की घड़ी आई तो उन्हें राम ही राम दिखा पड़े। अपना प्रण वे भूल गए मगर कैकेयी भी भूल जाती यह जरूरी था क्या? बात तो यहीं आकर खटकती है कि वे भी अपने हक को क्यों नहीं भूलीं? और फिर वे जब राजा दशरथ के साथ जंग के मैदान में थीं और राजा के टूटे हुए रथ को अपनी बाँह का सहारा देकर राजा की जीत का जरिया बनीं, तब भी दशरथ जी ने दो वर उनको देने का वादा किया। वे उन वरों को भी भूल गए और राजगद्दी मिलने के जसन में कैकेयी के बेटे भरत की सुरति भी बिसरा दी। तब भी रानी को राजा के अहद के आगे चुप रहना था।

"मगर वह चुप नहीं रहीं। रानी कैकेयी ने शिकायतनामा दर्ज किया क्योंकि रानी अपने राजा पति से ही दुख और दर्द पा रही थी। कैकेयी के किए-धरे को भी भुला देना घातक अपराध था। उसकी आत्मा कचोटने लगी। आत्मा की आवाज पर रानी ने राजा की योजना का विरोध किया। पति एवं राजा की विरोधिनी स्त्री अच्छी

नारी कैसे मानी जा सकती है? न मानी जाए, परवाह नहीं क्योंकि नाइनसाफी की सलाखें और अपमान भरी आत्मा रानी ने तड़प की आग में तपाने के लिए छोड़ दीं।

"बस यही उनकी खता, यही जुर्म कि उनका नाम ही नफरत के हवाले हो गया। हमारी कथा भी कैकेयी की कथा की तरह लिखना बिन्नू। उस आग का बार-बार जिक्र करना जो आग जद्दोजहद में ऐसे पैदा होती है, जैसे दो पत्थरों की टकराहट से पहले चिनगारियाँ उठें और फिर लपटों में तब्दील हो जाएँ।"

अबकी बार भाई बोला, "लिख डालो आप तो। लाजिमी है लिखना। बेला बहू अब पुरानी ही नहीं हुईं पुराने चावलों की तरह महक भी छोड़ रही हैं। समझो कि बेशकीमती!

"देखो बोली तक बदल गई।"

'कीमती, बेशकीमती' इन शब्दों में से उपहास की बू आ रही है। बेला बहू से मुझे हमदर्दी हो आई। क्या-क्या लिखूँगी इस औरत के बारे में? इसकी नजर के दृश्य किसी आम औरत की नजर की दुनिया से मेल खाते हैं या नहीं?

बेला बहू के तेवर 'परवाह नहीं' वाले कैसे हो गए? क्या हुआ जब एक स्त्री ने अपने लिए बताई गई नियमावली पर ऐतराज करने का साहस जुटा लिया?

"कैकेयी जैसी कथा बेला बहू कि तुम्हारा नाम ही घृणा के साथ लिया जाए? यह कैसी जिद है? औरतें क्या पुरुष भी अपने लिए मर्यादा पुरुषोत्तम का खिताब पसन्द करता है। हर माता कौशल्या और सुमित्रा होना चाहती है, समझी कुछ?" मैंने बेला बहू के चेहरे पर अपनी नजरें जमा दीं जैसे जवाब माँगने की हठ पकड़ी हो।

बेला बहू ने गहरी साँस ली, थोड़ी देर चुप्पी में गुम रहीं। मैंने समझा, जवाब नहीं बन रहा।

"बिन्नू, हम तो जो कुछ भी समझे हैं, जिन्दगानी ने समझा ही दिया है। अब तो तुम समझो कि हम जिन्दगी को क्या-क्या समझा चुके हैं। दुनिया को बता चुके हैं कि खिताब-मिताब हमारे काम के नहीं। सती, देवी, पतिव्रता, आज्ञाकारिणी, अर्द्धांगिनी और अनुगामिनी जितने भी 'अच्छे-अच्छे' नाम हमने किताबों में पढ़े हैं, सब फरेबी हैं। हमारी बात ऐसे ही लिखो।"

बालिका वधू

ग्यारह वर्ष की बेला ने जब पिता की मृत्यु देखी तो उसे आदमी के देह और प्राण का सम्बन्ध मालूम न था। दादा सशरीर सोये हुए, चेहरे की काली ऐंठी हुई मूछें। हँसते हुए-से होंठ। नाक और ठोड़ी अपनी जगह। मौका रोना और विलाप करना उसे परेशानी में डाल रहा था। बहुत देर देखने के बाद वह भी रुआँसी हो आई और आँसू बहने लगे। फ्रॉक के घेर से आँसू पोंछती रही जो अम्मा को देख-देखकर बहे चले आ रहे थे।

अब तो लोग आने लगे, उदास और दुखी दुखी से। भीड़ होती जा रही है... क्यों? एकाध औरत ने तो बेला को ही अँकवार में भर लिया और लगी विलाप करने-'अरी बिटिया...अब बिना बाप की...चिरइया...!'

फिर लकड़ी, कंडा, लोटा भर घी! आँखें फैलाकर देखा बेला ने। सुना कान बिछाकर-अरे एक लोटा बहुत रहेगा? देख लो, कभी-कभी मुर्दा बिना जला रह जाता है।'

घी! भैंस थी बेला के घर, मगर घी बेचना पड़ता था। दादा खाते नहीं थे। आज घी से जलाए जाएँगे।

जल्दी से जल्दी। दादा को घर से ले जाने की जल्दी। अब उनसे इतनी नफरत कि बस जला डालो? बेला का मन कर रहा था पिता को देखती रहे। वे उठ जाएँ। खड़े हो जाएँ।

अरथी चल दी तो बच्ची की सारी आशाएँ धराशायी हो गईं। वह पीछे-पीछे दौड़ी तो किसी ने पकड़कर कहा-"तू नहीं जाएगी। लड़कियाँ नहीं जाया करतीं।"

वह अपनी फ्रॉक के घेर में आँसुओं को समेटती रही। जिनके यहाँ अम्मा का आना-जाना नहीं था, वे भी अरथी के संग गए। जो दुश्मनी मानते थे, वे दादा की खूब तारीफें कर रहे थे। दादा का जिन्दा रहना ही बैर भाव का मूल था। आदमी मर जाए, खत्म हो जाए, दोस्ती दुश्मनी भी खत्म। ऐसी बातें सोचने के लिए वह छोटी थी, मगर ऐसी बातें थीं।

घर सूना हो गया और माँ बेटी के दिल दुख से भरे हुए। दादा के ऊपर जिस-

तिस के रुपए थे, उनके मरते ही अदा करना लाजिमी माना जाने लगा। रुपए नहीं हैं तो खूँटे पर मवेशी बँधे हैं। कर्ज के एवज लोग खोल ले गए।

रिश्तेदारों ने अपने फर्ज निभाये, हल और फसल और खेती में काम आनेवाला सामान उठा ले गए। दलील यह कि अब क्या बान सिंह की औरत खेतों में हल चलाएगी? अम्मा शोक मनाने की रस्म निभाते हुए ही लुट गई, मगर उनकी तारीफों में बढ़ोतरी होती गई कि जब से बान सिंह मरा है, उसकी औरत अपने होश-हवास खो बैठी है भाई। ऐसी पतिव्रताओं से ही धरती टिकी है, ऐसी सतियों की ही आसमान तक जय-जयकार है। कलजुग में सतजुगी औरत!

'एक मर्द क्या गया, घर की सब साख चली गई,' अम्मा का विलाप यही था और शोक अपनी गिरी हुई औकात के लिए था।

जब भूख भरे दिन सामने आ गए, तब जद्दोजहद लाजिमी हो गई। अम्मा को उठना पड़ा और वह उन रिश्तेदार के यहाँ पहुँची जहाँ इस घर के बैल ले जाए गए थे।

"औरत के मुँह मैं नहीं लगता।" रिश्तेदार ने अम्मा को ठिकाने लगाते हुए कहा और एक बैल लाकर उसके सामने खड़ा कर दिया-"एक बैल बीमार था, मर गया।"

अम्मा एक बैल ही लेकर गाँव चली आई। और जो देखने आया, उससे कह दिया, 'मैं एक बैल उधार लेकर दो बैलों के साथ खुद ही हल चलाऊँगी। थोड़ा सा तो खेत है। आदमी नहीं रहा तो जनी को ही आदमी बनना पड़ेगा।"

अम्मा मुसीबतों से लड़ने के लिए तैयार थी। अम्मा ने शोक को साहस बनाने की ठान ली थी। और अम्मा अब नए रूप में थी। धोती का कछोटा मारकर हल बैल हाँकती हुई। शाम को घर आकर कहती-'जनी आदमी जैसा काम करे तो लोग तमाशा बना देते हैं। तमाशा कि वह अपना काम छोड़ दे।' कहते-कहते अम्मा का लम्बोतरा साँवला चेहरा गमगीन हो जाता। आँखों में भी तलइयाँ भर आतीं। उनका साहस ठेस खाया-सा उनकी चाल-ढाल पर नजर आता। मुरझाया हुआ समय अम्मा ने कन्धों पर ले लिया।

मौसम बदला। अम्मा और बेला की अधनंगी देहों पर जाड़ा रुतबा जमाने लगा। अभावों में मौसम का भाव कितना बढ़ जाता है कि वह गरीबों के काबू में ही नहीं आता। घर में दो औरत जात, कहाँ ढकें कितना उघड़ा रहने दें? बेटी का बारहवाँ साल, देह के ऊपर उतरती आ रही जवानी, शरमाने-लजाने के सिवा क्या है उनके पास? अम्मा की आँखों में लज्जा और शर्म हाहाकार बनकर उठती और साँसों की आँधियाँ बनकर उमड़तीं।

अम्मा ने मजदूरी करना शुरू कर दिया। बुरे समय से एक और मुठभेड़।

बेला की पढ़ाई का सातवाँ दर्जा था।

जैसे विपदाएँ मौका नहीं चूकतीं, वैसे ही रिश्तेदार भी अवसर नहीं खोते, बेला का तजुरबा तो यही रहा। ठोका-बजाया हुआ अनुभव।

तंग हाथ और मुफलिसी में मजूरी-गुलामी ही सहारा थी। ऐसे में वे ही रिश्तेदार आ गए, जिन्होंने एक बैल लौटा दिया था। बाद में एक उधार भी दे दिया था। उसके बाद एक मजूर भी खेत जोतने के लिए दो-तीन दिन के वास्ते भेज दिया।

'अपने ही काम आते हैं। अपनों को ही शर्म आती है।' पड़ोसियों ने यह चलता हुआ मुहावरा दोहराया और उस पर इस कहावत की मुहर लगा दी-'घुटने नवेंगे तो पेट को ही आएँगे।'

शुगर सिंह!

'हमारे रिश्तेदार हैं।' अम्मा कहतीं बस कहने के लिए, नहीं तो गाँव में कौन किसके रिश्तेदार को नहीं जानता? सब जानते कि शुगर सिंह की औरत तीन साल पहले मर गई है। शुगर सिंह के कोई औलाद नहीं है। उसका पक्का मकान है बादलपुर में। उसके पास जमीन है साठ बीघा। तीन भैंसें हैं। चार बैल बाँध लिए हैं।

शुगर सिंह दरमियाने कद का साँवला आदमी। बदन से इकहरा, हड़ीला। चेहरा चौकोर-सा। कान बड़े-बड़े। नाक नुकीली और होंठ मोटे मगर छोटी कटी हुई काली मूछों से ढके हुए से। उसकी ठोड़ी में गोल गड्ढा था। वह बात करता तो नथुने अपने आप फूल जाते। वैसे वह मुस्कराने की कोशिश करता।

वैसे तो दादा के मरने के बाद जब डेढ़-दो साल गुजर गए तो मोहल्ला-पड़ोस के लोगों ने भी अपनी तरफ से हमदर्दी की चादर समेट ली। यहाँ तक कि पुरानी रंजिश में भी नए कल्ले फूटने लगे। साजिशें भी जोर पकड़ गईं क्योंकि जवान विधवा के पास पाँच बीघा जमीन यानी कि जर जोरू दोनों। कोई भी उड़ा ले जाए।

शुगर सिंह के आते ही सुरक्षा-सी आ गई। रेगिस्तान में बादल! बादलपुर का यह आदमी अपनी सहज और मीठी बोली से अम्मा की सूखी उजड़ी जिन्दगी को सींचने लगा। अम्मा को 'भौजाई' कहता और सौगन्ध दे-देकर उनको कष्टों से उबारने की बातें किया करता। पिता की सुदर्शन छवि पर मामूली शक्ल-सूरत का शुगर सिंह भारी पड़ रहा था क्योंकि बिना किसी रिश्ते और रिश्ते के अधिकार के अपनी सेवाएँ हाजिर कर रहा था। बेला को सातवाँ पास करके आठवीं कक्षा में पढ़ाने का निश्चय किया गया।

अम्मा, जिसके पास हौसले का अमोघ अस्त्र था। अम्मा, जिसके पास खुद्दारी की ढाल थी। अम्मा, जिसके पास गरीबी में भी आत्मसम्मान का चमकीला दुशाला था, धीरे-धीरे शुगर सिंह नाम के मर्द की छवि पर आसक्त होने लगी।

बेला बहू का आज भी यह सवाल है कि अम्मा की सारी शक्तियाँ क्या उसके अकेले रह जाने पर ही जाग्रत हुईं? शुगर सिंह को देखकर वह उसकी आड़ में छिपने की बात क्यों मन में लाई? क्या आत्मसम्मान से ज्यादा आराम की खाने का आकर्षण होता है औरत को? खुद्दारी निभाना इतना मुश्किल पड़ता है कि किसी मर्द के पास आते ही वह खुदा लगने लगे?

ये भी तो संस्कार हैं, पुरुष सत्ता को कबूल करने का संस्कार। संस्कारों का रेशमी जाल हमारी आत्मा से लिपटा है, चेतना को ढके हुए है। चाहे जितनी चेतना जागे, पुरुष की छवि देखते ही संस्कार उसे विलुप्त कर देता है। स्त्रियाँ इसी आदत को जीती हैं, वरन् रानी-महारानियाँ लड़ने का हौसला जुटाने के बजाय सती हो जातीं? बेला के लिए मेरा यही जबाव हो सकता है।

'अम्मा सती तो नहीं, पतिव्रता होते-होते पुरुष पूजक होती गई। तभी तो मजूरी छोड़कर शुगर सिंह की खातिरदारी में लग गई।' बेला बहू आज यही कह रही हैं।

बता रही है कि अम्मा क्या-क्या कहती थी-'बेटा, मर्द से ही मर्द डरता है। ऐसा न हो तो जनी भरे बजार लुट जाए। ऐसा न हो तो जनी मर्द की सेवा क्यों करें? मैं तो तेरी खातिर भी चिन्ता में डूबने लगी थी, मगर अब शुगर सिंह ने मेरी सारी जिम्मेदारी अपने कन्धों पर ले ली।'

अम्मा जिम्मेदारी से डर रही थी और ताबेदारी कर रही थी। अच्छे से अच्छा खाना बनाती। शुगर सिंह के कपड़े फींचती। बढ़िया बिस्तर लगाती। दरिद्रता विदा हो गई क्योंकि एक जिम्मेदार मर्द घर में आ गया। इन्तजाम कर्ता।

बेला बहू हँसकर कहती हैं-'अम्मा भी क्या? अपने घर का इन्तजाम दूसरे को सौंप दिया और उसको खुश रखने का जिम्मा उठा लिया। बस औरतों में यही आदत तो बुरी होती है। भगवान की तरह मर्द को मनाती रहती हैं। है न बिन्नू?''

'लो, बेला, कक्का को दूध दे आओ। लो बीड़ी-माचिस कोठा में धर आओ। और अब जे हलुआ, संग में पानी का गिलास भी।' अम्मा के हुक्म का सिलसिला था।

बेला चट से जाती, पट लौटती। अपनी एक चोटी को कभी गूँथती कभी खोलती, जैसे यही उधेड़-बुन हो उसके लिए।

पिता की मौत के बाद घर में बसी हुई नई दुनिया। उस और इस दुनिया में फर्क बहुत है। वहाँ इतनी खातिरदारी नहीं थी तो यहाँ इतनी लड़ाई-रार भी नहीं है। गाली-गलौज और मारपीट तो बिलकुल नहीं। शुगर सिंह अच्छा आदमी है? क्या दादा अम्मा से बैर भाव रखते थे? जब न तब दोनों कहा-सुनी पर उतर आते थे। कभी-कभी झगड़ा इतना बढ़ता कि अम्मा गालियाँ देती और दादा उसको पीटने लगते। क्या दादा इस घर के दुश्मन थे जो ऐसा करते थे? शुगर सिंह क्या अम्मा का गुइयाँ

हैं जैसा कि बेला का सहपाठी गुइयाँ बलवीर है। शायद। अम्मा कहती है, वह हमारी चिन्ता-फिकर करता है।

''बेला! गुड़िया!'' शुगर सिंह इसी तरह पुकारता था।

'देवदूत!' अम्मा कहकर मुस्करा पड़ती।

एक दिन :

बेला जब गली में जा रही थी, सेसावाली काकी ने उसे रोककर पूछा-''काय बेला, शुगर सिंह से तुम तो पिताजी कहती होगी।''

बेला देखती की देखती रह गई।

''हट्ट काकी, हमारे पिताजी तो मर गए। जे तो कक्का हैं।''

काकी मुस्करायी। काकी का गेहुँआ चेहरा अपने गोल आकार में हँसा और हाथ के इशारे से चूड़ियाँ छनकाते हुए वे कहने लगीं-''नए पिताजी हैं बिटिया। पंगत कराओ अब खुशी खुशी।''

बेला को स्कूल की ओर जाना था, वह रास्ता भूल गई। उसकी आँखों के आगे अन्धड़-सा उठा। इतनी छोटी भी नहीं थी कि समझने के लिए अबोध नादान हो। एक कटखने नजारे की रील-सी घूमने लगी मन में...अम्मा और शुगर सिंह।

घर पहुँची। मन में बलवीर का चेहरा, चिढ़ानेवाला चेहरा भी घूम रहा था।

'मैं शुगर सिंह को पिता नहीं मान सकती' मन में मन्त्र-सा लगा था।

'अम्मा सामने पड़ जाए तो मैं उसकी गर्दन पकड़ लूँगी और पूछूँगी कि यह आदमी हमारे घर से कब जाएगा? हमें इसका लाया कुछ भी नहीं खाना है।

मगर तभी।

एक गर्म और रंग-बिरंगा स्वैटर लेकर शुगर सिंह कक्का सामने खड़े थे।

''लो। पहन लो। ठंड में स्कूल जाती हो गुड़िया।'' उसने गम्भीर होकर कहा। फिर बोला-''तुम्हारी अम्मा अपनी ठंड की बात कर रही थी, पर तुम तो कुछ कहती नहीं। स्कूल जानेवाली लड़की।''

क्या था इन शब्दों में? कुछ भेद भरा था जो बेला ने समझ लिया? या अम्मा के मुकाबले खुद ज्यादा महत्त्व पा गई, इस बात पर फूल उठी बेला बिलकुल उस बच्चे की तरह जो सारी मिठाई, सारे खिलौने अपने लिए मानता है और बँटवारे पर चिढ़ जाता है। राजा बेटा बनकर खुश रहता है, नहीं तो रोता है।

''पहनकर दिखाओ रानी बेटी।''

बेला की आँखों में स्वैटर के सारे रंग लहराने लगे। दिल के कोने में सहेजा बालपन अपनी उमंगों के साथ प्रकट होने लगा। तितली में कितने रंग होते हैं? वह स्वैटर पहनकर पहले आँगन में फिरती रही और फिर बाहर गली में उड़ गई।

गहरी साँस लेकर रह जाती है आज बेला, बच्चों की मासूमियत अक्सर अभावों

की मार से बेहाल होकर चमकदार चीजों पर कुरबान हो जाती है।

शुगर सिंह उसे खुश देखकर हँस-मुस्करा नहीं रहा था, गम्भीरता से देख रहा था। बेला की कमसिन उम्र को डर भी लगा, कहीं शुगर सिंह स्वैटर वापस न माँग ले। अभी तो यह उसने बलवीर को भी नहीं दिखाया। बड़े घरों के साथ पढ़नेवाले लड़के-लड़कियों ने भी नहीं देखा। बेला शुगर सिंह के सामने अभ्यर्थी की-सी अवस्था में खड़ी थी। कितना लज्जाजनक था वह समय, याद करके भी झुरझुरी आ जाती है आज बेला बहू को।

"मगर उसने स्वैटर नहीं माँगा, मेरे चेहरे पर प्यार किया। अम्मा बोली-'तेरे जैसे कितने बच्चे कड़ाके की ठंड झेलते रहते हैं बेला! सबके घर तो शुगर सिंह नहीं होते।"

बड़ी होती वह, तो कहती, उनके घर स्वैटर होते हैं, या नहीं होते, शुगर सिंह के बिना ही रहते हैं जैसे कि स्वैटर के बिना।

जाहिर सी बात है अम्मा आश्रित होने की अपनी जड़ भावना से नहीं लड़ पा रही तो यही उनकी खुशी में लिपटी कायरता थी। अभी तक अम्मा ने शुगर सिंह से शादी का रिश्ता नहीं बनाया था। वह भली औरत मानी जा रही थी।

'आगे क्या और कितना भयानक...' बेला बहू इस तरह का कुछ कहकर रह गईं।

देखो कि...

सूरज उतर रहा था। पेड़ों पर धूप सरक आई थी। धरती पर साँझ ही थी।

बेला और बलवीर ने अभी तक अपना स्टापू का खेल छोड़ा नहीं था। हालाँकि इस बचकाने खेल से अब दोनों ही विदा लेनेवाले थे। मगर रोज की आदत, एक दूसरे को पुकार लेना दिनचर्या से विलग नहीं किया जा सकता था।

खेल जमा हुआ था। बेला जीत रही थी।

"बड़ी उस्ताद हो गई है। नहीं तो बलवीर को हराना आसान था क्या?"

"मेहनत करी है बच्चू। मैं हारकर रोती थी और रोकर अभ्यास..." बेला का चेहरा चमकने लगा और बलवीर सिर झटककर एक ओर खड़ा हो गया।

बेला खेल में मगन। स्टापू डालकर घर पर घर फलाँगने लगी।

"ऐऽऽ!" बलवीर ने पुकारा।

"क्या?"

"तुम्हारे घर क्या कथा होगी?"

"कथा?"

"देख ना, चबूतरे पर जाजिम बिछ गई। गली के रेत पर पानी का छिड़काव हो गया। और वो देख, देख...नाई पूजा का सामान रखकर थाली ला रहा है।"

बेला ने देखा, परात में लड्डू भी भरकर लाए हैं। एक चौकी बिछी है। चौकी पर लाल आसन है।

'कथा! अम्मा ने तो कुछ बताया नहीं।'

'अच्छा चल खेल।' बलवीर की आदत है वह हारकर अपने घर नहीं लौटना चाहता। चाहे रात हो जाए। चाहे उसे कितने ही दाँव खेलने पड़ें। बलवीर का लम्बूतरा पतला चेहरा देखकर कोई भी पहचान ले कि वह हारकर आया है और उसके चेहरे पर जीत अपनी शानदार छवि में दिखने लगती है–होंठों के बीच मुस्कराते दाँतों को देखकर।

''देख ले, जाने नहीं दूँगा। बदला ले लूँगा।'' बलवीर चुनौती दे रहा था।

क्या देख ले बेला? देखते ही देखते चबूतरे पर लोग जमा हो गए। उतने ही लोग जितने पिता की मौत पर जमा थे। मौत और यह मौका? पंडितजी अपनी काँख में पत्रा दबाये चले आ रहे हैं, एक हाथ से अपनी सफेद धोती का छोर पकड़े हुए। सब बैठ गए। पंडितजी मन्त्र बोलने लगे। वे मिट्टी के ढेले पर कलावा बाँधते जा रहे हैं। बलवीर बोला–'शर्तिया गनेशजी बना रहे हैं।''

और?

नया आश्चर्यजनक नजारा।

शुगर सिंह नई धोती नया कुर्ता पहनकर, गले में साफिया डालकर सब लोगों के बीच प्रकट हुआ। सब लोगों ने उसका हँसकर स्वागत किया। वह पंडितजी के सामने चौकी पर जा बैठा।

''कथा?'' बेला ने बलवीर से पूछा।

''नहीं। कथा में चौकी पर नहीं बैठते।''

''फिर? अम्मा का ब्याह?''

''पता नहीं।''

''शुगर सिंह अब हमारा पिताजी बनेगा?'' बेला पूछ रही थी अपने गुइयाँ से।

बलवीर खोया-खोया-सा देखने लगा। उसने स्टापू फेंक दिया। बेला भी चुपचाप खड़ी होकर देखती रही। शुगर सिंह राजा की तरह ऊँचा माथा करके अपना तिलक करा रहा है। उसके कनपटी के सफेद बाल आज साफा से ढँके हुए हैं। उसकी मूँछों के नीचे पान की पीक है। आँखों में गर्व भरी चमक। आज वह पूरा का पूरा अपने आप से अलग है। मन्त्र बराबर बोले जा रहे हैं। चावल छिड़के जा रहे हैं।

''सगाई की रस्म पूरी हुई, ''पंडितजी ने एलान किया।

''अम्मा की सगाई?''

बेला को होश नहीं कि बलवीर पास है या दूर?

"बेलू! तुम्हारी सगाई हो गई," बलवीर कह रहा था।

बेला आँखें फैलाकर बलवीर को देखने लगी।

"बेलू, देखो बताशे बँटने लगे।"

बेला बहरी और अन्धी।

"बेलू, लड्डुआ भी बँटते चले आ रहे हैं। चलो लड्डुआ लें।"

बलवीर ने बेला की बाँह पकड़ी और दोनों लड्डू बाँटनेवाले के आगे अँजुरी पसारकर खड़े हो गए।

अचानक किसी औरत की आवाज आई–"ए मोंड़ी, पागिल है क्या? अपनी ही सगाई के लड्डुआ माँग रही है। चल जा घर के भीतर बैठ। अभी गीत होंगे।" यह सब बताते हुए बेला बहू का चेहरा गमगीन हो जाता है। गहरी साँस लेती हैं...

–सोच ले पिरौना बाई, मोड़ी के बहाने तेरा रँड़ापा कट जाएगा, बुढ़ापा पार हो जाएगा। इस अनाथ लड़की का घरबार हो जाएगा। कब से कोशिश में लगा था शुगर सिंह। एक जनी का इन्तजाम नहीं हो पाया।

–सो तो ठीक है दाऊ पर उमर तो बेसी है। हमारे संग ही कि हमसे पहले ही उन्हें बूढ़े हो जाने हैं। ऊँट के गले बकरिया बाँधी, ऐसा ही किस्सा है।

–अरे, मर्द की उमर और पुरानी दीवार जितना पानी खाये उतनी ही पुख्ता होती है। आदमी ही तो साठा पर पाठा कहाता है। मोंड़ी की कच्ची अवस्था का क्या रोना? अच्छी खुराक खिलाएगा तो साल भर में...

–मोंड़ी को लुगाई बनते क्या देर लगती है? मर्द का हाथ ही...

–अच्छा नहीं हुआ।

–तें कौन-सा राजपाट जुटा देती? कुँआरी बूढ़ी हो जाती तेरी बिटिया।

दाऊ ने शुगर सिंह का पैरोकार बनकर अम्मा को हरा दिया। मर्दों के जमावड़े में फँसी औरतें भी उनकी ही हाँ में हाँ मिला रही थीं। अम्मा...आदमी की जिस सत्ता के गुन गा रही थीं, उसी सत्ता ने उन्हें पटक लिया। अम्मा को नहीं पता था कि ऊँट इस करवट बैठेगा। किसी करवट सही, शुगर सिंह को लोग बिना बाप की बेटी का उद्धारकर्ता मान रहे थे।

बेला चुपचाप रोने लगी।

बेला ने अन्न ग्रहण नहीं किया। उसकी देह का खून सूख रहा है, यह बात किस को बताये? कक्का से ब्याह होगा उसका... "बलवीर!" उसके कंठ से अपने साथी का नाम फूटा, मगर सब कुछ बेआवाज।

"क्या हुआ? तुम चिल्या काये को रही हो?" –यह बलवीर नहीं था, शुगर सिंह था।

उसका हाथ बेला के कन्धे पर रेंगने लगा। लगा कि साँप सरक रहा है उसकी

देह पर...यकायक झटके से अलग छिटक गई।

जैसे ही मौका मिला, कोठे में घुस गई और किवाड़ें लगाकर भीतर से कुंडी जड़ ली। फिर एक गहरी साँस ली। अब तक अटकी हुई साँसों की भरपाई-सी करती लम्बी साँस।

थोड़ी-सी देर में ही क्या से क्या हो गया! स्टापू खेलती लड़की के लिए औरत बनने की तैयारी...शुगर सिंह के साथ क्या-क्या करेगी बेला?

थोड़ी ही देर में बदलती जाती उसकी दुनिया...कोठे में भी दम घुटने लगा। कहाँ जाए अब? अम्मा की गुहार निकलती है गले से, मगर अम्मा नहीं बचा पाएगी। उसको।

अम्मा! परेशान गाय-सी न बेटी के पास आ पा रही, न दूर ही जा पा रही। घर के आदमी के गुजरते ही गाँव के मर्दों ने शुगर सिंह के साथ मिलकर माँ-बेटी को भगवान के दिए उस दुर्भाग्य से भी ज्यादा बड़ी सज़ा दे डाली। आँगन खूँद रही है अम्मा।

अपने करम पर हाथ धरकर बैठ गई अम्मा और बुदबुदाने लगी-मोंड़ी की कुछ समझने लायक उमर होती तो कुछ कह-सुनकर समझाती। ग्यारह-बारह साल का बच्चा तो माँ-बाप से लाड़ चाहता है, जिद करता है। कितना अच्छा था, जब रोटी के लाले थे, कपड़ा-लत्तों की कमी थी पर हम माँ-बेटी के कलेजे तो जुड़े थे।

आह! आज वैसी चिन्ता नहीं है कोई, पर माँ-बेटी, एक दूसरे से बच रही हैं, आँखें चुरा रही हैं ऐसे जैसे शर्मिन्दा होने के लिए इन दोनों ने ही कुकरम किए हों।

बेला क्या कहे? पूछे कि अम्मा, इस आदमी को क्यों घुसाया था घर में? इस आदमी ने हमारी जिन्दगी पर कब्जा कर लिया। अम्मा, आदमी ही सबसे खतरनाक जीव है क्या, पिता मरे अनाथ कर गए! शुगर सिंह आया हमारी नाक में नाथ डाल दी। पर बेला छोटी-सी लड़की अपनी भावना को ऐसे शब्द पहनाकर पेश नहीं कर सकती।

'हम आदमी (पुरुष) की तरह क्यों नहीं हो सकते कि अपने लिए अपने आप ही सोचें? अम्मा सब कुछ तो अपने हाथ में लेकर सँभालने लगी थी, इस आदमी को देखकर कैसे कमजोर पड़ गई? अपनी हिम्मत की कमी हमें कहीं का नहीं छोड़ रही।'

इतना बड़ा-बड़ा सोच गई बेला। सचमुच आज ही आज में कितनी बड़ी हो गई?

अम्मा उठकर खड़ी होने के बदले धरती पर नाक रगड़ने लगी-"शुगर सिंह अजनबी तो नहीं है बिन्नू। हमारी आखन के सामने तुम्हारा घर-बार बस जाएगा। हमारी चिन्ता-फिकर और दुनिया के ताने-उलाहने नहीं रहेंगे।

अम्मा को वह अनमोल मुहावरा बार-बार याद आ जाता–'दीवार और मर्द, जितना पानी खाये उतने ही पुख्ता होते हैं।'

मगर मर्द का पुख्तापन समझने के लिए बेला की उम्र तो कुल बारह साल है और उसे शुगर सिंह से ब्याह के मुकाबले बलवीर के साथ खेलना ज्यादा समझ में आता है।

बेला का गुस्सा कौन समझे? अम्मा और शुगर सिंह जब आँगन में बैठे थे, तभी बेला ने वह रंग-बिरंगा स्वैटर फाड़ डाला जिसे पहनकर वह तितली की तरह नाची थी।

अम्मा को खटका लगा। बेला को कभी लगे कि अम्मा उसकी तरफ है और कभी अम्मा शुगर सिंह के पाले में खड़ी दिखाई दे। नहीं तो वह बेला का पीछा क्यों करती? क्यों वह सब समझाना चाहती जो बेला समझती ही नहीं थी–"तेरा ब्याह तो एक दिन होगा ही, शुगर सिंह से नहीं तो किसी और से। हमारे पास देने के लिए है क्या? गरीब की बेटी तो ऐसे ही जाती है, जो कोई उसे माँग ले। जनम कुँआरी रह जाएगी बेलिया!"

वह बोल पड़ी थी–"जनम कुँआरी? अभी भी तो कुँआरी हूँ मैं। कुँआरी होना बुरा होता है? इसलिए ही ब्याह हो जाता है? तें भी तो कुँआरी है अम्मा, पिताजी कहाँ हैं? अब तें भी तो कुँआरी रह जाएगी जनम भर।"

अम्मा को हँसी आ गई। दुखभरी-सी हँसी! अम्मा ने हथेली अपने माथे पर मार ली–"अरे मोरे करम, मोंड़ी क्या क्या बक रही है।"

बेला को एक युक्ति सूझी। वह बलवीर से कहेगी कि अपने मामा से कहकर डाकुओं को बुला ले। डाकुओं से कहे कि वे बेला को उठा ले जाएँ। बलवीर कह रहा था डाकू बच्चे-बच्चियों को उठा ले जाते हैं, बदले में पैसे माँगते हैं। पैसे मिलने पर लौटा देते हैं। डाकू लड़कियों से ब्याह नहीं करते। उसे डाकुओं का डर नहीं लग रहा, ब्याह का डर लग रहा है। डाकू तो बेला को बन्दूक देकर शुगर सिंह जैसों को मार गिराने की विद्या सिखा देंगे। बलवीर अपने इलाके की कई लड़कियों की कहानियाँ सुनाता है। डाकू लड़कियों के बड़े-बड़े किस्से।

बेला ने सपना भी ऐसा ही देखा कि डाकू आए हैं और पूछ रहे हैं कि तुम्हारा ब्याह जबरदस्ती हो रहा है? वह "हाँ" कह रही है। बस वे अम्मा और शुगर सिंह को घोड़े पर टाँगकर ले जाने लगे।

मगर ऐसा कुछ नहीं हुआ। वह ऐसी तकदीरवाली कहाँ थी कि मुक्ति मिलती। अम्मा के शिकंजे से बच जाती या शुगर सिंह के फन्दे से छूट जाती।

"अम्मा, तें कर ब्याह, मैं भाग जाऊँगी।"

"कहाँ भाग जाएगी? कहाँ जगह है तेरे लानें?" अम्मा ने बड़ी सहजता से पूछा।

और सचमुच एक दिन बेला घर से निकल गई।

घर से निकलना आसान था लड़की के लिए लेकिन घरवालों के हाथ लम्बे होते हैं। वह जल्दी ही पकड़वा ली।

उस दिन बेला के सीने से विद्रोह फूटा था। बेआवाज बम फटा था और सोचा अम्मा की छाती पर लात मारकर उसको औकात बता दे, अपनी भी और उसकी भी। फिर सीने पर चढ़कर गर्दन दबा दे। खेल खतम।

मगर...हुआ उल्टा ही। अम्मा ने बेला की गर्दन को अपनी दोनों हथेलियों में कस लिया। और कहने लगी–"बोल, मानेगी? मानेगी? मानेगी?"

लोहे की संसी पतीली को जकड़ लेती है, बेला की गर्दन में आवाज घुड़घुड़ाने लगी। उसकी आँखें निकल आईं।

फिर क्या था...बेला ने हाथ जोड़ दिए विनती में। प्राणों की भीख माँगने लगी। अपनी माता से। और जैसे ही गिरफ्त से छूटी बारह बर्षीया लड़की, अम्मा के पाँवों से लिपट गई। कोई शब्द नहीं, कोई आवाज नहीं, बस आँसुओं ने अपनी जुबान खोल दी और झर लग गया अनुनय का विनय का...

अम्मा भी रोने लगी। अपना माथा पीट लिया।

बेला को अँकवार में भरकर छाती से लगा लिया। अपने भाग्य को कोस रही थी–"मेरी बिटिया...मेरी बच्ची...मैं डायन...अपने ही खून की प्यासी...भाड़ में जाए शुगर सिंह, चूल्हे में गए शादी–ब्याह।"

अम्मा का यह रुदन! अम्मा को शुगर सिंह ने कहाँ फँसाया है?

इस घटना के बाद ब्याह का जिक्र खामोश हो गया। शुगर सिंह भी अपने गाँव चला गया। कभी–कभी आता–जाता।

देखते–देखते साल गुजर गया।

रातें बीतती रहीं, दिन सरकते रहे। दो वर्ष बीतने को आ गए। अब बेला तेरह की होकर चौदहवें में चल रही थी। सगाईवाली बात भी बीते कल का किस्सा हो गई। गुजर–बसर के लिए अम्मा दूसरों के खेतों में काम करने लगी। बेला घर का काम उठाती थी। एक भैंस थी, दूध की आध बटाई पर ले ली थी, उसका आसरा भी कम न था। बेला भैंस की देख–भाल मुस्तैदी से करती थी। कभी–कभी अम्मा हँसी में कहती–"शुगर सिंह से तो यह भैंस अच्छी, तेरी आँख का काँटा तो नहीं है। ऐन खातिरदारी पा रही है।"

अम्मा पर मेहनत पड़ रही थी। जब आराम की खाने की आदत पड़ जाए तो मेहनत फिर मेहनत नहीं, सज़ा लगती है, बेला का मानना यही है।

चौदहवाँ साल लगते ही मुसीबतों की घटाएँ फिर घिर आईं। आज भी ज्यों की त्यों हैं, उस काली रात की तसवीर!

अम्मा ने बताया कि शुगर सिंह मानता ही नहीं, यहीं आकर रहने की बात कहता है। कहता है कि सगाई आधा ब्याह ही होती है। वह मंगेतर है। हमारी जात में तो बछिया पुन्न होकर ब्याह-शादी हो जाते हैं।

अब बेला की समझ में यह तो आने लगा था कि सगाई ब्याह बछिया का पुन्न-दान सारे टटरम बेला को घेरने के हैं। अब रोते रहने के सिवा उसके पास कौन सा हथियार था? खतरनाक मंजर करीब आ रहा था, इस मंजर के खिलाफ भागा तो जा सकता था मगर आमने-सामने की लड़ाई की मिसाल बेला के आस-पास नहीं थी।

बेला गुमसुम बैठी थी। भूखी-प्यासी रहती थी। तबीयत कड़ुआ गई।

एक दिन रात को क्या सुना?

"सीधे-सीधे उस मोंड़ी को शुगर सिंह के हवाले कर दे। नहीं तो इस काम के लिए हमें तेरी जरूरत नहीं है। तेरी जैसी औरतें पचासियों देखी हैं राँड़-विधवा। उनके हश्र क्या होते हैं? न लड़की मिलेगी, न तें रहेगी। इस इलाके का चलन तें जानती नहीं क्या?"

बेला ने यह क्या सुन लिया? उसके कानों में नुकीले नेजे किसने घोंप दिए? यह किसकी आवाज थी? पहले कभी सुनी यह आवाज?

'अम्मा!' बेला का कलेजा फाड़कर चीख निकली लेकिन डर के मारे आवाज घुटकर रह गई। आज अम्मा का रहस्य समझ में आया। अम्मा मेहनती है, हिम्मती है, खुद्दार है, लेकिन इतनी ताकतवर नहीं है कि दरिन्दों के झुंड से जूझ ले।

बेला अपने बारे में सोचना भूल गई। उसने देवताओं का ध्यान किया इस विकट समय में। उसने उपवास बोले, देवी की मढ़िया पर जागरण बोला। वह समझ रही थी कि आदमजात उन माँ-बेटियों को बचा नहीं सकता। देवताओं से गुहार करके ही वह चैन की साँस ले सकती है। देवता चमत्कारी माने जाते हैं।

बलवीर को बुलाया लुकछिप कर। उसे बताई सारी बात। बातूनी बलवीर की जुबान तालू से चिपक गई।

तीन-चार दिन ऐसे ही निकल गए। बलवीर रोज आता। नहा-धोकर साफ कपड़े पहनकर, मगर बेला को वह धुँधला-मैला ही दिखाई देता। चौदहवीं साल की खिलती अवस्था में उसके सारे अंग उदास होते चले जा रहे थे।

'चल, भाग चल बलवीर।'

'कहाँ चलेगी भागकर?'

'कहीं भी।'

"नहीं, देख हमारी अम्मा बता रही थी कि बेला चुपचाप शुगर सिंह के संग गाँठ

बाँधकर चली जाए नहीं तो श्यामगढ़ का-सा कांड होगा।''

'श्यामगढ़ का कांड?'' बेला के दिल में जोरदार धक्का लगा।

''हाँ, वहाँ के मल्लाह की लड़की को चोरी के इल्जाम में फँसाकर हवालात में डलवा दिया। बाप रोज-रोज जमानत कराने जाता है, दरोगा सुनता ही नहीं। अन्यायियों का राज है। न्याय कहीं दिखता ही नहीं।''

''क्या कसूर था मल्लाह की बेटी का?'' बेला ने धड़कते दिल से पूछा।

''अम्मा कह रही थी, वह अपने आदमी के संग जाती नहीं थी सो बदचलन मानते थे ताऊ-चाचा के घर के लोग। और अपने बाप से कहती थी-अन्याय मत सहो, हम कचैहरी में मुकदमा लड़ेंगे। बताओ जनी की जात होकर ऐसी दिलेर बातें...मर्द बर्दाश्त करेंगे क्या? सो बस इलाज कर दिया परमामेंट। पिड़ी रहो जेल में।''

''हमारी बात कोई क्यों नहीं सुन रहा बलवीर?'' बेला का चेहरा रुआँसा था।

''अम्मा कह रही थी कि अब ऐसे मर्द पैदा हो रहे हैं जो अत्याचार को ही धरम मानते हैं, मनमानी करने को अपना पेशा समझते हैं। जो दूसरों को अपने हंटर से हाँकने में अपनी जिन्दगी सुकारथ करके देख रहे हैं। नहीं तो इस गाँव में कोई भी बेला के ब्याह को गैरकानूनी न बताता? कोई भी मोंड़ी की अवस्था पर गौर न करता? अच्छी-भली पढ़ती हुई मोंड़ी की दुरदशा करने पर तुले हैं यहाँ के लोग। इसी को अपना धरम मान रहे हैं।''

बलवीर न जाने कितनी बातें अपनी माँ की पिटारी से निकालकर ले आया है।

अब कहाँ बलवीर और कहाँ अम्मा?

शुगर सिंह के पक्के घर के पक्के आँगन में खड़ी एक बालिका बधू, हाथों में सुहाग के कचारा (काली चूड़ियाँ) पाँवों में बिछिया और गले में लाल धागे से बँधी तबिजिया। साथ में सोने का हार भी।

बेला की आँखें झपी हुईं...लाल रेशमी साड़ी में लिपटी वह रात के धुँधलके में विदा हुई थी। बलवीर शायद रात-भर सोया नहीं था नहीं तो विदा होते समय कैसे आ गया? बेला डगमगाते हुए कदम आगे बढ़ा रही थी और बलवीर साथ-साथ चल रहा था। उसने न जाने कैसे इतना भर कहा-'बेला, तें छोटी-सी जनी लग रही है। अब इन कपड़ों में तुझसे खेलते न बनेगा।'' कहते हुए उसकी आवाज भर्रा गई थी। बेला को लगा, बलवीर हथेलियों से अपनी आँखें पोंछ रहा है और इन आँसुओं से उठता हाहाकार बेला के हृदय को मथ रहा है।

बेला विरोध-प्रतिरोध और यहाँ तक कि विद्रोह की केंचुल को उतारकर नख दन्तविहीन, बेआवाज, गूँगी और लगभग बहरी-सी शुगर सिंह के साथ जिन्दा मानी जाती है।

बाद में ज्ञान हुआ कि एक वही नहीं है, हजारों औरतें अपने पतियों के साथ ऐसे ही आती हैं, ऐसे ही रहती हैं। पति लोग उनके मालिक होते हैं जो कभी दया-माया से पेश आते हैं तो कभी अपनी नरमाई को कस देते हैं। लड़की की जवान होती देह मालिकों के कब्जे में होती है, जिस पर वे फिदा भी होते हैं और मन चाहा इस्तेमाल भी करते हैं। नहीं तो क्या बेला जैसी लड़कियाँ अविकसित शरीर को नुचवाने-मसलवाने के लिए ब्याही जाती? बेला पागल-सी होती जा रही थी-जिद्दी मगर मूक और हाथ-पाँव चलाने की कोशिश में पति को पटक देने के इरादों से लैस।

कोई क्या करे? पति के पास चारा क्या है? बेला को जो सम्बन्ध बनाना अच्छा नहीं लगता, शुगर सिंह तो उसी सम्बन्ध के लिए उसे लाया है। हर पति इसी सम्बन्ध के लिए ब्याह करता है। नहीं तो ब्याह का मतलब क्या? सुहाग का अर्थ क्या?

बेला के हाथ-पाँव खटिया के पायों से बाँधना पति का धर्म हो गया क्योंकि पत्नी को रति सम्बन्ध सिखाना भी तो पति अपना कर्त्तव्य मानते हैं। फिर शुगर सिंह तो गँवई आदमी, सोच लिया-गाय भैंस राजी से दूध नहीं देती तो उनकी टाँगों में भी तो रस्सा बाँधकर उनका कूदना, लात चलाना रोकना पड़ता है। खूँटा भी मजबूत गाड़ा जाता है। बस इस तरह बेला बस में आई और इस तरह कि अब वह विद्रोही नहीं है, नील, खरोचों, घावों और काटने के निशानों के साथ उसकी देह समर्पित है। अपने घर कैसे-कैसे ज्वार उठाती थी बेला, इस घर आकर सब खामोशी में चला गया। शुगर सिंह खेला-खाया आदमी प्यार की आग में तपाकर लाल सलाखों को देह में धँसाता था कि बेला अपनी चेतना खोती चली जाती...

...मगर खातिरदारी अब बेला की हो रही थी। दूध में छुहारे औटाकर, बादाम का हलुआ बनाकर, घी में मखाने तलकर वैद्यजी ने खुराक के रूप में देने के लिए कहा था, जिसके लिए एक औरत का इन्तजाम किया गया। खुराक नहीं खाएगी तो देह पूरी तरह जवान कैसे होगी? और फिर आगे औरत का फर्ज...

शुगर सिंह जब न तब देह की नाप-तोल करता। वह बकरा, मुर्गा और सुअर की तरह शरीर पर गोश्त चढ़ने के लिए पाली जा रही थी।

अम्मा का खयाल बार-बार आता। मायके जाने के लिए दिल मचल उठता। जब अपनी इच्छा शुगर सिंह के सामने रखी तो वह दो-चार दिन चुप रहा। दोबारा जब बेला ने अपनी मायके जानेवाली माँग रखी तो पति ने ठुकराई नहीं, अम्मा को यहीं बुला दिया-लो, आ गया मायका-के अन्दाज में। उसे लगा लड़की के मन में चलते अर्थों को लोग समझना नहीं चाहते। मायका माने वह धरती जिस पर उसने जन्म लिया, बचपन जिया। जहाँ के लोगों से ही नहीं, रूख-पेड़ों से भी उसका नाता होता है। ढोर-पशुओं से भी अपनापन रहता है। बेला को अपनी भैंस की बहुत याद आती है। वह मुँह उठाकर बेला की बाट जोहती होगी ओर बुलाने के लिए रेंकती

भी जरूर होगी। नीम के पेड़ पर सावन में कितनी-कितनी निबौरियाँ आई होंगी। झूले भी पड़े होंगे। और बलवीर? बलवीर की 'बेला' कहकर टेरने की आदत गई नहीं होगी। और वह आवाज घर के आँगन तक गूँजकर वापस लौट आती होगी...स्कूल के साथी! इतना सोचते ही बेला की आँखें भर आईं और वह फफक-फफककर रोने लगी। यहाँ इतने दिन रहने पर भी कुछ अपना क्यों नहीं लगता? क्या कुछ छोड़ आने से वह कुछ छूट भी जाता है? कि छूटने के कारण और भी जुड़ता चला जाता है। कभी इतने गौर से देखा था अपने घर का दरवाजा? जिसकी किवाड़ों में ठुकी एक-एक कील, चौखट और चौखट में बँधा हरे कपड़े वाला तोता, उसकी लाल चोंच आँखों के सामने से हटती नहीं। क्या आँगन और कोठों में ऐसी नजर दौड़ाई थी कि आज गोबर के महीन घोल से लिपा फर्श और एक बालिश्त ऊँचाई पर दीवार के किनारे-किनारे दी हुई ढिक...अम्मा आ जाएगी, पर दिल में बसी इन चीजों को उसके लिए कैसे लाएगी?

अम्मा का आना उसे सुहाया नहीं, जहर ही लगा। दिन यों भी बदलते हैं। दिन बदलने के लिए उसे अपनी इच्छाएँ मार देनी होंगी। अम्मा ने नया मन्त्र दिया जो उसने चलते आ रहे स्त्री जीवन से दीक्षा में लिया है-'बेटा, जवानी ही तेरा हथियार है। जवानी की मालिक जनियों ने शहंशाहों को गुलाम बनाया है।'

इस अम्मा का बेला क्या करे? इस माँ की जिन्दगी उसने अपनी कुरबानी देकर बचाई। रिश्ते ऐसे ही बदलते हैं? माँ ने बेटी का कन्यादान कर दिया, अपने और बेला के सारे हक शुगर सिंह के हवाले...यह तो खुद ही अपना दुख पीकर यहाँ रहनेवाली है। और बेटी को अपनी चीखें घूँटकर रहने की हिदायत देती है।

बेला ने आव देखा न ताव, बस अपने गुस्से का उबाल अम्मा पर उतार दिया। छुहारे, मखाने, दाखें और बादामों के साथ दूध-घी से पुष्ट हुई देह की मालकिन बेला ने अम्मा की पिटाई करनी शुरू कर दी-"तू काये आई यहाँ? कन्यादान करके भी बेटी के घर...अपनी टेक तक नहीं रखी। इस राक्षस की ताबेदारिन होना कबूल लिया।"

कुछ समय पहले की बात होती तो माँ उसे खोदकर गाड़ देती, लेकिन आज अम्मा बेला से नहीं, शुगर सिंह की पत्नी से मार खा रही है। उसी घर के भीतर...

बेटी! बेटी बिलख उठी बेला के दिल में। ऐसी बुरी और भयानक घड़ी आ गई कि माँ की दुश्मन बेला ही...इसके पीछे कौन है? अपनी तकदीर या शुगर सिंह?

आज तो बेला बहू का मानना यही है कि इस फजीहत के पीछे माँ बेटी का औरत होना था। घर-घर की यही कहानी है। औरतों की जिंस मर्द के कारण आपस

में बैर बाँधने लगती है और मर्द को बराबर ताकतवर बनाती जाती है। यही कारण है कि बेला की देह का मालिक शुगर सिंह दिन-पर-दिन बलशाली दिखने लगा और मनमाना यौन प्रलाप करने लगा। सब कुछ अम्मा के रहते हुए। अम्मा के रहते हुए जो बेला को अत्याचार लगते थे, माँ उनपर चली आ रही रिवाजों का मरहम लगा देती। मर्द की मर्दानगी को सन्तुष्ट करने का गुरुमन्त्र देती। जिन्दगी तभी आसानी से कटती है, जब औरत अपने मर्द को खुश रखती है। यह पुराना नुस्खा आज तक अचूक है, माँ गारंटी से कहती। झूठ नहीं कहती थी माँ, शुगर सिंह खुश रहने लगा था।

अम्मा चली गई।

बेला बुत की तरह थी, सारे पुरुष व्यवहारों से हारी हुई, शरणागत सी...अपनी आवाज को दबाते-दबाते उसके गुलाबी होंठ नीले पड़ने लगे। उसकी सुराहीदार गर्दन की पतली त्वचा दागदार होने लगी। चुप्पी उसे बीमार कर डालेगी...

बेला के बुत को बलवीर पहचानेगा? उसे अपनी हमउम्र समझेगा? लड़कियाँ कितनी जल्दी औरत बन जाती हैं। मर्द उनको औरत बनाने की कला में कैसे माहिर होते हैं। इसी बात पर लड़कियाँ उदास हो जाती हैं। वे अपनी मायकेवाली हँसी भूल जाती हैं। लड़कियाँ पति के घर से डरती भी हैं। बेला ऐसी ही बातें सोचा करती।

बेला की उम्र अब अठारह साल थी। ब्याह को चार साल से भी ज्यादा गुजर गए।

बेशक शुगर सिंह की देहरी आबाद हो गई।

मगर उसका आँगन सूना था।

पति रूपी मर्द की हवस की पूर्ति बाकायदा हो रही थी, मगर मर्दानगी का परचम औंधा पड़ा था। मर्द होने का सबूत क्या हुआ?

शुगर सिंह शारीरिक तौर से, हो सकता है मन से भी प्यार करनेवाला पति था, जैसेकि पति लोग हुआ करते हैं, पतिपरायणा पत्नी के लिए। सन्तान न होने पर अब तक उसने कुछ नहीं कहा बेला से मगर अप्रत्यक्ष रूप से चिन्ताओं से घर भर दिया।

बेला ने जो कुछ इधर-उधर से सुना उस पर यही सोचा कि सबूत तो उस बात का देना होता है, जिस पर कोई शक-शुबह हो। उस तथ्य को प्रमाणित करना होता है जिसके सत्य पर सन्देह हो। ऐसा क्या हो गया? कितना वक्त गुजर गया कि बच्चा होना अब तक जरूरी था।

मामला यहाँ आकर अटक गया कि शुगर सिंह को कोई गुप्त बीमारी है, जिसे वह अपने दोष के रूप में मानता नहीं। दवाएँ खाता है। अम्मा को बेला के पास इसी

मकसद से बुलाकर खुद गायब हो जाता है। बहाना कानपुर के पास बुआ के गाँव जाने का होता है। अब की बार बुआ के गाँव से ही एक आदमी आया शुगर सिंह को लिवा जाने के लिए कि बुआ बीमार है। उसी ने बताया कि शुगर सिंह को गुप्त बीमारी है। हो सकता है वह जमरोई के हकीम के पास गया हो।

जैसे-जैसे समय बीतता गया, सन्तानहीनता के बाजे बजने लगे।

शुगर सिंह को दोषी माननेवाले उस गाँव में तो नहीं थे। औरत की तरह वहाँ बेला ही बाँझ प्रचारित होने लगी। हाय-हाय करते हुए शुगर सिंह पर तरस खानेवाले बेला के तन्दुरुस्त शरीर को जब-तब कोसते-'हथिनी हो रही है खा खा के। औलाद के नाम पर मुसटिया तक पैदा नहीं कर पाई।'

सरासर अपमान! उसके स्त्रीत्व की बेइज्जती!

बच्चा की चाह उसे अब तक कतई न थी, पर आसपास से उसको घेरती चली आ रही चकल्लस ने एक कठघरा बना दिया। जिन्दगी कहाँ से कहाँ आ गई? उसकी उम्र की लड़कियों के अभी शादी-ब्याह नहीं हुए और वह बाँझ का रूप धारण कर चुकी। बेला का दिल घबराने लगा।

उसने चाहा, बलवीर आ जाए। वह उससे अपनी समस्या कहेगी। बारहवीं पास करनेवाला लड़का अब इतना छोटा नहीं रहा कि बेला की बात न समझे।

उस समय आज का-सा जमाना नहीं था कि ज्यादातर कानों से मोबाइल फोन चिपके हुए हैं। तब गाँव में भी फोन कहाँ चलते थे। एक ही सहारा था सन्देश देने का-चिट्ठी।

चोरी से चिट्ठी लिखी बेला ने और डाक में डलवा दी।

चौथे दिन बलवीर आ गया।

बलवीर! देहरी पर खड़े बलवीर को देखकर बेला खड़ी की खड़ी रह गई आँगन में।

"बेला!" वह मुस्कराया।

"तें कितना लम्बा हो गया रे। अपने पिताजी के बराबर लम्बा। तें इतना बड़ा हो गया बल्लू!" कहते हुए बेला की आत्मा उमड़ आई और बचपन के स्नेह में डूबकर बलवीर को गले लगा लिया। रोना खुद-ब-खुद आ गया।

बलवीर बेला की पीठ थपथपा रहा था और कह रहा था-"आज समझ में आया, हमारी ऊषा जिज्जी अपनी ससुराल में मुझे पकड़कर क्यों रोती हैं। लड़कियों की आदत ही ऐसी होती है।" कहते हुए बलवीर की आँखें भीग आईं।

गहरी नीली फुल पैंट और हल्के नीले चैक की कमीज पहने हुए वह खटिया पर बैठ गया। बेला गौर से देखती रही, उसकी तिरछी माँग। उजला माथा। सुतवाँ नाक के नीचे मूछों के रोम। अंडाकार ठोड़ी। लम्बे-लम्बे हाथ पाँव।

नाश्ता, शरबत देती हुई निहाल हो रही थी बेला।

"अब क्या पढ़ने वाला है तें?"

बलवीर मुस्कराया। और बोला–"बता, क्या पढूँ? क्या बनूँ?"

"हमारे कहने से बनेगा?"

"तें बता तो सही, जो बन पाऊँगा बन जाऊँगा।"

"वकील बनेगा?" बेला ने ऐसे कहा जैसे मजाक में कह रही हो।

"देखूँगा।"

शुगर सिंह के आने पर बलवीर ने अभिवादन में उसके पाँव छुए। गाँव की यही तहजीब है। इनसान के मुकाबले वहाँ रिश्ता बड़ा होता है। शुगर सिंह बेला का पति है।

फिर घर गाँव की बातें हुईं। प्रधानी के चुनाव पर चर्चा चली।

अपने गाँव लौटकर बलवीर ने ही एक मिडवाइफ को बेला के पास भेजा था। इस मिडवाइफ ने बेला को चैक किया था और शुगर सिंह के सामने कहा था–कौन कहता है कि यह औरत बाँझ है? यह तो सौ पूत जन दे।

बेला से ज्यादा खुश आज कोई नहीं था। वह अपनी खुशी किससे बाँटे? मन में ही लड्डू फोड़ती रही। आत्मविश्वास से बड़ा हौसला देनेवाला कोई नहीं होता। अब सारा जहान उससे बाँझ कहे, परवाह नहीं। आदमी को अपने मन में गुनहगार नहीं होना चाहिए। सबका सामना कर लेगी वह।

शुगर सिंह जैसे पुरुषों के पास औरत को दोषी ठहराने का अमोघ अस्त्र होता है। वह नहीं माना किसी नर्स या मिडवाइफ की बात। घूँस देकर बुलवा दी होगी इस औरत ने अपने पक्ष की बात। यह सीधी–भोली नहीं है जैसे कि औरतें होती हैं।

पति की बीमार प्रवृत्ति ज्यों–ज्यों खूँखार होने लगी, बेला त्यों–त्यों अपने लिए इनसाफ के रास्ते खोजने लगी। यह आदमी गालियाँ देता हुआ अपना जोर उसके बदन पर आजमाता है और अब भी बाँझ–बाँझ कहकर कान खाता है। आखिर इसकी मंशा क्या है?

एक दिन शुगर सिंह बोला–"दूसरी ले आऊँगा, तब देखना अपनी दुर्गति...अरे मर्द के लिए औरतों की क्या कमी? उन्हें तो पेट को अन्न, तन को कपड़ा और सिर के लिए छत चाहिए बस। जैसे गाय भैंस घोड़ी पाली, वैसे ही औरत...

"तें हिजड़ा, खसिया! दूसरी तीसरी चौथी ले आ। तेरी ही मूछें बारकर जाएँगी। वे गाय भैंस घोड़ी नहीं, औरतें होंगी। मेरी तरह की औरत जैसी औरतें।" बेला की दाँती बजने लगी। उसने शुगर सिंह को जोर से धक्का दिया।

शुगर सिंह हिंसक हो उठा। जिस शरीर को पुष्ट करने और पालकर रखने के लिए बादाम, छुहारे, दाखें और मिश्री की खुराक दी थी, उसी देह को चीरने–फाड़ने

की हद तक प्रताड़ित करने लगा। आज खून ही कर देगा बेला का...

"साली, एक लफ्ज भी बोली तो मिट्टी का तेल डालकर फूँक दूँगा।" शुगर सिंह के हाथ थरथरा रहे थे और चेहरे पर होंठों में फड़कन पड़ी हुई थी।

"अच्छा! तो अब चल पंचायत में। मैं सबके सामने सच्चाई बताऊँगी। बाँझ कहना भूल जाओ शुगर सिंह कक्का!"

अब घर में सन्नाटा था। आदमी-औरत के आमने-सामने ने पस्त होकर खामोशी की बारिश कर दी। पता नहीं कौन-कौन से भीतरी राग बाहर आकर भिड़ने लगे। वह पति था मैं उसकी पत्नी, यह तो बेला ने मान ही लिया था और वही सच था एकदम सच। इसके सिवा और था भी क्या? दुनिया के रिश्ते-नातों पर पक्की मोहर मानती हुई वह समाज के खूँखार विधानों की भेंट चढ़ती तो चली जा रही थी। ऐसे ही चलते जाना है...यही जिन्दगी है, मान जो ली है जिन्दगी।

'मगर क्यों मान ली है?' भीतर से पुकार उठती। बेला क्यों बिफर रही है? इस आधे-अधूरे आदमी को लेकर क्यों अपना ही अधिकार चाहती है? इस शादी-शुदा जिन्दगी से चिपके रहना ही उसका भविष्य है? रोटी, कपड़ा और मकान की पूर्ति? यह सब यहाँ मुफ्त में तो नहीं मिल रहा। वह दिन भर घर के कामों में जुती रहती है और रात को इस नपुंसक के झटके झेलना जरूरी हो जाता है क्योंकि वह हर रात अपनी मरियल मर्दानगी को औरत पर आजमाना नहीं भूलता और रोज ही पस्त हो जाता है। वह जीत के लालच में हार ही पाता है। हारकर कौन-सा आदमी हँसेगा-मुस्कराएगा? इसलिए रोजाना ही उसके गुस्से का शिकार बेला को ही होना है मानो बेला की नंगी देह देखकर ही उसके अंगों में सिकुड़न पड़ने लगती हो। मानो बेला का भरा-पूरा बदन उसके अवयवों को ढीला कर देता हो, मानो बेला को उसे उकसाने की इच्छा न होती हो...

बेला इस आदमी पर गुस्सा करे या दया?

दया का पात्र शुगर सिंह दूसरी औरत के सामने झोली फैलाना चाहता है तो फैलाये। भिखारी को एक घर से भीख नहीं मिलती तो दूसरी जगह जाएगा ही। और यह भी तय है कि भिखारियों की झोली कोई नहीं भर सकता कि उनका निर्वाह होता रहे।

बेला ने खुद को भी धिक्कारा। वह तो यहाँ आना ही नहीं चाहती थी। शुगर कक्का से ब्याह उसके लिए नरक था। अब इस रौरव नरक पर अधिकार क्यों चाहती है? अब कौन-सी सुनहरी छतरी तन गई है उसकी जिन्दगी पर? वह इस घर की राजरानी है या मजदूरिन? बच्चा पैदा नहीं हुआ, अगले ने औकात दिखा दी। अपनी ही जिन्दगी पर शर्मिन्दा हो उठी, यह कैसा पत्थर मारा औरत के सिन्दूरी लिलार पर? पत्थर खाकर भी यहीं रहना चाहती है बेला नाम की औरत, बिलकुल

उस गुबरैले कीड़ा की तरह जिसे अपमान, तिरस्कार और गालियों जैसी गन्दगी रास आ जाती हैं। क्या उसके आसपास रहती औरतें गुबरैला कीड़ा की आदत में ही जिन्दगी काटती है? शायद वे अपनी आदत की गुलाम होकर सुखी रहती हैं।

'बच्चा हो, बच्चा होना ही चाहिए' यही एक आवाज बेला के कानों में क्यों गूँजती है? बलवीर सुनेगा तो हँसेगा। बच्चे की बात सोचकर बेला को क्यों लगता है कि उसकी दुनिया बदल जाएगी? अम्मा की भी इज्जत रह जाएगी। मतलब कि दोनों माँ-बेटी शुगर सिंह को खुश करके ही खुश रह सकती हैं। शुगर सिंह यहाँ का मालिक जो है नपुंसक ही सही, पुरुष ही माना जाता है। इस मान्यता के आगे स्त्रियाँ कहाँ टिकती हैं। अब अम्मा किसी देवता कें आगे नहीं, शुगर सिंह के हाथ जोड़कर उसके चरण छूती है, दामाद जो ठहरा। वह दोनों स्त्रियों का पक्का संरक्षक बन गया। बेला भूले हुए सपने की तरह याद करती है, उन दिनों को जब वह और अम्मा पिता के मरने के बाद अपने संकटों से साझा लड़ाई लड़ रहे थे।

ब्याह क्यों होता है? वंशबेल बढ़ाने के लिए। औरत क्यों लाई जाती हैं, सन्तान पैदा करने के लिए। बेला पंचायत की बात करती है, पंचायत भी इसी नियम को मानती है। अपने मर्द की मरदानी ताकत पर उँगली उठाएगी तो बदचलन मानी जाएगी। क्या औरतें बेशर्म और बदकार जैसी गालियों से बचने के लिए पति की कमजोरी छिपाकर रहती हैं? इतने बड़े झूठ को ओढ़कर रहना उसके लिए बड़ा तकलीफदेह होगा।

बेला का नाम बाँझ! यह बात शुगर सिंह को चैन से सो जाने देती है? वह तो इस बाँझपन की असलियत जानता है। फिर भी बेला के सामने ही क्यों ऐसा समय घिरता आता है कि घर का कोना-कोना बच्चे की माँग करता दिखाई पड़े। वह क्यों हो जाती है निरी गुनहगार सी...कुदरत ने क्यों उसे आँचल और दूध बख्शा?

आगे।

"क्या समझीं तुम बिन्नू?"

मैं बेला बहू का मुँह जोहती हुई निरुत्तर।

"अरे बिन्नू, देख तो रही हो कि हर मर्द को औरत चाहिए सो ब्याह-शादी होती है। और हर घर को बच्चा चाहिए। न हमारा ब्याह होता, न बच्चा देने की माँग उठती और न हमारा नाम बाँझ पड़ता।"

'हाँ बेला बहू, हाँ!' बिन्नू ने जैसे मन ही मन कहा हो।

उनको कैसे बताऊँ कि बेला बहू तुमने मेरे भीतर की दबी-छिपी कितनी-कितनी ब्याहुलियों की कथाएँ जगा दीं। 'ब्याह और बच्चा' इस जुगलबन्दी को सुनकर कितनी यादें ताजा हो गईं...एक से एक बालिका वधुएँ!

'बेला बहू, मेरी बुआ की बेटी सावित्री थी जिसे मैं सब्बी बीबी कहती थी, वह

इस समय मेरे दिलोदिमाग पर दस्तक दे रही है। याद आ रहा है बीबी का विवाह! शादी के समय बीबी की उम्र तेरह वर्ष थी। लम्बी बेल की सावित्री अपने रंग-रूप में सिनेमा वाली नूतन जैसी लगती थी। और तब मेरी उम्र ग्यारह वर्ष की थी।

सब्बी बीबी का ब्याह मेरे सामने हुआ। वर पैंतालीस साल से ज्यादा का आँका जा रहा था। उसकी पहली पत्नी प्रसव के दौरान मर गई थी। उसकी बड़ी लड़की का विवाह हो चुका था। सब्बी बीबी के वर के बारे में जब मेरी माँ ने सुना तो उस विवाह में शामिल होने से उन्होंने साफ इनकार कर दिया। यह भी बताया कि यह दूल्हा बिन्नू के पिता के साथ छठी कक्षा तक पढ़ा था।

लोगों ने कहा उम्र में बड़ा है तो क्या, साढ़े तीन सौ बीघा खेती का मालिक है। गेहूँ और सरसों की फसल बिकती है तो तिजोरी धन से भर जाती है। आज लगता है बूढ़े वरों की वैवाहिक योग्यता ऐसी ही होती है, सम्पन्नता से जुड़ी हुई। और हम (मैं और सब्बी बीबी) थे कि उन दिनों गाय-बछड़ों के साथ खेला करते थे। पशुओं को नहलाना, सानी-पानी देना हमारा काम था। इसके अलावा उछलना-कूदना और मैदानों में निकलकर कौड़ी खेलना प्रिय शगल था।

खेलते-ही-खेलते एक दिन हुआ था सब्बी बीबी का ब्याह और मैं चकित बच्चे-सी देखती रह गई। होश आया, विदा के समय घर की औरतें रो रही थीं। सब्बी रेशम की लाल साड़ी में लिपटी, सोने के बड़े-बड़े गहने पहने हुए, झटका खाई सी फैली हुई आँखों से मुझे देखे जा रही थी। उसकी सूखी और अवसन्न नजरों से आज पहली बार मेरा सामना हुआ था। दहशत सी हुई कि यह बीबी का कौन-सा रूप है! शायद शादी का असली अर्थ न वह समझ पा रही थी, न मैं। और वह ऐसी ही हालत में विदा हो गई।

बाद में हम दोनों अलग-अलग रोए। मैं गाय-बछड़ों की उदास आँखों से जुड़कर और वह गाँव के सीवान से बिछुड़ते ही दहाड़ें मार-मार कर रोने लगी। इधर मेरी माँ यहाँ चली आई और मेरी बुआ (सब्बी की माँ) से लड़ने लगी। मुझे उस झगड़े में पता चला कि बीबी का ब्याह नहीं, अनमेल ब्याह हुआ है। सब्बी बीबी को तो अभी भी पता नहीं था कि उसके जैसे ब्याह को क्या कहते हैं? बुआ भी बहुत रो रही थी, सान्त्वना देनेवाला कोई नहीं था। बुआ ने रोते-रोते हलफ उठाया और सच्चाई बताई। सब्बी के पिता नहीं थे। सब्बी के चाचा ने उसका रिश्ता ऐसे घर वर के लिए कर दिया कि वह अपने पिता के हिस्से की खेती का हक कभी न माँगे। धन-दौलत में खेलती औरतें अपने हक आसानी से भूल जाती हैं।

अब सब्बी बीबी को भी क्या कमी? ठाठ की जिन्दगी है, ऐसा माना गया। मगर मायके का नाई जब बायना लेकर बीबी की ससुराल गया, वह डकराकर रोई। नाई से लिपट गई। नाई का कन्धा आँसुओं से भिगो डाला और बिछोह का अभ्यस्त दिल

पिघलाकर मोम कर दिया। नाई को तब छोड़ा जब यह मनवा लिया कि अगले ही दिन बहन उसके पास आ जाएगी।

बहन यानी मैं! यानी बिन्नू!

अपने तीन-चार जोड़ी कपड़े (फ्रॉक-अंडर वियर) लेकर मैं बीबी के पास पहुँच गई। सब्बी मुझे बड़ी हवेली जैसे घर में कीमती साड़ी पहने हुए मिली। उसके गले में भारी सीतारामी हार था और कानों में बड़े-बड़े झुमके। हाथों में दस्तबन्दों के साथ ही चूड़ियाँ। हमारी दिनचर्या में दिन के समय हम दोनों साथ रहते मगर जैसे ही रात होती, हम दोनों को अलग कर दिया जाता। बीबी को जब जीजा के कमरे में खींचकर ले जाया जाता और दरवाजा बन्द कर दिया जाता तो मैं सब्बी का खुला रुदन सुनती। मेरे कान बन्द किवाड़ों से जा चिपकते। विवाह का यह कैसा डरावना दस्तूर है? मैं काँपने लगती क्योंकि बीबी की करुण पुकार ऐसे उठती जैसे कासिम कसाई बकरी जिबह कर रहा हो। वह रोती, डकराती, मैं जागती और थरथराती। हे भगवन्, हम किस खूँखार के महल में आ गए हैं? मूँछोंवाले जीजा के कमरे में सब्बी का यह कैसा हाल है?

बीबी ने यथाशक्ति मुझसे सब कुछ छिपाना चाहा लेकिन पक्की दोस्त के नाते वह बहुत कुछ बता डालती। जो कुछ जाना-समझा उसका हल यही निकाला-मैं कभी ब्याह नहीं करूँगी। ऐसी दरिन्दगी भरी शादी को अच्छा और पवित्र क्यों माना जाता है? माँ भी कहतीं-'इसमें धर्म कहाँ है? बरात लेकर आनेवाले लोग कितने अन्यायी थे।' और मैं मन ही मन जोड़ती-'जीजा कितना राक्षस है!' फिर बारह साल की उम्र तक मैंने समझ लिया कि लड़की का ब्याह कैसे भी आदमी से हो सकता है।

'हाथ कंगन को आरसी क्या?' कुछ दिन बाद ही मेरी सहेली शिवदेवी की बरात आ गई। दूल्हा एकदम बूढ़ा आदमी था। वह जब विदा हो रही थी, मेरी आँखों में आँसुओं की जगह दहशत के नजारे तैर रहे थे-सब्बी बीबी की ब्याहता रातों के क्रूर भयानक दृश्य और मेरे कानों में शिवदेवी की मर्मान्तक आवाज गूँजती और सीने तक फैलती चली जाती। मैं हौल की मारी चार दिन तक स्कूल नहीं गई। जब भी जाने की सोचती तो मोतीलाल मास्साब का दाँत झड़ा चेहरा याद आ जाता जो शिवदेवी के दूल्हे की याद दिलाता।

मैं कब तक स्कूल न जाती? उन्हीं दिनों रामदेई चाची की बहन शकुन्तला का ब्याह पचास वर्ष के नत्थूराम से तय हो गया। माँ किसी से कह रही थीं, लड़की के भाई ने बहन का मोल भरा है। बहरहाल नेग-शगुन होने लगे। ढोलक बजाकर गीत गाए जाने लगे। एक गीत जो आज तक मैं नहीं भूली वह सब्बी बीबी से होता हुआ बेला बहू की कहानी तक ज्यों का त्यों आता है :

'बिन मेल बिगरि गयौ खेल / बूढ़े के संग जोड़ी ना मिलै
बारह बरस की मैं मेरी बहना / बासठ के भरतार
तो से पिता कहूँ कि भरतार / लगै मेरौ बाबा सौ...

मवेशी तो बिकते हैं, शकुन्तला मवेशी की तरह बिक गई! विक्रेता अक्सर गरीब लोग होते हैं और लड़की उनके लिए बड़ा बोझ होती है। बोझ की कीमत मिले तो सोने में सुहागा। छोटी उम्र की लड़कियाँ आसानी से बिक जाती हैं, ग्राहक भी ज्यादा लगते हैं। कारण कि कमसिन लड़कियों को अपनी तरह ढाला जा सकता है।

यौन आनन्द और वंशवृद्धि के लिए आदमी को औरत चाहिए, मगर गर्भ के नाम पर सब्बी बीबी जीरो साबित हुईं। पति की उम्र ढलान की ओर थी और बीबी थी उसे सम्मिलन के लिए मनचाही छूट नहीं देती थी। मेरी बहन इसी अपराध में गाय-भैंस की तरह पिटती। हारकर जीजा ने पुत्रेष्टि यज्ञ का आयोजन कर डाला कि सब्बी का मन पवित्र रहे और सन्तान का योग बने। यह सब हो रहा था कि मेरे सामने चौदहवर्षीया शिवदेवी गर्भवती के रूप में बड़ा-सा पेट लेकर आ गई। यकायक मेरी चीख निकल गई।

इधर सब्बी ने यज्ञ में आहुति क्या डाली वह तो बाँझ होती चली गई है, लोगों ने कहा। यह किताबें पढ़ने लगी है। घर का हिसाब-किताब खँगालती है। सच में बीबी ने जब जीजा से पूछा कि-'तुम्हारे बराबर की कोई औरत मेरी जगह होती तो अब तक बच्चा हो जाता न? मुझसे शादी क्यों की?'

'बात कुँआरी औरत की थी।' जीजा ने असलियत खोल दी।

बीबी किताबी भाषा में बोली-'तो मेरे कुँआरेपन की सजा मुझे मिली है?'

बस यहीं से सब्बी की वह यात्रा शुरू हो गई जो उसके विनाशपूर्ण जीवन के खिलाफ थी। उसने भय त्याग दिया, खानदान की मर्यादा का खयाल छोड़ दिया। अपना उठना-बैठना उन लोगों के बीच मुकर्रर कर लिया जिनको छोटी जातियाँ माना जाता है। वहाँ बैठकर लोगों से कहा करती-'दौलतवालों की इज्जत बड़ी नरम मुलायम होती है जिसे औरत चाहे तो बाएँ हाथ से ढहा दे।'

जीजा कोहराम मचा रहे थे। घर-परिवार कह रहा था-'आदमी बूढ़ा हुआ जा रहा है और यह मस्तानी गाय-सी पूँछ उठाए फिर रही है।'

उनकी समझ में नहीं आ रहा था कि सब्बी बीबी वैवाहिक सुख और सन्तान से मिलनेवाली सन्तुष्टि की ऐसी छीछालेदर क्यों कर रही है? रामायण, महाभारत की तमाम पुण्य-कथाएँ हैं और यह बेशर्म उन देवियों को ललकार रही है। फरसे-कुल्हाड़े तैयार करो। बन्दूक में कारतूस भरो। अभी काम तमाम हो जाएगा इस बदजात औरत का।

मगर तभी, गड़रियों के मोहल्ले से खबर आई कि वे लोग ग्राम प्रधान के लिए सब्बी को उम्मीदवार बना रहे हैं।

इक्कीस वर्ष की सब्बी माँ नहीं बनी क्योंकि उसने विवाह को ही स्वीकार नहीं किया... घर-परिवार बनाना औरत की जिम्मेदारी है, मजबूरी तो नहीं। बुआ चिन्ता में डूब गईं कि सब्बी अब ससुराल में नहीं लौट पाएगी। जीजा ने ऐलान कर ही दिया–'कुल्टा औरत का उनके घर क्या काम? रत्ती भर भी भरोसा नहीं रहा 'पत्नी' पर।' और मेरी माँ कहतीं–'सब्बी कभी भी हमारे यहाँ आ सकती हैं।'

बेला बहू, तुम्हारा शुक्रिया कि कितनी औरतों की त्रासद कथाएँ तुमने याद दिला दीं।

बेला बहू का प्यार

यह दूसरे दिन की बात है, जब बेला बहू ने अपनी जिन्दगी का अगला अध्याय खोला। उनके चेहरे पर कई-कई स्मृतियाँ दर्ज थीं क्योंकि आँखें घटनाओं से लबरेज-सी कहीं किसी दूर बिन्दु पर एकाग्र हो जातीं बार-बार। लग रहा था कि वे रात-भर सोई नहीं हैं। जुगाली करती रही हैं। जुगाली पशु ही नहीं करते, मनुष्य भी करते हैं फर्क सिर्फ खाये हुए और भुगते हुए का होता है, पचाते दोनों ही हैं।

"बिन्नू!" बेला बहू ने आवाज दी।

"हाँ! हाँ, बेला बहू..."

"समझ लो कि जब बच्चा होकर दिया ही नहीं, तब शुगर सिंह ने एकदम ही गर्दन डाल दी। उसके शरीर का अंश-सा सुत गाया। रात के समय हमारे साथ लेटा घंटों अपनी मर्दानगी और हमारी नंगी देह से जूझता रहता। झींकता, खिसियाता और फिर हमको ही दोष देने लगता कि-'औरत उकसाये तो मरा मर्द खड़ा हो जाता है।'

"मरो तुम शुगर कक्का!" बेला के मुँह से निकल गया। यह सब शायद इसलिए कि बेला औरत की तरह शुगर सिंह को प्यार नहीं कर सकी। बेला ने खुद सोचा। लेकिन औरतें तो कहतीं हैं बच्चा रह जाने और प्यार करने में आपसी सम्बन्ध नहीं होता। बच्चा तो बस देह के सम्बन्ध से हो जाता है। औरत की बिना इच्छा के ही जनमते हैं बच्चे, जबरदस्ती के।

"शुगर कक्का, इलाज तो चल रहा है न। दवा असर करेगी।" बेला को तरस आ जाता था। इतना कहने पर शुगर सिंह करवट लेकर सोने की कोशिश करता। जागा रहता तो बेला को सीने से लगा लेता। फिर खुद न आजमाता, न जद्दोजहद करता। बेला की पीठ पर थपकियाँ देकर उसे बच्चे की तरह सुलाता रहता। बेबस मर्द देखना हो तो कोई शुगर कक्का को देख ले।

शुगर सिंह ने ऐसे ही वक्त अपनी रिश्तेदारियों के चर्चे किए थे। इन्हीं चर्चाओं के बीच अपने एक रिश्तेदार की तमाम खासियतें बेला को बताई थीं। उनका बड़प्पन, उनका दयालू मिजाज, उनका हमदर्द स्वभाव, उनकी हैसियत, उनका रसूख, उनका गाँव, उनका परिवार, उनका इलाका, उनका दबदबा, उनका राजनैतिक स्तर।

ऐसी बातें करते हुए बेला को लगता, शुगर कक्का इतने खराब नहीं हैं, जितने उसे लगते हैं। बच्चे को लेकर भी इतनी मुसीबत नहीं करना चाहते जितनी अड़ोसी-पड़ोसी करा देते हैं। वैसे अगर आदमी में कोई कमी रह जाए तब क्या वह आदमी नहीं होता? शुगर कक्का की गलती भी क्या है? वे नाहक ही शर्मिन्दा होकर गुस्से में फूट पड़ते हैं। शुगर सिंह किससे अपनी कमजोरी को छुपाते हैं? छिपाकर क्या छिपा पाए हैं? बेला को बाँझ कहकर भी लोग असलियत समझने से दूर नहीं हैं। शुगर सिंह यह बात जानते हैं और यही जानकारी उनको चींथे खाती है। फिर अपनी कुढ़न की आग ऐसे पति अपनी पत्नी पर ही उड़ेल देते हैं कि वह भस्म हो जाए। अम्मा दबी जुबान से कहती है, इस गाँव में शुगर सिंह की पहली पत्नी की मौत की दास्तान वह नहीं है, जो बेला के गाँव में चलती है कि वह बुखार आकर दो दिन में मर गई। कहानी तो यह है कि एक तान्त्रिक आया करता था जिसका तन्त्र-मन्त्र उस औरत के बाँझपन को दूर करने के लिए चलता था। बताया गया कि वह नदी नहाते समय डूब गई।

शुगर सिंह इस बात को सुनेगा मगर झेल नहीं पाएगा कि वह तान्त्रिक उस औरत को लेकर चम्पत हो गया, अब तक उसका पता नहीं था। मगर सुना है कि अब उम्मरगढ़ के मेले में वह उस तान्त्रिक के साथ देखी गई और उसके दो बच्चे भी। एक छह साल का दूसरा चार साल का।

शुगर सिंह के घर ऐसे महूरत क्यों घटित होते हैं कि सूनी और असगुन भरी घड़ियों के बीच कोई ऐसा देव-पुरुष प्रकट हो जो स्त्रियों का स्वप्न पुरुष बने।

तान्त्रिक के बाद भारत सिंह !

भारत सिंह, जिनके बारे में शुगर सिंह ने बेला को ऐसे बताया है जैसे राम ने सीता को सुनसान बनी में कंचन मृग दिखाया हो-ये सोने का मिरग बनी में चरने आया है...श्री बैदेही करति परेखा/ऐसा मृग मैंने नहि देखा.../मारो दीनदयाल मिरग मेरे मन भाया है...

स्वर्णमृग! भारत सिंह ने आते ही आँगन में उजाला फैलाया। टैरीकोट का सफेद कुर्ता और महीन वायल की धोती। खरी गोरी रंगतवाला पैंतालीस साल का लकदक आदमी। दरमियाना कद। इकहरा बदन। तीखे नैन-नक्श। छोटी कटी काली मूँछों के बीच लाल होंठ। बेला ने घूँघट उठाकर नजर भर-भरकर देखा। आँखें उनको हर जगह पिछियातीं।

बेला और शुगर सिंह का घर जो एक-दूसरे के लिए दोषों का अँधेरा खजाना बना हुआ था, जो आसपास टटोलकर भी रास्ता न पा रहे थे, जहाँ लगातार बवंडरों के मौसम उतरे थे, जहाँ बेला की अम्मा कुत्ते की दर पर ढकेली जा चुकी थीं...

मनुष्य के लिए तमाम तरह के गर्त सामने थे, यह घर के नाम पर एक नपुंसक,

एक बाँझ और एक विधवा का घर था।

भारत सिंह उम्र में शुगर सिंह से शायद एकाध साल बड़े होंगे। वह उनको दादा कहता था। जब तक वे नहीं आए थे, बेला ने अपने मन में उनकी काल्पनिक छवि उतार रखी थी–दादा, यह कोई सफेद सिरवाला आदमी होगा, जिसकी कमर झुक गई होगी और जिसके झुर्री पड़े चेहरे पर सफेद मूँछें होंगी। बेला का मन बुजुर्ग के सम्मान से जुड़ गया था। अब तक कई लोग आए और गए हैं बेला के ब्याह के बाद। गृहस्थी बसती है तो पाहुने आने लगते हैं। पाहुने आते हैं तो घर का अकेलापन परिवार में तब्दील हो जाता है। बेला के आने से, एक स्त्री के आँगन में पाँव रखने से घर-संसार सजने लगा था।

यह अलग बात है कि इस भरी-भरी दुनिया में अब भी तलाश आँखों के रास्ते निकलने की चाह में रहती थी। ''घर-परिवार बस जाने से स्त्रियों के मन का संसार भी बस जाए, यह जरूरी तो नहीं,'' बेला बहू कहा करती हैं।

यों तो पाहुने के आने पर गृहणियाँ अपनी वेशभूषा का भी ध्यान रखती हैं। बेला ने भी हरे रंग की साड़ी पर पीले रंग की छींटवाली राजस्थानी पोशाक पहनी थी, साथ में पीला ब्लाउज।

चेहरे पर घूँघट था। घूँघट में दो आँखें!

आँखें चंचल थीं क्योंकि घूँघट में अपनी मर्जी की मालिक थीं।

पाहुने आएँ-जाएँ तो घूँघटवाली बहुएँ उन्हें कैसे देखें? वे देख लेती हैं, हाथ की दो उँगलियों को आँखों पर घूँघट का झरोखा बनाकर। पाहुनों को जाँच-परख लेती हैं अपनी दूरबीनी निगाहों से। वे अपने संकल्पों से संचालित होती हैं या पर्दे के ठेकेदारों से डाल-डाल और पात-पात का खेल खेलती हैं...किसी को कैसे ज्ञात हो कि उनका झरोखा किस राहगीर पर सम्मोहन की मूठ मार रहा है?

असम्भव में सम्भावना खोजना तो कोई इन बहुओं से सीखे। सारे लोकगीत कहते हैं, आकर्षण का अदृश्य अबीर अवगुंठन की राह आया। पता नहीं ये दबे-ढके नयन कहाँ-से-कहाँ तक की यात्रा पर निकल जाते हैं और फिर कितने सन्देशे ले-देकर लौट आते हैं, अपने ठिकाने। इस सम्बन्ध में कितना कुछ है, खुद में फूलने-फलने का मनभाया संसार। अपनी चाहने की दुनिया, सम्भावनाओं के सपने। बेला ने यह बात जिस एक लेखक को बताई थी, उसने कहा–'बेला बहू यह प्रकृति और पुरुष का अटूट सम्बन्ध है।' बेला को यह झरोखा उस अत्याचार के विरुद्ध अपनी प्रतिक्रिया लगता है, जिसमें बहुओं को कपड़ों में तोप देने का नियम है।

यहाँ तो बेला के साथ ऐसा घटित होने लगा जैसे बरसों से बाँधी हुई जलधारा अपने तटबन्ध तोड़कर दोगुने वेग से बहना चाहती है। वह नवागन्तुक के स्वागत में

जलधारा होने लगी। इसी आदमी के हृदय में शुगर सिंह सागर जैसी विशालता बताता है। मगर यहाँ तो जलधारा को सोखने के लिए धधकता चूल्हा तैयार था। धुँधलाते चौके में पतीली में तरकारी, भगोने में खीर बनाते हुए धुँए का ऐसा गुबार छाया हुआ था कि पाहुने की छवि धुँधला गई। ऊपर से खाना परसने का जिम्मा अम्मा का रहा।

शुगर सिंह और अम्मा की पहरेदारी बेला के पतिव्रत के रक्षण के लिए कड़ी-से-कड़ी होती जा रही थी कि वह आँखें खोलकर भी नजरें नहीं मिला पा रही थी।

उसने खुद से पूछा–"क्यों देखना चाहती हूँ पाहुने को? इसलिए कि यह पता चले कि करुणापूर्ण हृदय का स्वामी कैसा होता है? हमदर्दी भरे इनसान का चेहरा कैसा होता है? उसके लिए तो ये भावनाएँ अजूबा ही रही हैं। अगर बलवीर भी न होता तो वह अपने कंठ में रेत भरकर मर गई होती।

अब भारत सिंह खाना खाकर हाथ धोने पनारे (मोरी) पर आ गए। बेला बड़ी फुर्ती से पानी भरा लोटा लेकर उनकी ओर बढ़ी मगर अम्मा ने उससे भी ज्यादा फुर्ती दिखाई, अधबीच ही लोटा पकड़ लिया और हाथ धुलाने का काम सम्पन्न कर डाला। रोक-बाँध, काट-छाँट, खोदा-खोदी...आखिर उससे कितने डरे हुए हैं ये लोग? क्या इनको उसके इरादे कुछ और ही लगते हैं? विवाहिता को आजाद होने की रत्ती भर छूट नहीं है। विवाहिता क्या, हर उस लड़की पर पहरे इसलिए ही होते हैं कि वह नदी, हवा और बेल जैसी आजाद तबीयत वाली हुआ करती है।

बेला को लगा उसे किसी ऐसे का ही इन्तजार था। ऐसे ही देवपुरुष जैसे सुदर्शन आदमी का या आदमी जैसे देवपुरुष का। बहुओं का मन फिर उसे कचोट गया। कितनी ही पर्दाधारिणी होंगी जिनका मन पुरुष को देखने का करता होगा। यह कोई मर्यादाहीन इच्छा नहीं, यह तो अपनी खुदी को ललकारने की मुहिम है कि पर्दे के बाहर आओ, देखो कि दुनिया में क्या-क्या है? कानों के ऊपर से घूँघट का पर्दा हटाओ, सुनो कि धरती से आसमान तक कितनी आवाजें हैं। जब इनसानों से लेकर पाखी-पखेरुओं तक की चाल और उड़ान नजर आएगी तो तुम्हारी आवाज भी खुल जाएगी खुद-ब-खुद। कुछ रोगी, अज्ञानी और इनसानियत में नाकाबिल लागों ने तुम्हारे ज्ञान-बिन्दुओं को ढँककर दबाये रहने का हुक्म जारी किया है क्योंकि तुम से उनको अपने वर्चस्व के लिए खतरा लगता है। उनके लोभ-लाभ में विघ्न आते हैं। उनका अहंकार हारने लगता है। बेला ने सोचा–उसके आस-पास ही नहीं, दूर-दूर तक न जाने कितने शुगर सिंह लड़कियों के बचपन को रौंदने पर आमादा हैं। कितने पति रूपी पुरुष स्त्री रूपी प्रकृति का खात्मा कर रहे हैं और बेलाओं को पूरी तरह नष्ट...

बलवीर और बेला की टोली का ही हौसला था कि शुगर सिंह के साथ गाँव के रिवाजों की दुहाई देनेवाले लोगों को दो साल तक ब्याह के लिए छकाती रही।

माना कि एक बिन्दु पर आकर उसकी जिद खेत रही, लेकिन वह जाँबाज मिजाज तो आज तक जिन्दा है और उसी के दम पर वह भी खड़ी है।

भारत सिंह, इस घर के पाहुने! बेला की आशाओं के स्तम्भ, शुगर सिंह की बीमारी नहीं, इस घर की औरत के वजूद से चिपटे रोगों का निवारण करेंगे, ऐसा क्यों लगता है? शायद बेला ऐसी स्थिति में है कि मुँडेर पर बैठे कागा, तोता भी भाई-बन्धु सरीखे दिखते हैं। है न डूबते को तिनके का सहारा?

भारत सिंह, इस घर के पाहुने! बातें तो शुगर सिंह की बीमारी को लेकर ही अम्मा से कह रहे थे, मगर लग रहा था जैसे उनका हर वाक्य शुगर सिंह की ब्याहता को सम्बोधित है। घूँघटवालियों से, पर्दानशीनों से परपुरुष ऐसे ही गोपनीय रूप से बातें किया करते हैं। यह भी औरतों के बीच का ही मसला है नहीं तो भरे-पूरे खानदानों के बीच औरत के लिए जो सुनसान बनता जाता है, वहाँ जिन्दा रहना मुहाल हो जाए। ऐसे निर्दयी आँगनों में कोई भारत सिंह उतरते हैं, जिन्हें औरतें नजर भर देखकर निहाल हो जाती हैं। बेला पाहुने से जुड़ती चली जा रही थी कि वे शुगर सिंह के घावों को देखते और बेला की हमदर्दी घिनियाने लगती। वे पति को धीरज बँधाते, बेला आश्वस्त होती। उनकी करुणामयी आँखें घूमतीं, वह कृत-कृत्य हो उठती। यकायक इस नफरत और लांछन भरे आँगन में रंजिश की कीचड़ के बीच बेला की आँखें कमल की पँखुड़ियाँ क्यों होने लगीं? ऐसा भी होता होगा कि दलदल में फँसे किसी निरपराध के लिए कोई अपना हाथ बढ़ा दे, लेकिन यहाँ तो यह भी नहीं पता कि निर्दोष कौन है और जिससे वह हाथ बढ़ाने की उम्मीद बाँध रही है, उसकी नजर में बेला क्या है? शुगर सिंह की पत्नी? गठबन्धन में बँधी ब्याहता? धरती की तरह कब्जे में आई औरत? या मौज-मस्ती में चीरफाड़ के लिए मिली प्रकृति की सुन्दरता?

यह सुन्दरता उदास है। औरत परेशान, ब्याहता छटपटाती हुई और पत्नी अपने गठबन्धन पर क्रुद्ध। ऐसी अवस्था में छोड़कर पाहुने चले गए। अम्मा उनका झोला लिए संग-संग चली जा रही थी। कैसे पूछे बेला कि कब आओगे? कब उतरोगे इस आँगन में...मेरी अपनी रची दुनिया के रेशमी सूत्र छिन्न-भिन्न होते गए। यह तो औरतें ही जानती हैं कि जिस घर में भारत सिंह जैसे पाहुने आते हैं उनसे सबसे ज्यादा लगाव घूँघट-पर्देवाली बहुओं का हो जाता है। अपने व्यवहार में खातिरदारी, सेवा भाव, साधन-सुविधा अर्पण करनेवाली निर्वाक् पूछती हैं-फिर कब आओगे...? भले ही पाहुने उन्हें चेहरे से पहचानें तक नहीं...

अब तो यह हाल था कि शुगर सिंह की बोली भी मीठी लगने लगी क्योंकि उसकी जुबान से भारत सिंह दादा का नाम छलकता था। क्या हुआ बेला को? क्या वह पति के साथ रहती हुई इतनी अकेली थी कि भारत सिंह नाम का आदमी उसके

साथ-साथ रहने लगा। सोते-जागते साथ-साथ। वे जिस चारपाई पर सोये थे, बेला ने उसी को अपना बिस्तर बना लिया। वे जिस थाली में खाते थे, वह उसी में खाने लगी। वे जिस पीतल के लोटे से जल पीते थे, उसी से प्यास बुझाने लगी बेला।

वह प्रेम दीवानी या दर्द दीवानी? मीराबाई के पद कक्षा में पढ़े थे बेला ने और राधारानी के भजन कीर्तन मंडली में बैठकर गाये थे। इस अवस्था में महसूस हुआ कि दर्द में जब होश गुम हो जाता है तब किसी का अपनापन पाने के लिए आदमी दीवानावार हरकतें करने लगता है।

एक अन्तर आया। अब शुगर सिंह से न घृणा, न विरोध, न बैर, न गुस्सा। बस दया आए जाती। उसने ऐसा क्या किया जो मर्द नहीं किया करते हैं? शुगर सिंह ने रीति-रिवाज वाले ही व्यवहार दुहराए। पत्नी से प्यार (रति) करना और उसके लिए सख्ती करना पति का हक है। हमारी परम्पराएँ देवताओं के हृदय से निकली हैं, इसलिए इन्हें खंडित करने का पाप औरतें भी नहीं लेना चाहतीं। बेला को वह कथा अम्मा ने भी तब जरूर सुनाई है, जब वह शुगर सिंह की सेवा से विमुख हुई। सती शांडिलनी अपने कोढ़ी पति को उसकी इच्छा के लिए अपने कन्धे पर बिठाकर वेश्या से मिलाने ले जा रही थी। उसने सूर्य को भी काबू में कर लिया था। सती का तेज ऐसी ही पतिव्रताओं में पैदा होता है। ऐसी तेजस्विनी को ही पुण्य मिलता है।

सब कुछ स्वीकार था बेला को।

मगर एक पाप दिल से लगा था-कब आओगे पाहुने? तुम्हारी छाया लेकर सोती हूँ। तुम्हारा खयाल मुझे जगाता है। मैं तुम्हारे लिए ही शुगर सिंह के घावों को जिन्दा रखना चाहती हूँ, सहलाकर, पालकर। ये घाव ही तो मेरे दूत हैं, तुम तक सन्देश ले जाने वाले। तुमने अपना अक्स दिखाकर मुझमें गजब की तब्दीली कर डाली। मैं नए सींगोंवाली उठान बछिया थी, अब सीधी-सादी गऊ हो गई।

"तुम्हारे दादा कब आएँगे शुगर कक्का?" बेला अभी तक शुगर सिंह को कक्का ही सम्बोधन करती थी।

"कल ही तो।"

फिर तो आँखें और रास्ता। पाँव और गली। दिन की लम्बाई की नपाई।

अम्मा खिड़की-दरवाजे बन्द करती फिरी-"पागल हो गई है बेलिया। देख नहीं रही शुगर सिंह लाला तेल की झार बरदास्त नहीं कर पा रहे। किसके लिए ज्यौनार बनाने चिपटी है?"

बेला कहाँ सुननेवाली थी। उसके कानों में तो भारत सिंह की पदचाप का इकतारा बज रहा था। वह तो पीतल की कसैंड़िया माँजकर कुएँ का ताजा जल भर रही थी। वह तो हल्दी-बेसन का उबटन बनाकर मुख पर लगानेवाली थी। आँखों में काजल आँजेगी। सुहाग के लिए ही नहीं होता है शृंगार। अपने ही मन की उमंग,

तरंग और प्यार की छाँव में शृंगार सजता है। लग रहा है कि पाहुने उसके लिए इतनी जल्दी लौटे हैं। नहीं तो दिल की धड़कन ढोल-मजीरे क्यों बजाने लगी?

पाहुने लौटे हैं। उसका दिन दमकने लगा, मन में रोशनी बिछ गई सुनहरे गलीचे की तरह, पाहुने इसी पर होकर गुजरेंगे।

बेला धरती पर बैठी-बैठी मर जाएगी। आँखें नहीं खोल पा रही। चकाचौंध करनेवाली किरणें आस-पास हलचल मचा रही हैं और कानों में मिलन की मीठी लय गुनगुना रही हैं।

वह कोशिश करके उठी।

पाहुने के हाथ-पाँव धुलाने के लिए जल भरा घैला (पीतल का छोटा घड़ा) लेकर चली तो लगा जैसे उमंग उत्साह आम के बौर से समूचे बदन में भर आए हैं। किसी की परवाह न करनेवाली बेला क्या कर रही है, किसी को दिख नहीं रहा।

पाप कर रही है गाँव की तमाम औरतों की नजर में। अपराध कर रही है तमाम पुरुषों क हिसाब से। कि वह अपना ही प्रेमगीत रचकर उसमें स्वर भर रही है? दिल का मृदंग ढफ-ढफ बज रहा है।

पाहुने पनारे (मोरी) पर रखे बड़े-से पत्थर पर अपने पाँव टेके हुए हैं और वह लोटे से उन पाँवों पर जल की धार छोड़ रही है। पनघट पर किसी गैलारे (मुसाफिर) की प्यास बुझाकर मन मगन हुई हैं बेला जैसी औरतें। पाप करके मन आह्लादित होता है स्त्रियों का?

बेशक! हाथ धुलाने के लिए झुकी घूँघटवाली बेला के मुखड़े के सहज दर्शन हो गए पाहुने को। लोटा कब का रीत गया, हाथों का धुलना शेष रह गया। पाहुने की नजरों ने इस सुमुखि के दर्शन से हटना अख्तियार नहीं किया। देखा-देखी के कार्य व्यापार में मन्द गति आ गई। पुरुष का यह मिलन बेला की प्रकृति पर ठहर गया।

फिर तो कटीली आँखें, बाँकी चितवन का आपसी सम्मोहन लीला रचने लगा। किस आग का, किस ताप का, किस ठोस का, किस द्रव का असर इस युवती के भीतर का रंग बदलता जा रहा है, वह कहाँ जानती थी?

एक प्रौढ़ आदमी की आँखों में नवयुवती को देखकर जो चमक जागी थी, हो सकता है वही शुगर सिंह की नजरों में उठी हो। लेकिन फिर भी बड़ा अन्तर था और अन्तर बेला के अपने ही दिल का था। अन्तर ब्याहता और जोगिन का था। यहाँ एक ऐसे विरोध का रिश्ता था जो विरोध के साथ खड़े होनेवाले साथी के साथ जुड़ता है।

फिर क्या था, खाते-पीते उठते-बैठे साँझ हो गई।

बेला का मन...रात हो जाए तो आँगन में चाँद उतर आए। सितारे झिलमिलाएँ।

तभी! तभी माहौल ने करवट ली। अम्मा रूपी परी ने चुड़ैल का रूप धारण कर लिया और बोली–"लाओ, पाहुने का झोल्ला। रात हो जाएगी फिर।"

सतधारी देवता, भारत सिंह! इनकी माया को कोई बेला जैसी युवती ही समझ सकती है। इन आँखों में आकर्षण के बादल घुमड़ रहे हैं। बेला रूपी चुम्बक लौहपुरुष को खींच रही है। वे उठते नहीं। रात गहराती हुई, देखना चाहते हैं।

आज बेला बहू हँसकर कहती हैं–"अरे ऐसी कहानियाँ तो समझो कि घर-घर में घटती रहती हैं। यह कोई अजूबा थोड़ेई है कि लोग इसे सुनकर चौंकें।"

बेला अपना घूँघट सरकाती, तब तक पाहुने उसका पर्दा उलट देते। और फिर क्या कुछ न लुटा दें–वाली अदा उसके सामने बिछा देते।

बस ऐसे ही पतिव्रत का सत्यानाश हुआ। शांडिलनी सती वाला तेज अपने लिए भ्रष्ट कर डाला। अम्मा की निगाह में सारा मामला आ गया और माँ ने बेला का नया नाम रंडी और वेश्या रख दिया।

पाहुने यों तो एहतियात बरतते। आँगन में आते ही हल्का-सा खाँसते बुजुर्गों का रिवाज निभाते हुए कि बहू पर्दा कर लें। बेला ने इस सद्नीति को समझ लिया कि पुरुषों की दुनिया में लोग मर्यादा-पुरुष होते नहीं, दिखते जरूर हैं। दिखने के लिए बिना चतुराई के कुछ नहीं हो सकता। पाहुने ने सदा शुगर सिंह का लिहाज बरता क्योंकि वह बेला के पति का ओहदा लिए हुए था और उसकी पत्नी तक पहुँचने का रास्ता लिहाज के प्रदर्शन से होकर ही जाता है।

पति की बीमारी बढ़ी या पाहुने और बेला की आसनाई?

दवाएँ जरूरी थीं या बेला से नजदीकियाँ?

छह महीने बाद ही पाहुने ने शुगर सिंह को नेक सलाह दे दी कि अब वे शुगर को मय पत्नी के अपने गाँव ले जाएँगे। यहाँ उनका जल्दी आना-जाना हो नहीं सकता। वहाँ इलाज की भी सुविधा होगी।

नेकी और पूछ-पूछ? जिस प्रस्थान को शुगर सिंह भारत सिंह का उपकार मान रहा था, उसी को बेला अपने लिए अनारकली का रुतब्रा समझ रही थी। और पाहुने की क्या पूछो, वे तो अपने बेकरार दिल का चैन लिए जा रहे थे।

खुली आँखों का सपना! एक नई दुनिया।

पाहुने की हवेली। जिसकी ऊँची अटारी। जिसके द्वारा पर दरबान। चौपाल का चबूतरा क्या था रंगीन पत्थरों से बनाई गई अल्पना का बेजोड़ नमूना। चित्रकारी पर पाँव धरती हुई बेला अन्दर पहुँची थी। राजघराना ऐसा ही होता होगा। हैसियत की

ऊँचाई यही होती होगी। आस-पास लोग बहुत। व्यवहार में जुहार बहुत।

हवेली के कोने-कोने से आती भारत सिंह की आवाज को बेला शिद्दत से महसूस करती-'रानी बेलावती, तू ही मेरी मनचाही स्त्री है। मैं तेरे लिए सारे सुखों की बरसात कर दूँगा। कहे तो अपनी जान की बाजी लगाकर...! तू मेरी रहेगी, शादी शुगर सिंह के साथ हो गई है तो क्या? तुझे तो मेरे लिए ही जन्म मिला है।'

भारत सिंह के घर में काम करना बेला के लिए खास तरह का सुख था। जो जिसके काबिल होता है कभी-न-कभी उसे वही मिल जाता है। भारत सिंह की पत्नी ने उसका खूब स्वागत किया। बीमार पति की सेवा में संलग्न अर्द्धांगिनी बेला अतिरिक्त सम्मान की निगाह से देखी गई और बेला भी बड़े मनोयोग से घर के कामों का बोझ उठाती। जल्दी-से-जल्दी घरवालों के करीब आ गई। पाँच भाइयों की शामिल गृहस्थी में दो-चार बाहर के लोग भी अपनेपन से शामिल थे।

सबसे निकटता, मगर पाहुने दूर होते चले गए।

भारत सिंह अपने कामों में इस कदर व्यस्त कि मिलना तो दूर परछाईं भी दर्शन न दे। बेला की कोशिशें लगातार निष्फल होती जा रही थीं।

उसे आश्चर्य भी होता, शुगर सिंह के घर जो बेला से हिलककर मिलते थे, उसको अँकवार में भरकर प्यार करने के लिए आतुर रहते थे। मौके निकालते थे, यहाँ इतने पास रहकर भूले-भटके भी नहीं मिल पाते। वह यहाँ क्यों आई है? क्या भारत सिंह का राजपाट देखने आई है? या इस हवेली की सम्मानित नौकरानी बनने के लिए चली आई? रोटी-कपड़ा की कमी तो उसके अपने घर में भी नहीं थी। प्यार की दौलत लुटानेवाले पाहुने यहाँ आकर एकदम कंगाल भारत सिंह कैसे हो गए?

एक बार पास होकर गुजर गए तो ऐसे, जैसे वे इस औरत को जानते नहीं...बेला इसे दुख माने या अपना अपमान कहे? मरजाद यहीं क्यों याद आ रही है?

इस तरह तीन महीने बीत गए। इतने दिनों में दिनभर काम, सेवा और टहल और रात को शुगर सिंह की बीमारी की तकलीफ के साथ जागना...सब कुछ भारत सिंह के घर की मर्यादा निभाने के लिए किए जा रही थी बेला। वह लगातार अपनी सहनशक्ति बढ़ा रही थी। और यह भी याद कर रही थी कि सहनशक्ति बढ़ाते-बढ़ाते कई औरतें तो मर चुकी हैं। फिर यह भी मानना पड़ेगा कि जो देवपुरुष है, सामर्थ्यवान भी होता है, उसका चेहरा मर्यादा-पुरुष का न होगा तो किसका होगा? औरत किसी भी महापुरुष की कमजोरी मानी जाती है, किताबों में लिखा है। भरतसिंह कमजोरी को गले में क्या लटकाएँग?

बेला को कटीली-सी हँसी भी आ गई-'हद है, शुगर सिंह के घर में मैं तुम्हारी थी, मगर तुम्हारे घर में नेठम (एकदम) ही शुगर सिंह की। ऐसा ही करना था तो यहाँ लाए ही क्यों? अम्मा का बोला वह मुहावरा सच है फिर कि आदमी मांस खाने

में यकीन रखता है, हड्डी गले में नहीं लटकाता।

धीरे-धीरे माहौल बोझिल होता जा रहा था। तीन-चार दिन और उसने गम खाना उचित समझा। ऊँच-नीच की जुगाली करती रही। मोहब्बत के तूफान में वहाँ क्या टिकनेवाला था? अपनी जुगाली भी जुर्म लगने लगी, अपने लिए ही अन्याय।

यहाँ से बेला बहू ने कहानी का रुख मोड़ दिया और भारत सिंह के बारे में बताने लगीं-

असल में पाँच भाइयों में भारत सिंह सबसे बड़े थे। घर की गाड़ी का जुआ मानो उनके कन्धों पर ही रखा हुआ था। जिसके कन्धों पर घर-परिवार की साख रखकर तोली जा सकती है, उसी को कुटुम्ब का मुखिया माना जाता है जो चली आ रही झूठी मर्यादाओं, रीति-रिवाजों और विसंगतियों को अपने कन्धों पर ढोकर चलता चले। शहरों में धनी मानी लोग इन बातों को उलटते भी होंगे, मगर गाँव, कस्बों और छोटे शहरों में तो पढ़े-लिखे और हैसियतवालों की मर्यादा भी इसी ढोने-लादने में मानी जाती है। सो बनी-बनाई लीक पर चलना पड़ता है।

इन बातों से उन दिनों अनभिज्ञ बेला अपनी घुटन के मारे और जिद्दी प्यार की खातिर रात के समय दूध भरा गिलास लेकर भारत सिंह के शयन कक्ष में पहुँच गई।

दूध का गिलास लेकर खड़ी रही कि पाहुने अभी मोहब्बत के जोश में बेला को अँकवार में भर लेंगे, चूम लेंगे और अपने पलंग पर...गिलास का दूध शर्तिया फैल जानेवाला है।

लेकिन यह क्या?

यकायक सूना हो गया भारत सिंह का कमरा। सुनसान में अकेली खड़ी रह गई वह। देवदूत अपने चमकदार वजूद के साथ बैठा था, अँधेरा बनकर अन्धकार में गुम हो गया।

वह फिर अन्धी की तरह ही सीढ़ियों की ओर चल दी थी। हुआ ऐसा भी कि वे सीढ़ियों पर उससे वे टकराए मगर उससे पहले नीचे पहुँच गए। अपनी पत्नी के पास।

वे गरज रहे थे-"शुगर सिंह की औरत के हाथ हमारे कमरे में दूध क्यों भेजा?"

"हमारी तबीयत अच्छी नहीं।' पत्नी ने कराहते हुए कहा।

"तो घर में और लोग नहीं थे क्या? किसी नौकर को पकड़ा दिया होता। और एक दिन हम दूध न पीते तो क्या आसमान टूट पड़ता?"

बेला के मर्म पर भारी चोट लगी...कलेजा तड़प उठा।

यह कौन बोल रहा है पाहुने के वेश में? बुत-सी खड़ी रह गई सीढ़ियों पर।

पत्नी पर बरसकर वे तीर की तरह निकले और सीढ़ियों पर खड़ी बेला से दूर

बचते हुए ऊपर चले गए अपने शयन कक्ष में।

आठ-दस दिन कैसे निकले आज उसका वर्णन करना बेला बहू के बस का नहीं। अपने वजूद के तिरस्कार पर प्रार्थना भी किससे करती? अपने भरोसे को मुँह के बल औंधे पड़ा देखती रही। कुछ न बना तो रोगी पति के सड़ते घावों से सटकर 'शुगर सिंह कक्का...' कहकर उसकी छाती से लगकर धारोधार रोती रही।

रो-रोकर खुद को रिता दिया। लगा कि हल्की हो गई और निर्मल भी।

मैं कौन हूँ यहाँ? शुगर सिंह की औरत नहीं हूँ तो क्या हूँ? भारत सिंह क्या थे उसके लिए? महज पाहुने। फिर क्यों हक जताने लगी? मोहब्बत, प्यार...अपने मन का पागलपन है। विश्वस्त और भरोसा अपने ही बनाए मुगालते हैं। बेला जैसी युवती क्या जाने जीवन-व्यवहार जिसमें समाज के लिए हालात और बन्धन (चाहे झूठे ही हों) अपनी कसावट में बहुत ताकतवर हैं। भारतसिंह अपनी इच्छाओं पर मर्यादा का सुनहरा पानी फेर रहे हैं। यह घर बेला का नहीं, उनकी पत्नी का है। जिसे वह प्यार समझ रही थी, वह उनकी दया थी। दया करने के बदले भगवान भी चढ़ावा माँगते चाहते हैं, भरतसिंह तो फिर इनसान हैं।

अपने आप से सवाल करने के सिवा उसके पास कौन था जिससे कुछ पूछती? कि वही क्यों उनकी परछाई छूने के लिए तरस रही है? वही क्यों प्यार-प्यार चिल्ला रही है? कितनी कमजोर है वह जो ऐसी अधीर हो गई।

यह भी कि उनको दिल की गहराइयों से चाहा है तो उस चाहत की नुमाइश करना भी जरूरी है?

नहीं, मुझे औरत की तरह रोना चिल्लाना नहीं है, इनसान की तरह मजबूत हो जाना है। और वह बता देना है कि बेला के वास्ते प्यार-प्यार का झमेला अब कुछ नहीं, उसने तुम्हारी चाहत को आदर देने के लिए उपकार किया था। कोई भी हमदर्द इनसान ऐसा करता है। उसने अपनी हिम्मत कस ली। उसने साहस को सहारा बना लिया।

मगर भारतसिंह...बेला का मासूम साथी बलवीर नहीं था। उस चतुर खिलाड़ी के तरकश के तीरों की जादूगरी वह कैसे पहचानती? चतुराइयों का जाल कुछ उस्ताद लोग ही बुनना और बिछाना जानते हैं, जिनमें युवतियाँ भोले हिरनों की तरह फँस जाती हैं।

नहीं फँसना जाल में।

शुगर सिंह को लेकर अपने गाँव, अपने घर लौट आई। इतना विकट अपमान सहकर भी वहीं रहा जाता तो लानत थी ऐसे जीने पर। वह आदमी क्या जाने कि बेला प्यार में बराबरी चाहती है। इसके लिए वह सूली पर चढ़ जाए, दीवारों में चिन दी जाए, परवाह नहीं क्योंकि प्रेम की उत्कटता इतनी बढ़ चुकी है कि अपने गाँव

आकर, घर में रहते हुए वही गन्ध साथ बँधी चली आई। आती क्यों नहीं बेला ने भी भारत सिंह के जीवन के किस्से कथा की तरह सुने थे। वह तो पागलपन की इस हद तक पहुँच गई थी कि उनकी पत्नी से पूछ बैठी–"जिज़्जी, पाहुने तुम्हारा चूमा पहले गाल पर लेते हैं कि होंठों पर?" होश आया तो अपनी ही जीभ काट ली। भारतसिंह की पत्नी खुद ऐसे देखती रह गई जैसे होश गुम औरत को देख रही हों ऑय-बॉय बकनेवाली पागल स्त्री को।

अम्मा अक्सर चेतावनी देती रहती–'बेला सँभलकर रह बेटा, शुगर सिंह के मन से निकल गई तो कहीं की नहीं रहेगी। बीमार है तो क्या घर और खेती का मालिक तो है। भारत सिंह के घर जाकर देख तो आई कि बेघर आदमी की कितनी कीमत रह जाती है। घर की देहरी बनी रहे तो मर्द से ज्यादा हिफाजत करती है।

बस इसलिए ही अम्मा ने शुगर सिंह के लिए अपनी विधवा भाभी को तैयार कर लिया था कि इस देहरी बैठ जाएगी और बाल-बच्चा जन देगी। बेला और अम्मा का देश निकाला तो न होगा, आखिर भौजाई तो अपनी ही है।

बेला ने झुँझलाकर कह दिया था, "हमें शुगर कक्का को खोने का क्या गम होगा अम्मा? उसमें मर्दानगी के नाम पर बस अहंकार है। इनसानियत के नाम पर अकड़। अपना आदमी ही मन मिलाकर चलता तो भारत सिंह सरीखों की क्या औकात लगती?"

मन समझा रही थी बेला या सचमुच ऐसा ही समझ रही थी? प्यार की गैल पर चलकर लौटना चाहती थी या मीराबाई हो जाने की इच्छा जागी थी? वह तो खुद-ब-खुद भारत सिंह के घर में मिले विस्मय और तिरस्कार पर अब क्षमाभाव का मुलम्मा चढ़ाने की तैयारी में थी। सच तो यह है कि पाहुने उसे आँखों पर बिठाकर रखते तो क्या उनके घरवाले उसे वहाँ रहने देते? अगर वे बेरुखी न दिखाते तो उनकी स्त्री ही उसे खदेड़ देती। नजरअन्दाज करने का नाटक जरूरी था। प्यार की मारी बेला के सिर पर भारत सिंह की नीति कुशलता का जादू चढ़कर बोलने लगा।

अल्ता-महावर, बिन्दी-काजल, चूड़ी-पायल त्याग दिए, तन-मन पर बिछोह का रंग जो चढ़ा था। त्याग का यह भाव अलौकिक लगने लगा।

शुगर सिंह को बेला का ऐसा वेश भाने लगा। हँसी-ठिठोली करती चपल नजर और चंचल अदाओं वाली औरत से पति को कितना खतरा लगता है, यह तो कोई पुरुष ही बता सकता है। अब तो दुखित-सी बेला दयनीय के अलावा कुछ नहीं थी। शुगर सिंह को दया-माया जाग जाती। सिर पर हाथ फेरकर कहता–'पगली, हम तुम्हें देख-देखकर जीते हैं।'

बेला का जीवन हिंडोले पर चढ़ा था, तन यहाँ तो मन भारत सिंह के आस-पास। उन दिनों ही पास के गाँव में शादी हुई थी। शुगर सिंह शरीक होने जा रहा था। वह पूछना चाहती थी–'पाहुने आएँगे इस ब्याह में?'

रात गहराने लगी। बैंड-बाजों की आवाज उस गाँव से यहाँ तक आ रही थी। उसका रोम-रोम वाद्यों की धुन से जुड़ने लगा।

पता नहीं क्यों बेला को नींद नहीं आई। वह आधी रात तक नहीं सोई। खटिया पर लेटी तक नहीं। आँगन में बैठी तारों की झिलमिलाहट बटोरती रही। या अपनी ही आशा की तरइयाँ छिटक रही थीं?

बेला को नींद के झोंके आने ही लगे। उसकी आँखें झपने लगीं।

और फिर!

द्वार पर एक छवि। एक आकार। सर्वांग पाहुने! बेला को हौलदिली लग गई कि वह भीतर कोठे में भागी। बीच में दालान के खम्भे की आड़ में हो गई। सामने आने की हजार मंशाएँ झख मारकर रह गईं। खुशी भी कहाँ बर्दाश्त होती है, अकेली से।

शुगर सिंह ने आवाज दी–"बेला, पानी ले आओ। देखो दादा आए हैं।"

बेला ने लम्बा घूँघट ओढ़ लिया जवाब में अपार हर्ष की अदा!

पानी से भरा लोटा जो लेकर आई वह एक पर्दानशीन बहू है।

दावत खाकर आए थे। ओढ़ना-बिछौना करना था।

पाहुने और शुगर सिंह की खटिया अगल-बगल बिछीं।

बेला अपने कोठे में बेचैन...

पाहुने को बेला के मन की थाह न हो, ऐसा होता तो वे आते ही क्यों?

बेला का यह सवाल अपना जवाब पा चुका था कि क्यों नहीं माना पाहुने ने शुगर सिंह का खौफ? क्यों नहीं मानते इस घर की मर्यादा? और क्यों लाँघने लगे वे मान्यता प्राप्त बन्धन जो अपने घर दिन-रात के चौबीसों घंटे मानते रहे?

एक रात का करिश्मा! एक औरत की देह का जादू! एक मनमाफिक जगह का एकान्त...पाहुने इस आँगन में कामदेव का रूप धारण कर बैठे। उनकी छवि अपने गाँव के भारत सिंह से कतई नहीं मिल रही। वे तो बरसों के बिछुड़े दीवानावार आशिक जैसे बेला के नजदीक जाकर उसकी गदराई देह से लिपट गए। जैसे प्यार में घर के राजा बेला के आँगन में जोगी होकर आ गए। जो उनके घर अनाचार था, दुराचार था, व्यभिचार भी था, शुगर सिंह के घर में बेला के लिए उम्र की बहार और अपना उपकार मान रहे हों।

और बेला? यों तो पाहुने उसके हृदय से लगे हुए थे, लेकिन शुगर सिंह की दो अप्रत्यक्ष आँखें घूरती हुई महसूस हो रही थीं क्योंकि अब तक वह पति-पत्नी के

रिश्ते का व्यवहार भारत सिंह से ही समझ चुकी थी। असमर्थ, नपुंसक और बीमार-सा है, मगर पति रूपी पुरुष की सत्ता का मालिक है। अपने घर का स्वामी...बेला सोच रही थी कि विवाह के नियम से विचलित होकर उसे पत्नी होने का अधिकार मिलना चाहिए? वह सिकुड़ती सहमती, हल्की-सी असहमति दिखाती, उनके काम-प्रस्ताव को अस्वीकृत-सा करती अपनी जगह खड़ी रही।

'बाँझ!' यकायक यह शब्द उठा और रात के उस दूसरे पहर में धरती से आसमान तक गूँज गया, ऐसे ही जैसे बादलों की गड़गड़ाहट गूँजती है, ऐसे ही जैसे बिजली की कड़क अपने विस्फोट को गुँजाती है, ऐसे ही जब धरती हिलती है और सन्नाटा गूँजता है...इस गूँज के कारण प्यार के लिए, पर पुरुष से नजदीकी के लिए जो धार्मिक, सामाजिक और घरेलू दहशत पैदा की थी, एकदम दूर छिटक गई। उस समय महसूस हुआ कि साहस पुरुष या स्त्री नहीं करते, हिम्मत को हालात जन्म देते हैं। हौसले परिस्थितियों के कारण जन्म लेते हैं।

"पाहुने ने बेशक अवसर भुनाया और बेला ने अपना प्यार लुटाया, मगर यों हीं नहीं...कुछ उसे भी तो चाहिए था।" बेला बहू आज भी इस बात को स्वीकार करती हैं कि लज्जा और नैतिक भय तभी तक काम करते हैं जब तक हमारे लिए जानलेवा स्थितियाँ पैदा न हों। चारों ओर से वजूद को छेदने के लिए भाले न चलें।

जिन दिनों शुगर सिंह पर दोबारा रोग ने धावा बोला, बेला उल्टियाँ कर-करके हलकान हो रही थी। मोहल्ले की बड़ी बूढ़ियाँ आँचल छू-छूकर बेटा होने की दुआएँ दे रही थीं। मामला शुगर सिंह की वंशबेल बढ़ने का था।

और बेला को था भारत सिंह का इन्तजार। अब उसे क्या चिन्ता? जिन्दगी जहाँ कहीं से गुजरी, मंजिल तक पहुँचकर रहेगी। मंजिल भी प्यार से घिरी हुई अपनी बनावट सजावट में। कोई शंका-आशंका नहीं, बेला अपने बच्चे की माँ बनकर जिएगी निर्द्वन्द्व। वह उस चरम आनन्द को वरदान की रात के रूप में ले रही थी जो पाहुने के सीने से लगकर बिताई थी। सोचती यह भी थी कि औरत की सामर्थ्य कितनी बड़ी होती है कि वह जीता-जागता मनुष्य कहीं से भी ला सकती है, फिर उसे कमजोर, ताकतविहीन, नासमझ और भोली-बावरी क्यों माना जाता है? क्या बेला की तरह शुगर सिंह ला सकता है बच्चा? आदमी अपनी माया में अधूरा है कुदरती तौर से सो अपने 'पूर्ण' के बाजे बजाता रहता है ताउम्र। बेला का जीवन करवट ले रहा है, बच्चा गर्भ में हाथ-पाँव चलाता है।

भारत सिंह को खबर देनी थी। उनकी आँखों से आँखें मिलाकर झिलमिलाहट पैदा करनी थी। उनको सुनहरा सन्देश देना था कि बेला ने तुम्हारा प्यार ही नहीं

चुराया पाहुने वीर्य भी सहेज सँजो लिया है। माना कि शुगर सिंह के नाम की पट्टी पहनकर आएगा यह बच्चा...सोचते ही बेला की हतभागिता ने उसके झरने जैसे उल्लास पर यकायक तीखा पंजा मारा। फिर भी वह संयत होने की कोशिश करने लगी। संयम-धैर्य उसी औरत की तरह सीख गई है जो बहुत से झटके खा चुकी होती है।

बच्चा पाहुने की रंगत लेकर आएगा, बेला का मन रंगारंग हो उठेगा। वह भारत सिंह की मांस-मज्जा लाएगा, बेला मजबूती का डग भर सकेगी। रोग से बहुत डरती है वह।

बेला मन मगन। अब उसके होंठों पर मर्द के चुम्बन की सनसनाहट नहीं, दुधमुँही लोरियाँ मचलती हैं।

मगर पाहुने आए नहीं। पाँचवाँ महीना चलने को है। क्यों नहीं आए? पड़ोस की काकी कह रही थीं अपने अनुभव से कि मर्द को गर्भवती औरत नहीं सुहाया करती। शंकर कक्का उनके गर्भ और प्रसव के समय उनकी बहन से लग गए थे। काकी ने बहन जल्दी-से-जल्दी अपने मायके पठा दी।

पड़ोसिन काकी ने बेला को डरावना अनुभव सुना दिया। वह भीतर-ही-भीतर पाहुने की काँपती छवि को स्थिर नहीं कर पा रही थी जो उसकी निगाहों में प्रलय मचा रही है। वह करे तो क्या करे? स्त्री होकर जिस चाहत की डोर पाहुने की लापरवाहियों और नामवार हरकतों के बावजूद बाँधे रही, वह अब एक जीव के रूप में जिन्दा होनेवाली है। कुदरत का फैसला है यह जो स्त्री के पक्ष में मिला है, समाज की मान्यता के विरुद्ध। परवाह नहीं कि पाहुने शिकारी की तरह आएँ और हिरनी-सी बेला को संगीत का तोहफ़ा दिखाकर रिझा लें, बारम्बार।

पाहुने खुद ही चले आए।

आए तो शुगर सिंह के लिए पाँचों कपड़े लाए। बेला के लिए लाल साड़ी के साथ नारंगी ब्लाउज का कपड़ा।

पैकेट एकान्त में थमाते हुए बोले-"अकेली तुम्हारे लिए ही लाता तो शुगर सिंह कुछ दूसरी ही बात..." कहकर मीठा-सा मुस्करा पड़े पाहुने कि होंठों से ज्यादा उनकी मूँछें हँसीं। बेला को भी हँसी आ गई पाहुने की सावधानी पर। शुगर सिंह कुछ सोचे या नहीं सोचे मगर भारत सिंह की दाढ़ी में तिनका इस घर में घुसते ही नजर आता है। आदमी कितना ही ताकतवर हो, हैसियत वाला हो, अपनी दाढ़ी के तिनके से हौल खाता-ही-खाता है। नहीं तो शुगर बेचारा इन महाराज का क्या कर सकता है? अपने घर इनका आना-जाना बन्द कर दे, उसकी ऐसी भी हिम्मत नहीं। वैसे भी भारत सिंह सरीखे देवता पर इल्जाम लगाया जाए तो मानेगा कौन? उल्टा शुगर सिंह ही धिक्कार के फेंटे में आ जाएगा। अपने घर भारत सिंह की दाढ़ी का तिनका जरा

ज्यादा ही मजबूती से चिपका रहा नहीं तो वहीं इनकी जबाव तलबी कौन कर सकता था। पत्नी की क्या मजाल जो अपने ईश्वर जैसे पति से सवाल करे? भाइयों की क्या हिम्मत जो इलाके में आन-बान-शान के लिए मशहूर भाई की छत्रछाया पर निशाना साधें।

बेला जो अब तक अपने दुख को रो-धोकर हल्का कर लेती थी, अपनी खुशी का वजन किस तरह हल्का करे? वजन कैसा भी हो ढोना भारी तो हो ही जाता है।

पाहुने को क्या पता कि बेला तीनों लोकों का भार अपने सिर पर उठाए फिर रही है।

वह भी पागल है। अरे मौका कौन देता है, मौके लिए जाते हैं।

मौका पकड़ लिया उसने।

"पाहुने, बिना पूजा के ही वरदान दे दिया।" उसने भारत सिंह की छाती पर अपना सिर टिकाकर मुलायम-सी आवाज में कह दिया।

'वरदान?"

"और क्या? हमारे सारे कलंक धो डाले दो बूँद पानी से।"

"क्या?" उन्होंने बेला को कन्धों से पकड़कर अपने सामने कर लिया।

"तुम्हारा अंश हमारी कोख..."

"हैं!" कहकर वे मुस्कराए।

अब वे संयत थे। कोई हँसी-ठिठोली नहीं। ओछा मजाक तो वे कभी करते ही नहीं। औरत का सम्मान करते रहे हैं। किसी तरह की नंगई उनकी शराफत के खिलाफ है।

कुछ देर के बाद बोले, "रानी, इस वहम को मन से निकाल दो कि बच्चा मेरा है। मैंने तो जब भी तुम्हारा संग-साथ किया, पूरे एहतियाद से किया। यह बच्चा शुगर सिंह का ही होगा।"

बेला का सिर मना में हिल उठा।

बेला की जीभ को लकवा-सा मार गया। वह नहीं कह पाई दो अक्षर का शब्द "झूठ।"

बेला के सामने चक्रवात-सा आ गया।

पाहुने अपने गाँव लौट भी गए। वह विदा करने तक नहीं उठ पाई थी।

चोट गहरी पड़ी थी, निशान दिखते नहीं थे।

जिन्दगी बड़ी सख्त होती है, बेला फिर उठकर खड़ी हो गई। फिर अब मन को समझाया।

समझाने के समय मन तरह-तरह से मथ डाला। मथने के बाद जो कुछ पाया वह थी क्षमा-भावना। क्षमा का मरहम अगले पिछले घावों को शान्त करता हुआ

बेला को मुस्कराने पर मजबूर करने लगा–

'पाहुने कम जादूगर नहीं हैं। मुझ पगली की गृहस्थी न बरबाद हो जाए सो अनजान होने का नाटक खेल गए। मैं कहीं माँ बनने के नए-नए जोश में सच न उगल दूँ, बस इसलिए अपने आपको अलग कर गए। शुगर कक्का से लड़ते-झगड़ते ही मैं उसकी मर्दानगी पर बोली न मार दूँ सो मेरी बरबादी बचा गए। वे धीर-गम्भीर मर्द मानस सारे खतरों को टाल गए...सोचते-सोचते बेला की आँखें भर आईं। मन खट्टा हो गया।

शुगर सिंह शहद से मीठा हो गया। खाने-पीने का ध्यान रखता। बेला के नखरों को सिर माथे लेता। मगर बेला की चाहत में सब बेकार। वह प्यार करती रह गई, पाहुने आनन्द उठाकर चल दिए। इस शुगर सिंह को तो औरत के प्यार का अता-पता ही नहीं है। वह तो बेला और भैंस के ब्याने का इन्तजार एक तरह से ही कर रहा है।

उलझन में फँसा मन दुख के सिवा और क्या पाए? बार-बार सोचे कि उसकी इच्छा का शिखर तो बच्चे के जन्म से जुड़ा था। फिर भारत सिंह पर मर-मिटने की आकांक्षा क्यों प्रबल हो रही है? इससे भी ज्यादा भारत सिंह को अपनी तरह प्यार में डूब जाने के लिए क्यों सोच रही है? प्यार-मोहब्बत अपनी पूँजी होती है, दूसरे पर इसका कर्ज नहीं चढ़ा करता। यह बात अपने गाँव के मास्साब के मुँह सुनी थी जब सुन्दरी ने प्यार में फेल हो जाने पर खुदकशी करनी चाही थी।

अपनी तरह जीने की इच्छा अपने हाथ ही पूरी होनी है। यों जद्दोजहद भी कम नहीं रही और इसी जद्दोजहद के बीच कुछ ऐसे पड़ाव भी आते गए कि लगा ये मंजिल में शामिल हैं, मगर नहीं...आज भी अपने बारे में अन्तिम रूप से नहीं बता सकती।

ऐसे ही ऐसे महीने निकल गए। वह दिन भी आ गया जब उसे प्रसव पीड़ा हुई।

दाई आ गई। बच्चा होने के लम्हों ने आँगन घेर लिया। औरतें उसके आसपास जुड़कर बैठ गईं। गर्म पानी की तैयारी पूरी कर ली। नाल काटने के लिए साफ कैंची लाकर दाई को दी गई। एक तसले में शराब मिला पानी रखा गया कि प्रसव के बाद जच्चा को उसमें बिठाया जाए। इससे सैप्टिक होने की सम्भावना नहीं रहती।

मगर दर्द तो पीठ में जाकर सिराने लगे।

दाई 'जोर लगाओ, जोर लगाओ' की रट लगाती रही। बच्चा बाहर नहीं आया किसी भी जोर से। न किसी शोर से...

शिशु नहीं तो शिशु आवाज को रोदन भी नहीं।

खून-पानी का एक कतरा तक नीचे नहीं गिरा। सब साफ-सुथरा रहा।

गन्दगी की चाहना थी, बेदाग जमीन चिढ़ाये जा रही थी। दाई की आँखें सूनी

खाली और होंठ निर्वाक्। पड़ोस की औरतें अपनी ठोड़ियों और नाकों को टटोलती हुई भयानक अचम्भे की मुद्रा में...ऐसा भी होता है?

यकायक दाई की आवाज फूटी–"हाय, मट्टी कूड़ा।"

"मट्टी कूड़ा!" तीन चार औरतों के सामूहिक स्वर का आश्चर्य।

"मट्टी कूड़ा कहाँ से आ गया?"

शुगर सिंह ने ज्यादा देर लगाना उचित नहीं समझा। पड़ोस के वीरेन्द्र की मोटर-साइकिल पर पीछे बैठकर उरई चला गया।

घर में सब औरतें डॉक्टरनी के इन्तजार में आशा सँजोये बैठी थीं कि हो सकता है, दाई से बच्चा जनाना न आ रहा हो। डॉक्टरनी औजार लाएगी। बच्चा निकालेगी।

बेला काठमारी स्त्री सी पड़ी थी। क्या होगा? वैसे होगा? बच्चा ठीक तो है?

डॉक्टरनी ने पूरा मुआयना किया। उसने रबड़ के दस्ताने सबसे पहले पहने। औरतों को और भी आशा बँधी। उन्होंने बेला को सान्त्वना दी–"अब सब ठीक हो जाएगा। डाकधरनी आ गई है। धीरज धर बेला। सबर बाँध।"

शुगर सिंह हाथ जोड़कर आँगन के बाहर पौर में खड़ा था। डॉक्टरनी से वरदान माँगता हुआ। डॉक्टरनी ने बेला को उठाकर बिठा दिया और शुगर सिंह को उस जनानखाने में बुला लिया जहाँ पुरुष होने के कारण उसका प्रवेश निषिद्ध था।

डॉक्टरनी ने धैर्य के साथ समझाते हुए बताया–

"यह फॉल्स प्रेगनेंसी यानी झूठी गर्भावस्था थी। ऐसा हो जाता है उन औरतों के साथ, जिन पर बच्चे होने के लिए बहुत दबाव डाला जाता है। उनमें बच्चे की लालसा इतनी तीव्र यानी तेज हो जाती है कि एक समय ऐसा आता है कि वह अपने आपको गर्भवती समझने लगती है। जिन गर्भवती महिलाओं को उसने देखा होता है, उन्हीं के लक्षण धारण कर लेती है। मनोविज्ञान ऐसा हो जाता है कि उनका पेट भी बढ़ने लगता है और चाल में बदलाव आ जाता है। ऐसे केस बहुत तो नहीं, रेयर होते हैं, मगर होते तो हैं। इसी को हम फॉल्स प्रेगनेंसी कहते हैं।"

एक-एक करके सब इस प्रसव घर से विदा हुए। बेला अकेली रह गई। अपने साफ-सुथरे घर में अगर कहीं खून बह रहा था तो उसके दिल में उसकी सफलता का खून-खराबा हुआ था। उसका कलेजा खूनमखून था। उसने आँखें बन्द कर लीं और मर्मान्तक पीड़ा से गुजरने लगी। पीड़ा...जैसे कि उसने नए सिरे से बाँझ का चोगा पहन लिया हो और किसी कलंकी की तरह अपनी कलंक मुक्ति के लिए चिल्ला रही हो–'बाँझ आ रही है, सपूतियों परे हो जाओ। नई-नवेली दुल्हनों, बचकर निकल जाओ।'

बेला फफक-फफककर रोई। कोठे की किवाड़ों से सिर टेककर विलाप करने लगी–"प्यारे पाहुने...तुमने रत्ती भर भी झूठ नहीं बोला। तुमने जो खेल किया, गर्भ

के खतरे बचा-बचाकर किया। मैं प्यार करूँ या तुम प्यार करो, बीच में बच्चा क्यों आए...अगर शुगर सिंह नपुंसक है तो पाहुने सरकारी साँड़ नहीं हैं। मौज-मजा किया, अपना बेशकीमती वीर्य बचाकर ले गए। और मैं पगली, गर्भ में तुम्हारा फरेब पालती रही। 'बाँझ' न कहलाती तो मेरे साथ ऐसा होता पाहुने? कैसा इनसाफ है कि मर्द की नपुंसकता छिपी रहती है, मगर बच्चा न देनेवाली औरत अपने पूरेपन के साथ भी चन्द सालों में बाँझ मान ली जाती है।"

अब बाँझ औरत का यहाँ भी क्या काम? शुगर सिंह की बर्दाश्त छीजने लगेगी। घर में रहने के लिए मना नहीं करेगा, मगर रहने के आसार खत्म हो जाएँगे। अम्मा की भाभी अपनी कोख के उपजाऊपन की गारंटी लिए सामने खड़ी है। गाँव-गिराव में खेती-सम्पत्ति वाले आदमी को वारिस चाहिए ही चाहिए।

बेला का मन बागी होता जा रहा था। है कोई ऐसी जगह जहाँ वह चली जाए?

"मैं बाँझ नहीं हूँ। मुझे बच्चा चाहिए कि नहीं चाहिए, लेकिन यह अपमान भरा शब्द मेरे वजूद पर मत चिपकाओ। मेरी अन्तरात्मा कहती है औरत की जिन्दगी से यह कलंक की गठरी उतार लो।"

'पाहुने तुम अन्तर्यामी!' उनका सन्देश आया। तपते रेगिस्तान में बारिश की फुहारें बरसने लगीं। आँखों में उमड़ती-घुमड़ती बदली घिर आई।

'तुम चली आना। हरीराम को भेज रहा हूँ और अब सोचने-विचारने में समय न लगा देना। मत समझना कि तुम हमारे ऊपर बोझ बनोगी। तुम तो इतना काम उठा लेती हो कि घरनी तुम्हें आज भी याद करती है। अब तो तुम्हारी कहानी पूरा गाँव जान गया है कि उस अन्यायी ने तुम्हारी जिन्दगी बरबाद कर दी। मैं पंचायत बिठा सकता हूँ, मगर मैं जानता हूँ कि वहाँ तुम सुखी नहीं रहोगी। पंचायतें घर भीतर के मामलों को नहीं सँभाल पातीं। तभी तो सारी हिदायतें देने के बाद भी दुल्हनें आत्महत्या कर लेती हैं या उनकी हत्या कर दी जाती है।'

ये सब बातें पाहुने की ओर से थीं जो हरीराम की जुबानी बेला सुन रही थी।

'जाए? न जाए?' एक सवाल, एक दुविधा।

'पहले गई थी तो क्या हुआ था?'

'अब की बार मेरा देवता मनाकर बुला रहा है।'

'लेकिन...'

'पहले शुगर सिंह के साथ गई थी। पति के साथ खड़ी औरत के कोई कितना नजदीक आ सकता है?'

बेला के मन में भारत सिंह के गाँव में बसे ऐसे लोगों की सूची उतर आई,

जिनकी बसावटों के हीले उन्होंने ही किए हैं–धोबी, कोरी, फाटकदार, जंगल-विभाग के कर्मचारी, तैयबअली...

अपने लिए खैरियत की खोज में लगी थी बेला। पाहुने के दामन पर दाग-धब्बा देखना गुनाह की निशानी है।

जाने का समय पन्द्रह दिन बाद तय हुआ।

अम्मा को अपना फैसला सुना दिया कि अपनी भाभी को इस घर की रानी बना दे। बेला को पाहुने की जोगिन बनना रास आ रहा है।

हाँ, इस घर में उसे कितना सकून मिला? एक बड़ा सा लांछन–बाँझ। फिर भी 'दरो दीवार का मोह, चबूतरे पर खड़े नीम के पेड़ का लगाव, खूँटे पर बँधी गाय, भैंस और बैलों की रात-दिन की देखभाल का साथ...कलेजा टूटने लगा।

जोगी कैसे हो जाता है आदमी? –बेला बार-बार सोचती और जाने का समय मुल्तवी करती जाती। क्या आदमी को आदमी से ही प्यार होता है? इस सवाल पर बेला गाय, भैंस से लेकर पेड़-रूखों से लिपटकर रोना चाहती है।

बेला बहू का रंग-महल

कच्ची-पक्की ईंटों से बना कमरा उमंगों से जगर-मगर था। खुशियों से गमकता हुआ प्यार के सरोवर-सा लहराता हुआ जिसमें कुमुदिनी खिला करती है। बेला के देखते-देखते कमरे के द्वार और खिड़की पर मैरून रंग के रेशमी पर्दे पड़ गए जिन पर पीले फूल हरी शाखों के साथ अपनी कला में मनमोहक थे। कमरे के आगे दालान था, तीन द्वारों वाला जिसके खम्भे सफेदी किए हुए उजले थे। बेला ने यहाँ जब सबेरे का सूरज देखा तो लगा कि खुशनुमा सुनहरी किरणें खिड़की से झाँककर उस युवती को निहार रही हैं जो नई ब्याही लड़की की तरह बैंगनी साड़ी और गुलाबी रेशम के ब्लाउज में लिपटी बैठी है। धरती पर दोहर बिछी है, इसी दुल्हन के लिए। उसके लहरदार बालों की दो लटें उसके गोरे गालों पर दाएँ-बाएँ झूल रही हैं। लगता है ये लटें उसके चेहरे से छुआ-छुऔवल का खेल खेल रही हैं या वह इनके आवारा खेल का आनन्द ले रही हैं।

बेला की उँगलियों पर सुर्ख नाखून हैं और उबटन लगने के कारण नहाने के बाद उसका सोनजुही-सा बदन खिलकर कमरे को शानदार बना रहा है। बेला के हिस्से न जाने कितना-कितना सौभाग्य आनेवाला है। उसने खिड़की से झाँकने का मन बनाकर उठना चाहा कि पाजेबें झनक उठीं। उल्लास भरी साँसों ने अपने पाहुने के आगमन में पलक पाँवड़े बिछा दिए।

बाहर नीम का पेड़ है, अपनी हिलोरों में हर पल पत्तियों के साथ लहरा रहा है। चिड़ियाँ-परेबा गा-गाकर ऐलान कर रही हैं-अब साँझ आ रही है...

पहला-पहला दिन! निजी विश्रामगृह का दिन!! अपनी आजाद इच्छाओं का दिन!!!

पाहुने की छवियाँ बेला के इर्द-गिर्द चक्कर काटती हैं। तरह-तरह की पोशाकों में, तरह-तरह की मुद्रा और मनुहारों में! स्त्री का मन प्यार से लबरेज छलका पड़ता है।

सफेद कुर्ता, बर्फ के रंग की धोती पहने हुए पाहुने आ गए। उजले माथे पर रोली का लम्बा टीका। मुख में पान का बीड़ा। बेला का रहवास दिप उठा। और बेला

लाज की मारी सिमटने लगी। यकायक लम्बा घूँघट ओढ़ लिया।

झीने पर्दे में मुस्कराती सौन्दर्य की मूर्ति!

"घूँघट उठाएँ तुम्हारा? बोलो क्या लोगी मुँहदिखाई?" पाहुने के मीठे बैन।

बेला की आँखों में लजीली घटाएँ घिर आईं। इतनी प्यारी बोली!

पाहुने उठे और सचमुच घूँघट उलट दिया, "लो बस!"

डबडबाई आँखों से बेला हल्के-से हँस दी। पाहुने ने बाँह पकड़कर उठाई तो पलंग के पायताने बैठ गई। बैठी हुई बेला के चेहरे पर उसके कानों में झूलती बालियाँ गालों पर सुनहरा अक्स बना रही थीं।

"बताओ कैसा लग रहा है यहाँ?" पाहुने ने नजरों से चूम लिया।

"क्या बता दें, तुम क्या जानते नहीं?" बेला कहना चाहती थी कि शुगर सिंह के साथ आई थी, तब के मुकाबले एकदम अलग। आदमी को आदमी का कितना डर लगता है पाहुने! कि यहीं पर रहकर महीनों-महीनों तुम्हें देख तक नहीं पाए।

पाहुने कुछ नहीं बोले, उन्होंने बेला को अपने करीब खींच लिया बिल्कुल ऐसे ही जैसे नई ब्याहता को दूल्हा अपनी बनाना चाहता है। पाहुने के लिए यह पुरानी बात होगी।

बेला के जीवन में इस तरह का प्रेम व्यवहार और रति सम्बन्ध के लिए प्यारे माहौल का अवसर पहली बार था तो वह रोमांचित क्यों न होती? इस रोमांच में अगर मुखरता होती तो यही आवाज आती-हम शरीर से ही नहीं, आत्मा से एक-दूसरे से जुड़े हैं। एक-दूसरे को प्यार दें, भरोसा दें। नहीं तो वहाँ से यहाँ तक का सफर सम्भव होता?

अबकी बार बेला नासमझी से पेश नहीं आ रही। अनधिकार चेष्टा की नौबत नहीं आने देगी। उसे पता है परिवार के बीच जब भी बेला की बात भारत सिंह करते हैं, उसे दुखियारी औरत कहकर ही सम्बोधित करते हैं। ऐसी स्त्री जो उनके भरोसे चली आई है, उसकी कुशल-खैर पूछने का तो फर्ज बनता ही है। जिसको अब दासी की तरह अपनी पत्नी की सेवा में लगा दिया है, घर के कामों में जोत दिया है, उसके लिए कुछ सहूलियतें तो मुहैया करानी ही पड़ेंगी।

यह तो बेला जानती है कि यह सब चाहत के लिए कुरबानी है। यह भी हो सकता है कि किसी दिन इसी प्रीति के कारण वे बेला का अपने घर आना-जाना बन्द कर दें।

यह बात कई महीने बाद खुली कि भारत सिंह ने शुगर सिंह से अपनी ब्याहता छोड़ने की एवज बड़ी रकम धरवा ली थी। क्यों न धरवा लेते, बेला का हक बनता था। तीन बीघा धरती का बैनामा भी करा दिया था। अब भारत सिंह उसकी नजरों

में इनसाफ के फरिश्ते न्यायाधीश न हों तो क्या हों? वे स्त्री के बारे में सोचनेवाले दुनिया के प्रथम पुरुष। उनके होने से बेला है और अपने इस रूप में है, जिससे वह चाहती थी।

अब क्या, गुजर-बसर का हीला हो गया, साथ ही भारत सिंह के घर की नौकरी, लोगों की नजर में अपने आप को रोज-रोज नापने की जहमत जाती रही।

यह अलग बात है कि बेला अब तक अपने पाहुने के प्यार में रंगी और रमी हुई थी, अब उनकी कृपा के नीचे दबने लगी। उपकार का बोझ...सिर नहीं उठता। ग्रामप्रधान भारत सिंह का भाई था, मगर समाज कल्याण वाली जमीन वे बड़ी सिफारिश से बेला के नाम चढ़वा सके थे। तब लगा कि भारत सिंह बेला को अपने नजदीक रखने के लिए कहाँ-कहाँ से नहीं गुजर रहे! वे राजनीति के ही नहीं प्रीति-प्यार के भी कुशल खिलाड़ी हैं।

प्रधान भाई! उस रात का मेहमान!

मौका देखकर बेला के उस रहवास में चला आया जहाँ मैरून रंग के पर्दों पर पीले फूल थे। जहाँ खिड़कियाँ और दरवाजे मैदान की ओर खुलते थे। जहाँ बेला की साँसों से खुशबू निकलकर हवा के साथ लहराया करती थी। जोरावरसिंह नाम का भाई वहाँ आया।

उस भाई ने कोई इच्छा जाहिर नहीं की। कोई निवेदन नहीं किया। किसी तरह का मान-मनुहार भी नहीं कि मंजूरी और नामंजूरी की बात उठती। बेला से उसने भेंट की, बड़े अजब ढंग से की।

जोरावर ने बेला को पीछे से अपनी बाँहों में जकड़ लिया। ऐसे दबाया जैसे दम निकाल देगा। बेला का छुई-मुई स्वभाव पलभर में छूमन्तर हो गया। उसकी बिना इच्छा के यह हमला? वह हाथापाई पर आ गई पर जोरावर छह फीट का पहलवान जैसा आदमी, बेला को धरती पर पटक लिया, यह कहते हुए-पलंग पर हमारा काम मजे से नहीं होता-वह बेतुकी जल्दी मचाने लगा, जिसमें बेला के कपड़े फट गए। वह धरती पर चित्त पड़ी थी। ज़ोरावर ने मनमाने तरीके से बेला को रौंदा। जी भरकर अपनी मर्दानगी के फोहश कसीदे पढ़े। बेला को लस्त-पस्त ही नहीं, क्षत-विक्षत कर डाला। फिर क्या था-भूकम्प आ गया उस कोठे में, जलजला उठा उसी कोठे में...मगर किसी को न कुछ सुनाई दिया न दिखाई।

आदमी की एक जिंस यह भी है, बेला को पहला अनुभव हुआ। इसके सामने शुगर सिंह के पीड़ादायी हमले तो उस पिल्ले के जैसे थे जो काट खाने की कोशिश में खरोंचें भर डाल पाता है। अभी बेला की जिन्दगी को कितनी यातनाओं में बँटना है? सदमे की हालत में वह इस रंगमहल की पहली रात भूल गई। पाहुने की उपस्थिति क्या थी, याद नहीं रही। बस याद रहा वह शख्स जो अपनी धोती का फेंटा

कसते हुए कह रहा था–"जमीन इतनी सस्ती नहीं है महारानी...हमारे भारत भइया सौ बार कहें, तब भी नहीं। सोच हमें क्या मिलेगा? हम पाँच भाई हैं। क्या समझी?"

वह पूरे कपड़े पहन चुका था। बेला को जमीन से हाथ पकड़कर उठाने लगा।

जाते-जाते समझा गया–

"आदत डाल ले हमारी। जैसे द्रौपदी ने डाल ली थी पाँचों पंडाओं की आदत। अरे धरम की किताबों में लिखी है यह बात। आदमी भागवत का पाठ बिठाता है ऐसी कितनी ही कथाएँ बाँची जाती हैं। तूने क्या सुनी नहीं होगी रानी द्रौपदी की कथा? वह तो राजा की बेटी थी और तू? तेरी औकात?"

बेला ने कितना सुना कितना नहीं, मगर द्रौपदी वाली बात उसके कलेजे में गड़ गई। द्रौपदी की कथा धरम की कथा कैसे हुई? इससे बड़ी अधरम की कथा और कौन-सी होगी? बेला ने कथा तो सुनी है कि द्रौपदी को अर्जुन ने धनुष विद्या के बल पर जीता था। द्रौपदी ने अर्जुन को अपना वर माना था फिर क्यों सौंपी गई द्रौपदी पाँच मर्दों को? या अर्जुन की चाह में उसने चार परपुरुषों को झेला था? क्यों चाहती रही उस कमजोर आदमी को जो अपने भाइयों के अत्याचार को एक औरत पर गुजरने दे रहा था। द्रौपदी क्यों गूँगी बनी रही? अपने पक्ष में क्यों नहीं उठी पंडाओं (पांडवों) के खिलाफ? यह कैसी कथा है? राजाओं की कथा किसी भी रानी को ऐसे रौंदती रहती है? यह आतताइयों की कथा आज तक चली आ रही है? तुम अपनी स्त्री को पाँच आदमियों में बाँट दोगे तो कोई भी दुःशासन उसको नंगी करने उठ खड़ा होगा।

बेला को द्रौपदी की कथा का एक-एक हिस्सा याद आने लगा। अपने गाँव में नाटक भी तो होता था कि पाँच पति जुए के शौकीन, कुछ न बचा तो पत्नी को ही दाँव पर लगा दिया और हार गए। हारी हुई धन सम्पत्ति जीते हुए आदमी की होती है, ऐसे ही हारी हुई जोरू द्रौपदी, दुर्योधन दुःशासन जैसों की हुई...

बेला ने द्रौपदी की काया में प्रवेश किया हो जैसे और कंठ से ऐसा विस्फोटक आर्तनाद फूटा कि दीवारों को फोड़कर हद पार कर गया हो–एक चीख, एक चिंघाड़ ...हाथ में दराँती...वह खून कर देगी ऐसे दरिन्दे का भले फाँसी चढ़ जाए।

उसकी चाहत छीजने लगी। जिन्दगी पर वीरानी तारी होने लगी। पेट से गले तक अपमान का दुख भरा हुआ था। वह चुप नहीं रहना चाहती।

फिर उसके होंठों पर अपनी हथेली कौन कस देता है?

पाहुने का चेहरा। प्यार भरा हाथ जो होंठों पर आकर ठहर जाता है। उनके प्रेम का क्या होगा? कैसे-कैसे इस मंजिल तक आए हैं। परिवार में महाभारत मच जाएगा जिसमें कौरव पांडव नहीं, पांडवों से पांडव ही लड़ेंगे। भारत सिंह ने अपना दिल निछावर कर दिया, बेला उनसे अपने शरीर की कीमत वसूलकर प्यार को बेआबरू

करेगी? नहीं...

'क्यों नहीं?' वह फिर से सोचती। खुद समर्पण करना एक बात है और कोई लूट ले जाए, इसकी टीस कलेजा फाड़ती है। जिन्दगी और प्रलय में क्या अन्तर होता है, उस रात ने दिखा दिया। पाहुने के प्यार का मरहम ऐसे ही लगा रही है वह जैसे काँटों की नोक से लगा रही हो कि राहत की जगह घाव छिदते चले जाएँ। यहाँ कैसा भाईचारा है? जोरावर क्या-क्या कह रहा था? और भारत सिंह नाम का शख्स क्या-क्या छिपा रहा है...

दूसरा दिन।

पाहुने का दर्शन हुआ। वे बड़े सहज भाव से आए। विहँसकर मिले और गले लगा लिया। बेला के उखड़े-उखड़े स्वभाव और उजड़े रूप पर गौर ही नहीं किया हो जैसे। बस बाँहों में लेकर अपने पास बिठा लिया। फिर अपने घुटनों पर उसके सिर को रखकर लाड़ करते हुए सहलाने लगे। वह जार-जार रो उठी।

"अरे! रोओ नहीं। हम तो खुद ही तुमसे मिलने को छटपटा रहे थे। अपनी जान से अब एक रात भी अलग रहना मुश्किल है।" शहद में लिपटे हुए बोल बेला की करुआहट के सिरहाने अठखेलियाँ करने लगे।

नशा! मर्दों पर शराब का नशा चढ़ता है तो औरत पर प्यार का। दोनों नशे के आनन्द में धुत न हों तो बुद्धि का खात्मा क्यों हो जाए? द्रौपदी! उसका वीर धनुर्धर अर्जुन उसके साथ बैठा है। इसका निशाना अचूक है क्योंकि सन्धान चिड़िया पर नहीं, चिड़िया की आँख पर होता है। शुगर सिंह को भी तो बेला ने पाहुने के प्यार के दम पर झेला था।

भूल गई जो सोच रही थी कि द्रौपदियों के चीरहरण भी तय होते हैं। चीरहरण की प्रथा धर्म से पैदा होकर समाज गें प्रवेश करती है। बेला यों तो थर्रा गई थी, मगर 'अब कहाँ जाएगी' की मजबूरी ने इन्द्रियाँ कस लीं, जिनके जरिये वह मुखर हो सकती थी।

वह प्यार के नशे में मिट्टी का ढेला थी तो भीतर की चेतना चोट खाई नागिन-सी फुफकार उठती। वह निष्क्रिय होती जा रही है या चैतन्य, या कि पागल? आदमी पागल हो जाए तो वह दयनीय दिखने लगता है और अगर उसमें चेतना जागती है तो वह खतरनाक लगने लगता है।

पाहुने को बेला की बात सुननी पड़ी। बेला ने प्यार का एक चषक और लिया।

भारत सिंह सोच में डूब गए। वे इतने अफसोस में उतरते जा रहे थे कि बेला अपनी बात कहकर लगभग पछताने जैसी सूरत में आ गई। नशा तारी होने लगा।

वे देख रहे थे बेला की ओर, ऐसे अटूट अपनेपन से, जैसे उनकी आँखों में बेला

की परछाईं के सिवा कुछ न हो। अब वह औरत के रूप में क्या कहे और प्रेमिका के रूप में–क्या...क्या सोचा था बेला ने? यही कि भाई की करतूत सुनकर और दूसरे भाइयों का बेला पर अधिकार जताने को लेकर वे इतने गुस्से में आ जाएँगे कि यहाँ एक पल रुक न पाएँगे। कोहराम मचा देंगे और उसके रोके मानेंगे नहीं। एक-एक से जवाब माँगेंगे–"मैं जिस औरत को अपना भरोसा देकर लाया हूँ, उसको तार-तार कर दिया तुमने! मेरी साख खाक में मिला दी। मैं घर से लेकर समाज तक, समाज से लेकर राजनीति तक क्या मुँह लेकर जाऊँ? यह औरत का मामला है। इसे जो जमीन दी है, हमारे बाप की नहीं थी, ग्रामसमाज की थी। आज तुम बेला की इज्जत उतार रहे हो, कल गाँव के तमाम मर्द यहाँ लाइन लगा देंगे। तुम क्या उसे रंडी समझते हो?" यह सारा सम्भाषण बेला के मन में चलता रहा।

पाहुने में ऐसा अगिया बैताल कहाँ से आ गया, वे तो सज्जन आदमी, नरम स्वर में बोलने वाले।

"तुम गम खाओ। हम देखते हैं।" इस वाक्य ने बेला की पहाड़-सी मुसीबत को रुई के गोले में तब्दील कर डाला। क्या यही गुण उनको हर जगह विजयी बनाता है? बेला को अपने पति से मुआवजे सहित रिहा कराने का चमत्कार इसी भद्रपुरुष ने तो किया है।

अन्त में..." जो हो गया सो हो गया, आइन्दा के लिए मैं उनको खबरदार कर दूँगा।"

बेला को उस समय हँसी आ गई, असमय की हँसी! मगर प्यार के चषक पर चषक! यों तो उसके भीतर कोई तिरछे होंठोंवाली स्त्री बोल रही थी–'तुम भी क्या करोगे पाहुने, मैं तुम्हारी ब्याहता तो हूँ नहीं जो कोई दूसरा आदमी मेरा लिहाज करेगा। उनके संस्कार में तो मैं भोगने की चीज हूँ, उसमें बुराई नहीं मानते। तुम पंचायत में भी नहीं जा सकते यहाँ जैसे शुगर सिंह के खिलाफ उस गाँव में चले गए थे। आखिर अपनी नंगई कौन उघाड़ता है, यह भी तो बचपन से मिला तुम्हारा संस्कार है। जानते हो ज्यादा बोलोगे तो उँगली तुम्हीं पर उठेगी। मेरे मन में बैठी औरत बुरी से बुरी कल्पना कर रही है कि सब के हाथ में यहाँ डंडा है और बेला नाम की औरत उसी तरह यहाँ है जैसे किसी कोने में गली की कोई कुतिया आकर बैठ जाती है। कुतिया जैसी औरत की ऐसी ही इज्जत होती है। इन डंडों और थपेड़ों को बर्दाश्त करने की मजबूरी कहाँ से कहाँ तक की औरतों पर टूटती है, यह भेद औरतें भी नहीं जानतीं। इस मजबूरी को निभाने में भी शान्ति और सौभाग्य है, फिर चाहे द्रौपदी हो या बेला।

मन में यह आतिशबाजी, कुछ भयानक चिनगारियाँ अपने इरादों में विस्फोट लिए कई फैसले लेने पर आमादा थीं। अन्त में यही कि अपनी माँ के पास...

उफ् कैसे-कैसे बुरे विचार आते हैं!

मगर पाहुने अच्छे-से-अच्छे होकर मन को भा जाते हैं। आगे बढ़ते हैं और हर बार नए से नया शीतल चुम्बन निछावर कर देते हैं। मन का ताप झमझमाकर बरसता है, वे सारे आँसू अपने अंगवस्त्र में सँजो लेते हैं। झुलसने और पिघलने का यह सिलसिला संयोग पर जाकर दम लेता है। पाहुने की तृप्त मंशा, सन्तुष्ट बदन।

दो महीने बाद :

आज उन्होंने बेला को अपने हृदय से लगाकर पूछा, ''उदासी क्यों रहती है तुम्हारे ऊपर? मैं उमंगों में भरकर आता हूँ। जवानी की उमड़ती हिलोरें मचलती देखना चाहता हूँ, मगर तुम हो कि...बताओ, असल बात क्या है?''

बेला को क्या सूझा, इसका तो भारत सिंह को सपने में भी अन्दाजा न होगा।

वह विनयपूर्वक बोली, ''पाहुने, किसी से कोई शिकायत नहीं। बस माँ बनने का हक चाहिए हमें। झूठ नहीं बोलूँगी, मैं गरभ से हूँ। अब की बार सच्चे गरभ से!''

पाहुने न चौके, न चेहरे पर ठहरे हुए शान्त भावों में कोई हलचल हुई।

बेला उल्टी करने के लिए पनारे की ओर भागी। जब हाँफती हुई लौटी तो भारत सिंह ने उसे अपने पास खींचकर पलंग पर लिटा लिया। पीठ सहलाने लगे।

''चलता हूँ। अपना खयाल रखना।'' भारत सिंह ने विदा ली।

बेला माँ बन जाने के मोह में ऐसी कृत-कृत्य हुई कि सोच लिया-यह देह है दान की चीज और माँ बनना है अपने पूरेपन का सबूत।

''पिता कौन?'' बेला इस सवाल से टकराना नहीं चाहती।

करिश्मा! उसका अपना चमत्कार...बाप, पिता, जनक कौन होते हैं? कौन जान पाता है उनको जब तक औरत ही न बताए? कहते हैं अब मशीनें बताएँगी, इस बात पर बेला हँस पड़ी।

और भारत सिंह का चेहरा अबकी बार मलिन नहीं दिखता। उनकी आँखें शान्त रहती हैं। उनके बोल-वचन सधे हुए-''देखो, तुम्हारा चेहरा बेनूर होता जा रहा है। खाने-पीने का ध्यान नहीं रखतीं क्या?''

बेला सारी करुआहटें भूलकर शहद बटोरने लगती।

बस एक बार कुछ ऐसा हुआ-

''एऽ क्या सोच रहे हो?''

''कुछ नहीं। हम क्या सोचेंगे, सिवा तुम्हारे?'' उन्होंने गहरी आवाज में कहा और बेला ने गौर किया उनके नथुने काँप गए।

''तुम परेशान हो उठे? अभी तो यह भी नहीं पता कि पहले की तरह पेट में मट्टी कूड़ा तो नहीं पनप रहा?'' कहते-कहते बेला की आँखें भर आईं।

इस नाजुक समय में पाहुने का प्यार अनुपम था। बेला के माथे पर चुम्बन लिया

जैसे कि वह छोटी बच्ची हो। फिर आवाज में मिश्री घोलकर कहने लगे–''ऐसा बुरा न सोचा करो। हम सोच रहे हैं कि शहर जाकर लेडी डॉक्टर को दिखा दें। वह बहुत होशियार है। तुम्हारा भ्रम भी दूर हो जाएगा और दवा भी चलने लगेगी।

''शहर?''

''हाँ, प्रधान जी हैं न, जोरावर सिंह हमारे छोटे भाई, वे ले जाएँगे। हम हिदायत दे देंगे।''

पाहुने की राय कि बेला के शुभ के लिए चिन्ता? वह तो ऐसी विभोर गद्गद हुई और कृत-कृत्य कि उनके पाँवों में गिर पड़ी।

पाहुने ने दोनों हाथों से उठा लिया बेला को। बेला ने हाथ जोड़कर अरदास की–''तुम चिन्ता न करना पाहुने, मैं इसके बाद अपनी माँ के यहाँ चली जाऊँगी। बच्चा भी वहीं रहेगा।''

''ओहो! कैसी बातें करती हो! मैं क्या किसी से डरता हूँ?'' भारत सिंह की आवाज में रुआब आ गया। और बेला की रग-रग में प्यार की लहरें उमड़ने लगीं।

जवान स्त्री की मदमाती आँखों को पढ़ने में माहिर भारत सिंह अपने आनन्द की कई खेपें उठाने के लिए उत्सुक तो थे ही, उद्यत हो उठे।

प्यार से प्यारी बेला!

भरोसे से ज्यादा भरोसेमन्द पाहुने, प्रेयसी ने आकाश, पाताल और धरती तीनों लोकों पर अपना राज जमा लिया और वह अप्सरा की तरह इस रंगमहल में मखमली गलीचे पर बिछलने लगी। दोनों अब अपने उस रूप में कहाँ थे जिसमें उन्हें बेला और भरतसिंह की तरह पहचान लिया जाए। अगर बेला सोहनी जैसी अदा में भारत सिंह को नजर आती तो वे महिपाल हो जाते और वह शीरीं लगती तो सामने फरहाद अवतरित होता, पत्थर-पहाड़ों से नदिया निकालनेवाला फरहाद...बेला ने जब यह कहानी सुनी तो लगा कि उसकी छातियाँ भर आई हैं और दूध की नदी इसी उद्गम से बह निकलेगी।

बेला अब लैला थी, मोहब्बत में लीन अपने मजनूँ की खैरियत बख्शती हुई, भारत सिंह को उनके भाइयों की कलह से बचाती हुई...उनके गर्म आगोश में...

नजदीकी ने अपना कमाल किया, प्यार देनेवाला पुरुष अधिकार देने में भी कोताही नहीं करता, तमाम कहानी-किस्से गवाह हैं जो प्रेमियों की शिनाख्त देते हैं। आशिक तो तख्त और ताज त्याग देते हैं अपनी माशूका के लिए, यह बात पाहुने ने ही बेला से कही थी और प्रमाण दिया था–शुगर सिंह के घर से तुम्हें निकाल लाया तब मेरे भाई मुझे घर से भी निकाल सकते थे, मगर मुझको सब मंजूर था, तुम्हारे लिए।

मोहब्बत से ज्यादा मोहब्बत की बात करना दिलकश होता है।

भारत सिंह की ठोड़ी अपनी उँगली से सहलाते हुए बेला ने बड़ी अदा से कहा था–"मैं कभी-कभी यहाँ नाहक ही डर जाती हूँ, तब लगता है तुम्हारे प्यार की तौहीन कर रही हूँ।"

"और क्या? ऐसा पागलपन क्यों करती हो?" उन्होंने उसकी उँगली को अपने होंठों के बीच दबा लिया। फिर अपना सिर बेला के वक्ष पर टिकाते-टिकाते बाँया गाल उस गदगदी जमीन के हवाले कर डाला जिसका स्पर्श मखमल से भी ज्यादा कोमल और दूब से ज्यादा शीतल था।

बेला हवाई उड़ान की रंगारंग यात्रा पर थी। उसके शरीर में पंख उड़ने की हरकत कर रहे थे या वह अपने गर्भ में किसी जीव की हरकत की उम्मीद से थी? मिला-जुला यह मसला रंगमहल में रोशनी की तरह दमक रहा था।

यकायक नाभि के नीचे दर्द की लहर गुजरी। बेला ने अपने होंठ भींच लिए। वह चाहती थी कि पाहुने की निकटता में शराफत से पेश आती रहे। गर्भ की तकलीफ दिखाना उनके आनन्द को कम करना है। एक-दो बार कल और परसों भी ऐसी टीस उठी थी, तब उसे खास परेशानी नहीं हुई बल्कि आशा का संचार ही हुआ था कि यह दर्द गर्भ की निशानदेही कर रहा है। खुशी इस बात की भी थी कि यह एक 'बाँझ' की बगावत होगी। लांछन देनेवालों को औरत की ओर से ऐसा सबक जाएगा जिसे वे भूल न पाएँगे। माना कि समाज की व्यवस्था के हिसाब से यह एक भयानक किस्सा बनेगा। मगर इस किस्से के बीज को बोया किसने है? देखें ये कि जनम-जनम की दासी ने अपनी कोख का फैसला उनसे छीनकर अपने हाथ में ले लिया। यह औरत किसी भद्र पुरुष की ब्याहता नहीं, भागी हुई औरत है, जिसकी बदनामी गाँवों की रिश्तेदारियों में गूँज रही है। वहाँ के सद्‌गृहस्थों के यहाँ हलचल मची है कि उनके यहाँ की औरतें आजादी का नशा न करने लगें। ऐसी खबरें भी आ रही हैं कि परिवारों में लोग औरतों का मुकाबला आमने-सामने होकर करने से बचने लगे हैं कि कहीं इसका भयानक नतीजा न निकले और बात फैले कि यहाँ भी कुछ ऐसा हुआ है, जिसकी औरत से उम्मीद नहीं की जाती थी।

मगर यह तीखी पीर की लहर!

बेला ने अपनी कमर दोनों हाथों से पकड़ ली। आग-सी सुलग रही है कमर के हिस्से में! फिर भी वह अपनी दिलचस्प मुस्कराहट बनाए रखना चाहती थी। पाहुने इसी मुस्कराहट पर निसार हैं। अपनी पसन्द के प्रति पूरे ईमादार। औरत को कोई खूबसूरत समझे, यही उसे वरदान-सा लगता है क्योंकि 'औरत और सुन्दरता' इन दोनों को एक साथ देखने की इच्छा के वशीभूत होते हैं पाहुने जैसे पुरुष।

बेला ने इसलिए ही मुस्कराहट के साथ अपने दर्द का जिक्र किया था।

"तुम छेड़ रहे हो, हमें गुदगुदी लग रही है। गुदगुदी से दर्द-सा क्यों होता है?"

''तुम्हारे नाज-नखरे उठा लेंगे हम। मेरी जान, दर्द भी प्यारा है हमें।'' पाहुने की बोली दिलफरेब थी मगर दर्द था कि दिल में भरता चला जा रहा था।

''तकलीफ ज्यादा है?'' उन्होंने पूछा तो बेला ने उनकी गोद में मुँह छिपा लिया।

''ठीक हो जाएगा।'' बेला ने हिम्मत बाँधकर कहा।

''न ठीक होगा तो डॉक्टरनी को दिखा आना।''

यह हमदर्दी बेला के दिल में उतर जाती है, यही बर्दाश्त की जमीन है।

बेला ने ध्यान नहीं दिया कि उसके कमरे के बाहर अँधेरा घिरने लगा है। उस कोठे के आगे खड़े नीम के दरख्त पर पखेरुओं का कलरव खामोश हो गया है। अपनी भावनाओं के सरोवर में खिलते कमलों की कल्पना उसके ऊपर तारी रहती। यहाँ आकर उसकी मुरादें परवान चढ़ रही हैं, जिन्होंने जोरावर और उसके भाइयों के हमलों को शरीर पर झेलते हुए पस्त कर दिया है। ये औरत की देह में अपनी जीत का झंडा गाड़कर इतराने वाले दरिन्दे क्या भारत सिंह को रोक पाएँगे, जिनकी मोहब्बत निश्छल धारा-सी अपने वेग में बहती चली आती है।

''दूध पिया करो। मैंने कह दिया है।''

बेड़ा में दूध लेने चली गईं।

'दूध!' बेला को बस पाहुने की बातें याद रहती हैं। बाहर झाँककर देखा अँधेरा था। अँधेरा तो कोठे में भी बिछ गया है फिर उसे पाहुने हू-ब-हू नजर कैसे आ रहे थे?

'टार्च'-यह भी भारत सिंह की दी हुई अतिरिक्त सुविधा है कि बेला अपने अँधेरों को काटती चली जाए। उसने टॉर्च की रोशनी के जरिये ही उस बेड़ा तक का रास्ता पार किया, जहाँ भैंसों और गायों का दूध दुहकर रखा जाता है और जरूरत के हिसाब से घर के सदस्यों को दिया जाता है।

बाँस की टटिया से बना दरवाजा खोला बेला ने। बेड़ा में प्रवेश किया।

मगर बेड़ा में कोई नहीं। देर तक खड़ी रही, न कोई आया न गया। टार्च की रोशनी इधर-उधर फेंकी, उसके वृत्त में पेड़-पौधे ही आते रहे। सोचा, वह क्या बच्चा है जो दूध पीना जरूरी है?

मगर तभी कोई आवाज-सी...कोई बातचीत-सी...कोई भुनभुनाहट-सी...

आगे बढ़ी। परछाइयों की छवियों को पहचानना चाहा।

पाहुने को वह अँधेरे में भी पहचान ले। मगर दूसरा कौन है?

यकायक बेला के मन में अपराध बोध-सा जागा। क्या वह पाहुने की बातें छिपकर सुनना चाहती है? दूसरा जो भी है, उससे बेला का क्या ताल्लुक? अगर

पाहुने ने उसे देख लिया तो उसका विश्वास कितना रह जाएगा?

दूसरा तो जोरावर है। घुप अँधेरा होता तो छिपा रहता, मगर तरइयों की रोशनी की भी कोई हैसियत होती है। बेला की आँखें धोखा कैसे खा सकती हैं? उसकी कद क़ाठी और बलिष्ठ देह को आए दिन अपने शरीर पर उतरते महसूस करती है। मन को मन न पहचाने, देह को देह तो पहचानती ही है।

जोरावर प्रधानजी अपनी कमर पर एक हाथ रखकर खड़े होते हैं, यह उनकी अलग अदा है। बेला को अब पसीना आने लगा। घबराहट भी होने लगी। जोरावर से पाहुने की ऐसी मिलीभगत! फिर जोरावर झूठ क्या कह रहा था? पाँचों पंडा एक दिल एक देह हैं।

यहाँ रुकना उसे अपना कसूर-सा लगने लगा, भाइयों के इस मेल को देखकर। बड़े घरों में छोटे लोगों की हैसियत क्या होती है, बेला का तन मन बता रहा था। उसने सिर का पल्ला ऊँचा कर लिया आवेश में। सोचा यही भी कि किसकी आड़ कर रही है? जिनके सामने रोज नंगी होती है, उनका पर्दा करना, आदर सम्मान की निशानी है। क्या-क्या सिखा दिया है हमें हमारी दादी नानियों ने या माँओं ने...

मन ढीठ हो आया। पाँव अड़े रह गए।

दो पुरुषों की आवाजें धीमी थीं। कितनी भी धीमी रहें, आवाजें तो मर्दों की थीं, अपने तेवर में मरदानी और ताकतवर हैसियतवाली।

क्या पता उसी की बाबत न कुछ कह रहे हों, हैं तो भाई-भाई ही। वह कहावत झूठ तो नहीं है कि प्यार पहाड़-सा टूट जाता है, नाता धागे-सा भी नहीं टूटता। बेला अपने आप से बेखबर बस खड़ी रही तो खड़ी ही रही क्योंकि कान अड़े हुए थे यहीं।

''जोरावर, तुम गँवारी से पेश मत आओ। देखो, इस औरत के जरिए हम इलाका जीत लेंगे। यह आगे आएगी तो और भी आगे आ जाएँगी। किसको आगे-पीछे लाइन में लगाना है, वह तो हम तय करेंगे।

''समथर वाली अनारा का क्या हुआ?''

''आएगी, मगर पन्द्रह दिन बाद।''

''तब क्या करेगी आकर? छोटे मन्त्रीजी का दौरा तो आठ दिन बाद है।''

''उसका खून बन्द नहीं होता।''

''अभी तक?''

''उस साली डॉक्टरनी ने कोई गड़बड़ कर दी है।''

''फिर?''

''उसकी जगह गजरा आ जाएगी।''

''गजरा! वो बकवाँ गाँव की मोंड़ी?''

''हाँ। वही।

''यार जानते तो हो, सियासत में भड़भूँजे भी परी माँगते हैं। गजरा निराट कल्लू धरी। खुश करने की जगह छोटे मन्त्री का पारा चढ़ा देगी।''

''तो यह चली जाएगी तुम्हारी हूर, बेला।''

''इसका जाना अभी आसान नहीं है।''

''हम कर देंगे आसान। हमें कितने नखरे दिखा रही थी।''

''यार, बात दूसरी है।''

बेला के कान खड़े हो गए, शर्तिया यह बात उसी के बारे में हो रही है।

''दूसरी बात क्या है भइया?''

''यार वह पेट-पेट चिल्ला रही है।''

''पेट? कैसा पेट? किसका पेट?''

''पेट माने गर्भ और उसके गर्भ में बच्चा हमारा-तुम्हारा...और कुछ?''

''काये का हमारा-तुम्हारा? अपना खसम छोड़कर सत्रह हिलन्दे लगा लिए हैं। बड़ी सतमंती बन रही है। नाक न हो तो गू खा ले।''

''अरे यार, समझा करो। सही वक्त पर सही फैसले लिया करते हैं।''

''कब लोगे फैसला? तब तक क्या यह हमें अपने गर्भ पर धमकाती रहेगी? वह हमें नंगा कर देगी। कुछ भी बोलबाल कर हमारी मूँछें उखाड़ लेगी? देखें साली क्या उखाड़ती है हमारा?

''जोरावर, पहले तो तुम उसे डॉक्टरनी को दिखा लाओ, बात सच है या नहीं। और उसको मत दिखाना, जिसने गजरा को देखा है। डॉक्टरनी मरीज से कई बार आगे-पीछे की बातें पूछने लगती हैं।''

''ठीक है। वैसे कबूल सूरत औरत है, जो देखेगा, वही रीझेगा। बच्चा पैदा करके तो टके की नहीं रह जाएगी। देह झोलमझोल।''

''जमरोई वाले जीजा के संग भी नई उमर की औरत आएगी। उसका आदमी ही जीजा को सौंप गया है। हाँ, रकम ज्यादा देनी पड़ी। क्या करें बड़े नेता बिना दारू और दारा के इलाके में आने की हामी नहीं भरते और बिना बड़े नेता के जनता हमें दो कौड़ी का नहीं समझती। अब हमारी व्यथा हमसे ही पूछे कोई कि चुनाव की हड़िया हमारे यहाँ कितने दिनों पहले से चढ़ जाती है। हमारी ताकत इसी में उबलते-खौलते धुधुआँ जाती है।''

''भइया, इसको हुआ क्या है? साली की रोटी का ठिकाना नहीं है, माँ बनने का नखरा चढ़ा है। इसे पता नहीं कि माँएँ सिर्फ ब्याहताएँ होती हैं, रंडियाँ नहीं।''

''शान्त रहो तुम जोरावर। उसे क्या पता है क्या नहीं, हमें क्या लेना-देना?''

बेला की आँखें मगज में चढ़ गईं।

उसके कानों में नेजे भोंक दिए पाहुने ने।

अब न आवाज निकल रही थी न साँस ही आ रही थी ठीक से...सब कुछ बीच में अटका हुआ अपने गर्भ की तरह। बस दर्द की हिलोर आई और वह वहीं धरती पर बैठ गई। उसने अपना मुँह मिट्‌टी से मिला दिया।

''बेला, तेरी कथा तो द्रौपदी से आगे निकल गई।''

घिसट-घिसटकर अपने कोठे तक आई, कन्धों पर पाहुने के प्यार की अर्थी लदी हुई..। उसके साथ यों तो और भी जानलेवा हादसे हुए हैं, लेकिन यह तो बेरहमी की सीमा लाँघ गया। भीतर की शान्ति भस्म हो गई और आशा पर तुषारापात...गर्म और सर्द मौसम कयामत की तरह टूट पड़े।

देह की और मन की कितनी कटाई-छिलाई के बाद उसके भीतर इनसानी पौध तैयार होने लगी तो इन बाहुबलियों ने उसे औरत नहीं, अपने कब्जे में आई वह पहाड़ी समझ लिया, जिसमें ये चाहे जब सुरंग लगा दें और खंड-खंड तोड़ डालें। उसके शरीर को गिट्‌टी जैसे टुकड़ों में काटकर बेच डालें।

'तुम्हारे बाप के लगाए पेड़ की शाख है बेला, सो काट डालो, बिक्री कर दो। पड़ोस की नदिया है सो मनचाहे जहाँ से पानी को बाँध दो। औरत की आत्मा देह और कोख...मैं वही औरत हूँ जिसके प्यार को जुर्म कहा जाता है और तुम जैसों को मनमानी करने की छूट मिल जाती है। तभी तो हमारे फूलों जैसे खिले दिल मुरझाकर सूख जाते हैं और अपनी गलती का इल्म नहीं होता कि कि हमारी गलती मोहब्बत थी, जिसके जरिए तुमने हमसे भोग सम्भोग करते हुए हमारे प्यार को चिथड़े-चिथड़े कर डाला।'

दृश्य-दर-दृश्य!

'इस उधार के रहवास में मेरी वेदना के सिवा और क्या है? मेरी देह पर टूटते पाँचों कामातुर भाई खड़े हैं। मैं खाली लोटे को लेकर लौटी हूँ, जिसे धरती पर लुढ़का-लुढ़का कर बरबाद जिन्दगी का खेल खेल रही हूँ। पाहुने से जुड़े बन्धन के टूटने का खेल, जीने की इच्छा के मूर्छित होने का खेल, दूसरे के शानदार भरोसे के ढह जाने का खेल...खंडहरों के ये नजारे ही जैसे अब जिन्दगी की हकीकत हों और हों उस नए ज्ञान की सूचना जिसमें मालूम होता है-प्यार-मोहब्बत में बँधकर जन्म बिता देना मर्दों के बस का नहीं। धन, पद, यश जैसा नशा नहीं है इस रिश्ते में...

महाभारत की कथा इस कोठे में विस्तार लेती जाती है। जोरावर प्रधान के बोल नगाड़े की विध्वंसक आवाज की तरह कानों पर बजते हैं-'द्रौपदी, हम पाँच भाई हैं, पाचौं पंडा।'

बेला ने खड़े होने की ताकत जुटा ली जोकि उसे जुटानी पड़ी। समय ने ऐसा पल्टा खाया कि खिड़की से झाँकता चाँद आग का गोला बन गया और तरइयाँ सुलगते कोयले। अपनी धोती कस ली, कितने-कितने चीरहरणों के बाद और बाल

समेटकर बाँध लिए क्योंकि बेला को द्रौपदी की तरह किसी के रुधिर की तलब न थी। चूड़ी, बिन्दी, पायल, बिछिया, काजल, सिन्दूर जैसे शृंगार-चिन्ह नष्ट कर दिए। गले में पहनी हुई पाहुने की सौगात सोने की मटरमाला से मुक्त हुई।

"मैं डाक्टरनी के पास जाऊँगी। जोरावर प्रधान के साथ चली जाऊँगी।" बेला ने पाहुने को धैर्यपूर्वक अपना फैसला सुना दिया।

"क्यों?" भारत सिंह ने अनजाने भाव से पूछा।

"कहीं पहले जैसा ही न हो, अभी बात साफ हो जाए।"

पाहुने पलंग पर बेला के बराबर में लेटे थे और उनका प्यार बार-बार उमड़ आता था। बेला जैसी तकदीर वाली कौन हो सकती है, जिसको इलाके के नामी व्यक्ति की मोहब्बत सलामी दे रही है।

"कब जाना है, बता देना, मेरी जान।" कहकर बेला का मुरझाया कपोल चूम लिया कामासक्त पाहुने ने।

"जब प्रधानजी ले जाएँ।"

डॉक्टरनी के पास जाने से पहले एक अतिथिगृह में ले जाया गया बेला को। वहाँ पहले से पाँच लड़कीनुमा औरतें मौजूद थीं। छठी बेला उनमें शामिल कर दी गई। वहाँ जिस कमरे में बेंच पड़ी थी, वहीं घड़े में पानी रखा था और पीने के लिए चार-पाँच गिलास भी थे। पानी हैंडिलवाली छोटी लुटिया से निकाला जाता था। साथ में ही एक संडास था जहाँ यूरिन से लेकर पॉटी तक का इन्तजाम था।

औरतों के लिए सुरक्षापूर्ण इन्तजाम।

पाँचों लड़कीनुमा औरतें बेंचों पर चुपचाप बैठी थीं। बस बारी-बारी पानी पीने उठती थीं। शायद किसी को अपना परिचय देने की इजाजत न हो। बेला के मन में यह विचार बड़ी तेजी से उठ रहा था कि क्या इन सबके भीतर ताकत और उमंग है या ऐसी ही मजबूरी कि अपने प्राणों की रक्षा के लिए कुछ भी करना पड़े?

कपड़े। चूड़ीदार और टॉप के साथ जींस भी। बालों की पौनी टेल, खुले बाल और बॉयकट तक के स्टाइल। बेला ग्रामीण युवती, पोशाकों का ज्ञान हो गया है थोड़ा-बहुत, इन्हीं भारत सिंह के घर में रह-रहकर।

पोशाक देखकर तो बेला को लगा कि औतर की तसवीर का यह बदला हुआ जमाना है। हो सकता है इन की जिन्दगी का नक्शा अलहदा सा हो। वह डॉक्टरनी के पास आई है और ये किसी अफसर या नेता के बुलावे पर यहाँ की मेहमान हों। चाय-बिस्कुट आ रहे हैं। कैम्पा की ठंडी बोतलें भी खोली गईं थोड़े-थोड़े अन्तराल

पर। हाँ, इतना जरूर है वे पाँचों खाते-पीते हुए मौज मस्ती में भी उदास-उदास लग रही थीं। चुप्पी में समाई हुई जो थीं। उदासों की लाइन में बेला अन्तिम सिरे पर थी जैसे सबका जोड़ हो। उसके दिमाग में भारत सिंह और उनके भाई जोरावर सिंह की बातें भरी हुई थीं, उन बातों पर बेला सिर्फ भयभीत हो सकती थी, भय का दर्द कितना तकलीफदेह होता है...कि अपनी यादों की कीलों से ठुका-छिला लहूलुहान हृदय का नक्शा बनता जा रहा था।

एक आदमी आया और वे औरतेंनुमा लड़कियाँ खड़ी हो गईं। आदमी, आदमी नहीं था, नेता था। सफेद कुर्ता-पाजामा और जवाहर कट सदरी जिसकी पोशाक थी। उसके पास काले चमड़े का बड़ा-सा बैग था। वह देवता की तरह आया था, लड़कीनुमा औरतें उसके अभिवादन में झुक गईं। वह खुश था, आँखों में आशा-सी थी। शायद यही उम्मीद होगी कि वह एक दिन बड़ा नेता बनेगा। अपने रोब-दाब में वह कम तो नहीं है।

उसने अपने बैग से पाँच लिफाफे निकाले।

लड़कियों की साँसें आवाज की तरह बोलने लगीं या आवाजें ही साँस की तरह आ रही थीं? ऐसा अब तक भी रहा होगा, बेला शायद सुन रही थी मगर समझ नहीं सकी या उन लड़कीनुमा औरतों ने उससे सब कुछ गोपनीय रखा होगा।

लिफाफे पाकर पाँचों औरतों की आँखें भी चंचल हुईं।

"लो, ये पर्चियाँ। एक-एक बाँट लो। जिसको जहाँ जाना है, इन पर लिखा है।" नेतानुमा आदमी ने निर्देश दिया।

बेला ने पहली बार देखा कि उसके साथ पाँच स्त्रियाँ चुपचाप बैठी रहीं, नहीं तो गाँव-गली, रास्ते और सड़क, ताँगा, बस और टेंपो जैसी किसी भी सवारी में औरतें चुप कहाँ रहती हैं, थोड़ी-बहुत बातचीत हो ही जाती है। यहाँ ऐसी जबरदस्त उदासी कि होंठों में हरकत तक न हो पाई।

सारा रेला चला गया। गेस्ट हाउस के दरवाजे पर दो गाड़ियाँ लगी थीं-मारुति वैन।

कौन कहाँ गई? बेला की समझ में कुछ नहीं आया। हाँ सन्देह का काँटा-सा जरूर चुभा, भारत सिंह कह रहे थे-औरत, नेता अफसर...

बेला को नेतानुमा आदमी नहीं, जोरावरसिंह खुद लेने आए।

वह डॉक्टरनी से कहेगी-यह आदमी औरत के साथ जानवर की तरह पेश आता है। जिस अंग को छूता है, उसी पर चोट करता है। पस्त होते-होते भी बेला को इससे लड़ना पड़ता है। हर रात गुत्थम-गुत्था की होती है, बीच में विश्राम नहीं। पौ फटते-फटते जब इसका हमला खत्म हो जाता है, इसके दूसरे भाई दस्तक देने लगते हैं जैसे उसकी स्त्री देह कोई दरवाजा हो।

वह डॉक्टरनी से कहेगी–यह हमलेवरी कम हो जाती है मगर रुकती नहीं। यहाँ तक कि शरीर से रिसते खूनी पानी में भी ये खुद को डुबोते हुए सिसकारियाँ भरते रहते हैं। जैसे ऐसा न करेंगे तो ये नामर्द हो जाएँगे।

वह बताएगी–अक्सर तो वह यही भूली रहती है कि बेला नाम की औरत किसके साथ है? सम्भोग का बर्ताव किस अंग से किया जा रहा है? चोटों से घायल आहत होती है और उसका कंठ सूखता जाता है कि आह–कराह की भी ताकत खत्म होती जाती है क्योंकि हालात भयानक–से–भयानक होते चले जाते हैं।

बेला पूछेगी–इनमें से ही किसी के वीर्य का बीज है, जो उसके गर्भ में रुक गया, जिसके अंकुरित होने के लक्षण उस भय पर विजय के रूप में तारी होने लगे जो दहशत हरेक रात को दहलाती आती थी और तन–मन को रौंदकर चली जाती थी।

उस अंकुरण ने नफरत के पीछे मुस्कराहट पैदा कर दी। यह मुस्कराहट वह बचा ले जाएगी?–बेला पूछेगी।

वह कहेगी–कल न जाने वह कहाँ हो? कारण कि अब इन पाँच भाइयों में इतनी ताकत नहीं कि बेला का वजन उठा लें। ये अपने–अपने वीर्य फेंककर भागने लगते हैं, जो औरत इन्हें रोकने की कोशिश करेगी, उसे ये मार डालेंगे। फिर भी लगता है कि औरतें इनका पीछा कर रही हैं, अपना हिसाब–किताब बराबर करना चाहती हैं।

सोच में डूबी हुई बेला!

मारुति वैन में पिछली सीट पर बैठी हुई बेला!

डॉक्टरनी के कक्ष में प्रवेश करती हुई बेला...

बेला बहू की स्मृतियों में एक–एक तसवीर ताजा है। अपना नाम–गाँव लिखवाया था, तब।

बेला बहू ने डॉक्टरनी की मरीज–टेबिल पर लेटते हुए डॉक्टरनी की छवि देखी थी–एक नेक और दयावती औरत की छवि।

कार्ड देख रही थी सफेद कोटवाली स्त्री, जिसके गले में आला लटका था।

"अरे!"

"पति का नाम?"

बेला यकायक मेज पर ही उठकर बैठ गई। घबराई हुई–सी...आँखें विस्फरित हुईं।

"अच्छा! ठीक है। छोड़ो।" वह बेला की पीठ थपथपाकर बोली।

बेला सोच रही थी, पाहुने के साथ बड़ा खूबसूरत वक्त था। उनके घर लोगों की दी हुई सजाएँ भुगतीं, दुख का भयानक रूप जाना, नफरत का विष पिया। अब उम्मीद का वक्त आ जाए...मेरे बुरे समय की ये आखिरी घड़ियाँ यहीं छूट जाएँ।

मगर!

डॉक्टरनी ने खबर दे दी। बेला का बच्चा मर गया। भ्रूण की हत्या सम्भोगकर्ताओं ने कर डाली। इन्फैक्शन फैलने का डर है।

बेला...

अपने सीने में एक सपना सँजोकर लाई थी। वह खत्म...

उसने क्या सुना?

दिमाग अस्त-व्यस्त हो उठा।

वह सपना मर गया? शुगर सिंह, भारत सिंह, जोरावर सिंह के साथ और उनके तीन भाइयों के वीर्य में लिथड़ती उसकी देह... एक अंकुर को नहीं बचा सकी!

क्या वे लोग उसको भी बचने देंगे? उस समूची को बंजर बनाकर बेच देंगे कि कोई भी इसे इस्तेमाल करे, बन्ध्या की तरह।

डॉक्टरनी कह रही थी, ''घबराओ नहीं। बच्चेदानी निकालनी पड़ी तो वह भी करेंगे। मगर करेंगे तुम्हारे कहने पर। ये नेताजी जिनके साथ तुम आई हो, कई लड़कियों को लाए हैं। तुमने पति का नाम नहीं बताया तभी मैं समझ गई थी कि केस दूसरी तरह का है।''

बेला की आँखों से आँसू फूट पड़े।

''अरे तुम क्यों रो रही हो? तुम्हारी तबीयत कैसे सँभलेगी फिर? जो हो गया सो हो गया। अभी की सोचो।'' डॉक्टरनी भली औरत थी।

'मेरे ऊपर मौत का साया मँडरा रहा है, कोई मेरी माँ को मेरे पास बुला दे।' बेला की खामोशी चीखने लगी।

फिर उसने अपनी आँखें खोलीं, आस-पास डॉक्टरनी नहीं, माँ ही माँ नजर आई। माँ के साये में थोड़ी देर के लिए दुख की कोई चेतना न रही। वह तो सपना-सा देख रही थी-भारत सिंह के गाँव को जाती साफ शफ्फाक सड़क। पाहुने की यशगाथा और उनके इलाके को तरक्की के रास्ते पर लाने वाली योजनाएँ। उन्हें योजनाओं का नेता बनाने के लिए मरने-खपने की हद तक इस्तेमाल होनेवाली औरतें...गेस्ट हाउस में मिली पाँच लड़कीनुमा औरतों के चेहरे बेला को घेरकर खड़े हो गए। उदास हँसी के ठहाके गूँजे और बेला हड़बड़ाकर उठने को हुई। प्रसूतिगृह इस समय दर्द से कराह और चीख रहा था।

एक सीलिंग फैन उस मेज पर घूम रहा था जिस पर बेला पड़ी हुई थी, फैन घूम रहा था, ब्रह्मांड की तरह...

''वह अब जिन्दा रहेगी, क्योंकि उसकी कोख ने काम करना बन्द कर दिया।'' यह सूचना उसके बचने की थी या...

उसने हरे पर्दे को देखा जो खिड़की के ऊपर था, उसने नीले आकाश को देखा

जो पर्दे के ऊपर था। उसने नजर फेर ली कि अब आगे...उसका अजन्मा कह रहा है, यह माँ मेरे लिए रो रही है और वह मरता चला गया!

बेला निराशा हताशा के शिखर पर थी। निराशा में जिन्दगी रात जैसे अँधेरे में चली जाती है, संघर्ष करने की इच्छा भी मरने लगी।

आज रात उसे कई-कई वाकये याद आए। भारत सिंह के बख्शे हुए इस रंगमहल-से कोठे में वे घटनाएँ याद आईं कि कैसे और किस तरह हम आदमी की जिन्दगी के लिए लड़ते हैं। कैसे साबित करते हैं कि हम भी इनसान हैं, मवेशी नहीं। कैसे यह भी बताते हैं कि जो व्यवहार तुम औरतों के साथ कर रहे हो, ऐसा तो जानवरों के साथ भी नहीं किया जाता।

'तुमने अपनी मर्दानगी की अजमाइश में मेरी देह पर इस कदर हमले किए कि मेरी कोख ही छेद-काट डाली और मेरे अजन्मे को मौत के घाट उतार दिया। क्या तुम इस वेदना से परिचित हो? क्या तुम दर्द की इस तकलीफ को जानते हो कि उस अजन्मे का हृदय धड़कने लगा था, तुम्हें पता है?

'मैं गर्भवती थी, भारत सिंह ने मुझे विदा किया। मैं सोच रही थी कि मेरा जो भी कुछ हो मैं अपने शिशु को एक बार देख सकूँ उस उर्वरा धरती की तरह जो अपने हरे-भरेपन को लेकर रहती है। मगर यहाँ तो हालात ऐसे हुए कि सारे सपने कुरूप हो गए।

'मैंने उन लड़कीनुमा औरतों को गले लगाकर शपथ उठाई है, जिनके शरीर गर्भाशय विहीन कर दिए गए। मैंने उन कमसिन बालिकाओं के सिर पर हाथ रखकर सौगन्ध ली है, जिनके अविकसित शरीरों की लत भारत सिंह के साथियों को लगी है। मैंने उन स्त्रियों के सामने कौल भरा है, जो राजनीति में प्रवेश के लिए रास्ता अपनी देह से निकालती हैं। कितने-कितने नेता मन्त्रियों से वाकिफ हो गई हूँ मैं!

मौका आज या कल?

अवसर कल या परसों?

कल-परसों करते-करते चार महीने निकल गए। बेला की बारी भी लग गई उन लड़कीनुमा पाँच औरतों की तरह...

इतने दिनों तक किस उधेड़बुन में रही वह? पूरे एक सौ बाईस दिन निकाल दिए उसने। सारे कॉल करार ठंडे पड़ गए? भारत सिंह ने सम्मोहन का कोई सुनहरा सपना दिखाया क्या? या यहाँ से आजाद हो जाने का नशा काफूर होने लगा? वह आग शान्त हो गई जिसकी ताकत तन-मन में फैली हुई थी। समय का लेप भी बड़ा खतरनाक होता है, बेला का खौलता-धधकता गुस्सा ठंडी शान्ति में समाता गया।

मौका! मौका! कब आता है मौका? उस जैसी औरत से बहादुरी के मौके कैसे हाथ मिलाएँ? दूसरों के कन्धे पर सिर रखनेवाली बेला खुद को वीरता की मूर्ति समझने लगी क्योंकि वह पति का घर छोड़कर भारत सिंह के यहाँ चली आई। उसने उन शर्तों से बगावत की जो उस पर लांछन के रूप में लादी जा रही थीं। उसने उस चहारदीवारी को त्यागना श्रेष्ठ समझा क्योंकि उस देहरी पर उसका सम्मान नहीं था।

लेकिन यहाँ?

जल्दी-से-जल्दी आत्मसम्मान की गठरी में चोर लग गए। चोर नहीं, स्त्री की अस्मत पर खुलकर डाका पड़ा। शुगर सिंह का घर जैसा भी था, बेला बेइज्जत नहीं हुई थी। बाँझ और बलात्कार की शिकार में फर्क होता है। एक का असर हमारे हाथ में होता है कि उस को लिया जाए या नजरअन्दाज कर दिया जाए मगर दूसरे का कोड़ा दूसरे के ही हाथ में होता है। जिस विजय पर वह फूली नहीं समाती थी, आज उस खुशी के बारे में सोचने की ताकत भी नहीं बची। उसकी अपनी विजय इस भयानक दर्दनाक यातना से अलग कहाँ रही, जिसका वह आज सामना कर रही है। अपने तुच्छ और ओछे अहंकार को वह अब किस कोने धरे?

कितनी-कितनी ग्रन्थियाँ बनने लगी हैं उसके भीतर। अपने ही किए की कुढ़न के मुकाबले किसी दुश्मनी का जहर नहीं होता जो हमें ही खा जाए। कई बार तो जी ऐसा घबराता कि महसूस होता, गला रुँध रहा है। कितनी ही बार मगज में चक्करदार घेरा बनता जाता। सीने में जलन ऐसी जैसे यह बाहर न निकली तो बेला नाम की स्त्री भस्म हा जाएगी। इन मर्दों के लिए उसके जीवन की सारी ताकत, सारी आकांक्षाओं, सारे सपनों और भविष्य को रौंदने के लिए हैं? ये खुद भ्रूणों की हत्या कर डालेंगे और आगे के लिए बेला जैसी औरतों को किराये पर चढ़ा देंगे? यह जिन्दगी की सम्भावना है या बाँदी की देहबन्दी?

दिन रात बीतते, भारत सिंह पास आते। बेला उनके मन-माफिक लुटती। जोरावर आता, बेला की देह पर अपना कीचड़ छिड़क जाता। वह मान रही थी कि मर्दों की इस दुनिया में उसके उजड़ने और लिथड़ने का चलन आज का नहीं, सदियों की वीभत्स कथा है।

मगर आज!

बेला को लिफाफा मिला। पन्द्रह सौ वाला नहीं, पाँच हजार वाला। उसकी कीमत उन लड़कीनुमा औरतों के मुकाबले कितनी ज्यादा है!

आज भारत सिंह के गाँव में नेता लोग आ रहे हैं। दो विरोधी पार्टियाँ आपसी गठबन्धन करके चुनाव लड़ना चाहती हैं। जीत के लिए दोस्ती छोड़ना और दुश्मनों के हाथ मिलाना राजनीति की धर्मनीति है। जोरावर ऐसा ही कुछ कह रहा था। आज ही उम्मीदवारों की जगहें तय होनी हैं।

जिला शहर से पुलिस गारद भी आएगी। जोरावर ने ऐलान किया है।

"तुम्हें जिसके पास भेजा जा रहा है, उसका खुश होना जरूरी है, समझी?"

समझती है वह। यहाँ इद्दी-पिद्दी नेता भी 'नेताजी' होते हैं। इन नेताजियों की अय्याशी में खलल न पड़ जाए इसलिए बेला को अपने गाँव नहीं जाने दिया। माँ बीमार है तो रहे बीमार। बेला को तो हर हालत में रम्भा, मेनका बनकर शयनकक्षों में उतरना है।

बेला ने बलवीर द्वारा भेजी गई खबर पर आँसू बिखेर दिए।

वह तैयार हुई।

कितने दिनों से सुलगती चिनगारी दिल में भड़क उठी है। कोई भी आग बाहर आने से पहले क्या दिल से गुजरती है? नहीं तो पाँच हजार के लिफाफे को देखकर उसके भीतर कुछ धधक क्यों रहा है? लिफाफा...उसने एक ओर फेंक दिया।

कहाँ कौन सोया होगा? पता है सब। आज जोरावर के मुँह में मिश्री है तो भारत सिंह अपनी ही गमक से सराबोर बेला को निछावर नजरों से देखते हैं। आज के दिन उनके लिए बेशकीमती सौगात है बेला।

आज पाँचों भाई पचफैड़ा बन्दूक लेकर उस कमरे में सोये हैं, जिसके लिए कहा जाता है कि इस कमरे में ऐसे गुप्त सूराख हैं कि वे 'पाँचों पांडव' दुश्मन पर भीतर से ही अचूक निशाना लगा सकते हैं।

निशाने के ठीक सामने वह कमरा है जहाँ दूसरी पार्टी के नेताओं को सुलाया गया है। भारत सिंह, राजनीति का कुशल खिलाड़ी जानता है कि यहाँ दाएँ हाथ का भरोसा बाएँ हाथ को नहीं होता। क्या पता कहीं इनमें से ही कोई पाँचों भाइयों को ही निशाना न बना ले।

मंशा बदलते देर नहीं लगती और आदमी इस परिवर्तन में माहिर होता है। राजनीति में तो उसके ईमान की कोई कीमत ही नहीं है सो वह ईमान की चादर घर ही फेंक आता है और अपने सामने होता है निखालिस, बेमिलावट बेईमान आदमी...

बेला बहुत कुछ जान गई है।

बेला आज अपनी टूटी हुई मटरमाला पाहुने को देने गई थी। ऐन रात के समय जाना उचित तो नहीं था लेकिन उसके मिलन का महूरत तो रात में ही होता है। वह जानती थी, तीन पैग दारू भीतर जाने के बाद भारत सिंह का मन उसके लिए मचल-मचल जाता है। वे किसी दूसरे के पास जाने से पहले खुद इस सुन्दरी को चखेंगे (पाहुने की बोली में)।

मिट्टी के तेल की कट्टियाँ भी धरनी थीं। बिजली किसी वेश्या की तरह बेभरोसे की चीज है, पाहुने कहा करते हैं।

पता नहीं क्यों कट्टिया ले जाते समय उसके हाथ काँप रहे थे और पाँवों में

झुनझुनी-सी लगी थी। रास्ते में वह कई बार रुकी, पीछे लौटने का मन भी बनाया।

वह शाम को नहाई थी और इत्र लगाया था मगर बेमौसम के पसीने से वह घबरा गई। यों तो आज उसने गहरे नीले रंग की महीन साड़ी जिसमें सितारे झिलमिला रहे थे, पहनी थी और गले में चाँदी की नई-नकोर पतली सी हँसली थी फिर भी उसको अपना रूप मन मोहनेवाला नहीं लग रहा था। उसके काले सुन्दर रेशम-से केश, जिन पर वह नाज करती थी, आज उन बालों से उसे परेशानी हो रही थी कि उनका जूड़ा बार-बार खुल जाता था। खुले बालोंवाली स्त्री उसे द्रौपदी लगती है।

उसे पता था कि मेहमानों का कमरा किस ओर है और उनमें से कौन उसके रंगमहल में आएगा। मगर आएगा तभी जब वह अपना इशारा भारत सिंह या जोरावर सिंह को देगी। आखिर उसे भी तो हर हालत में खुद को तैयार करना है। पाहुने कई बार बता चुके हैं कि शहर में कॉलगर्ल कैसे व्यवहार करती है, कैसा बर्ताव आदमी को पसन्द आता है। बेला आज भी पाहुने के लिए कॉलगर्ल से वेश्या तक सब कुछ बन जाती है, बनते-बनते महीनों गुजर गए कि बेला ही खत्म होती चली गई।

दिन-महीने ऐसे शान्त रहे जैसे सरोवर हुआ करते हैं।

यह रात का शुभ महूरत था।

शुक्रतारा आसमान पर झिलमिला रहा था। उसने पाहुने की रतिक्रीड़ा को परवान चढ़ाया था। वह पुरुष दारू और दारा के मद में मस्त और बेला के स्त्रीपन से पस्त होकर नींद के आगोश में चला जा रहा था।

रतिक्रीड़ा! बेला का अपना हुनर! इस हुनर के सामने सेवा और श्रम भी पानी भरते हैं। जवान औरत की अहमियत उसकी जवानी में छिपी है; इस बात को मर्द से ज्यादा औरत भी नहीं पहचानती। तभी तो बेला के स्त्री-धड़ पर निछावर पुरुष उसको अपने हृदय की मलिका कहता है। रानी और महारानी बुलाता है! क्या उसकी हैसियत ऐसे खिताबों के मुकाबिल बैठती है? या इन खिताबों की चमक में ऐसा जादू है कि मालिक उस धड़ का बँटवारा उन रसूखवाली हस्तियों में करता जाएगा, जिसके कारण वह एक दिन सचमुच का राजा बनेगा। अपने इलाके का विधान सभा-सदस्य।

इस होनेवाले राजा के आसपास जो शानदार संगीत और जय-जयकार की गूँज उठ रही है, वह बेला के भीतर ऐसा रास्ता बनाती जा रही है, जिसके ऊपर से दर्द गुजर रहा है। बलवीर के साथ पढ़ती और स्टापू का खेल खेलती छोटी सी बेला ने ऐसे लोगों को दूर से भी नहीं देखा था। कभी गाँव में कार आती तो बच्चों के लिए

तमाशा होती, जिसे वे छूना चाहते तो ड्राइवर उन्हें डाँटकर भगा देता। ठीक ही भगा देता था, ये अजूबे कितने भयानक होते हैं, अब पता चला। उजले कपड़ोंवाले सभ्य लोग बेला जैसे मनुष्यों को किन शर्तों पर अपने मशीनी रथ पर चढ़ाते हैं, असलियत भयावनी है। लगता है कि ये बड़े लोग कितने बड़े दिल के मालिक हैं। लेकिन उनके यहाँ बेला जैसी स्त्रियों के लिए दो ही भूमिका बेहतरीन हैं–आज्ञाकारिता और सम्भोगपटुता। बेला में ये खासियतें थीं शायद जो पाहुने जैसे लोगों को दिलचस्प लगीं। इसी अदा को बेला जैसी औरतों की सभ्यता समझा जाता है।

बेला को आज लग रहा है कि जब-जब औरत को इस सभ्यता में डालकर तौला-मापा जाएगा, तब-तब मरदाना जकड़बन्दी कसती चली जाएगी और जब इस जकड़न के खिलाफ दासी जैसी रम्भाओं की लड़ाई जन्म लेगी तब-तब औरत के लिए पुरुषों में नफरत का भाव जगेगा क्योंकि वे औरत की जवानी को अपने फायदे में निचोड़कर मालिक बने रहने की कोशिश में रहते हैं। मगर यह 'सभ्यता' कब तक रहेगी? यह निजाम बासी नहीं पड़ता जा रहा?

बेला के मन में शुगर सिंह के प्रति ऐसा भाव नहीं आया तो क्यों नहीं आया? वह एक सामान्य इनसान था, रीति-रिवाजों का दबाव ढोता हुआ। वह नपुंसक था लेकिन नफरत का पात्र नहीं था। वह घर-बार बसाना चाहता था, खूनी मैदानों में उसकी कोई दिलचस्पी नहीं थी। वह ज्यादातर खामोश रहकर हालातों का सामना करता मगर साजिशें उसके स्वभाव में नहीं थीं। वह बेला का सम्मान करता था, तभी अपनी बीमारी उजागर करने में शरमाता था। वह साथ था, तब तक वह साबुत थी।

आज आखिरकार वह बिखरने लगी।

उसकी आँखों के सामने वे आकृतियाँ नाचने लगीं जो उसके अजन्मे की मृत्यु के जश्न में धमाचौकड़ी मचा रही थीं।

इन्हीं आकृतियों का ध्वंस हो! बेला को अज्ञात शक्तियों ने आदेश दिया हो जैसे। उसके पथरीले सोये हुए गुलाम जीवन से कोई अहल्या हड़बड़ाकर उठी हो जैसे। उसके हृदय में विराजी वत्सला अनुसुइया ने छली देवताओं द्वारा बालवध देख लिया हो जैसे...तमाम सतियाँ, सतवन्तियाँ जो कथाओं के रेशमी और पवित्र दुशालों में दबी-ढकी देवी रूपा थीं, वे आज साधारण सामान्य स्त्रीवेश में क्यों प्रकट हो पड़ीं? क्या त्रेता और द्वापर युगों ने पलटा खाया है? या सतियों को कलियुग रास आ रहा है?

बेला को आगे-आगे धकेल रही हैं पौराणिक काल की सती नारियाँ। वे ही हाथों में ताकत और वजूद में दुस्साहस का बिगुल फूँक रही हैं।

चुपचाप, बेआवाज कट्टिया भर कैरोसिन का छिड़काव कर दिया उस दीवानखाने में, जहाँ पाँचों भाई शयन और सपनों में डूबे हुए थे।

"मैं द्रौपदी! इस युग की याज्ञसेनी..."

माचिस की तीली जला दी। देखने लायक नजारा था, तेल के छिड़काव पर अगिन-बेल बनती हुई पलंगों और दीवारों तक चढ़ने लगी। धरती दावानल की ज्वाला में अदृश्य...हाहाकार कौन मचाता? नशे की रस्सियों में पाँचों भाई बँधे पड़े थे। जल गए। राख-खाक हो गए! गाँव के बीचोबीच हुआ धुएँ का समायोजन।

लाक्षागृह! महाभारत की कथा कई बार सुनी है। जब-जब अत्याचार से गुजरी, लाक्षागृह याद आया। क्रूर व्यवस्था के रूप, पुतले और प्रतिनिधियों के लिए लाक्षागृह जरूरी है क्योंकि खूँखार व्यवस्था इतनी मजबूत नहीं होती कि खत्म ही न हो। त्रेता, द्वापर नहीं, कलियुग ही है यह। कलियुग के लाक्षागृह में आग लगे तो अजनबी नहीं बचेंगे।"

बेला पकड़ी गई।

उसने अपने आपको न छिपाया न बचाया। छिपना किससे? अपने ही साहसपूर्ण काम से? बचना किससे? अपने ही प्रतिशोध के सरंजाम से? अपने किए को छिपाकर वह अपने ही मन में गुनाह नहीं बनाएगी। बेला का अपना अनुभव बताता है कि जेल में ठूँसे गए, सजाओं से गुजारे गए कितने लोग अपनी असलियत में अपराधी होंगे? उसने तो ज्यादातार को रसूखवालों की बर्बरता, दरिन्दगी और नाइनसाफी झेलते देखा है जिनकी गुहार पुकार को भी कहीं जगह नहीं मिलती।

सजा?

सजा क्यों नहीं होती? बेला मुजरिम थी। हत्या का जुर्म उसके वजूद पर चिपका दिया। वह सोचा करती जिस तरह उसके वजूद पर 'हत्यारी' लिख दिया गया है ऐसे ही उनके माथे पर अत्याचारी, बलात्कारी और धोखेबाज, औरतबेचा बेला के 'जुर्म' से पहले ही क्यों नहीं लिख दिया था, जिनके नाम भारत सिंह, जोरावर और सहदेव आदि थे। क्या सरकार दरबार की नुमाइन्दा पुलिस वहाँ आँखें बन्द करके आती-जाती थी?

आगे?

आगे 'समय होत बलवान' जैसी कहावतों की लीला देखो कि चम्बल, कुँआरी, पहूज और जमुना जैसी नदियों के पाट-दर-पाट फूलन देवी फिर रही थी। फूलन अपने इलाके की डकैत, बेला उसके सामने जैसे पहाड़ के आगे राई।

औरत को आदमी प्यार में लेकर मारता है या रिश्ते में रखकर खत्म करता रहता है। फूलन प्यार का शिकार नहीं थी, अपने ही ताऊ-चाचा से ज्यादा भाई का निशाना बनी। इसलिए कि वह अपने पिता के साथ अपनी जमीन पर इस भाई की कब्जेदारी

के खिलाफ उठ खड़ी हुई। थानों में चोरी के आरोप का सिक्का कितना ही खोटा झूठा हो, धड़ल्ले से चलता है। फूलन चोरी के इल्जाम में हवालात में बन्द करा दी गई। यह बात भी छिपी दबी नहीं है कि औरत हवालात में आ जाए तो पुलिसवालों की मर्दानगी में उत्तेजना आ जाती है क्योंकि अपनी माँ–बहन के सिवा दूसरी औरतें औरतजात (मादा) ही होती है। औरत की जमानत करानेवाला भी अपनी कीमत माँगता है, यहाँ भी फूलन के देहदान की माँग। हवालात में रहकर आई औरत को देखकर रास्ते चलते लोग सिसकारी भरते हैं, सीटी मारते हैं। आपस में बलात्कार के दृश्यों का वर्णन करके मौज में उतर जाते हैं।

सीटियों की आवाजें धरती से उठती हुई हवाओं में तैर जाती हैं। यही कारण था कि फूलन के लिए लोगों का यौन प्रलाप सुनकर बाबू गूजर नाम का डाकू फूलन की कच्ची मड़इया में आ पहुँचा जिसमें फूलन अपने माता–पिता के साथ रहती थी।

चचेरे भाई ने जमानत पर छूट आई फूलन देवी की हत्या में परिवार की भलाई समझी क्योंकि सरेआम बलात्कार की खबरें इस भाई के परिवार और पूर्वजों को शर्मसार कर रही थीं। उसने विक्रम मल्लाह नाभ के डाकू को फूलन को मारने के लिए दस हजार रुपए की सुपारी दे दी।

विक्रम फूलन को मारना चाहता था लेकिन उसी के गिरोह का मुखिया बाबू गूजर था, विक्रम मुखिया की सहायता न करे तो क्या करे?

बेला फूलन की कहानी में 'यौन क्रिया' का जिक्र आते सहमती नहीं कि बाबू गूजर पूरे गिरोह के सामने फूलन को नंगा करके जमीन पर लेटने के लिए मजबूर करता था। जोरावर भी तो बेला के साथ यही करता था। अपने भाई सहदेव को साथ लेकर उसके हाथ पकड़वा देता था। मर्दों की रतिक्रिया के खिलाफ बिफरती औरत को काबू करने में शायद अलग ही आनन्द आता है और तब वे ऐसी हरकतें करते हैं जो इनसानी स्वभाव के खिलाफ पड़ती हैं। बेला फूलन की जिन्दगी के साथ–साथ चलने लगी।

फूलन ने विक्रम से प्यार किया क्योंकि विक्रम ने अपने गिरोह मुखिया बाबू गूजर का जमकर विरोध किया कि एक लड़की के साथ मवेशियों से भी बुरा सलूक।

औरत के चस्केबाज लोगों को विक्रम जैसे इनसान कैसे रास आएँ? बाबू गूजर नहीं माना और एक दिन विक्रम ने उस हैवान की हत्या कर दी।

क्या ऐसा बेला के पाहुने कर सकते थे? भारत सिंह जो डाकू नहीं, पूरी तरह सामाजिक सम्मान प्राप्त इनसान के रूप में पूजे सराहे जाते थे।

बाबू गूजर के नजदीकी लालाराम श्रीराम डाकू जब जेल से भाग आए, तब उन्होंने फूलन को अपनी ओर खींचा क्योंकि वह विक्रम के गिरोह की रायफलधारी

सरगना हो गई थी और गिरोह का संचालन कर रही थी।

फूलन प्यार न करती तो शायद गद्दार हो जाती क्योंकि डाकुओं की दुनिया में घृणा का राज होता है। घृणा चाहे परिवार से हो, समाज से हो या नेताओं की नाइनसाफी से हो, शासन प्रशासन की बेईमानियों से हो...

बस यही प्यार की बात प्राणों की कीमत पर उतर गई, विक्रम का लालाराम श्रीराम ने कत्ल कर दिया।

यही नहीं, फूलन को पकड़ ले गए वे दोनों ठाकुर और अपनी रिश्तेदारी के एक गाँव बेहमेई में टिका दी।

बेला की कथा जिस तरह शुगर सिंह के गाँव से भारत सिंह (पाहुने) के गाँव उठ आई। बेला की तरह फूलन के लिए किसी कोठे में रेशमी पर्दे नहीं डाले गए, पलंग नहीं बिछाया गया। उसके लिए छोटी सी कोठरी थी, जिसको बन्द रखा जाता था। रोज ही रात के समय और कभी-कभी दिन में पाँच से सात आदमी उससे जबरदस्ती देह का सम्बन्ध बनाते। अगर एक उसे फतह कर रहा होता तो दूसरे उसे नोंच खसोटकर, दबाकर और मसलकर घायल कर रहे होते। उसके गालों को अपने दाँतों से काट रहे होते। उसकी जाँघों को पीट-पीटकर जश्न मना रहे होते। यह सब सिलसिले के रूप में ग्यारह या पन्द्रह बर्बर दिनों तक गुजरता रहा।

शौच के लिए जाए तो तीन आदमी पहरेदार के रूप में साथ चलें। वह जाँबाज लड़की मौका देखने से कहाँ चूके? एक दिन ऐसी दौड़ी कि नदी में कूद गई। किसी के हाथ नहीं आई। संयोग देखो कि यह मल्लाहों का गाँव था, फूलन भी मल्लाह की बेटी। मगर जाति-बिरादरी और रिश्तों पर वह भरोसा खो चुकी थी। कौन जानता है कि इनसानी फितरत क्या-क्या मोड़ लेती है? तभी तो भविष्यवाणियाँ मनुष्य जीवन के भ्रम सिद्ध हुआ करती है।

माताप्रसाद मल्लाह ने फूलन को शरणागत मानकर अपने घर छिपा लिया। इनसानियत के रखवाले अक्सर इनसान की मौत मारे जाते हैं। यह कोई अनहोनी बात नहीं है क्योंकि आतताइयों के खून में क्षमा के रेशे नहीं हुआ करते। अतः लालाराम श्रीराम ने माताप्रसाद की हत्या कर दी।

फिर क्या था, जो फूलन यहाँ छिपने आई थी, दरिन्दों से बचने आई थी, चुनौती मंजूर करती हुई अपने छोड़े हुए गिरोह की ओर घाटियों में चल दी। डकैती डालने से ज्यादा उसने लालाराम श्रीराम ही नहीं, बेइमेई के बलात्कारियों को खत्म करने की सौगन्ध उठा ली। जिस देवी काली के सामने विक्रम ने फूलन के माथे पर लाल पटका बाँधा था और देवी के सिन्दूर का तिलक देकर-जय फूलन देवी का जयघोष किया था उसी देवी को अपनी आत्मा में महसूस किया फूलन ने। उसी देवी ने उसके शरीर के रगरेशों में शक्ति का करंट दौड़ा दिया।

बेला, फूलन देवी का किस्सा सुने या आपबीती दोहराये या कि आँखों से भस्म कर देनेवाली, कई-कई हाथों से दुष्ट दलन करनेवाली दुर्गा का मनन करे? उसे पक्का विश्वास हो गया है कि देवी किसी मन्दिर या मढ़िया में नहीं होतीं, वे बीहड़ घाटियों में रहती हैं फूलन बनकर। वे समाज में रहती हैं डायन बनकर, वे घरों में रहती हैं चुड़ैल बनकर और वे रसूखवालों के बीच रहती हैं बेला बनकर।

फूलन बेहमेई पहुँची अपने गिरोह के साथ। रात के अँधेरे में नहीं, दिन-दोपहर के समय। उसने गाँव में मैगाफोन से मुनादी कर दी। उसने मुनादी की धमक में गाँव के मर्दों को एक मैदान में आने की आज्ञा दी। उसने उनमें से वे लोग छाँटे, जिनसे पन्द्रह दिनों तक बहुत करीबी शारीरिक चीरफाड़ का रिश्ता चलता रहा था। जिनमें से कुछ ने उसके मुँह में मैथुन के लिए जगह ली थी, जिनमें से कुछ ने उसके मुँह पर थूका था और कुछ ने पेशाब किया था।

इन लोगों के प्रति क्या अपराध था फूलन का? किसी ने कुछ नहीं बताया। बस उनके पास बेरहम यातना की जुबान थी। गन्दी-से-गन्दी गालियाँ थीं, जिनमें योनि के विभिन्न नाम थे। पुरुषांग के कारनामों के ब्योरे थे। वे इस इबारत को मंत्र श्लोकों की तरह क्यों दोहरा रहे थे? फूलन के लिए या अपने लिए आनन्द की बढ़ोतरी कर रहे थे? बहरहाल फूलन की देह का खून और आँसू रेतीली धरती से खुश्क होने लगते।

बेला, फूलन की तरह की ही युवती, जोरावर से इससे अलग भाषा नहीं सुनती थी। वह धर्म की किताबों की बात कर करके कहता जाता-'वेदों में लिखा है कि पूरे शरीर में देशी घी मलकर औरत से...मैंने वे जड़ी-बूटियाँ वैद्यजी से ले ली हैं जो मर्द को सनसनी में उतार देती हैं। तुम देखती जाओ बेलारानी, यहाँ आदमी में घोड़ा, बकरा, मेंढ़ा जैसी ताकत तुम्हें पस्त करके डाल देगी! इसके आगे बहुत-से-बहुत कुछ...वह नहीं सोचना चाहती कुछ भी...उसने अपने जन्म में औरत होने की सजा पाई है। यह बात औरत ही जानती है कि मर्द उसे किस-किस तरह से रौंदते हैं। इसलिए औरत के माथे पर लाज चिपका दी कि पुरुष के इस मवेशी जैसे व्यवहार को किसी से कहे नहीं...सहती रहे।

फूलन ने उन सारे लोगों को दीवार की ओर मुँह करके खड़े होने का हुक्म दिया। रायफल का मुँह उनकी ओर था, फूलन की आँखों में हमलेवर आग थी। बेहमेई का यह रकबा उसने लाक्षागृह में तब्दील कर दिया। मालूम नहीं कि पांडव काँपते रहे होंगे या नहीं, लेकिन बेहमेई के बलात्कारी, अत्याचारी और स्त्री के अपराधी मर्द बेर की तरह काँपने लगे थे।

रायफल का मुँह खुला। गोलियाँ निकालीं। विस्फोट हुए।

जिस धरती को इन मर्दों ने अपनी मर्दानगी की हेकड़ी, ठसक और कामुकता

के रूप में वीर्य से नहलाकर अपनी पीठ ठोकी थी, वही धरती अब इनके फव्वारों में छूटते और धारोधार बहते खून से अपनी गन्दगी धो रही थी।

मर्द लाशों में तब्दील हो गए। वे कटे हुए पाप-वृक्षों की तरह जमींदोज थे, जिनकी आँखें खुली हुई और मुँह फटे हुए...निश्चित ही इनका खून अपनी उन सुहागिनों की माँग में सज गया, जिनको अब औरत नहीं 'विधवा, राँड़, और असगुनी' बनकर जीना है।

फूलन को लगा था–विक्रम ने कहा, "शाबाश!"

ये सब किस्से बेला ने फूलन देवी से ही सुने थे। बेला की मुलाकात उस बहादुर स्त्री से जेल में ही हुई थी। फरिश्ता जैसी सखी बेला की कहानी सुनकर बोली– "चलो, हमारे रस्ते पर तमाम खतरे उठाती हुई औरतें चली तो आ रही हैं। औरतों ने मर्दों को अपने हौसलों की, कूबत ओर ताकत की बानगी तो दिखा ही दी, भले उनका रास्ता जंगल से होता हुआ जेल पर आकर गुजरे।"

बेला बहू यादों में उतर जाती हैं तो उनको एक-न-एक बात याद आ जाती है। फूलन कहती थीं–"बेला अपने समाज को बागी औरतें ही बदल सकती हैं, 'भली' औरतों को तो मर्द गन्ने की तरह पेरते रहते हैं और मूँछों पर ताव देते हैं। भली औरतें, बेचारी, अपने 'भलेपन' को ढोती हुई तड़पती रहती हैं।"

कुछ पल रुककर सोचती थीं फूलन और फिर एक और बात ऐसे बताती थीं, जैसे उसने किसी अचूक मन्त्र की खोज कर ली हो–"बेला, अपना सन्देश बना लो इस बात को कि मर्दों के पीछे दौड़ना छोड़ो औरतो, उनको अपने स्वाभिमान और सम्मान के पीछे दौड़ाओ। तुम मर्दों से ज्यादा योग्य हो क्योंकि जद्दोजहद के साथ हमदर्दी की मालाकिन हो। मगर अपना गुस्सा पीने के लिए नहीं उगलने के लिए बचाकर रखो। औरत के गुस्से की आग में मर्दों के गरूर और मालिकाना संस्कार भस्म हो जाएँगे।" इतना कहकर फूलन ऐसे मुस्कराती जैसे कोई तजुर्बेकार बूढ़ी स्त्री मुस्कराई हो।

"बेला, हमें तो गाँव में सब रंडी मानने और कहने लगे थे, क्योंकि हमने अपने पति पुत्तीलाल को त्याग दिया था–बिनमेल की उम्र और बेमेल जिन्दगी कौन-सी औरत को रास आती है? हमने कुछ दिन तो बुरा माना फिर कहनेवालों को सुना दिया–रंडी में इतनी ताकत होती है कि राजाओं से लेकर बड़े ऊँचे और रसूखदारों को कुत्तों की तरह पूँछ हिलाते हुए अपने मुकाम की ओर दौड़ा लेती है। कहो अब क्या खयाल है?"

बलवीर!

बालपन का गुइयाँ/सहपाठी, साथ खेलनेवाला, पता नहीं क्यों इन दिनों बार-बार याद आता। वह भी तो अपने मामा के घर को लक्ष्य करके डाकुओं की तमाम कहानियाँ सुनाता था। फूलन देवी से भी पहले बेला ने बलवीर की जुबानी कुसुमा नाइन की कथा सुनी थी। कुसुमा जो फूलन से पहले डाकू गिरोह की सदस्य बनी।

शीला की कहानी भी उसी ने बताई थी कि शीला नाई की बेटी थी। उसके गाँव में जब एक बड़ी हैसितवाले ठाकुर की बेटी की शादी हुई, जिसका नाम सरस्वती था तो ठाकुर साहब ने अपनी शानोशौकत दिखाने के लिए, इलाके में चर्चा फैलाने के लिए शीला के पिता को अच्छी रकम दी और अपनी बेटी के साथ ससुराल रवाना कर दिया। शीला शादीशुदा थी, उम्र अठारह बरस थी और अब उसका गौना होना था।

लेकिन यह वज्रपात!

ठाकुर साहब से बहुत प्रार्थना-मिन्नतें कीं कि शीला को सरस्वती की ससुराल से लौटा लिया जाए। मगर अब ससुराल में किसी का दिल शीला पर आ गया हो तो कोई क्या करे? रसूखवाले ठाकुर लोग और इधर नाई की बेटी! साल बीतने पर आ गया, लड़की वापस नहीं आई।

शीला के पति को अब कोई रास्ता न दिखा तो वह घाटियों में कूद गया। और एक दिन वही हुआ जो ठाकुर ने शीला के साथ किया था। डाकू शीला के साथ सरस्वती को भी उठा ले गए।

बेला कच्ची उम्र लड़की। बलवीर दूसरों से सुनी कथा कह रहा था।

"फिर क्या हुआ बल्लू?"

"फिर क्या होता? अम्मा कहती हैं, दोनों मोंड़ी डाकू हो गईं। कौन बनता है अपने शौक से डाकू? ये ही नासपिटे ठाकुर-माकुर अपना रुतबा दिखाने के वास्ते मनमानी करने लगते हैं।

बलवीर!

जेल में ही मुलाकात करने आ पहुँचा था।

मिलाई के लिए पूछा गया तो वह नाम ही पहचानती थी। वह सामने आकर खड़ा हुआ तो अजनबी-सा लगा। कभी देखा-सा भी!

बेला के मन पहला भाव यही आया-'यह बलवीर नाम का वकील, जिसने काला कोट पहना हुआ है, टाई लगाई है, किसने भेजा है? वह तो अपना केस लड़ना ही नहीं चाहती। न साधन हैं और न इच्छा। निर्दोष होने का सबूत भी नहीं।

वह सामने खड़ा था।

"बेलू!" उसने हल्की सी आवाज में पुकारा। आवाज भी तो बचपनवाली नहीं।

इकहरा बदन, लम्बा कद। उजला रंग और नक्श जवानी में ढलकर सुगढ़ हो गए हैं। उसका साँवला, तनिक बेतरतीब-सा, धुँधले-से वेश का बल्लू ऐसा चमकदार कब था?

बेला उसका रूप देखकर खोई-खोई-सी बैठी रही।

"बेलू, यह सब...क्या? यहाँ?"

इतना काफी था आँखों में उस उग्र साहस, बेताब बहादुरी और जिन्दगी को दाँव पर लगा देने के खतरे को रेशा-रेशा पिघल जाने के लिए। बलवीर के आगे डबडबा आने के लिए, जैसे सारा रक्त आँसुओं में तब्दील होता जा रहा हो।

"पगली, रोती है।" कहकर बलवीर दो क्षण के लिए चुप्पी में उतर गया।

"रोना छोड़ो। यह बताओ, तुमने अपना गुनाह कबूल किया है?"

"मैं क्या पूछ रहा हूँ?"

बेला ने 'मना' में सिर हिला दिया, अर्थात 'नहीं।'

"तब ठीक है।" बलवीर ने आश्वस्तिभरी साँस ली।

"क्या तुम मुझे वह सब बताओगी जो उस समय गुजरा? मुझे भरोसा है तुम बताओगी अपनी तरह और मैं उसे ढालूँगा अपनी तरह।"

बलवीर का वक्त खत्म हो गया था और वह यह कहकर चला गया कि-"मैं कोर्ट से इजाजतनामा लिखाकर आऊँगा। केस लड़ूँगा इसलिए तुमसे सबकुछ पूछूँगा।"

बेला ने बताया और बलवीर ने समझा अपनी तरह, केस के माफिक-

दियासलाई से शुरुआत और मिट्टी के तेल की भूमिका का अन्दाजा दूर-दूर तक नहीं था। दोपहर का तपता सूरज था। तपिश के कारण गाँव में घरों के ज्यादातर दरवाजे बन्द थे। लुएँ चलने लगीं, रेत धरती से ऊपर आसमान की ओर उठता हुआ बबंडर की सूरत में ऊँचाइयाँ नाप रहा था। उसने उस दिन लाल साड़ी पहनी थी और लाल ही ब्लाउज, मगर अपने कोठे में बीमार की तरह पड़ी थी। तन से ज्यादा मन रोगी हो रहा था। फिर भी खिड़की के जरिए लौकी की हरियल बेल दिख रही थी जो पीले फूलों से सजी थी। बेला उन फूलों में फलों की कल्पना करने लगी। यकायक उसकी उम्मीदें मुस्करा उठीं।

मुस्कराते हुए ही धीरे-धीरे उसका उल्लास मुरझाने लगा। उसकी उम्मीद की बेल पर तो कुल्हाड़ा चलकर रहेगा। फूलने-फलने का नजारा सोचकर वह कितनी बार आसमान की सैर को निकल पड़ी। कहाँ सोचा था, अन्त समय आने ही वाला है। अपने लिए जो कानून या नियम उसने बनाया था कि औरत की तरह वह

फलेगी–फूलेगी जो उसका हक है और इससे उसकी जिन्दगी मनुष्य की तरह आसान हो जाएगी–'बाँझ, कुलच्छिनी, राँड़, निपूती, डायन जैसे लांछनों ने पुराने जमाने से लेकर आज तक औरत का जीना हराम कर रखा है। इन कलंकों को थोपकर न जाने कितनी मार दी जाती हैं और कितनी ही मर जाने के लिए मजबूर...सिसक-सिसककर जीने वालियों का कोई हिसाब नहीं क्योंकि औलाद के नाम पर वारिस की घनघोर चाहना करनेवाला मर्द दूसरी तीसरी औरत की कोख को अजमाता रहता है।

बलवीर बेला के इन भावों को ऐसे सुन रहा था जैसे उसके नरम होंठों से दहकते शोले निकल रहे हों।

अब तो वह हत्यारी भी है। मुजरिम। वैसे औरत और मुजरिम में कोई अन्तर नहीं है, वह घर में रहे या जेल में। दीवारें तो दोनों जगह हैं।

क्या हुआ जो प्यार किया? क्या हुआ जो नफरत हुई? दोनों एक ही सिक्के के दो पहलू। प्यार में जिस घर में रही, उसे अपने हाथों लीपा-पोता, सँजोया-सजाया। नफरत हुई कि वहाँ से दाना-पानी उठने लगा। शृंगार-सुहाग की असलियत कितनी थोथी है, औरतें इसका मर्म जानती हैं। टिकुली, बिन्दी, सिन्दूर, महावर उनको हतभाग्य से बचा नहीं सकता, वे यह भी समझती हैं मगर नाटक करती हैं। नाटक करना उनकी मजबूरी है। सीताजी का हश्र जानती हैं फिर भी सीता बनना चाहती हैं। कैसी सीता? रामचन्द्रजी की पत्नी अयोध्या की रानी सीता, जिसका पग-पग पर अपमान हुआ या वाल्मीकि के आश्रम में रहनेवाली गर्भवती सीता जिसने बिना पिता के बच्चों को जन्म दिया और पाल-पोसकर राम के विरुद्ध युद्ध में उतार दिया?

बलवीर को बताना चाहती है बेला, उसने दूसरी कोटि की सीता होना चाहा था, बिना पिता के बच्चे की माता। बस इसी की सजा मिलने के आसार हो उठे।

"भागी क्यों नहीं?" बलवीर का सवाल था।

"अरे, जब मैं बिना बाप के नाम का बच्चा पैदा करने का दम रखती हूँ। और आतताइयों का कत्ल कर सकती हूँ जैसी कि औरत से आशा नहीं की जाती, तो फिर मैं पुलिस या अदालत का सामना नहीं कर सकती क्या? खुलकर बोलने का मौका तो मिलेगा। कितनी औरतों को मिलता है अपनी आवाज निकालने का मौका? सजा कैसी भी हो जाए, वह सुनेगी तो कि न्यायाधीश क्या कहते हैं अपने इन्साफ में?

"असल में तो बेकसूर होकर सजा पाना और चुप रहना ही जुर्म है। अपने खिलाफ जुर्म। दरिन्दों को फूँक देना, अन्यायियों को सबक सिखाना और छल करके घिनौने काम करनेवालों को सबक सिखाना, क्या ये कसूर और खताएँ हैं?" बेला अब अपनी रौ में थी, जैसे सामने बलवीर न हो भारत सिंह बैठे हों।

बलवीर ने बात बदल दी, "पता है फूलन देवी भी यहीं...?"

बेला ने धीमी आवाज में उत्तर दिया कि बलवीर के सिवा कोई सुने नहीं।

"हाँ, देखा था उनको, दूर से।"

केस चलता रहा। बलवीर मुकदमा लड़ता रहा। कोर्ट-कचहरियों की जैसी रफ्तार होती है उसी के हिसाब से बलवीर घटनाओं की कड़ियाँ जोड़ता रहा।

"उस रात वहाँ विरोधी पार्टी के लोग रुके हुए थे।

"उस रात भारत सिंह ने उन लोगों से विरोधी पार्टी के मुख्य लोगों के अते-पते लिए होंगे।

"उस रात भारत सिंह की योजना क्या थी, वह इससे पता चलता है कि पाँचों भाई उस कमरे में इकट्ठा क्यों सोये थे, जिसमें गुप्त सूराख थे, रायफल से बाहर की ओर निशाना लगाने के लिए।

"विरोधी पार्टी के लोग ही आग लगा गए, यह तय है क्योंकि वे ऐसा न करते तो भारत सिंह एंड कम्पनी उनको मार डालती या उनके मुख्य लोगों पर हमला करती। गठबन्धन करके चुनाव लड़ना तो मात्र बहाना था।"

बलवीर वकील था, उसके पास गवाहों की क्या कमी?

गवाह सरेआम कचहरी में बोल गया-"भारत सिंह जाने-माने नेता थे तो यह जरूरी नहीं कि वे नेक और सज्जन भी थे, इसलिए जनता उनको वोट देकर जिता सकती थी। कुछ खेतों की खुदाई करा ली जाए तो खाद-पानी और मिट्टी के साथ नर कंकाल मिलेंगे, मर्दों के, औरतों के और बच्चों तक के।"

दूसरा गवाह कह गया-"डकैती-चोरी और मारपीट की वारदातें, इन पर कौन गौर करता है? औरतें तक बहला-फुसलाकर कि जबरदस्ती जुटाई जाती हैं क्योंकि राजनीति में ये भी जरूरी है। हम तो कहते हैं, बेला बच कैसे गई? इसका भी कंकाल वहीं होता...

बेला की रिहाई बलवीर ने करा ली। उसका जेल में अच्छा बर्ताव भी सहायक हुआ और फूलन देवी से मुलाकात यादगार बन गई।

रिहाई!

"अब क्या करने का इरादा है बेलू?"

बलवीर का दिया हुआ बचपन का सम्बोधन 'बेलू' बेला बहू को अपनेपन का बड़ा-सा हिस्सा लगा।

वह बलवीर के साथ चुपचाप चलती रही, जब वह अपनी कार की ओर बढ़ रहा था।

'मैं कहाँ जाऊँगी अब?'' रिहाई के बाद आजादी का यह सवाल बेला बहू के सामने साँप के फन–सा खड़ा हो गया। कौन–सी जगह है जो आसरा दे सकती है? गाँव में लोग कहते हैं, औरत आप घर या बाप घर!

बेला बहू क्या कहे? अपने बारे में अब क्या सोचे? बेला किस तरह की औरत है, यह सब जान गए हैं। फूलन देवी जिनको असाधारण कहती थीं? उनकी जेल के बाहर कीमत क्या है? मिट्टी के मोल भी नहीं हैं बेला।

''बेलू, बोलो कहाँ चलना है? मेरे यहाँ चलोगी?'' बलवीर ने पूछा तो बेला एकदम सकपका गई। बलवीर की गृहस्थी...

''नहीं, नहीं। तुम्हारे यहाँ क्यों बलवीर? मैं अब अपनी अम्मा के पास जाऊँगी।''

''ठीक है, मगर इस समय तो मेरे साथ ही चलना होगा।''

''नहीं, नहीं बलवीर, मुझे कहीं धर्मशाला में टिका दो।'' कहते हुए बेला ने अपने उस हुलिया के बारे में सोचा था जो जेल में रहनेवाली औरतों का हो जाता है। और इसी पल उसे लगा, जेल में रहना कितना आसान था। जेल के बाहर तो जैसे उसके लिए कहीं जगह ही नहीं...। माँ न हो तो वह कहाँ जाए? माँ के साथ रहकर भी क्या माँ को कलंकित नहीं करेगी? दुष्टों का संहार करना उसके वजूद पर दाग की तरह क्यों लग रहा है? जेल से छूटकर आई औरत को गृहस्थ लोग नजरों की बर्छियों से ही मार डालेंगे। उसे डर लगने लगा।

''अम्मा के पास। सबेरे ही।''

कार चल रही थी, बलवीर ही सारथी था। यकायक कार की गति धीमी कर दी।

बलवीर धीमे स्वर में बोला, ''बेलू, मेरे घर ही चल। संकोच मत कर। हम वकील हैं, मुजरिमों से साबका पड़ता है, तेरी भाभी सब कुछ जानती है।''

''पर बलवीर मैं...मैं अम्मा के पास...''

''बेलू, अम्मा कहाँ है अब? वह तो तब ही, जब बीमार हुई कई बरस पहले जिन्दा होती तो तुझ से जेल में मिलने न आती? माँ कितनी भी नाराज रहे, मिलने की इच्छा को नहीं मार पाती। पगली, मैं ही काकी को लेकर आता तेरे पास!''

बेला की आँखों में दुनिया डोल गई। उसके आगे ब्रह्मांड घूम गया। उसका संसार झटके के साथ सिकुड़ने लगा। वह स्तब्ध बैठी रही। माँ की मौत का विश्वास न करे...

बेला ने बलवीर की बाँह कसकर पकड़ ली। ऐसा करते हुए उसने अपने होंठ

भींच लिए और आँखें बन्द कर लीं। बन्द आँखों से पनारे बहने लगे।

"गाड़ी रोको बलवीर!" भरे कंठ से बड़ी मुश्किल से उसने कहा।

बलवीर ने एक ओर गाड़ी मोड़कर रोक ली।

वह समझाने लगा, "मैं तुम्हारी हालत समझ रहा हूँ। तुम माँ के पास जाने की जिद न करतीं तो मैं तुम्हें उनके मरने की खबर देता भी नहीं। मैं जानता हूँ तुम कितनी जिल्लत महसूस कर रही हो बेलू। जिल्लत के साथ यह अथाह दुख भी। मगर तुम हिम्मतवर!

"मैं मान रहा हूँ कि जेल में तुम बन्दिनी जरूर थीं, मगर क्रान्तिकारिणी थी। बेलू, जेल की दुनिया समाज की दुनिया से बहुत अलग होती है। यहाँ तुम्हारा पराक्रम तुम्हारे कातिल होने से जोड़ा जाएगा, जिसे तुम भूल गई हो। हौसले से सामना करना है समाज का।"

बेला ने सिसकते हुए विनती की, "बलवीर मैं तुमसे वादा करती हूँ, तुम जो कहोगे, वही करूँगी, बस मुझे अपने घर मत ले चलो। एक बात और मेरी मान लो क्योंकि तुम वकील हो सो ऐसी जगह भी जानते होंगे जहाँ मुझे कोई न जानता हो। तुम मेरा इन्तजाम ऐसे किसी बीहड़ जंगल के किनारे बसे गाँव में कर दो।

बलवीर माथे पर हाथ रखे कार में बैठा था जैसे उसकी समझ में कुछ न आ रहा हो।

कितनी देर गाड़ी खड़ी करके सड़क पर खड़े रहते वकील साहब? और बेला के हौसले का यह हश्र! आखिर अपनी गाड़ी एक होटल की ओर मोड़ दी।

अपने नाम पर कमरा लिया, बेला को अपनी बहन बताया।

बलवीर के साथ बेला ने हमेशा बुरा वक्त ही क्यों गुजारा है, वह सोच रही थी। क्या बलवीर जैसे नजदीकी अशुभ घड़ियों से ही घिरे हुए आते हैं? बलवीर देवता नहीं है, देवता संकट में कब आते हैं? वह तो सीधा-सादा मेरा बल्लू...ग्रामीण लड़का जैसे उसी के साये में मेरी सुरक्षा चल रही हो। कोई पूछे मुझसे, बेला किसको प्यार करती है तो बेला बलवीर के सिवा किसका नाम लेगी? फिर पाहुने का प्यार क्या था? एक जलजला था। बलवीर जब से छूटा, बेला मुसीबतों में घिर गई। इस निष्पाप निष्कलंक बलवीर के साथ बेला के सम्बन्ध को क्या नाम दिया जा सकता है?

बेला अपनी बेवकूफी पर शर्मिन्दा है कि उसने भारत सिंह की नजदीकियों को प्यार माना, जिसने उसे खूनी हत्यारिन बना दिया। ऐसे लोग प्यार जैसी खूबसूरत चीज के दुश्मन होते हैं जिनको आता है, दूसरों को बरबाद करना।

होटल के कमरे की वह एक रात!

दूसरे कमरे में बलवीर की उपस्थिति।

बेला देर रात तक जागती रही। माँ की यादों में डूबती उतराती हुई, माँ मर गई कि उसको इलाज नहीं मिला होगा कि उसने अपनी बेटी को उसकी इच्छा से जीने दिया, इसकी सजा पाती रही। मर्दों ने अम्मा को घेर लिया, घेरकर मजबूर किया। मर्दों के दबदबे ने माँ बेटी को तबाह कर डाला...बेला रोती रही माँ के शोक में।

सोई नहीं बेला। खामोश बैठी थी। सिर झुकाये हुए। आँखें सूज गई थीं।

''सबेरा हो गया।''

बलवीर ने दस्तक दी।

''अब चलना है बेलू। नहा धो लो।''

''कहाँ चलना है?'' उसने सिर उठा दिया।

''तुम कितना रोई हो? पागल हो बेलू?''

''कहाँ चलोगे बलवीर? रात घर नहीं गए, क्या कर रहे हो?''

''देखो, मेरे एक दोस्त हैं, अजय सिंह। वहीं चलेंगे हम।''

''अजय सिंह?''

''हाँ, जिन्हांने आत्मसमर्पण किया था।''

''वे अजय सिंह?''

''तुम जानती हो?''

''फूलन देवी नाम लेती थी मलखान सिंह और अजय सिंह का।

''बस, वहीं चलते हैं, वही दुनिया है जो तुम्हें बिना शर्त अपना लेगी।''

बेला बहू की टोली

हम सफर पर थे आज के दिन।

मैं, बेला बहू और गुलाब। गुलाब पच्चीस वर्षीय युवक है। कहता है जहाँ हम जा रहे हैं, उस इलाके में उसकी रिश्तेदारी है। इसी दिलचस्पी से वह हमारे साथ आया है और बेला बहू भाग-दौड़ के कामों के लिए अपना सहायक मान रही हैं, मेरी खयाल में यहाँ इस कथा में उसकी इतनी-सी भूमिका है, मगर है तो सही।

बेला बहू की बहुत-सी बातें अब तक कहानियों में ढल गई हैं। इसके आगे उनको ही मालूम है कि कितनी कथाएँ उनके अन्दर छिपी हैं या शेष हैं क्योंकि जब मैंने उनकी रिहाई के साथ कथा का समापन भाव दिखाया तो बड़ी फुर्ती से उन्होंने मुझे टोक दिया।

"कैसी बातें करती हो बिन्नू? आदमी की कथा का कोई एक ही छोर होता है कि तुमने पकड़ लिया और जितना खिंचा, खींच लिया, बस्स। अरे इनसान का किस्सा तो जहाँ खतम होता है, वहीं से फिर शुरू हो जाता है। अब यह तो देखने वाले की आँख और समझदार की समझ की गुंजाइश है कि इनसानी जिन्दगी के संग कहाँ तक सफर कर सकता है।"

"अरे! वाह बेला बहू! वाह, तुम तो हमारे साहित्यकारों से ज्यादा ज्ञाता निकली।"

बेला बहू का महीन लकीरोंवाला गोरा चेहरा विहँस उठा।

हम रास्ते में थे। इसी दरमियान बेला बहू ने अपने आगे के जीवन के बारे में कुछ ऐसे संकेत दिए कि मेरी उत्कंठा तेजी से जागने लगी। मैं उनकी बातें राज की तरह सुनकर रहस्य के पर्दे खोलने का हुनर रखती हूँ या नहीं, गुलाब कुछ ऐसी नजर से मुझे तौल रहा था।

हम बस के सफर के बाद अब मांडेर (मध्य प्रदेश) के आगे पहूज नदी के किनारे चल रहे थे, पैदल। मैं महसूस कर रही थी कि बेला जैसी स्त्रियों के कारण बीहड़ हिस्से भी आदमी की आमद और आहट से मुखरित हो उठते हैं। यह नदी, पहाड़, जंगल और ऊँची-नीची रेतीली घाटियाँ जीवन में शामिल हो गए हैं। तभी

तो मनुष्यों के साथ इनकी भी कथाएँ चलती हैं।

"पहाड़पुर में कौन है बेला बहू?" पैदल चलने के बाद हम एक बैलगाड़ी में बैठ चुके थे जो मांडेर के बस स्टैंड तक आने में कुछ लेट हो गई थी।

"पहाड़पुर में कौन है हमारा? हम तो कहते हैं कि इस दुनिया में कोई नहीं है हमारा।"

"हमने समझा, तुम्हारी कोई रिश्तेदारी होगी यहाँ।"

"अरे कायको बिन्नू! हमसे नाता रखने की हिम्मत नातेदारों में नहीं रही।"

"नहीं रही!" मैंने आश्चर्य से पूछा।

"हाँ, हम तो बाईकाट हैं।"

"फिर क्यों इस भयानक गर्मी में हम चले जा रहे हैं? अपने ऊपर चढ़ती चली आ रही थकावट को नजरअन्दाज करके पसीना और धूल-मिट्टी के बवंडरों से टकराते चले जा रहे हैं।"

मेरी बात पर गुलाब हँस पड़ा। छोटा-सा ठहाका मुझे चौंका गया।

"बिन्नू!" गुलाब भी इसी सम्बोधन से मुझे पुकारता है। आगे वह बोला, "गर्मी है तो क्या काम बन्द हो जाते हैं? हमारे दादा कहते हैं कि आदमी की बर्दाश्त हर मौसम और मुश्किल पर भारी पड़ती है।"

गुलाब ने अपनी आँखों पर काला चश्मा चढ़ाया हुआ है।

"अरे जिन्दा रहकर दुख-दर्द से लड़ने वालों के लिए है यह धरती। धरती भी परिच्छा लेती है कि जिन्दगीवालों में कितनी चाहत है।"

गुलाब मुस्कराया और बोला, "बेला बहू आरामतलब लोगों को यह धरती नरक लगती है। यहाँ अच्छे-अच्छे शहरी सूरमा आकर पछड़ जाते हैं, वे जिन्हें सरकार पुलिस और सेना के जवान बोलकर भेजती है उनके हिसाब से यहाँ के मौसम मौत के फरमान हैं। उनसे पूछा जाए कि मौसमों की मौत से लड़नेवाले लोग इस धरती पर खुद को इनसान कैसे बनाए रखते हैं?

आगे बैलगाड़ी नहीं जा सकती।

बेला बहू तेज चाल चल रही थीं। बीच-बीच में वे मेरा खयाल करके धीमी हो जातीं जैसे उनकी चाल मेरे बूते के बाहर है। वे समझाने लगतीं-

"बिन्नू, घाटियाँ और भरकों के साथ ये टीले हम जब पार कर लेंगे, समझो पहाड़पुर आ जाएगा। वैसे गुलाब से हम फटफट मँगा रहे थे, वे इन घुमावदार रास्तों में चला भी लेते। उन्हें तो फटफट की सवारी पुरानी घुड़सवारी सरीखी लगती है।"

गुलाब ने तंज कसा, "बिन्नू, सारी तरक्की इस इलाके के बाहर है, जैसे यह हिस्सा सरकार के लिए सौतेला हो। अपने आसपास ही वे सोने की ईंटें बिछाए रहते

हैं। फिर हम अपनी जमीन को ही अपनी मानकर रास्ते निकालने में माहिर न हों तो क्या हों?''

ऐसी ही बातें करते-कराते हम विकास और उन्नति के सरकारी दावों को पिछड़े इलाकों की छलनी में छानते हुए आगे का सफर तय कर रहे थे। अपने पाँवों से उस दिन मैंने तो इतनी मेहनत कर ली जितनी मुझे अपनी अब तक की जिन्दगी में याद नहीं आ रही। यह भी नहीं पता कि बेला बहू को इन वीरानों, बीहड़ों, जंगली इलाकों में आने की क्या सूफी थी?

''बेला बहू, कोई रिश्ते-नातेदारी नहीं, कोई जाना-पहचाना सूत्र नहीं, फिर तुमने यही इलाका क्यों चुना? अब तो धर-पकड़ और गिरफ्तारी का डर भी नहीं था।''

बेला बहू मुस्कराईं। उनके चेहरे पर मासूमियत खिलखिलाकर हँसी।

''बिन्नू की बातें। बीहड़ जिन्दगी से ज्यादा नहीं हैं ये इलाके बीहड़ और नफरत के मामले में ये बीहड़ सजी-सँवरी बसावटों जैसे खूँखार नहीं हैं। हमने तो अपनी इतनी जिन्दगी में यही पाया कि तुम जितने हैसियत, रसूख और इज्जतवाले लोगों की शानदार दुनिया में चलते जाओगे, तुम्हें वहाँ गुलामी की सौगात के सिवा कुछ नहीं मिलेगा।

''और फिर...

''अपने अजय सिंह दाऊ यहीं तो रहते हैं।''

इतना कहकर बेला बहू गुलाब से मुखातिब थीं, ''लला, यहाँ लालगढ़ में थोड़ी देर रुक लो। बिन्नू पानी-मानी पी लेंगी। और तनक सुस्ता भी लेंगी। कुम्हला गई हैं, घाम में।''

सफेदी पुती बैठक, जिसका फर्श लिपा हुआ था और वहाँ एक छोटा-सा तख्त पड़ा था, जिस पर गलीचा टाइप कुछ अपनी चहचहाती रंगीनी के साथ बिछा हुआ था। प्लास्टिक की दो कुर्सियाँ भी रखी थीं।

''छोटे लाल!'' बेला बहू ने आवाज दी।

एक नवयुवक बाहर आया अपनी कमीज पहनता हुआ।

''देर कर दी, बेला बहू।'' कहकर उसने बेला बहू के पाँव छुए और मेरा भी चरण स्पर्श किया।

पहले शरबत आया और फिर हलुआ, वह भी छोटी थाली में भरकर।

इतना मीठा खाने-पीने की मुझे आदत नहीं थी, मगर खाना पड़ा।

बेला बहू तख्त पर बैठी थीं पाँव लटकाकर और मैं कुर्सी पर।

वे जैसे अब कुछ इत्मीनान में हों या मुझे समझाने की मंशा जागी हो अपने बारे में। कथा में वे क्या-क्या दर्ज करना जरूरी समझती हैं जो लोगों तक जाए, यह मुझे

पूरा-पूरा पता नहीं था। सो वे जो कुछ कहती गईं मैं नोट करती गई।

''बिन्नू, यहाँ तक आने की हमारी मजबूरी तो नहीं थी लेकिन जेल से रिहाई के बाद, समझो कि जेल की दीवारों और फाटक के बाहर निकलकर जो सकून हम को मिला, राहत नहीं, नई जिन्दगी की साँसों की तरह महसूस हुआ।

''मगर अब जाएँ कहाँ? माँ के पास।

दुनिया में माँ न रहे तो कोई घर-द्वार ऐसा नहीं रहता जो जेल से निकली बन्दिनी को नफरत की नजर से न देखे। और उस नजर के नेजों से तुम्हारे आत्मविश्वास को न छेद डाले।

''माँ अपनी मौत के बाद हमारे लिए सारे सम्बन्धियों के दरवाजे बन्द कर गई जहाँ नफ़रत के ताले जड़े थे, घृणा की साँकलें ठुकी थीं।

''हमें यहाँ तक बलवीर लाया था क्योंकि वही जानता था कि हमारी चाहतें कैसी हैं, पसन्द क्या है और सपने किस तरह के हैं।

''अजय सिंह!

''समर्पण करनेवाला एक डकैत। मगर समाज के लिए कुख्यात आदमी...

''उनके साथ मोहब्बत और भाईचारे के सच्चे जज्बे को बलवीर के जज्बे के बाद देखा। यह अब हमारी जिन्दगी में पहली बार नहीं था कि अजूबा मानें, संयोग मानें। यहीं से हमने आदमी से प्यार करने के मुकाबले विश्वास और भरोसा करना सीखा कि प्यार में औरत धोखा खा जाती है, विश्वास की परख उसे हो तो विवेक जागता है। इसी तरह जिन्दगी की ताकतें तरह-तरह से आती हैं।

''अजय सिंह की श्रवणशक्ति गजब की है। वे आपकी बातों को सुनेंगे और उन पर गौर करेंगे। क्या इन बातों में वह बदलाव है जो इनसान के हित में होता है? यों तो साधु-सन्त, महात्मा-योगी और ओझा तान्त्रिक भी अपनी शक्ति ईश्वर या गढ़े हुए देवताओं में बताते हैं और अनुष्ठान के जरिए मुसीबतों से छुटकारे की बात करते हैं,मगर इन बातों से बँधी अजय सिंह की गिरह खुल पड़ी है। उनके महात्मा-योगी, सन्त-महन्त और देवता कहीं गुम हो गए। गुम हो गए इसलिए कि अजय सिंह ने उनको मुक्त कर दिया।

बेला बहू बता रही हैं-

''अजय सिंह से बहुत सी बातें होती रहती हैं। मैंने उनसे सवाल किया था, दाऊ, हमने अन्याय सहा क्योंकि प्यार चाहा था। प्यार कौन नहीं चाहता? पर प्यार की कीमत ज्यादा थी, बहुत ज्यादा। उस दरिन्दगी भरी महँगी कीमत को हम चुका रहे थे दाऊ क्योंकि एक इनसान से प्यार कर रहे थे। प्यार की ही जमीन पर विश्वास उगता रहा।

''मगर क्या हुआ हमारे प्यार और विश्वास का? काश हम प्यार और विश्वास

से दूर रहते तो इतने बड़े झटके और सदमे न खाते। भारत सिंह भी यह जान गए थे कि बेला जो है, वही रहेगी, इससे घटकर रहना उसकी फितरत में नहीं। क्या हर मर्द यह समझता है दाऊ कि औरत जितनी है, उससे कम नहीं होगी? तभी वह आराम से औरत को लूटता और मनचाहे तब लुटवाता रहता है? वह नहीं जानता पुरुष के बारे में औरत बहुत कुछ जान जाती है। नहीं तो यह क्या था, जब भारत सिंह ने अपने भाइयों के अलावा दूसरी राजनैतिक पार्टी के कामातुर साँड़ जैसे दारू में धुत लोगों के लिए बेला को चुना तो सारा प्यार, सारा विश्वास, सारी निष्ठा उड़नछू हो गई। इतना गुस्सा, ऐसा क्रोध और इस कदर आवेश कि जाँबाजी पर उतारू जद्दोजहद पैदा होने लगी। इस वक्त सिवा इसके कि वह दुनिया की सब से बड़ी और बुरी शापग्रस्त औरत है, जिसको उसके प्रेमी ने ही उन बूचड़ों को सौंप दिया है, जो उसके अंगों की चीर-फाड़ करके उसे टुकड़ों-टुकड़ों में चखेंगे। वह भारत सिंह जैसे अपने प्यार के देवता से क्या ऐसी आशा कर सकती थी? फरेब ज्यादा दिन जीवित नहीं रहते।''

''मैं अपना तमाशा खुद हूँ।'' बेला ने सोचा।

''नहीं, अब यह तमाशा नहीं होगा।'' उसकी आत्मा बोली।

भारत सिंह प्रेमी के नाम पर ऐसा सुअर है जो औरतों को कायर मर्दों के वीर्य में लोटने को मजबूर करता है। उसके भाई औरत के तड़पते हुए शरीर के सम्भोग पर सिसकारियाँ भरते हैं। नहीं, अब यह नजारे नहीं बनेंगे। अब उन लोगों की अय्याशी का अन्त आ गया है। यह अन्त होकर रहेगा।

''और दाऊ, मैंने उन सबको मौत के घाट उतार दिया।'' बेला ने अपना किया अजय सिंह के सामने स्वीकार करके जैसे अपने आप से ही मुक्ति पाई। अपने प्यार और नफरत के पागलपन से मुक्ति।

''मगर!''

''मगर क्या, मगर क्या बेला बहू?'' मैंने उनके कंठ में अटकी हुई बात का गोपन खोलने के लाहक से पूछा।

''मगर क्या हुआ बिन्नू, जो हमने उन दरिन्दों को फूँक डाला? हमने दाऊ से भी यही सवाल किया था।''

''उन्होंने क्या अपने लिए भी कोई अगर-मगर...'' मैंने खुलासा चाहा।

''हाँ, वे भी यही बोले, 'बेला बहू, हमने जो कत्ल-खून किए, वे दुष्ट-दलन के ही नमूने थे। हम यह समझ कर वार करते थे कि हम इनसान की आजादी के लिए लड़ रहे हैं। अमीरों की लूट से गरीबों को बचा रहे हैं। जोर-जबरवाले ताकतवरों के शिकंजे से कमजोर इनसानों को निजात दिला रहे हैं। हम खुद को बागियों की ऐसी फौज समझते थे जो इनसान के स्वाभिमान और सम्मान के लिए

लड़ती है। इस फौज का न कोई एक गाँव है न इलाका और न एक खास जाति और धर्म। सब तरह के लोग थे हमारे दल में और हर आदमी शोषण और गुलामी से नफरत करता था, अन्याय और अत्याचार के विरुद्ध लड़ता था।

'लड़ते-लड़ते हमारे जैसे लोग इतने आगे बढ़ जाते हैं बेला बहू कि फिर पीछे लौटने के लिए सोचो तो समाज और हमारे बीच चौड़ी गहरी और भयंकर खाई दिखाई देती है, जिसपर पुल बनाना लगभग असम्भव सा लगता है।

'फिर भी हम सोच रहे थे, हम अन्याय की दुनिया को बदल देंगे।' "

बेला बहू मुस्करा पड़ीं, तिरछे होंठों की मुस्कराहट उनके दिल की बात उजागर कर रही थी, लेकिन उन्होंने स्पष्ट किया, "जैसे हम सोच रहे थे कि भारत सिंह के रंगमहल को लाक्षागृह में तब्दील करके औरत के शिकारियों का खात्मा कर देंगे कि मर्द सबक लें।"

बेला बहू तख्त पर बैठी लगातार अपना बाँया पाँव हिलाये जा रही थीं और बार-बार अपने निचले होंठ को टटोलतीं जैसे कोई अपने मुँहबन्द बटुआ को टटोले।

"अब बिन्नू, यही अजय सिंह दाऊ कहते हैं कि उनके कत्ल-खून से जो अन्यायी-अत्याचारियों का खून बहा, उसने क्या बदलाव किया? क्या अत्याचारों में कमी आई? क्या अमीर और गरीब बराबरी पर आए? क्या ताकतवरों ने कमजोरों पर जुल्म ढाना बन्द कर दिया? उल्टा हुआ, एकदम उल्टा। जिनको खत्म हो जाना चाहिए था, वे राजगद्दियों के आसपास पहुँच गए। जो अमीर और ताकतवर थे वे गरीबों के कंगाल कन्धों पर चढ़कर मालामाल हो गए। अजय सिंह दाऊ तो ऐसे ही रहे जैसे खूँखार जन्तुओं से भरे विशाल तालाब में कोई भारी पत्थर फेंके और हलचल मचा दे जो थोड़ी देर के लिए जन्तुओं को अशान्त कर दे।"

बेला बहू, किंकर्त्तव्यविमूढ़-सी...

"भारत सिंह के गाँव में उन जले हुए भाई-बन्धुओं की राख तक ठंडी नहीं हुई, तब तक तो इलाके में कमसिन लड़कियों पर कई-कई बलात्कारी टूट पड़े। इस लाक्षागृह जैसे कांड के रूप में जो लड़ाई हमने शुरू की, क्या इससे ही दरिन्दों की हिम्मतें और बढ़ गईं! वे हमें चुनौती देने उतर पड़े? अब बलात्कार के साथ लड़की की हत्या भी...कितना मजा आने लगा इस कामातुर मरदानी जमात को। किसी औरत में है दम जो सिर से कफन बाँधकर आए और इनका सामना करे? ये वहशी का रूप धारण कर चुके हैं, इनसानी व्यवहार छोड़ दिया है क्योंकि अब ये महज भोग ही नहीं करते, भाले जैसी नुकीली और लम्बी सरियों को स्त्री की योनि में डालकर पिशाचों की तरह उसकी चीखों का आनन्द लेते हुए खुशी से नाचने लगते हैं।

"मगर बात यह भी भूलने की नहीं है कि लड़कियाँ और औरतें इनसे शरीर में नुकीले सरिया फँसे होने के बावजूद लड़ती हैं। जब तक जान रहती है, वे सुस्त नहीं

होतीं, मात नहीं खातीं। तभी तो हारकर इन दरिन्दों को उन जाँबाज लड़कियों की हत्या करनी पड़ती है।

''बिन्नू, हमने अजय सिंह दाऊ से कहा था, क्या यह कोई नई चीज है कि एक बात इन मर्दों के मन में बैठ गई है जो कई-कई ऐसी बातों को जन्म देती है जिनसे एक दहलाने वाले जहरीले संशय का जन्म होता है-स्त्रियों से दहशत!

''दाऊ मुस्कराये थे, बोले, 'विषकन्याओं से तो पुरुष पुराने समय से डरता आया था। मगर हम तो यह समझते हैं कि यह डरने और डराने का सिलसिला खत्म होना चाहिए। ऐसा क्यों हो कि जो आदमी हमारी ओर दोस्ती का हाथ बढ़ा रहा है और हम उसे दबोचने की सोच रहे हैं। फिर दोस्ती की दरकार ही किसे रहेगी?'

''दाऊ, दोस्ती दगा दे जाती है, तब? जो हमें देखकर निछावर होने का दम भरते हैं, इनसान की तरह जीने के हमारे हक छीन लेते हैं। यही तो हमारी नफरत और लड़ाई का कारण है। बात यह भी है कि हम अपना हिसाब-किताब बराबर करने के लिए इनकी लाशें बिछाते जाएँ तो इनकी अगली पीढ़ियाँ इनके प्रेतों के रूप में हमारे सामने आएँगी और आती जा रही हैं।''

''तब?'' दाऊ ने बेला बहू से सवाल किया था।

''तुम तो किसान के बेटे हो दाऊ। जानते तो होंगे कि जब फसल को कीड़ा लग जाता है तो उसे कीटनाशक छिड़ककर बचाने का जतन करते हैं लेकिन जब कीटनाशक भी बेअसर हो जाते हैं, तब फसल ही नष्ट करनी पड़ती है।''

दाऊ मुस्कराए।

''हम तुम्हारा मतलब समझ गए बेला बहू। मतलब यह कि मर्दों की यह पीढ़ी अपने रूप में ऐसी सड़ी हुई फसल है, जिसपर कोई भी उपाय कारगर नहीं हो रहा। फिर क्या किया जाए बेला बहू? पूरे देश के मर्दों को गोली मार दी जाए?'' कहकर अजय सिंह दाऊ हँस पड़े।

''अरे नहीं नहीं दाऊ, नहीं। हमारा मतलब यह हरगिज नहीं है। हम तो कह रहे हैं कि गोली मर्दों को हरगिज न मारी जाए और न मारी जा सकती है क्योंकि नई फसल में उनकी भी आध बटाई होती है। स्त्री-पुरुष के संयोग से ही तो बच्चा होता है। इस बात से किसको इनकार है?''

''फिर?'' दाऊ का सवाल तैयार था।

''अब तो जैसे खेतों में अँखुआ निकलते हैं, पनपते हैं तो उनकी देखभाल ऐसे की जाए कि कीट लगे ही नहीं। कीट लगने की आशंका हो, तभी किसान होशियार हो जाएँ। सावधानी की जरूरत तो हर खतरे के लिए होती है।''

''अच्छा!'' अजय सिंह दाऊ ने बेला बहू का आशय जैसे समझ लिया हो। क्या समझा, कितना समझा, अबकी बार साफ-साफ कुछ कहा नहीं।

बेला बहू आगे कुछ कहतीं, उन्होंने खिड़की के पार देखा और बोलीं, ''लो, सूरज तो कितना नीचे सरक आया बिन्नू! चलो चलिए।''

पहाड़पुर। हम जल्दी आ गए।

हम एक लिपे-पुते बड़े-से घर के सामने थे। इस गाँव की शुरुआत में ही हमें तालाब मिला। भरा हुआ तालाब। आगे चलकर एक पक्की इमारतवाला स्कूल था। उसके पास ही एक सफेद रंग का मन्दिर, जिसपर लाल पताका फहरा रही थी। ये सब घर के आस-पास ही थे। इनके नजदीक ही नीम और इमली के वृक्ष अपनी घनी हरियल छटा से गर्मी को शान्त करने की कोशिश कर रहे हों जैसे।

घर के बड़े अहाते के अन्दर जाते ही लम्बी पौर के बाद धूप और रोशनी से भरा बड़ा-सा आँगन जिसमें चारपाई डालो तो पन्द्रह-बीस आ जाएँ। बाहर से इस घर की विशाल और विराट छवि का अन्दाजा लगाना मुश्किल था।

पौर में दो चारपाइयों पर दरी और फूलोंदार चादरें बिछी थीं, जिन पर हमें बिठाया गया। बेला बहू ही इधर-उधर जाकर आवाज दे रही थीं-

''अजय सिंह दाऊ जू!''

''ओ बसन्ती!''

''अरे जुझार...कितै गए सब के सब?''

बेला बहू फुर्ती से निकलीं और एक बालक को साथ ले आईं, जिसकी उम्र बारह-तेरह वर्ष होगी। उससे दरियाफ्त करने लगीं कि जुझार सिंह कहाँ हैं? अजय सिंह दाऊ कहाँ गए हैं? बसन्ती क्या इनमें से किसी के साथ गई है?

फिर अचानक बेला बहू को बालक के परिचय का खयाल आया, बोलीं- ''देख रही हो बिन्नू, जे बनी सिंह हैं। पाँच कक्षा में पढ़ते हैं।

''जाओ बनी सिंह, लिवा तो ले आओ जुझार काका खों। और जल्दी टेर लाओ बसन्ती जिज्जी खों। आटा पिसाने गई होंगी।''

लड़का तुरन्त दौड़ गया। बेला बहू खुद ही शक्कर और पानी घोलकर शरबत बना लाईं। पीतल के तीन लम्बे गिलास।

शरबत खत्म ही हुआ था कि एक शख्स सामने आकर खड़ा हो गया।

छोटी-छोटी काली मूँछें। साँवला रंग। लम्बोतरा चेहरा। सामान्य आकार के माथे पर दोनों भौंऐं जुड़ी हुईं। नाक थोड़ी मोटाई लिए हुए। वह दरमियाने कद का आदमी था।

''जुझार सिंह हैं जे।'' बेला बहू ने तुरन्त परिचय कराया।

''राम राम!'' जुझार सिंह ने मेरा अभिवादन किया।

''हम बिन्नू को यहाँ तक ले आए जुझार। लिखती हैं। अपनी सबकी कथा लिख देंगी।''

जुझार मुस्कराया जैसे बस औपचारिकता के लिए छोटी-सी हँसी हँसा हो।

अब तक अजय सिंह भी आ गए।

उनकी खाकी रंग की पेन्ट और कमीज पुलिस वर्दी से मिलती-जुलती लग रही थी। वे खुद भी पुलिस के तुंदियल कर्मचारी जैसे नहीं, सेना के जवान जैसा गठा बँधा शरीर था। आयु का अन्दाजा चेहरा नहीं, सिर के काले-सफेद खिचड़ी बाल दे रहे थे कि कम-से-कम पैंतालीस या अड़तालीस होगी ही। माथे पर गहरा और लम्बा दाग है जो ध्यान खींचता है। मूछें होंगी, मैंने सोचा था, लेकिन नहीं हैं। दाढ़ी का तो सवाल ही नहीं।

बेला बहू ने शिष्टाचारवश परिचय कराया, ''दाऊ, जे बिन्नू।

''और बिन्नू, जे दाऊ अजय सिंह।''

अजय सिंह ने विनम्रता से हाथ जोड़े और सिर झुका दिया।

ऐसे भी होते हैं डाकू? मेरी कल्पना झूठी पड़ रही थी। बड़ी-बड़ी मूछें, भयानक चेहरा, लाल-लाल आँखें, झाबे-सी दाढ़ी, ऊँचे माथे पर लाल लम्बा तिलक और गले में देवी का ताबीज। कई फिल्मों के डाकू याद आने लगे।

तभी बसन्ती आ गई।

बसन्ती, जिसके इतने गोरे रंग की मैंने कल्पना नहीं की थी। जिसकी कमनीयता की भी मुझे उम्मीद नहीं थी। पता नहीं क्यों ऐसी धारणा है कि बीहड़वासियों के चेहरे और शख्सियत भी बीहड़ ही होनी चाहिए।

बसन्ती ने अभिवादन में नमस्ते का प्रयोग किया और जल्दी-से-जल्दी रसोई में चली गई। उसके साथ दो लड़कियाँ और थीं, जिनकी उम्र बारह-चौदह साल रही होगी, रसोई में उठा-धराई की मदद करा रही थीं।

आँगन में तीन लड़के आ खड़े हुए। एक-दूसरे को रघु, माधव और शंकर नाम से बुला रहे थे। वे आँगन में चारपाइयाँ बिछाने में मशगूल थे, उम्र वही पन्द्रह-सोलह रही होगी। गुलाब ने शंकर को साथ लेकर अपनी चारपाई बाहर चबूतरे पर डलवा ली। वह जल्दी सोना चाहता था और बेला बहू के कथा प्रसंग से बचने के तरीके खोज रहा था। वह जानता था कि बेला बहू इस घर के हर आदमी की कहानी दर्ज कराए बिना बिन्नू को छोड़ेंगी नहीं। वे अपने बयान में कह चुकी हैं–हर आदमी पैदा एक तरह से होता है, मगर वह ढाला जाता है अलग-अलग तरीके से। अब अलग तरीकों को कहाँ तक सुनेगा गुलाब?

''एकदम वाजिब बात,'' जुझार सिंह बेला बहू का समर्थन करता है।

बेला बहू ने देखा कि अब खाना खाकर सब लोग एक जगह बैठ गए। बातचीत

करना चाहते हैं नहीं तो बिन्नू से परिचय कैसे होगा इनके असली रूप का? ऊपर से समय को बरबाद करना बेला बहू को सुहाता नहीं।

"जुझार सिंह हैं बिन्नू, जो तुम्हारे सामने बैठे हैं, खटिया पर।" बेला बहू ने दोबारा बताया।

"बताओ तो जुझार।"

"हम क्या कहें आपसे? बिन्नू ही कहें न?" जुझार ने मुस्कराकर पूछा तो साँवले चेहरे पर उसके होंठ खिल गए।

पैट्रोमैक्स की रोशनी थी, अँधेरे की झाँई तक नहीं। सब लोग दमक रहे थे।

"बिन्नू!" जुझार सिंह ने बताना शुरू किया–

"जमरोई, भरसूड़ा, नुनवई, डिकौली, गोंती से लेकर पारीछा तक और टेरका, पुरा, खलार जैसे गाँव एक ही जाति की बैल्ट माने जाते हैं। इस इलाके को डाकुओं की शरणस्थली माना जाता है। डकैतियाँ भी कम नहीं पड़ती यहाँ।"

"डकैती!" जुझार ऐसे कह रहा था जैसे 'परोपकार'।

"लिख लो बिन्नू कि इस हौसलेमन्द काम का नाम इज्जत की दरकार रखता है। जोगी जातियों की साधना धूल चाटती है इसके सामने। डकैत के आगे दानी पानी मारते हैं। यह पुण्य कर्म से ज्यादा बड़ा पुण्य है।

"अरे, यह काम आत्मा की पुकार पर अंजाम पाता है क्योंकि यह ऐसी जंग है जो अमीरों के खिलाफ गरीबों के द्वारा और गरीबों के लिए लड़ी जाती है।"

मैंने बेला बहू की ओर देखा, लगा कि हू-ब-हू फूलन देवी की प्रेत बैठी हों।

"बिन्नू!" कहते हुए जुझार के नथुने फड़के। आगे बोला, "इस काम के लिए कच्चे मन का वह साहस चाहिए जो अपने सपनों के लिए कुछ भी कर गुजरता है। उमर पक जाए, तब कौन बागी बन पाया है?"

मैं ऐसे देख रही थी जैसे गर्दन कमजोरी ने जकड़ ली हो।

"प्रौढ़ आदमी, साला पचास तरह के डर लपेट लेता है–सजा, जेल ही नहीं, पाप-पुण्य के बफारे उसे झिंझोड़ डालते हैं। अन्याय और जुल्म को पचाता जाता है। गुलामी को धर्म की तरह निभाता रहता है। ऐसा आदमी रायफल कैसे उठाएगा? मेंढक मिदरा बनकर खुश रहता है। अपने जीवन में धन इकट्ठा करने को कर्त्तव्य मानकर उसे काई की तरह जमाता जाता है। उसी पर सरकता-फिसलता रहता है। ऐसा आदमी बागी कैसे हो सकता है?"

–हे बेला बहू मैं यह तुम्हारी कहानी तो नहीं सुन रही और डाकुओं की कहानी लिखने का मेरा कतई इरादा नहीं है। अब इस बीहड़ में मैं कौन-से देवता मनाऊँ कि आगे कुछ अनहोनी न हो।

"सुन नहीं रहीं आप?" जुझार सिंह ने मुझे चेताया।

"अगर मैं उन्नीस साल की अवस्था में अपने घर से न भागता तो आज अपने गाँव के दूसरे किसानों की तरह बारह बीघा खेत का मालिक और पाँच-छह बालकों का बाप होता। उन बालकों में से लड़कों को पढ़ाना-लिख़ाना चाहता तो अपने गाँव के किसानों की तरह पढ़ाई के लिए साधन न जुटा पाता।

"फिर क्या होता? बिना पढ़े लड़के जाहिल आदमी के रूप में पनपकर ब्याह-शादी लायक हो जाते, मैं खुश हो रहा होता। इसके बावजूद अपनी लड़कियों के ब्याह की चिन्ता दीमक की तरह मेरे तन मन में लग जाती।

"आगे क्या होता? बताओ आप। आप तो पढ़ी-लिखी हो। कितना जानती हो आदमी के बारे में? अपने देश के बारे में, आजाद मुल्क के बारे में?"

"बेला बहू'...जैसे मेरे अन्दर पुकार उठी हो। मैं यहाँ इस आदमी के सामने कठघरे में बन्द होती जा रही हूँ और यह अपनी दुनिया के नए-से-नए भेद खोलकर मुझसे सवाल कर रहा है! क्या मैं किसी इम्तहान से गुजरने आई थी यहाँ?

"बिन्नू, मान लो। नहीं, मानना पड़ेगा और लिख लो यह बात कि मैं सबके शादी-ब्याह करके थोड़ा-बहुत कर्जदार हो जाता और चक्रवृद्धि ब्याज पटाते-पटाते बूढ़ा होकर एक दिन मर जाता...पंचानबे फीसदी किसानों की यही कहानी है। समझीं?"

मैं लिखती हूँ चुपचाप।

"हमने इसी अभागी किसानी से बगावत की है। यह किसानी आदमी को ऐसा कमजोर करती जाती है कि वह लड़ेगा जूझेगा तो क्या, अपने आपको छिपाता रहता है क्योंकि जब देखो तब लुटना-पिटना और जलील होना उसकी जिन्दगी से चिपट गया है। बस इसी मारे दुख-दर्द से बिलबिलाते आदमी की जिन्दा रहने की कोशिश मरती चली जाती है।"

जुझार सिंह ज्यों अपने वजूद से जूझ रहा हो। उसकी साँसों की गति में तेजी आ गई।

"आज भी मैं सोचने लगता हूँ कि मैंने किसान होकर हथियार क्यों उठाया? मेरा मकसद तो धरती से, मिट्टी से और किसानी से जुड़ा था, खून से क्यों जुड़ गया? हमें तो जिन्दगी से ज्यादा कुछ प्यारा न था, मौत से आमना-सामना करने की बात कहाँ से आ गई? क्या-क्या याद आता है बिन्नू। बचपन से अनमोल कोई समय नहीं होता और छोटेपन में भाई से प्यारा कोई दोस्त नहीं मिलता। दोनों भाइयों ने मिलकर दीवारों के नीचे लौकी और तोरई के बीज बोए थे। बेल फैली और खपरैल पूरी-की-पूरी रंगत से भर गई। पीले-सफेद फूलों से सज गई।

"द्वार पर खड़े नीम के घने वृक्ष के नीचे लकड़ी का मजबूत तख्त पड़ा रहता था। सबेरे जैसे ही सूरज निकलता, नीम की फुनगियाँ और खपरैल पर पड़ी बेलें

सुनहरी रंग में बदल जातीं। हम दोनों भाई बनियान और गमछा पहनकर चबूतरे पर दंड-बैठक लगाया करते, इस नारे के साथ कि-'पहला सुक्ख निरोगी काया।' हम इसी में खुश थे कि बहुत खुश। गाँव में खाना-पीना भी शुद्ध और व्यायाम भी ईमानदार।''

इतना कहने के बाद जुझार का चेहरा रंग बदलने लगा। अभी तक की मुद्रा ने करवट ली। वह अब क्या सुनाएगा, उसके पास कितने रहस्य हैं, उसने कितनी हकीकतों को दिल में उतार लिया है...

''जैसे आँधी के दिन हर साल एक मौसम में तय होते हैं, उसी तरह जिन्दगी में भी बवंडर अपना वक्त तय करके रखते हैं।'' कहते-कहते उसका स्वर बुझने लगा। मैंने अपनी कल्पना में पाया जैसे उसकी आँखों में कुछ पिघले हुए चित्र तैरने लगे हैं और वे तसवीर के हिसाब से निश्चित ही खुशनुमा नहीं हैं।

''गाँव में तो यह देखा जाता है कि हमारे पिता ने सरकारी कर्ज लिया था ऐसे ही जैसे किसान लोग लिया करते हैं। महाजन के कर्ज-ब्याज से, उसके निर्दयी तकाजों से, उसके चक्रवृद्धि ब्याज से निजात पाने के लिए लिया था सरकारी कर्ज। कितने खुश हुए थे हमारे पिता जब वह सरकारी रकम मिली थी। कितनी रकम मंजूर हुई और कितनी हाथ में आई? यह किस्सा बाद में। मगर हमारी बहन की शादी तो हो ही गई थी।

''इसके बाद कर्ज पटाने का समय सामने आ गया।

''समय पर नहीं जुटा पाए रकम तो...नोटिस, नोटिस, नोटिस...

''फिर भी नहीं हो पाया पूरा पैसा...नालिश, कुर्की।

''पिता कराह उठे। महाजन तो तकाजा ही करता था। राह चलते टोकते भी हिचकता था, क्योंकि गाँव का आदमी होता था। इज्जत-आबरू पहचानता था। वह ढोर-डंगर भी खोलता था तो बहाना कुछ और ही होता था। चार आदमियों के सामने सावधानी बरतता था क्योंकि गाँव का आदमी होता था।

''यहाँ तो कागज आता है, सीधा बसूलियाबी की धौंस देता हुआ...

''कागज आता है, गिरफ्तारी का वारंट बनकर...

''कागज आता है, बिना गुहार-पुकार सुने सीधे कुर्की करने...

''कागज आता है, साथ में पुलिस और सरकारी जल्लाद जो महाजन की तरह किसान की इज्जत का लिहाज नहीं करते, बेआबरू चीरफाड़ करने में माहिर होते हैं।

''सरकारी कर्ज।

''पिता कहते थे, कितने मुलाजिमों ने हिस्सा लिया था अपना। जितना रुपया मंजूर हुआ था, उसका आधा भी नहीं आया था हाथ में। ब्याज पूरी रकम पर लगाई

गई। हम दोनों भाई सुनते रहते। एक अठारह का एक सोलह का, जुझार और निहार। दोनों के नाम पर लगा था सिंह। मगर जैसे ही सरकारी लोग आते दोनों सिंह डर के मारे मेमने और गीदड़ हो जाते।

"कितना डर...दहशत ने घर घेर लिया।

"महाजन को पिता ने कभी घूस नहीं दी और सरकारी लोग बिना रिश्वत लिए यहाँ से लौटे नहीं। अब बताओ कि कब तक छोटी जोत का कोई किसान भर सकता है ऐसे सरकारी मुलाजिमों के बड़े-बड़े खाऊ-पचाऊ पेट?

"बिन्नू, अम्मा का एक-एक कील काँटा गहना गुरिया बिक चुका था। नई ब्याही बहन के जेबर भी चुपचाप गिरवी इस उम्मीद में रख दिए कि फसल आने पर अनाज बिकेगा, जेवर छुड़ा लेंगे। मगर ऐसा कुछ न हो पाया किसी तरह कुछ रुपए हाकिमों को देकर पहले कुर्की टाली। और बहन की विदा आगे सरका दी। जाहिर है बहू को बिना जेवर के ससुराल में आई देखकर वे लोग तीखे सवाल करेंगे, पड़ताल पर आ जाएँगे। बहन डर जाएगी।

"अब की बार जीजा नहीं माने। विदा न करना भी अपने लिए चोर की दाढ़ी में तिनका दिखाना था। बहन के चरित्र पर भी बात बन आती, ऐसा अक्सर होता है। घर की बेटी जैसी थी वैसी ही भेजनी पड़ी नहीं तो अपने नाते-रिश्तेदारों की नजरों में ही हम लोग गिर जाते। यह गिरने-उठने का खेल ही तो था जो कहाँ से चला और कहाँ पहुँचा..."

इतना कहकर जुझार सिंह चुप हो गया। उसकी आँखों में नजर की जगह दुख उतर आया हो जैसे। दर्द की साँवली छाया ने चेहरा कलछौंहा कर दिया जब कि पैट्रोमैक्स की रोशनी दूधिया थी।

क्या है आगे की दास्तान? कितनी हल्की कितनी भारी? जुझार का स्वर भीगा हुआ और भर्राया सा...

"बहन मायके में ही गर्भवती हो गई थी। उसकी सहेली हेमा ने बताया कि पिता के कर्ज को पटाने के लिए उसने महाजन के बेटे धर्मेन्द्र से कुछ हजार रुपए लिए थे और बदले में खुद को उसके हवाले...। मगर वह पैसा अदा करता तब तक बहन विदा हो गई। धर्मेन्द्र का गर्भ उसके साथ चला गया।

"जीजा ने अग्नि परीक्षा ली और हमारी बहन आग में से सीता जी की तरह ज्यों-की-त्यों साबुत नहीं निकली।

"बहन खत्म हो गई। कर्ज खत्म नहीं हुआ।

"पिता भी बेटी का दुख बर्दाश्त करने में कतई असमर्थ रहे। वे जिन्दा रहने से ज्यादा मर जाने को बेहतर समझकर कीटनाशक दवा पीकर खत्म हो गए।" कहकर जुझार ने लम्बी और गहरी साँस ली। लगा कि खत्म होनेवालों के साथ शोकमुद्रा

में कहानी खत्म। मगर फिर वही जिन्दगी किन-किन रूपों में खत्म होकर शुरू होती है...

"बिन्नू, दो अधूरी आत्माएँ घर पर मँडराती रहीं। सरकारी ओहदों पर बैठे मुलाजिमों ने घर की ईमानदारी और पवित्रता खाक में मिला दी। कर्ज की राहत ने कंगाल कर डाला। घर के बैल भैंस से लेकर बर्तन भाड़े तक नीलामी के नाम पर बिके।

"अब जुझार? जुझार का जवान होना लानत की निशानी थी। घर में कोई योगदान नहीं दिया। जमीन भी सरकारी कब्जे में चली जाने दी।

"बिन्नू!"

मैं चुप। बेला बहू की आँखों से आँसू लुढ़क आए। और अजय सिंह घंटों से मौनी बाबा की तरह बैठे थे। बसन्ती का पता नहीं था।

"मैंने तब माँ की ओर कायरता भरी नजर से देखा-'तुमने किस नकारा को जनम दिया है माँ? उसने सब लुट जाने दिया!' जुझार के स्वर में रुदन था।

माँ चुपचाप ऐसे देखती रही जैसे उसका दिल घबरा रहा हो।

"मैं अब क्या करूँगा?" मैंने खुद से ही पूछा।

"माँ की बेबस हालत और 'क्या करोगे' जैसे अपने सवाल को लेकर घर से बाहर निकला। मन में रंज और गुस्से का सैलाब ठाठें मार रहा था।

"मगर पेट एकदम खाली, भूखा।"

जुझार उठा और खड़ा हो गया। बोला, "बेला बहू पानी पिला दो, हलक सूख रहा है।"

बसन्ती!

उस दिन रास्ते में चलते-चलते जुझार को बसन्ती न मिलती तो शायद उसकी कहानी कुछ और होती। हो सकता है किसी दूसरे रास्ते चला जाता जुझार।

बसन्ती तब सत्रह-अठारह साल की रही होगी। गाँव के कुर्मी की बेटी। कद लम्बा सो बड़ी सी लगती थी। नाक-नक्श तीखे थे मगर सूरत मामूली। तंदरुस्ती अच्छी थी उसकी। नाक में सोने की छोटी सी चमकीली बाली पहने रहती। हाथ की बीच वाली उँगली में सुनहरी अँगूठी, जिस पर 'बसन्ती' नाम मीनाकारी से लिखा था।

अजनबी तो थी नहीं। पड़ोस की ही थी, यों गाँव की भी होती तो भी पहचान होती उस से। राह रस्ता कौन नहीं मिल जाता गाँव में? फिर रघुवीर काका की बसन्ती तो रास्ते चलती हुई हँसी बिखेरती जाती थी।

जुझार का मन हुआ, कितने संकट में है वह, सब कुछ लुट गया। क्या इस हँसनेवाली लड़की से अँगूठी माँग ले? सोना बेचने से दाम अच्छे मिलते हैं। बड़े दिल की मालकिन यह बसन्ती घर में कह देगी–अँगूठी खो गई क्योंकि वह वही तो है जो अपने हिस्से की जामुन जुझार को दे दिया करती थी। अब क्या उसका स्वभाव बदल गया होगा? अम्मा कहती हैं, स्वभाव कुदरत से मिलता है, कुदरती चीज कभी नहीं बदलती। हाँ गुस्सा या खुशी के असर में आदमी बदला हुआ दिखता है। अम्मा आग और पानी की भी मिसाल देती हैं, दोनों ही कुदरत की देन हैं। अपनी तासीर में ज्यों–के–त्यों रहते हैं।

जुझार आगे बढ़ता गया, बसन्ती पास आती गई।

अभी तक उसका गुलाबी सूट और हरा दुपट्टा दिख रहा था अब नाक आँख सब दिखने लगे। नाक की बाली ज्यादा चमकदार लगी और अँगूठी आज दूसरी उँगली में पहनी हुई थी। जिस चीज से सम्बन्ध हो उसको कितनी गहरी नजर से देखता है आदमी। जुझार ने अपने बारे में सोचा। सोचते हुए उसे पसीना आने लगा। घबराहट–सी धड़कने लगी सीने में। क्या कहेगा इस सवाल पर, उलझन ने ऐसा दबोचा कि जीभ लकड़ाने लगी। लगा कि उल्टा लौट जाए।

मगर लौट जाने से पहले बसन्ती सामने खड़ी हो गई।

गुलाबी रंग का नया सा सूट रेशम की तरह दमक रहा था। गुलाबी सूट पर बारीक हरा दुपट्टा, जिसमें से आर–पार देखने में मौके रहते हैं, बसन्ती ने अपने सीने पर ओढ़ते हुए कन्धों पर डाल रखा था। यह बात तो वह आज याद करता हुआ सोच रहा है, उस दिन तो सारे रंग, सारी चमक–दमक गडमड होकर नाक की सुनहरी बाली और उँगली में चमकती सोने की अँगूठी ने तिरोहित कर दी थी।

याद है, बसन्ती बहुत खुश थी। वह जानता है उसकी भावना, लड़कियों जैसा उछाह और चंचल नदिया की तरह उछलती उमंग का नाम बसन्ती ही है। इतने बेहतरीन कपड़ों में लिपटकर अपने रूप में गूजरी बनकर आई बसन्ती और उसको निछावर हो जाने वाली नजर से देखनेवाला जुझार! कई दिन ऐसे नजारे बनते रहे हैं।

''आज तो मेरा शगुन बनाया। मंगल के दिन मंगल हो गया।'' बसन्ती ने सामने आकर उम्मीद से लवरेज आँखें झपकाईं।

वह क्या कहे? उसका मन कसैला है और बसन्ती दूध में शहद घोलकर खड़ी है, उसकी सौगात बचेगी क्या?

''कैसा शगुन बसन्ती?'' जुझार ने पूछ ही लिया।

''हम जैसी लड़कियों के मनचाहे मामले होते हैं, क्या बतादें तुझे?''

वह खड़ा रहा। चुपचाप। कहीं खोया–खोया सा...नाक की बाली और अँगूठी की चमक भी नजर से गायब हो गई। इतनी हुलसती लड़की से कोई टुच्चा सा

सवाल नहीं किया जा सकता। वह अपने आप में अपनी इच्छा के साथ सिकुड़ने लगा।

"चल हट। अब मैं जा रही हूँ।" बसन्ती ने झटके से कहा मगर पाँव इंच भर भी आगे नहीं बढ़ाया। खड़ी रही जैसे दोनों बाँहें फैलाकर जुझार उसकी राहें रोक रहा है।

"हट जा ना।"

"मैंने कब रोका? चली जा।"

"मुझे फिर क्यों लग रहा है कि तू मेरे बीच रास्ते में खड़ा है?"

"झोले में क्या है?" उसने अपना सवाल उसकी ओर सरकाना शुरू किया।

"झोले में? क्या होगा? कुछ नहीं।"

"खाना हो तो दे दे। भूख लगी है।"

बसन्ती ने ऐसे देखा जैसे जुझार की भूखी आवाज से उसका दिल भर आया हो। फिर सोच में डूबी सी खड़ी रही। आँखें पूरी तरह डबडबा आईं।

कैसे बताएँ कि झोले में खाना है, मगर वह तेरे लिए नहीं है जुझार। वह उनके लिए है जो तुझसे भी ज्यादा भूखे हैं। दो दिन, तीन दिन, चार दिन...भूखे समय की सीमा नहीं है उनके लिए।

फिर भी बसन्ती ने न कुछ आगे सोचा न पीछे, झोला आगे कर दिया। झोले में लगभग पाँच किलो आटे की रोटियाँ होंगी। एक किलो अचार और दो किलो गुड़ था।

"खा ले।" बसन्ती ने उसका हाथ पकड़ा और आगे जामुन के पेड़ों तेले ले चली।

जुझार, रबड़ के गुड्डे–सा बचपन की बसन्ती को पहचानता हुआ, जामुनोंवाली बसन्ती! लड़के कुछ दिन पहले चिढ़ाया करते थे उसे–'जुझार तेरी जामुनोंवाली बसन्ती अब आमोंवाली सखी होती जा रही है।'

जामुन के पेड़ के नीचे ही बैठकर बसन्ती ने बताया–"इस खाने की वे कब से आशा लगाए हुए होंगे। कैसी हँसी की बात है जुझार उनके पास रुपया पइसा की कमी नहीं है। समझो कि इतना है कि धरने सँवारने की जगह नहीं है, पर रोटी नहीं है उनके आसपास भी। उनके पास सोना चाँदी इतना है कि पसेरियों से तोल लो, मगर अभागों के पास रोटी नहीं है। वे इतनी माया, इतनी दौलत लेकर बिलबिलाते रहते हैं, बस भूख के मारे, सोचो जो बन्दूक पिस्तौल और लाठी गोली से नहीं घबराते, रोटियों के लिए तड़पते हैं।

"कौन?" जुझार की सुनने की ताकत जवाब दे गई, बसन्ती पहेलियाँ क्यों बुझा रही है? क्या छिपा रही है?

"वे ही।"

"वे ही?"

"हाँ, वे ही जो कभी हमारी तरह ही कंगाल हो गए होंगे। घर का हाल कुर्की नीलामी से गुजरा होगा। इनके पिता और बहन खुदकशी करके मर गए होंगे। इनकी बसन्तियाँ डाकुओं को खाना पहुँचाने के लिए मजबूर हुई होंगी। इनके जुझार अन्धे कुएँ में लटककर पागल की तरह जी रहे होंगे।" कहते-कहते बसन्ती की साँस धौंकनी के माफिक चलने लगी। रोटियों से भरा थैला सामने रखा था और रोटियों की सुरति न जाने कहाँ गुम हो गई। सब कुछ धुँधला-धुँधला...बस बसन्ती की आवाज कानों में ही नहीं, आँखों पर भी दस्तक दे रही थी। बसन्ती, बड़ी तो हो गई, अब वह जामुनवाली छोटी लड़की नहीं रही, मगर इतनी बड़ी कब हो गई कि डाकुओं में जाकर विचरण करे? इतना साहस कहाँ से आ गया कि खूनी और लूटपाट करनेवाले लोगों से अपना इन्तजार कराए?

जुझार से कुछ कहते नहीं बना। बसन्ती का झोला भी उसी को थमा दिया। अपनी तबाही से आँखें भर आईं, दिल भी भर चुका था। 'साधारण सी लड़की तो ऐसे असाधारण खेल खेल रही है!'

"तेरी बात मैं समझती हूँ जुझार। हाँ तू मेरी बात नहीं समझ रहा होगा क्योंकि लड़के जब मर्द बन जाते हैं, लड़कियों और औरतों की बातों को समझना जरूरी नहीं मानते। तेरे जीजा ने ही तेरी बहन से हमदर्दी बरती होती, उसकी मजबूरी और मजबूरी का बहादुरी से सामना करने के हौसले का आदर किया होता तो क्या वह उसे जला डालता? मगर नहीं, उसे तो अपनी मर्दानगी के रुतबे को कायम रखने से मतलब। बदचलन औरत को मारकर उसने वाहवाही पाई। पुण्य कमाया। तू भी मेरे लिए इससे अलग नहीं सोचेगा। 'डकैतों के बीच लड़की' इतना ही बहुत है मेरे दामन पर दाग लगाने के लिए।"

वह कुछ देर चुप रहा या सोचता रहा।

"तू मुझे उस जीजा जैसा समझ रही है, जिसने मेरी बहन को जला डाला?"

"जुझार तेरी बहन न जलाई गई होती और वह किसी दूसरे का जीजा होता तो भी तू ऐसे कराह उठता? नहीं, जुझार नहीं। तब तू इतना गौर भी नहीं करता। खैर अब छोड़ ये बातें। बता, तू कहाँ जा रहा था, भूखा प्यासा?

"क्या बता दूँ? बस कहीं भी..."

"एक काम करेगा?"

"बोल क्या?" जुझार ने लापरवाही से पूछा।

"बाद में बताऊँगी काम। पहले तू यह बता कि तेरा गुस्सा किस पर है?"

जुझार ने गहरी साँस ली। इस सवाल का जवाब वह क्या दे, गाँव का कोई भी

किसान दे सकता है। बसन्ती क्या जानती नहीं? वह क्या किसान की बेटी नहीं है? मगर फिर भी पूछ रही है तो बता देगा। सुनना चाहती है तो बात साफ ही हो जाए कि हम किसानों के बेटा-बेटी इस बात पर सहमत हैं या नहीं कि अंग्रेजों, महाजनों और साहूकारों जमींदारों ने अपने जमाने में किसानों का खून चूसा होगा। सुनते हैं कि लगान नाम का कोड़ा हुआ करता था उनके पास जो सबके सामने जुल्म ढाता था सजा के रूप में, असमर्थता के बदले में। सूखा, अकाल और घनघोर वर्षा से फसल की तबाही की एवज में।

मगर अब सरकारी मुलाजिम खून ही नहीं चूसते, देवदूत की सूरत धरकर हमारी अकाल मौत, हत्याओं और आत्महत्याओं को अंजाम देते हैं। वे हमारे कंकालों की बिक्री करके पैसे बनाने से भी बाज नहीं आते।

"तू जानती है बसन्ती, किसने हमारे लोन की आधी रकम हजम कर ली। बाकी सब सरकारी लोग ही लूट ले गए, नीलामी बोल गए। अम्मा अब ज्यादा दिन की नहीं है। भाई निहार घर छोड़कर भाग गया। कहकर गया था कि अब घाटियों में कूद जाने के अलावा कोई चारा नहीं। मैं क्या करूँ? चारों ओर से घिरा हुआ...मगर कर्ज का घेरा है कि टूटता नहीं।"

बसन्ती के सामने धूप चढ़ती आ रही थी। उसे अब तक ठिकाने पर पहुँच जाना चाहिए था। मगर जुझार को छोड़कर जाने की बात सोच नहीं पा रही थी। बैठी रही। सोच में डूबी रही। अपनी बात कहे-न कहे, दुविधा करती रही।

"तू मेरे संग चल।" उसने प्रस्ताव रख दिया।

"कहाँ?" जुझार का सवाल था।

"बस चल तू। आ तो रहा ही था, चल।" बसन्ती उठ खड़ी हुई। उसने अपना दुपट्टा सँभाला और भारी थैला कन्धे पर लाद लिया जिसके कारण वह एक ओर को झुक सी गई। खाली वाले हाथ से जुझार को आगे बढ़ने का इशारा किया।

आगे-आगे बसन्ती और पीछे-पीछे जुझार।

"सुन, अब पहले जमाने तो रहे नहीं कि शाम होते ही कोई डकैत-गिरोह किसी गाँव में पहुँच जाए और रायफल तान कर घर के लोगों को खाना तैयार कराने का हुक्म दे। बागी हों, डाकू हों, कहते हैं कि उनकी भी नीति बखत के देखते बदलती जाती है। अब उन्हें दहशत फैलाने से ज्यादा चतुराई बरतना रास आता है। हमारे काका यही बात जान गए हैं कि डाकू उनके नजदीक क्यों आए?

"देख, मैं जिनके लिए खाना ले जा रही हूँ, वे अजय सिंह गिरोह के डाकू हैं। डांग (जंगल) के नजदीक पूरब की ओर। समझा अब?"

"अजय सिंह!" जुझार यकायक चौंका जैसे भयभीत हुआ हो। या पेट में जमा हुआ पहला ही भय उछलकर बाहर आया हो और निगाह पर छा गया हो।

बसन्ती खनखनाकर हँस पड़ी।

"ए मूरख अजय सिंह का गिरोह या अजय सिंह, क्या रोटी नहीं खाते?"

जुझार ने खुद को संयत किया और बड़ी सामान्य हालत दिखाता हुआ थोड़ा मुस्कराकर कहने लगा–"कितना अच्छा हुआ कि जो मैं सोच रहा था वह तुझसे कहा नहीं। कहने से बस रह ही गया। देवी मइया की कृपा।"

"ऐं! क्या कह रहा था? क्या नहीं कहा रे?" बसन्ती ने पीछे मुड़कर देखा।

"मैं तो तुझसे तेरी नाक की बाली और अँगूठी माँग रहा था। बता, माँग लेता तो क्या होता? तू अजय सिंह से कह देती कि मैंने तुझे लूट लिया और वह मुझे गोली मार देता। बच गया न?"

बसन्ती खिलखिलाकर हँस पड़ी।

जुझार सिंह अजय सिंह से क्या मिला समझो कि उनके गिरोह में ही मिल गया।

ये ही अजय सिंह जो यहाँ बैठे थे अभी। घाटियों में इनके नाम की तूती बोलती थी, मगर बसन्ती के लिए ये काका भइया जैसे सरल इनसान थे। बसन्ती ने ही इनको बताया था कि जुझार और बसन्ती जैसे युवा और उनके परिवार डाकुओं के सताए हुए या साहूकारों के लतियाए हुए नहीं हैं, वे सरकारी डकैतों ने लूटे हैं। किसानों को आज तक किसी ने पसन्द नहीं किया। हमारे पिता और पिता के पिता कहते आए हैं कि जिन्होंने अन्न उपजाया, वे भूखे मरे क्योंकि कंगाल किए जाते रहे और जिन्होंने फसलें हड़प लीं, उन्होंने राज किया।

आज हजारों-लाखों किसानों का संहार करनेवाले अगर कोई हैं तो वे सरकारी अफसर, मुलाजिम और कारिन्दे हैं।

अजय सिंह किसान के बेटे थे, वे सारी हकीकत समझते थे। अपने मन की क्या कहें, गिरोह के मुखिया थे, वाचाल होना शोभता नहीं, फिर भी उन्होंने इतना जरूर कहा–"भाई, किसान लोग भी पुलिस के मुखबिर होकर हमारी हत्या होते देखते रहते हैं और कमीने अफसरों के तलुवे सहलाते हैं। उनकी खातिरदारी में बिछे रहते हैं। कितने जलील हैं इलाके के लोग। क्या उन्होंने ही अपनी जिन्दगी को नरक नहीं बना लिया? हमने बहादुरी के सपने देखे, हमको बागी होना पड़ा क्योंकि बहादुरी के लिए समाज में जगह ही नहीं देता कोई, छीनकर लो तो बगावत।

"जिन अहलकारों की बात तुम कर रहे हो वे किसानों की मेहनत का मखौल उड़ाते हैं। उनके पसीने की बूँदों को कुचलकर निकल जाते हैं। सरकारी कुत्ते अब रोटी नहीं, गोश्त माँगते हैं, दारू से स्नान करते हैं। वे ही पुलिसिया लोग हम बागियों को अपना लाभ देखकर पकड़ते, छोड़ते और मुठभेड़ दिखाकर मार डालते हैं। क्या

किसी ने सोचा है कि इन बागी किसानों के बच्चों का क्या होगा? वे जिएँगे या मर जाएँगे?''

अजय सिंह शायद इतना तल्ख होना नहीं चाहते थे क्योंकि अब इस बीहड़ के सिवा कोई दुनिया उनके आस-पास नहीं थी।

जुझार यहीं रह गया। बसन्ती आती-जाती रही। जैसे यह जिन्दगी ही उनकी नियति होनी थी। ऐसी जिन्दगी के बिना गुजारा नहीं था।

अजय सिंह ने बसन्ती के हाथ ही जुझार की माँ के लिए दस हजार रुपए भेजे। जुझार कृतज्ञ हो उठा। अभी तो सरदार के लिए उसने कुछ किया ही नहीं है और इसका भी क्या विश्वास कि आगे वह कुछ ऐसा कर पाएगा, जिससे अजय सरदार की रकम ब्याज सहित वसूल हो जाए? उसकी अपनी ईमानदारी कर्जदार हो उठी। सोच लिया सरदार आखिर सरदार है, उसके प्रति वफादारी निभाना जुझार का धर्म है। भले जान चली जाए।

उसी रात डकैती का कार्यक्रम बना मगर जुझार को अजय सिंह ने गिरोह के साथ लेने की उत्सुकता नहीं दिखाई। उसके अचरज का ठिकाना न रहा आखिर अजय सिंह चाहते क्या हैं? वह दस हजार का ऋण कब उतारेगा? कृतज्ञता और भी बढ़ गई। वफादारी का जज्बा ब्याज के धन की तरह दो गुना होने लगा। होते-होते यहाँ तक नौबत आ गई कि सरदार ने जुझार के घर अबकी बार बीस हजार और भेज दिए।

जुझार तो अजय सरदार के हाथ बिक गया।

यह तो जुझार की समझ में कुछ दिन बाद आया कि गिरोह में दो-एक लोग ऐसे भी होते हैं जिन पर किसी अपराध में केस दर्ज न हो। वे सामान्य निर्दोष आदमी की तरह हाट-बाजार, कचहरी और थानों तक जा सकें। वे गाँव के आदमियों से बेझिझक मिल सकें और गिरोह के विरोध में जो कुछ हो रहा है या हथियार कहाँ मिल रहे हैं या अपहरण का मौका कहाँ लग सकता है, इन सब बातों पर नजर रखें और सूचना दें। वे पुलिस के लोगों को गाँव के आदमी लगें कि उनको मुखबिर होने के लिए योग्य पात्र समझा जाए। कई लोग ऐसा दुचाली काम करते हैं। पुलिस और डाकुओं से बराबर-बराबर का मेल-भाव रहता है। जुझार को इसी विद्या में पारंगत होना था और वह होता गया।

वह कभी भेड़ चराता हुआ गड़रिया होता तो कभी हजामत बनाने वाला नाई। कई बार वह एक मढ़िया बनाकर देवी का पुजारी बना। पुजारी, जो मुसाफिरों को अपने पास रुकने के लिए एक चेला मढ़िया से कुछ दूर रास्ते पर खड़ा रखता। चेला देवी की महिमा का बखान करता और आशीर्वाद के लिए मढ़िया तक ले आता। पुजारी बाबा उन मुसाफिरों को रास्ता भी बताता, आगे चलकर जिस पर अजय सिंह

गिरोह के लोग खड़े रहते और लूट तथा अपहरण जैसा भी उचित होता करते। मतलब कि जुझार वही काम डाकुओं के लिए करता था जो काम बाजार में बिक्री बढ़ाने के लिए एजेन्ट करते हैं।

मौके का इन्तजार, डेरा लगाना, निकल भागने की गली खोजना, सुरक्षा-असुरक्षा का पता लगाना और फिर शिकार को शिकारी के हाथ सौंपने के लिए आगे बढ़ा देना। इतना जरूर था कि जुझार हत्या हो जाने से बचाता था। ऐसा लगता तो हाथ आए आदमी को गिरोह की उल्टी दिशा में भेज देता। ऐसा एक नजारा अजय सिंह को भी नजर आया।

शिकार हाथ से निकलवा दिया जाए, यह कौन-सा सरदार बर्दाश्त करेगा?

मगर अजय सिंह इन दिनों अपने उन तेवरों को भूल गए हैं, जिनके लिए उनकी खूँखार और जिद्दी तबीयत पहचानी जाती थी।

जुझार डर के मारे काँप रहा था। दो दिन से बसन्ती भी नहीं आई थी। गिरोह झरबेरी के बेर तोड़-तोड़कर खा रहा था। आखिरकार जुझार को ही खाना लाने के लिए बाजार भेजा गया। साथ में एक आदमी और भी गया जिसने जुझार से खाना चखने का इसरार किया।

जुझार समझ गया विश्वास में दरकन आई है।

तीसरे दिन बसन्ती आई। उसके पास आज दो थैले थे। उसी ने बताया आज उसे और अजय सिंह को एक गाँव के लिए रवाना होना है।

जुझार ने अपने बारे में भी खुलासा किया कि अजय सिंह को उसके द्वारा लिए गए फैसले खटकते हैं, यह बात वह जान गया है। सोच नहीं पा रहा अब क्या किया जाए? बताओ तो बसन्ती? जुझार ने नजरों से नजरें मिलाकर पूछा।

बसन्ती ने जुझार के हाथ अपने दोनों हाथों में ले लिये और उसकी हथेलियों को गौर से देखती हुई सहलाने लगी-''मैं तो चाहती हूँ मेरा जुझार ऐसी ही इनसानियत से भरा रहे। उस पर किसी पेशे का असर न आए। हमारी अम्मा कहती है आदमी पेशे में पड़कर पेशकार हो जाता है, इनसान रह पाता ही नहीं। जुझार ऐसे ही बने रहना अपनी अन्तरात्मा से कि बसन्ती तुम पर नाज करे।''

जुझार ने जो कुछ भी सुनाया वह कम दिलचस्प नहीं था और न कम रोमांचक। वह और भी आगे कुछ कहनेवाला था कि बेला बहू आ गईं जो मेरे लिए सोने का मुकम्मल इन्तजाम करके आई थीं।

बेला बहू ने सिलसिला रोक दिया।

''बहुत रात हो गई है जुझार। बिन्नू थकी-हारी हैं। सोने दो इनको। आगे की बातें अब बसन्ती बता देगी काये से कि बसन्ती को और भी गहराई से पता है वे सारी घटनाएँ।''

सब लोगों ने नहाने-धोने के बाद पराँठे, दही और अचार का नाश्ता किया। बेला बहू तथा बसन्ती ने हमारे नाश्ते के बाद नाश्ता किया। गुलाब आया नहीं था अभी तक। बहुत मुमकिन है लौट गया हो। लेकिन बेला बहू को पूरा विश्वास था कि गुलाब लला आज शाम तक आ ही जाएँगे।

बसन्ती!

शलवार-कमीज में नहीं, बसन्ती रंग की साड़ी में है। ब्लाउज लाल रंग का पहना है। बालों को ऊँचा उठाकर क्लिपें लगाई हैं और पीछे बालों में क्लचर। उल्टा पल्ला किया हुआ है। गाँव की आधुनिक युवती की वेशभूषा। हाँ, नाक में बाली नहीं पहनी। कानों में बड़ी-बड़ी गोल बालियाँ हैं, जो अपनी सुनहरी रंगत में झूम रही हैं।

मगर बसन्ती उदास-सी है। हमारे पास खटिया पर तो आ बैठी लेकिन लग रहा है कि असमंजस में है, आखिर बात कहाँ से शुरू करें? ऐसे में आदमी कितना ही कठोर हो, कमजोर-दिल होने लगता है।

पर जैसा पहले कहा जा चुका है, बसन्ती लड़की तो थी, मगर आम लड़कियों जैसी आँसूबहाऊ लड़की नहीं थी। अतः उसने जैसा देखा, वैसे ही भाव से सुना दिया–

इलाके में फूलन देवी का रुतबा क्या जमा कि घर-घर लड़कियाँ बगावत पर उतर आईं। बहादुरी और हिम्मतपरस्ती की यही तो खासियत होती है कि वह एक इनसान से दूसरे इनसान के तन-मन में उतरकर चले आ रहे बेरहम ढर्रों को ललकारने लगती है।

लिली ऐसी ही लड़की थी। असरोई गाँव के एक किसान की बेटी। उम्र अठारह साल, रंग सांवला, नाक-नक्श तीखे और बाल लहरदार घने। दाएँ-बाएँ क्लिपें लगाती और बस केश खुले छोड़ देती। पढ़ती भी थी। इंटर का इम्तहान प्राइवेट देने की तैयारी कर रही थी।

उसके पिता रसूखवाले आदमी थे, नाम था हुकुम सिंह सेंगर। कहते हैं कि अपने सरदार अजय सिंह असरोई गाँव में उन्हीं के यहाँ ठहरते थे। साथ में उनका मुँहलगा डाकू मंगल जो छोटी उम्र का लड़का था और जात का कोरी था, जाया करता था। जहाँ मालिक रुके वहीं खादिम का डेरा। डेरे के चारों ओर आतंक फैल जाता सो ठाकुर की शान बनती।

जहाँ इन दस्युराजों को रोका जाता वह जगह थी तो ढोर वाली बखरी यानी पशुशाला, लेकिन उसमें एक गोपनीय बैठक थी, लगभग तहखाने के मिजाज की। वहीं ये लोग रुकते थे। लिली जब-न-तब पशुशाला में आती। कभी दूध दुहने तो कभी गाय को पहला ग्रास देने और कभी पशुओं के आगे हरा चारा डालने। यह बात नहीं थी कि घर में चारे के लिए कोई दूसरा आदमी नहीं था, नौकर था, मगर लिली

की अपनी मर्जी थी जैसे कि सत्रह-अठारह साल की लड़कियों की इच्छा होती है, यहाँ से वहाँ चहलकदमी करने की। यहाँ रुके हुए मुसाफिरों को देखकर मुस्कराने की। मुस्कराकर आँखें मिलाने की। डाकुओं की दिलेर निगाह उसे भा गई।

अजय सिंह के अपने सिद्धान्त रहे हैं, जिनमें लँगोट का पक्का आदमी आसानी से मात नहीं खाता, शामिल है। अत: वे अपना ध्यान भटकने नहीं देते थे। औरत जात जहर है!

मगर मंगल तो अपना हर तरह से मंगल चाहता था। लिली से आँखें लड़ा बैठा। कहते यह भी हैं कि आँखों की भिड़ा-भिड़ी में जीतती औरत की ही आँखें हैं। सो मंगल कोरी अपना ताना लिली के प्रेम-इशारे पर बुनने लगे। लिली को अपने इस ताने-बाने की रंगत दिखाकर उसने तमाम डाकुओं की कहानियाँ सुना डालीं। फूलन देवी का तो ऐसे वर्णन किया जैसे वही उसकी हरण-कथा का हरफ बाँच रहा हो, एक-एक नजारा देखकर आया हो। उसके पहले कुसुमा नाइन, मुन्नी देवी, सुमन, सपना आदि। बताया यह भी कि मुन्नी जो घनश्याम गिरोह की सबसे शातिर डकैत थी उसका निशाना गजब का था क्योंकि वह हिम्मतवाली औरत थी। उसने स्योंढ़ा की डांग में रतनगढ़ की देवी के मन्दिर के पास पुलिस से जमकर मुठभेड़ की। घनश्याम उसकी जाँबाजी पर फिदा हो गया। बागी का दिल जब बाग-बाग होता है, उड़द की दाल से बैकुंठी कह देता है। मुन्नी जो भी कुछ रही हों, झिझकती-लजाती हुई और आँखें झुकाकर बात करनेवाली, मगर घनश्याम के बाग-बाग दिल की वह इस समय अप्रतिम दस्युसुन्दरी थी। तौबा-तौबा करता हुआ दिल ऐसा आया कि मुन्नी को घनश्याम ने अपनी विश्वसनीय साथी जैसी रायफल सौगात की तरह भेंट कर दी। 'बाग-बाग दिल ही बगावत करते हैं', घनश्याम ने उन लोगों को उत्तर दिया जो उसके इस व्यवहार पर आश्चर्य से ज्यादा खेद जता रहे थे।

लिली को मुन्नी की कहानी मंगल ने कुछ इस प्रकार सुनाई-"मुन्नी तोमर वंश में जन्मी कन्या थी, उसका ब्याह भी हो गया था। वह अब बहू थी। बहू खेतों पर किसी काम के लिए गई। खेतों की घुटनों-घुटनों फसल के बीच खड़ी एक पर्दानशीन बहू और उधर से आ रहा पृथ्वीराज चौहान की यशगाथा सुनकर बड़ा हुआ कप्तान सिंह-

'जेह की बिटिया सुन्दर देखी, तँह पर गाड़ दई तरबार।'

"बहू को उठाकर घोड़े पर बिठाया और एड़ लगा दी।

"इलाके में तरह-तरह से बात फैली। कोई कहे, कप्तान ने मुन्नी की पकड़ की है, कोई कहे कप्तान की मुन्नी के ससुर से अदावत थी क्योंकि उसके यहाँ किसी लड़की से बदसलूकी हुई थी। रावण क्यों प्रसिद्ध हुआ? उसने अपनी बहन के अपमान का बदला लेना चाहा। राजा और रसूखवालों के यहाँ यह प्रथा बराबर चली

आ रही है। जैसे सजा सीता को मिली थी वैसे ही यहाँ मुन्नी उस दिन से समाज के लिए हराम हो गई। एक औरत की जिन्दगी, तहखाने की जिन्दगी...

"ऐसे में स्त्री जिस रूप में बगावत करती है, वह वही रूप होता है, जिससे उस पर अन्याय या अत्याचार हुआ था। मुन्नी ने अपनी लज्जा, अपनी मर्यादा, अपनी कुलशीलता की नियमावली को रायफल की एक गोली से उड़ा दिया। अब वह एक आदमी से डरनेवाली औरत नहीं थी, बीस आदमी उससे डरते थे। भरतपुर मुरैना और आगरा के आसपास जब डकैती होती, अपहरण किए जाते और कत्ल भी होते तो मुन्नीबाई का नाम ही बीहड़ों के अँधेरों से रोशन होता आता। लाजवन्ती बहू को ससुराल के लोगों ने अपने परिवार से खारिज कर दिया। अब मुन्नी कहाँ जाती? थी कोई जगह?"

लिली बोली, "मंगल, परिवार से बड़ा बीहड़ कहाँ होगा जहाँ आदमी के रूप में खूँखार से खूँखार जानवर रहते हैं और अपने मवेशीपन का खुलासा करते रहते हैं। उस परिवार ने मुन्नी को नहीं अपनी उस बहू को त्याग दिया जिसके घूँघट रूपी झंडे पर खानदान की इज्जत का चक्र छपा हुआ था। मंगल, हम लड़कियाँ बहू बनकर खानदानों के झंडे अपनी पीठ में गाड़कर चलती हैं। अगर हमारे साथ कोई हादसा होता है तो वे लोग अपना झंडा हमसे छीनकर किसी दूसरी के कन्धे पर लाद देते हैं और नाक ऊँची करके अपनी पगड़ी की नुमाइश करते हैं कि वह औरत उनके खानदान की इज्जत में शुमार होने लायक नहीं थी।

"मुन्नी क्यों आएगी परिवार में? उसे परिवार को खारिज कर देना चाहिए। इनसानियत के दुश्मनों का यही इलाज है।"

मंगल लिली की बातों से असहमत तो नहीं था, मगर अपने लिए डर रहा था। आगे उसने एक कथा और कही–

"भानुश्री कहने को तो यह कहती है कि बागीपने में जैसा उसने राज किया, वैसा किसी डकैत ने नहीं किया होगा फिर भी परिवार का जीवन अच्छा है इसके मुकाबले। मगर परिवार भी तो डाकुओं और हत्यारों की तरह व्यवहार न करे। भानुश्री की ससुराल में एक बहू नाहर सिंह के साथ भाग गई थी, जिसकी भानुश्री के ससुर ने हत्या कर दी। वह बहू अपनी मर्जी से गई थी, मगर उसे विश्वास में लेकर बड़ौदा तक लाए और बहू को मार डाला। नाहर सिंह को जेल भिजवा दिया।

"नाहर सिंह जेल से रिहा हुआ और पहला काम उसने यही किया कि भानुश्री को उठा ले गया।

"आदमी आदमी से लड़ रहा है, मोहरे की तरह दोनों ओर से पछाड़ी जा रही है औरत।

"भानुश्री खुद कहती है कि वह उसकी मर्जी के बिना ले गया था और बन्दूक

की नोंक पर नचाता था। पीटता भी इतना कि औरत कहीं भागने लायक न रहे।''

इतना सब कहकर मंगल कोरी ने लिली के विवर्ण मुख की ओर गौर से देखा। दहशत में डूबी लड़की को देखकर उसे सकून मिला कि शायद बागीपन के तेवर सिकुड़ रहे हैं।

''भानुश्री बताती है कि वह रोती रहती, भागने के मौके तलाशती कि अपने घर पहुँचे। बस चन्द दिनों बाद ही यह सवाल पैदा हो गया कि वह भाग तो जाएगी मगर फिर जाएगी कहाँ? उसके पिता और ससुर दोनों ने उसको यह कहते हुए दरबदर कर दिया है कि–'देहरी बाहर तो जग बाहर।'

''जब कि नाहर सिंह बागी कह रहा था–आप अपनी बहू को ले जाओ। वो सामने बैठी है। मुझे जेवर या रुपया भी नहीं चाहिए। मैं तो इसे बात की बात पर ले आया था। इसके साथ मैंने कोई पाप नहीं किया, किया हो तो यह रायफल लो, मुझे गोली मार दो। अपनी इस बेटी और बहू से शिनाख्त कर लो...

''भानुश्री बताती है–नाहर सिंह के साथ छह महीने तक भाई-बहन जैसी मोहब्बत से रही। एक ही बिस्तर पर सोते रहे, मगर अपने सत को निभाते हुए!

''फिर शादी की।

''नाहर सिंह ने कभी डकैती नहीं डालीं, बस पकड़ करते थे पैसेवालों की।

''बहुत-सी औरतें डाकुओं के कहने पर नाच-गाना करती हैं, मैंने तो सदा गोलियाँ चलाई हैं। आज भी आप मुझे बन्दूक दो, माचिस के ऊपर मिर्च लगा दो और नम्बर डाल दो। अगर मैं उस नम्बर पर सही निशाना लगाऊँ तो इनाम नहीं माँगूँगी, नहीं लगे तो मुझे गोली मार देना।''

मंगल लिली के सामने यह नहीं कहना चाहता था कि भानुश्री कहती है, ''जब मैं सुनती हूँ कि कोई औरत डाकू बनी है, तब मुझे अत्यन्त खुशी होती है कि एक और जाँबाज बन्दी आजाद हुआ परिवार की भयानक जेल से!''

लिली! बगावत की खुराक पचा रही है...

तीसरे दिन मंगल के सामने अपना शपथपत्र दाखिल कर दिया–

''लिली अब मंगल के साथ जाएगी। हर हालत में जाएगी। लिली को कोई भगा-उड़ाकर नहीं ले जा सकता, वह अपनी निजी उड़ान के साथ जाएगी क्योंकि घाटियों के लिए रेल और बस के रास्ते नहीं बनाए गए, इसलिए लोग वहाँ अपनी तमन्ना, हिम्मत और जाँबाजी के जरिए हवाई सफर करते हैं, हाँ।''

मंगल इस शपथपत्र पर सन्न रह गया। यह लड़की पागल तो नहीं हो गई? डकैत बनेगी?

''डकैत बुरे होते हैं तो वे डकैत लड़कियाँ इतनी बहादुर क्यों थीं, बहादुरी बुरी नहीं होती मंगल और बहादुरी बुरे कामों के लिए कतई नहीं मानी जाती।

"तुम्हें यहाँ क्या तकलीफ है?"

"घर परिवारों में किसी औरत को कोई तकलीफ होगी, यह माना नहीं जाता।"

"अरे, तुम मस्त रहो।"

"मस्ती भरी जिन्दगी के ऊपर ब्याह की गाज जब गिरेगी, तुम आओगे बचाने?"

"ब्याह तो फूलन देवी का भी हुआ था, जिसका असर तुम बहुत ज्यादा ले रही हो।"

"तो मैं ब्याह के बाद भागूँ तुम्हारे संग?"

"लिली! बहुत हो गई मजाकबाजी। डाकू बनना हँसी-दिल्लगी नहीं है।"

"हँसी हो न हो, मंगल, दिल की लगी जरूर है, मैं रुक न सकूँगी।"

"कैसे समझाऊँ कि सरदार बिना हथियार के किसी को गिरोह में नहीं लेता।" मंगल ने ऐसी शर्त रख दी कि लिली पस्त हो जाए।

"हथियार? हम कब कह रहे हैं कि तुम्हारे संग हम निहत्थे चलेंगे। रायफल है अपने पास। एक नहीं, दो।" लिली के चेहरे पर आत्मविश्वास था।

मंगल किधर जाए?

"अगर हम तुम्हें न ले जाएँ तो?" मंगल ने अड़ पकड़ी।

"बार-बार मत कहलवाओ बुरे फैसले को। तुम छोड़कर जाओ तो...हम अपने आप को भी खतम कर सकते हैं, नाम तुम्हारा लगेगा।"

अब क्या हो? आँखें लड़ गई थीं या अड़ गईं इस लड़की की आँखें?

लिली रातों-रात मंगल के साथ घाटियों में उतर गई।

अजय सिंह के सामने मंगल लिली को लेकर पेश हुआ। लिली के कन्धे पर बन्दूक सुशोभित थी और मंगल के चेहरे पर कालिमा अपनी चमक में दहशत की वायज बनी हुई थी। अजय सिंह पत्थर की छोटी सी शिला पर बैठे हुए खैनी मींड़ने के बाद बोले-

"तुम, मंगल!"

"हाँ सरदार।"

"काँप क्यों रहे हो?"

"सरदार यह लड़की..."

"इसे छोड़कर आओ इसके घर।"

मंगल ने सिर झुका दिया मगर लड़की आगे बढ़ आई। वह सिर उठाकर सरदार के सामने खड़ी हो गई।

"घर लौट जाओ मुन्नी।"

"हमारा नाम लिली है, भूल गए? तुम हमारे ही घर तो..."

"तुम हुकुम सिंह की बिटिया हो?"

"हाँ, सरदार।"

"सरदार? हम तो तुम्हारे काका या भइया होते हैं।"

"वह तो तुम घर में थे, यहाँ तो सरदार ही हो हमारे।" लिली बेझिझक बोल रही थी।

अजय सिंह ने मंगल को फटकार लगाई–"तुमने हमारी नाक कटा दी मंगल। हम किसी को क्या जवाब देंगे?" कहते हुए सरदार की नाक तलवार की तरह तन गई। आँखों में आग दहकने लगी।

"लिली, हम औरतों का अपहरण नहीं करते। हम बाबू गूजर नहीं है और न लालाराम श्रीराम हैं।" अजय सिंह ने लड़की को समझाया।

"औरतों को अपने गिरोह में भर्ती भी नहीं करते? क्यों? हम तो हथियार लेकर आए हैं, जो तुम्हारी भर्ती की शर्त है, सरदार!" अबकी बार लिली ने विनम्र आवाज में निवेदन किया।

अजय सिंह ने फिर सवाल किया–"क्या तुम अपने पिता से पूछकर आई हो लिली? उन्होंने इजाजत दे दी?"

लिली चुप रही दो क्षण।

"बोलो न। क्या तुम..."

"तुम जब घाटियों में कूदे थे, अपने बाबा से पूछकर आए थे सरदार या अपनी अम्मा की इजाजत लेकर?"

"लड़की!" अजय सिंह को गुस्सा आ गया। आगे कहा–"देखो, अभी तुम्हारा कुछ नहीं बिगड़ा है। एक रात ही हुई है, हम तुम्हारे काका से बात कर लेंगे। घर लौट जाओ।"

लिली थोड़ी आगे बढ़ आई और बोली-"हम तुमसे माँफी माँगते हैं कि तुम्हारी इजाजत लिए बिना यहाँ आ गए। जो सजा देनी हो दे दो, मगर अब लिली लौटनेवाली नहीं। दूसरे गिरोहों में भी तो लड़कियाँ रही हैं, औरतों ने करिश्मे किए हैं।"

लिली अपनी रायफल के साथ वहीं रह गई अपनी जिद पर।

लेकिन यह कौन मानता कि लड़की खुद गई होगी? यह तो फूलन देवी के लिए भी नहीं माना जाता जबकि वह अपने अपहरण से पहले से ही डकैत समाज से परिचित थी। लिली का गिरोह में शामिल होना भी अपहरण ही माना गया।

अब तो अजय सिंह जिस गाँव भी रुकते, लोग उन पर थूकते। बिरादरी में

लज्जित किए जाते। जिन घरों में शरण पाओगे, जिस घर का नमक खाओगे, उसी घर की बहन-बेटी उड़ा ले जाओगे?

क्या उत्तर दें?

"आपकी बेटी खुद गई है। हमने तो उसे कितनी ही बार लौट जाने के लिए कहा है, वह आने को तैयार नहीं होती। आप जब चाहो तब लिवा जाओ।" हाथ जोड़कर कहते अजय सिंह।

मगर कोई नहीं सुनता था उनकी बात। उनको नहीं रुकने देता था अपने घर कोई। वे जंगल में ही पुलिस से किसी तरह अपने आप को बचाकर जिन्दा रख रहे थे।

अन्त में उन्होंने ऐलान कर दिया–

"मैं मंगल कोरी को आपके सामने गोली मार सकता हूँ, लेकिन आज भी कहता हूँ कि लड़की अपनी इच्छा से गई है और लौटना नहीं चाहती।"

वे भी समझ गए लड़की की बात का, जिद का, इच्छा का क्या महत्त्व है यहाँ?

गाँव के प्रधान ने कह ही दिया–"अजय सिंह साख तो मर्द की बात की होती है। लड़की का जिक्र बार-बार मत करो। औरत के तो नाक न हो तो गू खा ले।"

अजय सिंह सकते में आ गए। प्रधान के ऐसे गन्दे विचार एक लड़की के लिए?

"तुम्हें हम इसलिए शरण नहीं देते कि तुम हमारी इज्जत लुटवा दो।" प्रधान फिर बोला।

अजय सिंह से रहा नहीं गया–"छोड़ो प्रधानजी, तुमने तो दिखा दिया कि अपनी उन बहू-बेटियों की इज्जत खुद कितनी करते हो जिनके दम पर इज्जत की कलगी लगा रहे हो। ये कहो कि हमें अपने यहाँ रोकने का जोखिम पैसे के लाभ के लिए उठाते हो, अपनी औरतों की रक्षा तो हमारे ही दम पर कर पाते हो।"

अजय सिंह अब क्या करें? इस गाँव में वे तरह-तरह से मदद भी लेते रहे हैं। और सहायता करते भी रहे हैं। हथियारों की पूर्ति करनेवाले कुछ हितैषी किसान हैं। मगर बात यह भी है कि अजय सिंह का गिरोह डकैती के जरिए अमीर रईसों को लूट रहा था तो इस गाँव के लोग अजय सिंह को चूना लगाने से बाज नहीं आते थे। वे हितैषी थे और एक हजार की कीमत के कारतूस अजय सिंह को पाँच हजार में बेचते थे। दस दिन तक अगर बसन्ती के घर से गिरोह के लिए खाना भेजा गया तो दस हजार की माँग सामने रख दी। सरकारी मुलाजिमों से लुटनेवाले लोग डाकुओं को मनमाने तौर पर लूट रहे थे। दूसरे शब्दों में ये सब उस निरीह जनता के सदस्य थे जिनको पुलिस और प्रशासन ने धमकियों की हथकड़ी बेड़ियों में कस रखा था।

एक दाँव और चला कि लिली के पिता ने अपहरण की रिपोर्ट दर्ज करा दी। यही जरिया था कि पुलिस आए। पुलिस तो फिर पुलिस है, अपनी छानबीन और

तफ्तीश की बात कहकर यह इल्जाम लिली के बाप पर भी लगा दिया कि इनके यहाँ डाकू रोके जाते हैं। यह आदमी ही नहीं, इस गाँव के कई आदमी इसी धन्धे में लगे हुए हैं। ये लोग डाकुओं से मिले हुए हैं और उनके लिए अपनी लड़कियाँ सप्लाई करते हैं। अच्छी–खासी रकम वसूल करने का कारोबार चलता है।

फिर क्या था, लिली के पिता का रसूख धरा रह गया, उसको गिरफ्तार कर लिया। अब अजय सिंह क्या करें? लिली का बाप उनके सारे भेद उगल देगा। सारे ठिकाने पुलिस को बता देगा। वह सरकारी गवाह भी बन जाएगा। ये वे ही लोग हैं जो पहले तो किसी लड़के को डकैत बनाने में सहयोग देते हैं और डकैत बनने के बाद उसका माल अपने पास रख लेते हैं बदले में पुलिस की कारगुजारियों की खबर डाकुओं को देते हैं और जब किसी डाकू का इकट्ठा धन इनके पास जमा हो जाता है तो पुलिस के मुखबिर हो जाते हैं। और ये ही उस डाकू को पुलिस से मरवा देते हैं। अजय सिंह की आँखों के आगे अँधेरा छा जाता।

वे कहा करते–''डाकू बनना घाटियों में कूदना भर है, मगर डाकू बनने के बाद आम आदमी बनना मुश्किल ही नहीं असम्भव जैसा है क्योंकि 'डाकू' शब्द की चिप्पी तुम्हारे माथे पर बिना चिपके ही लोगों को चिपकी हुई नजर आती है और तुम आजीवन अपराधी बनकर जिन्दा रहते हो। मरना बेहतर लगता है।''

वे लिली की ओर बार–बार देखते जिसमें डाकू होने का जज्बा उबाल मार रहा था। उसे घाटियों की जिन्दगी उत्तेजित कर रही थी। उसने अच्छी निशानेबाजी सीख ली। उसे शलवार–कमीज और लटकते दुपट्टे से निजात मिली। पुलिस की वर्दी में उसने शादी का भय त्याग दिया। वह अपनी मर्जी की मालिक की तरह सिर ऊँचा करके चलती थी क्योंकि यहाँ तब झुककर चलने की सीख देनेवाली कोई माँ नहीं थी।

...मगर अजय सिंह की बागी जिन्दगी का समय अपने अन्तिम चरण में आ गया। कारण कि डाकुओं की जिन्दगी का आधार होता है गाँवों में से किसी गाँव का सहयोग। अब तो सहयोग लिली के कारण जाता रहा। गाँव के लोग तो अपनी सुरक्षा के लिए डाकुओं को शरण देते हैं और डाकू भी इस मामले में गद्दारी नहीं करते क्योंकि कि डकैतों की भी अपनी कोई साख होती है। उनका भी रसूख होता है।

अजय सिंह ने सोचा–

'कुछ दिन के लिए शहर...'

शहर का सुझाव जब उन्होंने लिली के सामने रखा तो वह अनमनी हो गई। अभी तक जो कभी नहीं रोई थी, कानपुर शहर के नाम पर रोने लगी।

''अरे कानपुर तो फूलन देवी भी गई थी।'' अजय सिंह ने तर्क दिया।

"सरदार गई होगी फूलन देवी। मैं हर काम फूलन जैसा नहीं करना चाहती। ऐसा ही करूँगी तो फिर लिली क्या रह जाएगी?"

अजय सिंह ने सुना तो निराश हो गए। रात-दिन बीहड़ों में भागना, भूख-प्यास सहना, घायल होकर कीड़े की तरह रेंगना और मुठभेड़ें लिली को औरत होकर कितना रास आनेवाला है? अगर रास आ रहा है तो वे क्यों हिम्मत हार रहे हैं? क्यों सोचा कि नाम बदलकर कानपुर में रहने लगेंगे। गाँववालों ने बसेरा देना बन्द कर दिया तो क्या वे उजड़ गए? बस्तियाँ और बसावटें क्या ऐसे मोह के लिए छोड़ी थीं?

आज आखिर क्यों सारी बहादुरी शहर में छिपने पर आमादा हो गई? वे बागी हैं या चोर-उचक्के? जिन गाँववालों को सदा सुरक्षा दी उनसे अपनी रक्षा की भीख माँगेंगे तो लिली के दिल में क्या इज्जत रह जाएगी? गिरोह किस सरदार को पहचानेगा? अजय सिंह का चोला ही नहीं, चेहरा भी बदल जाएगा।

लिली सामने आती दिखी।

आज नाक में वह बाली भी नहीं थी, जिसे पहनकर आई थी। न आँखों में काजल जो वह अक्सर लगा लेती थी। आकर बोली-

"सरदार, तुमसे ज्यादा हिम्मतवर तो मंगल ही था जो मेरे बाप का खौफ न मानकर और इधर तुम्हारी दहशत को दरकिनार करके मुझे अपने साथ ले आया। मुझे पता है, उसे तुमने मरवा दिया। उस दिन ही मैं समझ गई थी कि तुम डाकू भले हो, बहादुर बागी नहीं हो सकते। मंगल ने क्या गुनाह किया था? मेरी मर्जी के बिना उसने कुछ नहीं किया। गाँववालों के भले बने रहने के लिए तुमने उसे मरवा दिया और आज उन्हीं गाँववालों के खौफ से शहर की ओर भाग रहे हो। भाग जाओ। मैं यहीं रहूँगी। मैंने उस घर से बगावत की है, जिसमें मुझे बिना मेरी मर्जी के किसी के संग ब्याह और बाँध दिया जाता। उस बाप से बगावत की जो डाकुओं को शरण देकर मनमाने लाभ उठाता और मुझे उनके सामने आने-जाने के उपाय रचता। मेरा बाप कितनी बड़ी इज्जत का मालिक था! वह डाकुओं के लिए पुलिस और सेना से हथियार खरीदकर लाता, वह कितना बड़ा देशभक्त था! मैं समझ गई थी कि वह उन सारे गुनाहों का भागीदार बना हुआ है, जो उसे फायदे के लिए करने होते हैं। वह डकैतों के मुकाबले बहुत बड़ा डकैत है।

"सरदार, यहाँ मैं किसी को मारने नहीं आई, हथियार चलाकर बचाने आई हूँ। अगर बचाते-बचाते मैं मारी जाऊँ, मैं खुद को शहीद समझूँगी। अपनी इच्छा से जी रही हूँ, अपनी इच्छा से मरना चाहूँगी।"

लिली! क्या-क्या कह रही है...अजय सिंह सोच में पड़ गए। अपनी सुरक्षा और लिली की धिक्कार, वे किस पर विचार करें? किस ओर जाएँ? बात यह भी है कि यह लड़की उनकी होती कौन है? उन्हें समझा रही है, दिखा रही है कि मत

सोचो औरत जात कमजोर होती है, दिल की छोटी होती है। वह धन के लालच में डाकू के पास आती है। वह डाकू से प्रेम नहीं कर सकती।

हाँ, नहीं कर सकती प्रेम। श्रीपाल डाकू था, उसका क्या हुआ? रामकली नाम की औरत की मोहब्बत में फँस गया था। मोहब्बत हुई तो विश्वास भी जमा। विश्वास जमा तो लूटपाट से कमाया हुआ धन रामकली को सौंप दिया।

एक मुखबिर ने रामकली के बारे में पुलिस को बता दिया। फिर क्या था, पुलिस ने उस औरत को लालच देना शुरू किया–सुरक्षा के लिए बन्दूक मिलेगी, जमीन का बन्दोबस्त हो जाएगा। लड़की की शादी का भी प्रबन्ध...बस श्रीपाल को खत्म करना है। और खत्म करना यों भी लाजिमी है कि डाकू से सम्बन्ध के कारण बदनामी होगी, बदनामी के कारण लड़की की शादी नहीं हो पाएगी। क्या पता यह डाकू ही लड़की को भगा ले जाए।

बस, लालच और डर ने मिलकर मोहब्बत का बीज बचने नहीं दिया। रामकली ने पुलिस का दिया हुआ जहर श्रीपाल की शराब में मिला दिया।

इस घटना का डकैतों पर गहरा असर हुआ। वहाँ तय कर लिया गया कि औरत हथेली पर अंगार धरकर भी कहे कि वह मोहब्बत करती है तो भी उसका विश्वास मत करो।

दूसरी बात मोहब्बत के मामले में औरत का कंट्रोल आदमी पर होता जाता है। आदमी का कंट्रोल औरत पर नहीं रहता।

इसी सिद्धान्त के अनुयायी थे अजय सिंह। कई गिरोहों के सरदारों ने अपने यहाँ औरत का प्रवेश वर्जित कर दिया। मलखान सिंह ने भी यही राह पकड़ी। इसलिए ही नहीं और भी कारण है कि लड़की की पकड़ भी नहीं करते उसको रखने की समस्या आड़े आती है। गैंग में फूट पड़ने लगती है क्योंकि हर कोई लड़की के संग सोना चाहता है। ऐसे डाकुओं पर जनता थूकती है...

सुन रही हो लिली!

मगर लिली है कि सुनती नहीं। इसके सामने दस–बारह भयानक वारदातें हुई हैं, लेकिन इसने कभी कमजोरी नहीं दिखाई। अब किया क्या जाए? जब आसपास की जनता खिलाफ हो जाए तो एक डाकू की क्या औकात, राजा–महाराजाओं के सिंहासन हिल जाते हैं।–सोचते हुए वे अपनी ठोड़ी को टटोल रहे थे, जिस पर दाढ़ी का बोझ बढ़ता जा रहा था। यही है डकैत जीवन कि न नहाने की सुविधा न खाने का होश और न दाढ़ी छीलने के इन्तजाम। मैली मूँछों को ऐंठते–मरोड़ते हुए अपने योद्धा होने का भ्रम पालते रहो।

उस घाटी के प्रति मोह खत्म हो रहा है, जिसको अपनी माँ की गोद सरीखा माना था। हिफाजत का गढ़ थी यह घाटी। बाग़ियों की आजाद दुनिया!

''लिली, कानपुर में भी हम बागी ही बने रहेंगे।''

''सो कैसे सरदार?''

''पकड़ किया करेंगे, बस। पकड़ सुरक्षित रहती है। शहर ही इसके लिए सही जगह है। देखो, जंगल में किसी अमीर बूढ़े की पकड़ करके ला नहीं सकते कि वह तो भाग-दौड़ भी नहीं सकता। वैसे भी अमीर बूढ़ों को तमाम बीमारियाँ रहती हैं, न जानें बब्बा कब सिधार जाएँ। जंगल में उनको कोई छुड़ाने भी आए कि नहीं आए?

''बच्चा को भी कैसे पकड़ के दायरे में लाएँगे यहाँ बीहड़ में। वो ससुर रो-रोकर दे दम दे दे। और फिर अमीर का बालक चॉकलेट, बिस्कुट और आजकल तो चाऊँ फाऊँ, मूँ मूँ फूँ मूँ तमाम खाने चल गए हैं रईस बालकों में। यहाँ कहाँ धरे? और वो तरह-तरह के खेलों की छोटी-छोटी जादुई डिबियाँ कि बालक बहला रहे। नहीं, यहाँ पकड़ नहीं हो सकती अब। पहले जमाने नहीं हैं कि बाँधकर डाल दो पकड़े हुए को, चाहो तो मारो-पीटो, मजबूत काठी होती थी।

''बस अब की नाजुक हालत के मारे अपहरण शहरों की ओर चले गए और हम सरीखे घाटीवासी नहीं, पढ़े-लिखे शहरी नौजवान इस धन्धे में हाथ अजमा रहे हैं। अभी एक रिटायर्ड मजिस्ट्रेट की पकड़ हुई थी। वे अपनी घरवाली के संग सुबह की सैर पर निकले थे, बस चार लड़के आए और पिताजी-माताजी के चारों ओर घेरा बना लिया। बाँह पकड़कर कार में बिठा लिया और थोड़ी दूर जाकर कह दिया-माताजी आप उतर जाओ। पिताजी तो अपहरण पर जा रहे हैं। आप पचास लाख रुपए का इन्तजाम लड़कों से कराकर पिताजी को छुड़वा लेना। हम इन्हें दुख तभी देंगे जब हमारे पास तय वक्त पर रकम नहीं आएगी।''

लिली बोली-''सरदार! यह तो कमाल है। अपहरण न हो गया बूढ़ों को तीरथधाम कराना हो गया। न अस्लाह, न पुलिस की वर्दी और न मार-पछाड़ न रौब-रुतबा। कैसी शरीफ डकैतियाँ चल गई हैं। ये डांग-जंगल की दरकार नहीं रखतीं, बड़ी और आरामदायक कोठियों में शान्तिपूर्वक अंजाम पाती हैं।

''तभी हम कहें कि सरदार अपना कारोबार घाटी से क्यों समेट रहे हैं? बगावत करने आए थे, व्यापार की ओर मुड़ने लगे।

''तब ठीक है सरदार, मंगल सही ही कहता था, क्या करोगी घाटियों में जाकर आजकल हर कोई बिना मेहनत, बिना खतरों से खेले दौलत कमाना चाहता है। चाहे वह बागी हो, डाकू हो, किसान हो, व्यापारी हो...'' लिली की बातें सुनकर अजय सिंह ज्यों-की-त्यों बैठे रहे अपनी मूँछों को टटोलते हुए। वे आँखें मूँदकर गहन सोच में डूबे थे।

या लिली के मुँह से मंगल का नाम सुनकर वे सकते में आ गए कि इस लड़की को कैसे पता उस बेईमान मंगल की हत्या का, जो हमारी जिन्दगी भर की कमाई

साख की हत्या करके धर गया? वे मंगल की जगह होते तो हरगिज न लाते इस लड़की को अपने साथ। औरत का प्यार मर्द की साख से बढ़कर नहीं होता, यह सिद्धान्त न रहता तो जी ली इतने दिन तक बागीपने की जिन्दगी।

जिन्दगी...अब करवट लेना चाहती है। पत्नी-बच्चे नहीं हैं तो क्या, घर-बार तो है ही। माना कि अब उस घर-बार में नहीं लौट पाएँगे, नया घर तो बसा ही सकते हैं। एक बिन्दु पर आकर आदमी सामान्य इनसान बनकर ही रहना चाहता है। ऐसा न होता तो अपने मास्टर माधो सिंह से लेकर मलखान सिंह तक क्यों समर्पण करते? इसलिए ही न कि उनकी आखिरी मंजिल गृहस्थ थी। गृहस्थ में ही मोक्ष दिख रहा था।

लिली को कुछ बातों का क्या, बहुत-सी बातों की थाह तक नहीं लगी।

अजय सिंह की कब दरोगा से सैटिंग हो गई, और कब तय हो गया कि उनको यहाँ से दूर इलाके के थाने में 'अरैस्ट' दिखा दिया जाएगा। उसे क्या मालूम कि बागियों की इस दुनिया के अलावा कोई और भी दुनिया होती है, जिसमें पुलिस के साथ मित्रता चलती है और गिरफ्तारी, मुठभेड़ आदि के नाटक चलते हैं।

जिस दिन अजय सिंह एक कार में कहीं जाने लगे तो लिली भी उनके साथ बैठ गई। वे उसे रोक नहीं पाए। रोकते तो कारण बताना पड़ता या लिली ही योजना को सूँघने लगती-चौकन्नी लड़की।

और हाँ, लिली तो तब बुरी तरह चौंकी जब सूबेदार सिंह को बुलाया गया क्यों कि वह जानती थी, इस नाम का एस.ओ. है।

"साहब, अजय सिंह को गिरफ्तार दिखाइए और लिख दीजिए कि मुखबिर द्वारा पता चला है कि अजय सिंह डाकू अपने गाँव आया था।" मुलाजिम कह रहा है।

"अरैस्ट?" एस.ओ. की भौंहें तन गईं।

"यस सर।"

"नहीं, एनकाउन्टर करते हैं।"

"अरे रे...नहीं सर। हम वादा करके इस डकैत को यहाँ तक लाए हैं। अपनी बात पक्की हो गई है।" पुलिसिया मुलाजिम कह रहा था।

सूबेदार सिंह ने थाने के रजिस्टर में जो कुछ भी लिखा हो, बहरहाल थाने से अपनी रवानगी दिखा दी। आगे अजय सिंह के गाँव राघवपुर में गश्त का संकेत दिया और गश्त का खुलासा भी किया।

नाटक अपने अद्वितीय रूप में प्रस्तुत हुआ।

गाँववालों के सामने अजय सिंह को लिली के साथ गिरफ्तार किया गया। फिर जिला शहर की जेल के लिए उनकी तैयारी करा दी।

अजय सिंह राघवपुर में अपने घरवालों से विदा ले रहे थे कि मौका देखकर लिली ने पुलिस की गाड़ी से छलाँग लगा दी।

भागती हुई लिली। दूर जाती हुई पुलिस वर्दी में सजी एक युवती। मरदाने जूतों के साथ दौड़ लगाती नवयुवा स्त्री...पुलिस देखती रह गई।

पुलिस ने पीछा किया। लिली बराबर भाग रही थी।

पीछे से फायर हुआ। आवाज सब ने सुनी।

एक सनसनाती गोली ने लिली की पीठ से लोहा लिया तब वह सीने तक आई और फिर गोलियों ने अपना ब्यूह रचा। लिली को मनमाने तरीके से घायल किया कि लड़की जमींदोज हो जाए। मगर वह गिर-गिरकर उठ रही थी।

आखिरकार वह धरती पर छाती के बल ढह गई और अपनी बची-खुची साँसों को धीरे-धीरे लेने लगी। अभी तक होश नहीं खोया था उसने।

अजय सिंह सारी योजना भूल गए। बेतहाशा भागे। पुलिस उनके पीछे-पीछे...

लिली के नजदीक पहुँच गए अजय सिंह। लिली के पास घुटनों के बल बैठ गए अजय सिंह। लिली को अपने हाथों सीधा लिटाया और उसका सिर अपनी गोद में ले लिया। दोनों को रक्त के एक रंग ने सराबोर कर डाला।

"लिली बोल। बोलो लिली, कुछ कह रही हो?" अजय सिंह ने कान बिछा दिए उस खून से लथपथ लड़की के होंठों पर...

"सरदार, बगावत से गद्दारी नहीं...मैं तो बागी, मैं बागी ही..."

अजय सिंह फूट-फूटकर रो पड़े। नहीं मालूम लिली के लिए या अपनी योजना पर!

अजय सिंह जेल चले गए।

उनके विरुद्ध कोई सबूत नहीं मिल सका।

तीन साल में जेल से रिहाई हो गई।

जेल से आकर पहला काम यह किया कि लिली जहाँ खत्म हुई थी उसी अपने गाँव राघवपुर में उसकी समाधि बनाई। सफेद रंग का चबूतरा आज भी गाँव की सीमा पर चमकता है दूर से।

बसन्ती ने यह किस्सा सुनाया या जिन्दगी का एक अनदेखा पहलू हमारे सामने खोलकर रख दिया? वह ऐसे ही गमगीन थी जैसे लिली का देहावसान अभी हुआ हो।

जुझार बसन्ती को उस दुख से निकालने की कोशिश करने लगा-

"जाँबाज लड़की, उस पर तो हमें गर्व करना चाहिए।"

बेला बहू बोलीं-"लिली, लिली तो बहादुर से बहादुर बागी को सबक देगी।"

बसन्ती के दिमाग में कुछ अलग ही चल रहा था, बोली-

"जुझार, अब औरत के लिए तुम क्या कहोगे? और अजय सिंह ने क्या कहा होगा?"

जुझार बसन्ती को एकटक देखता रहा।

"देख क्या रहे हो, बोलो न।" बसन्ती ने अपनी बात पर जोर देकर कहा।

"यही कहेंगे कि औरत सुनती सबकी है, करती अपने मन की है। तुम भी तो सिर्फ डाकुओं को खाना-दाना पहुँचाने की जरिया नहीं बनी रहीं। तुम भी तो ब्याह रचाकर चार-पाँच रूँ-रूँ करते बच्चों की माँ नहीं बनीं। अपने मन की न करतीं तो बेला बहू के संग-संग चली आतीं?

"अब समझ में आया कि तुम जब कहती थीं, जुझार आज हमें कहीं और जाना है, तब तुम फूल चढ़ाने लिली की समाधि पर ही जाती थीं। बसन्ती, हम तुम्हें सही-गलत कुछ भी नहीं समझते, बस समझने की कोशिश करते रहते हैं, पहेली की तरह क्योंकि लड़की को समझने की हमें आदत ही नहीं डाली गई।"

बेला बहू ने अपना मत व्यक्त किया, "समझने-बूझने की आदत लला तब पड़ती है, जब कोई अपने हिये का सा टुकड़ा दरकता है। नहीं तो आज अजय सिंह ऐसे होते जो हमारे आसपास रहते? लिली ने उनके मरम का परदा खोल दिया और जाहिर हो गया कि पत्थर जैसी शख्सियत वाले इस आदमी के भीतर लिली के लिए कितना-कितना रस था, जिसे वह बन्दूक की नली से उड़ा ले गई। अन्धड़-बवंडर ने वीरान कर डाली इनकी जिन्दगी...जेल में तीन साल रहे, मौनी बाबा की तरह समझ लो। लिली के लिए मन में जितना लाड़-दुलार था, जेल के साथियों पर उलीचते रहे। अच्छे चाल-चलन पर भी सजा में छूट मिली पर अच्छा चाल-चलन उनने किसी छूट के लिए नहीं रखा था, आत्मा की आवाज पर चलते जा रहे थे अपने रस्ते।"

बेला बहू को अजय सिंह का पिछला जीवन जितना पता है, उतना ही बता सकती हैं। जो कुछ उनके बारे में लोगों ने बताया, उनके साथी सुनाते थे, उसमें काट-छाँट भी रही होगी और मिलावट भी। किसी की जिन्दगी की अक्षर-अक्षर सच्चाई की जानकारी की गारंटी कोई नहीं दे सकता। यही मान कर मैं बिन्नू, इन सबकी कथा लिखती रही हूँ।

अजय सिंह ने होश सँभालनेवाली उम्र पकड़ी तो उन्हें पहलवानी में रुचि होने लगी। गाँव के लड़के शिक्षा से ज्यादा शरीर पर ध्यान देते हैं और फिर डाकू बहुल क्षेत्र के नवयुवा तो देह का बल ही तोलते रहते हैं। अखाड़े में नाम होने लगा था अजय पहलवान का, चार-पाँच दंगल फतह कर लिए थे सो नाम घाटियों तक जा पहुँचा। उन्हीं दिनों फूलन देवी ने बेहमेई के बाइस लोगों को गोलियों से दिन-दहाड़े भून दिया। सो डाकुओं की धरपकड़ बड़ी तेजी से होने लगी। कई डाकू मारे गए,

मारना जरूरी था क्योंकि डाकुओं के नाम पर चील-कौआ भी मार गिराओ तो पुलिसवालों का इनाम पक्का।

मगर अबकी बार पुलिस ने चील-कौआ नहीं, डाकुओं और फूलन देवी का मुख्य सलाहकार बाबा मुस्तकीम मार गिराया था। बात तो औचक ही घटी, मगर प्रचारित हुआ कि पुलिस अफसर ने योजना बनाई थी। पर असलियत तो छिपती नहीं है, जब असलियत खुली तो पुलिस की पोल भी खुली। फिर भी इनाम के हकदारों के नाम खारिज नहीं हुए। गाँव के लोग मान नहीं रहे थे क्योंकि जिधर गोलियाँ चलती बताई गईं, वहाँ सिर्फ एक गोली चल सकती थी और गोली से एक ही आदमी मारा जा सकता था। मुस्तकीम के साथ दूसरा आदमी कैसे मर गया? बस पुलिस की साजिशों के खिलाफ लोगों में डाकुओं की मदद का जज्बा जाग उठा। मलखान सिंह सम्मानित डकैत रहे हैं। उनकी एक आवाज पर घाटियों में नवयुवकों की कतारें बढ़ती रही हैं। जैसे वे सेना में भर्ती होने जा रहे हों। जमुना, चम्बल, पहूज और कुँआरी नदियों के आसपास डाकुओं में फूलनकांड को बागियों की तबाही का कारण माना जा रहा था।

मलखान सिंह को मुस्तकीम की हत्या का भारी सदमा हुआ। अजय सिंह उस समय बारहवीं के विद्यार्थी थे। अपने राघवपुर गाँव के हीरो जैसे युवक।

इधर मलखान सिंह का सन्देशा आया और उधर उसी दिन अजय सिंह की सगाई चढ़ाने ससुराल के लोग आनेवाले हो गए।

बड़ी दुविधा! एक पाँव इधर तो दूसरा उधर। किसके साथ शामिल हो जाएँ किसके साथ नहीं? घाटियाँ बुला रही हैं। जिसे घरवाली बनकर आना है, वह अपनी तरफ खींच रही है। कशमकश ऐसी कि चढ़ती अवस्था हलकान होकर ढह जाने लगी।

पिता ने शानदार शामियाना लगवाया। शादी के जश्न में उतरने वाला बैंड-बाजा मँगाया। हैसियत की बात रसूख से जुड़ती है। बड़े बेटे की शादी-सगाई से घर की परम्परा जुड़ती है।

"ऐसे क्या घूम रहे हो? नहाओ-धोओ। नए कपड़े पहनो।" पिता ने कहा तो अजय नाम का लड़का काँप गया। पिता की बात माननी होगी। इज्जत का सवाल है।

अगर सगाई करके घाटियों में उतरना पड़ा तो और बुरा होगा।

अजय सिंह अपनी बैठक में नए कपड़े पहनते जा रहे थे और मन में घाटियाँ, रायफल और डाकू सरदार धमाल मचा रहे थे।

उन्होंने बाल काढ़ने के लिए आईना देखा।

अपना चेहरा, बागी का चेहरा! क्या हो गया है उनको? वह लड़का कहाँ गायब

हो गया, जिसे पंडितजी के सामने शुभ महूरत में सगाई की चौकी पर बैठना है।

नहीं, आज का शुभ अवसर वह बिगाड़ेगा नहीं आखिर परिवार भी कोई चीज है। आज यहाँ से गया तो हमेशा के लिए गया। ऐसी बगाबतें घर लौटनेवाले को फिर बस्ती में शामिल नहीं होने देतीं। और ऐसी कौन-सी मजबूरी है कि डकैती में उतरा जाए?

अजय सिंह ने अपनी कमीज के कॉलर के नीचे इत्र लगाया। बाल तो अमिताभ बच्चन कट थे ही। वे घर की भीतरी बैठक में पलंग पर बैठ गए क्योंकि बाहर बरामदे में लड़की के पक्ष के लोगों की आवभगत हो रही थी।

नाई की आवाज आई, "अजय सिंह लला। चलो बाहर आ जाओ। चौक पर बैठना है।"

वे उठकर खड़े ही हुए थे कि एक मोटरसाइकिल घर के पिछले दरवाजे पर झटके के साथ आकर रुकी। सवार ने हॉर्न नहीं दिया। आवाज पर अजय सिंह का ध्यान भंग हुआ और वे आगे की ओर बढ़ने की बजाय पिछले दरवाजे की ओर तेजी से गए।

बाहर खड़ा था लाखन। हाँ, लाखन सिंह, अजय का सहपाठी।

"अरे, सगाई की खबर मिल गई क्या?" अजय ने खुशी से लाखन का स्वागत किया। वह गम्भीर था और जल्दी में भी।

"अजय, चल जल्दी चल। मलखान सिंह ने बुलाया है। उनको हमसे बड़ी आशा है, इतने में ही समझ ले।"

"पंडित जी का शुभ महूरत और नाई की टेर लाखन के सन्देश से ढकने लगी। मलखान सिंह की आवाज ही रह गई अजय के आसपास।

किसी को पता नहीं चला, अजय सिंह उसी पोशाक में, इत्र की गन्ध उड़ाते पुलिस के अत्याचारों से लड़ने के लिए डाकू सेना में शामिल होने लाखन की मोटरसाइकिल पर बैठकर चले गए। जाते हुए उस नवयुवा ने क्या सोचा? कुछ याद नहीं रहा, सामने घाटियाँ थीं।

सगाई कोसों दूर रह गई।

मुबारक महूरत और मंगलागीतों के बीच चौक पर रखी जगमगाती बड़ी-सी पीतल की परात लड्डुओं से सजी हुई थी। मेवाओं के सात चम्पई थाल हरी-लाल पन्नी से शोभायमान थे। चाँदी की थाली में ग्यारह गिन्नियाँ और नए-नकोर नोटों के रूप में ग्यारह लाख रुपए। द्वारे पर खड़ी थी उपहार के रूप में नई मोटर साइकिल।

अजय सिंह के ढुढउआ पड़ गए। लड़का गया तो कहाँ गया? किसी ने पकड़ कर ली क्या? गायब कर दिया? थाना-पुलिस होगा अब?

माँ सस्वर रोने लगी। पिता इधर से उधर जाएँ, फिर लौट आएँ। घबराहट की बाढ़ में बहे जा रहे से...

अजय सिंह ने यह किस्सा बाद में सुना कि पिता ने लड़की के पिता के आगे हाथ जोड़े और अपनी पगड़ी की लाज रखने के लिए मिन्नत की। मगर लाज रहे कैसे? सगाईवालों के चेहरे फक्क थे। बैंड वाले गुमसुम खड़े रहे। शामियाना शोक में डूबा सा...

कहते हैं अजय सिंह के पिता जो जीवन में कभी नहीं रोए, इस समय रो दिए। गैरत ने उनको पछाड़ डाला।

अन्त में लड़की का पिता उठा और उनको एकान्त में ले गया। अजय सिंह के पिता के ठंडे पड़ते हाथ उसने अपनी हथेलियों में ले लिए। और अपने दिल की बात कह दी–

"रिश्तेदारी का मतलब रिश्तेदारी होता है माते! अपनी बेटी के लिए वचन हमने आपको दिया था। अजय सिंह यहाँ किसी दूसरे का बेटा होता तो क्या हम सगाई के लिए तैयार हो जाते? हम उनमें से हैं जो खानदान से खानदान का नाता जोड़ते हैं। अगर आप तैयार हो तो अपने छोटे बेटे विजेन्द्र के लिए सगाई चढ़ा लो। आज के दिन जो कुछ आपकी देहरी के लिए समर्पित किया है, उसे वापस नहीं ले जाएँगे। आज सगाई न हो तो भी। अजय जब कभी लौटेंगे, उनका तिलक करेंगे। हम इन्तजार करेंगे।"

दो पिताओं की भावनाएँ एकमत हुईं।

तिलक विजेन्द्र के लिए चढ़ गया। अजय सिंह का घाटियों से गठबन्धन जो हो गया। ऐसा गठबन्धन जो मौत के बाद ही टूटता है।

घर छूटा और जैसे सारे नाते-रिश्ते टूट गए। घरवाले रिश्ता न भी तोड़ें तो भी उनके पास जाने के सौ खतरे। डकैत जिस घर का बेटा हो, उसके दरवाजे पर तो वैसे भी काले बन्दनवार बँध जाते हैं।

दिलेर बहादुर अजय सिंह अक्सर उस लड़की की याद आते ही चूहे की तरह सिकुड़ जाते जिससे उनका विवाह होना था। क्या सोचती होगी? उसको इस तरह जलील करने का उनको क्या अधिकार था? आवाजें तो दोनों ओर थीं, एक ओर मलखान और दूसरी ओर वह लड़की। क्या अजय नाम का युवक इसलिए उसे छोड़ आया कि वह एक स्त्री थी? स्त्री की आवाज कमजोर पड़ गई मलखान की ललकार के सामने?

अजय सिंह को अपनी किताब में पढ़ी एकाध कहानी याद आई कि कैसे राजा शुद्धोधन का बेटा गौतम अपनी पत्नी को छोड़ गया था। कैसे राजा नल ने दमयन्ती को जंगल में सोती हुई छोड़ दिया था। क्या इन लोगों ने अच्छा किया था? किताब

में इनके त्याग की ये महान कथाएँ हैं, लेकिन अजय सिंह को आज ये कहानियाँ कसकती हैं।

प्रायश्चित्त यही होगा कि वे घर नहीं जाएँगे, चाहे जितने मौके मिलें। अब वह छोटे भाई की पत्नी है। अनचाहे ही पहली भावनाओं के वशीभूत होकर नजर उठ गई तो अनर्थ हो जाएगा–'अनुजवधू भगिनी सुत नारी, सुन सठ कन्या सम ये चारी।'

अजय सिंह ने भुला दिया कि वे किसी के बेटे किसी के भाई या किसी के... कुछ थे।

मगर होनी को कुछ और ही मंजूर था।

गिरफ्तारी की योजना होनी के रूप में ही आई और उसमें उनके गाँव को शामिल किया गया। अजय सिंह का चैन गायब हो गया कि वे गाँव कैसे जाएँगे? इतनी बेचैनी तो उनको डकैतियों के लिए जाते समय भी नहीं हुई। पुलिस का सामना करते हुए भी नहीं हुई क्या सबसे बड़ा गुनाह अपनी आत्मा का हनन ही होता है? अपराध-बोध आदमी के लिए सबसे घातक हथियार है?

बस किसी तरह छोटे भाई विजेन्द्र को खबर भिजवा दी, अपनी घरवाली को उन दिनों उसके मायके भिजवा देना।

मिलने की इच्छा पर बज्र धर लिया। इसलिए कि वे जानते थे कि लड़की उस महीन धागे से रेशमी सम्बन्ध को जरूर सँजोकर रख रही होगी। क्या वे भी स्त्री के स्वभाव में नहीं हो गए? प्यार-प्रीत के मामले ऐसे ही होते हैं।

''लिली जब नहीं रही थी, तब एक दिन बसन्ती से कह रहे थे–लिली बिलकुल उस लड़की की उनहार थी, जिससे हमारी सगाई...''

''तुमने देखी थी वह लड़की, दाऊ?'' बसन्ती ने पूछ लिया।

अजय सिंह ने हाँ में सिर हिलाया। साथ ही झेंप-से गए। चेहरे पर लाली-सी दौड़ गई। लगे ही नहीं कि ये रोज के अजय सिंह हैं, मौन और कहीं एक बिन्दु पर घूरते हुए रहा करते हैं।

''कहाँ देखी थी?'' बसन्ती भी दाऊ को छेड़ती हुई खील-मखाने हो गई।

''क्या पूछती हो बसन्ती और हम क्या बता पाएँगे लड़क उमर के बिजली-पानी जैसे तजुरबे! कौन-सी भाषा में बताएँ सो भी नहीं सूझ रही। मन की मिठास बता सकता है कोई?''

दाऊ मुस्करा रहे थे, आँखें कुछ चंचल-सी हो उठीं।

''बताओ न दाऊ।''

''अरे एक दिन छिपकर गए थे, घरवालों को बिना बताए ही। दद्दा अपने लेबिल पर शादी तय कर चुके थे, हमसे तो कोई बातचीत ही नहीं थी, सिवा इसके कि टीपना मिलने के बाद हमारी हथेली पर एक सोने का सिक्का धर दिया गया।

"उसके गाँव चले गए थे, अपनी मोटरसाइकिल पर सवार होकर। उसके गाँव का लड़का हमारे ही स्कूल में पढ़ता था, उसी ने मिलवाने का वादा और फिर इन्तजाम किया।

"वह रास्ते में जा रही थी। सिर पर अनाज की छोटी सी गठरी थी। लड़के ने बताया था, यही है, चक्की पर जा रही है, आटा पिसाने।"

"आटा पिसाने?" बसन्ती को ताज्जुब हुआ।

"इतने अमीर बाप की बेटी कि जिसके यहाँ मोहर-अशर्फियों के व्यवहार हों, उसे कोई आटा पिसाने भेजेगा?"

अजय सिंह ने बसन्ती को ऐसे देखा जैसे बसन्ती को रसूखवाले घरानों का कम ज्ञान हो, सो समझाते हुए बोले, "अहीर, कुर्मी, लोधे चाहे जितने पैसेवाले हो जाएँ उनकी दौलत ब्याह-शादियों में शानदार नुमाइश के लिए होती है। घर की औरतों को पर्दे में रखने की उनकी कोई मंशा नहीं रहती। तुमने अपने गाँव में नहीं देखा बसन्ती?"

"कहाँ से देखते दाऊ, होश सँभालते ही तो तुम औरों के लिए खाना पहुँचाने का काम पीछे लग गया। हम तो यही सोचते रहे गरीब घर की बेटियाँ खतरनाक से खतरनाक काम में धकेल दी जाती हैं।"

"हाँ, तो वह लड़की किसी खतरनाक काम के लिए नहीं निकली थी, यह तो तुम्हारी बात सच है। हो सकता है उसे भी पता हो कि हम आ रहे हैं, सो अनाज लेकर चक्की के बहाने चली आई हो। जरूर ऐसा ही होगा।"

"कैसी थी दाऊ?"

"थी तो खरी गोरी। बदन से तन्दुरुस्त और उसकी चाल ऐसी कि कोई मर मिटे।"

बसन्ती अजय सिंह के इस रूप को देखती रह गई।

"उसे हमारी मोटरसाइकिल का शोर सुनाई दिया होगा, तभी तो ठिठक गई। फिर मुड़कर देखने लगी।

"हमने कहा-नमस्ते!"

"अच्छा!" बसन्ती मगन हो गई।

"इसके बाद कहाँ रुका गया हमसे। अपनी फटफटिया आगे बढ़ा दी और जाकर पान की दुकान पर रुके।"

"कुछ देर बाद आठ-नौ साल का एक बच्चा भागता हुआ पान की दुकान पर आया और हमें एक ओर को आने के लिए इशारा देने लगा।"

अजय सिंह के मन-मस्तिष्क पर या हृदय में लहराते पर्दे पर चलचित्र की तरह एक दिल फरेब तसवीर चल रही है।

"ए भइया, तुम कहाँ के हो? वे लिली जिज्जी पूछ रही हैं।"

"अच्छा!"

"हमें भी मस्खरी सूझी, मौका भी दिलजोई का था सो बच्चे से कह दिया, "अपनी जिज्जी से कहो, नाम-गाँव पूछकर क्या करेंगी, हमारी मोटरसाइकिल पर बैठकर हमारे संग चलें। ब्याह को तो अभी छह महीने लगेंगे। अभी तो सगाई की रस्म होगी।

"लड़का भागा-भागा लिली के पास गया। लिली, यह नाम प्यार की तरह हमारे कलेजे में समा गया।

"लड़के का इन्तजार लम्बा लग रहा था जबकि उसे गए कुछ ही मिनट हुए होंगे। साथ ही यह भी कि कोई गाँव का आदमी इस गाँव आ न निकले। घर जाकर कह दिया तो गजब हो जाएगा। दद्दा हजारों गालियाँ देंगे। 'बेशरम, बेलिहाज लड़का' घोषित कर देंगे। छोटा भाई भी इज्जत की निगाह से नहीं देखेगा।

"वह छोटा-सा लड़का, उसने पता नहीं लिली से क्या कहा? मैं सोच ही रहा था कि एक चाँदी का खूबसूरत छल्ला दिखाता हुआ बोला-यह जिज्जी ने दिया है और कहा है लौट जाओ।"

इतना सब बताने के बाद अजय सिंह दाऊ खुद में ही कहीं खो गए।

"दाऊ!" बसन्ती ने आवाज दी।

"हाँ, बसन्ती...बस इतनी-सी मुलाकात थी और दर्शन इतना सा कि हम अपनी मोटरसाइकिल लिए छल्ले को अपनी उँगली में पहन रहे थे और वह अब मुड़-मुड़कर हमें देखती हुई आगे चली जा रही थी।

"अनकहे कौल, वचन और सौगन्ध के पल छिन, चाँदी के छल्ले की अँगूठी-रस्म हम दोनों में ही हो गई थी।"

बसन्ती के आगे संजोग के महूरत टूटे पड़े थे।

"बसन्ती, लिली नाम की लड़की जो बीहड़ घाटियों में चली आई तो उसकी ओर खिंचाव का यह कारण भी था क्योंकि उसका चेहरा छल्लेवाली लिली से बहुत मिलता-जुलता था। मगर लगता है कि अपने साथ किसी लिली का संजोग बैठता नहीं क्योंकि आदमी धरती से आसमान तक अपनी जीत दर्ज कर दे, समय को जीतना उसके लिए नामुमकिन है।

बसन्ती को वह दोहा याद आया, सो सुना दिया।

"दाऊ!"

"पुरिख बली नहिं होत है, समय होत बलवान।
भीलन लूटी गोपिका, वो ही अरजुन वे ही बान।"

रक्तरंजित धरती और लथपथ बेटी

मेरी कलम बेला बहू और उनके साथियों की कथाओं के साथ चलती जा रही थी। कहानी और भी हैं या कथा समाप्त हुई? मुझे मालूम न था। लग रहा था कि अब तो पहाड़पुर से विदा होने के पहले बेला बहू इस इलाके में घूमने-फिरने का कार्यक्रम बना रही हैं। कह भी रही थीं कि गुलाब आ जाए तो बसन्ती और जुझार सिंह को लेकर हम सिन्ध नदी के तट पर जाएँगे।

सिन्ध के उस पार घने जंगलों की कतारें शुरू हो जाती हैं। यों तो लोगों ने जंगलों की कटाई बड़ी बेरहमी से शुरू कर दी है, मानो वे वन सम्पदा को लूट ही लेंगे, लेकिन स्योंढ़ा जैसे कस्बे के पीछे ये जंगलात अपने वजूद में पेड़ों की कई जाति-प्रजातियों के साथ कुनबों में खड़े होकर हमें चकित करते रहते हैं। अपनी-अपनी दुनिया की रचना जो ठहरी।

बरसात का मौसम! बरसात अकेली तो आती नहीं, उमस साथ में लाती है। जैसे यह इसकी निशानदेही हो। अँधेरा होने लगा गाढ़ा अँधेरा। बेला बहू जुझार को पुकारने लगीं क्योंकि रात भी अकेली नहीं आती, अँधेरा साथ लाती है।

जुझार पैट्रोमैक्स जला लाया, सामने रख दिया। उजियारा हुआ कि बेला बहू मुस्करा दीं। बच्चे जैसी मासूमियत ने बेला बहू का चेहरा घेर लिया।

"बिन्नू, दुख सुख की कितनी-कितनी कथाएँ लिख लीं तुमने। हड़ गई होगी दुख-दर्द सुनते-सुनते। अब मन बदल डालो। सिन्ध नदी पर विहार करो। नाव की जरूरत नहीं है, पुल है।

"रतनगढ़ के मन्दिर चलो। रतनगढ़ की देवी वहीं विराजती हैं। भारी मेला लगता है। अरे, बागी, डाकू और जन-प्रजा सब मन्नत माँगने आते हैं।" जुझार उत्साहपूर्वक बताने लगा-"विक्रम मल्लाह हर साल आता था। फूलन देवी को यहीं तो बागी होने की दीक्षा मिली थी। पुलिस ने विक्रम और फूलन को घेर लिया था, पर देवी की महिमा अपरम्पार, किसी का बाल बाँक न हुआ। बिन्नू, रायफलों के बीच विक्रम देवी पर घंटा चढ़ाकर गया। देवी-देवता में हुनर-चमत्कार न हो तो कौन पूजे? मानता ऐसे ही नहीं होती।"

बेला बहू पूजा की बातों से असम्पृक्त थीं, बोली, "सिन्ध नदी तो बरसात में समुन्दर हो जाती है। डकैत-बागियों की नदिया जो ठहरी। पहूज और जमुना सूखने लगती है, सिन्ध का पानी नहीं घटता। लोग कहते हैं-देवी के द्वारे बहनेवाली नदी मामूली नहीं है। अब जो भी हो। हम तो उसे पार करके बेरछ माधोपुरा और चलेंगे आगे बिरगवाँ शुकलियारी, इन गाँवों में अपनी नातेदारी बता रही थीं तुम।"

मैंने कहा-"हाँ, हैं तो। पर हमको तो यह देखना है कि पहूज नदी के चम्बल जैसे भरका अभी भी हैं। कहीं ऊँचे चोटीदार टीले और उनके नीचे गहरी खाइयाँ। अगर ये हैं तो समझेंगे कि डाकू भी हैं इस इलाके में क्योंकि ऐसी ही चढ़ाई-उतराई के तजुरबेकार होते हैं बागी लोग। इनका ही फायदा मिलता है उनको।"

बेला बहू ने मेरी बात का उत्तर तो दिया, लेकिन ऐसा दिखाया जैसे उन्हें डाकुओं से कुछ लेना-देना नहीं। उनके मन में कुछ और ही चल रहा है, जिसे शायद मैं अभी नहीं जान पाई।

बसन्ती ने खाना तैयार कर दिया था और उसे बेला बहू ने बता दिया कि सबेरे सिन्ध की तरफ निकलना है चार आदमियों के लिए पूरियाँ और आलू का साक और अचार बाँध लेना। हाँ, पानी का भी इन्तजाम करके ले चलना है।

हम, यानी जुझार, अजय सिंह, मैं और बेला बहू खाना खाने के लिए बैठने ही वाले थे कि गुलाब अपना सफरी बैग कन्धे पर टाँगकर आ गया। खुले किवाड़ों वाले दरवाजे से उसने प्रवेश किया अपनी चिरपरिचित पेंट और बुश्शर्ट वाली ड्रेस में।

और फिर...

उसके पीछे शलवार-कुर्ते वाली लम्बी-सी एक लड़की।

मेरे लिए अजनबी। उसकी आँखें मेरी ओर उठीं और बेला बहू की ओर नजर मुड़ गई। पेट्रोमैक्स की रोशनी में लोग उजले ही दिखा करते हैं, इसलिए मैं उसके असली रंग का अन्दाजा नहीं लगा पाई।

"उजाला!" बेला बहू ने उसकी ओर देखकर बोला।

"आ गईं?" बसन्ती चूल्हे पर रोटी सेकते से बोली तो उजाला हाथ धोने पनारे की ओर बढ़ गई और फिर बसन्ती के पास जा बैठी।

"हम बना दें रोटी। बसन्ती जिज्जी तुम परस देना।" उसने बालिका सुलभ अवाज में कहा और मैंने उत्सुकतावश गौर से सुना।

"जे उजाला हैं, बिन्नू। स्यौंढ़ा से ही आई हैं। वहाँ इनके डेरों के लोग आए हुए हैं। सो मिलने गई थीं कि इनके बापू की कुछ खबर मिले या अपनी खबर दे आएँ।"

डेरे? लोग? बेला बहू क्या कह रही हैं, मैंने सुना तो, इस बारे में पूछा कुछ नहीं।

"अरे स्योंढ़ा तरफ ही तो हमें जाना था, ये वहीं मिल जातीं, उजाला," मैंने कहा तो बेला बहू ने बात काट दी–"इन्हें क्या पता था कि हम औरें आएँगे वहाँ। और जे थोड़ेई जाएँगी हमारे संग।"

"ये जाएँगी नहीं, जाएँगी, ये कौन हैं, छोड़ो। कल तो हम पिकनिक करेंगे नदी के तट पर।" जुझार अच्छी-अच्छी बातें करता है। तमाम किस्से कहानियाँ कहेगा। हाँ अजय सिंह तो न जाएँ यही बेहतर है–मौनी बाबा।

बसन्ती के पेट में बात तितली-सी उछलती है।

खाने के बाद मेरी चारपाई के पास आ बैठी और कहने लगी–"देख रही हो इस उजाला को? अब इसे यहीं रहना है। बेला बहू तो फिर बेला बहू हैं–कहीं की ईंट कहीं का रोड़ा, भानमती ने कुनबा जोड़ा।'

"कहाँ की ईंट है यह?" मैं हँसने लगी।

बसन्ती शुरू हो गई–"समझो कि बेला बहू इस लड़की को न उठा लातीं तो यह जिन्दा न बचती। कहाँ से बचती जिन्दा? कँटीली झाड़ियों के बीच ऊबड़-खाबड़ धरती पर पड़ी यह लड़की होश में तो कतई न थी। होश में होती तो इसकी देह पर कपड़ा-लत्ता तो कुछ होता।

बेला बहू तो खुद कहती हैं, जब उन्होंने इसकी छाती पर हाथ रखा और धड़कन टटोली, जब इसकी नाक पर हथेली लगाई और साँसों का अहसास हुआ, तब विश्वास बँधा कि यह तो जिन्दा है। बचाई जा सकती है। पानी हो तो इसके होंठों को तर करें। अब बेला बहू घर से पानी लेकर तो चली नहीं थी। उन्हें क्या पता था गैल में कोई जिन्दगी मौत से जूझ रही होगी। कुछ न बना तो बेला बहू ने अपने होंठ गीले करके लड़की के होंठों पर रख दिए। अपनी जीभ पर थूक लाकर उसके होंठों को नम करना चाहा। मगर होंठ थे कि घावों और जख्मों के खूनी धब्बों से भरे हुए। तड़पकर लड़की ने आँखें खोलनी चाहीं, मगर दर्द की तीखी लहरें उठ रही थीं जिन्होंने उसके होश गुम कर दिए। लगता था उसकी चेतना और बेहोशी गडमड है।

पलकें उठीं तो इस लड़की का बेला बहू से सामना हुआ, लग रहा था उसकी नजर के आगे सारे दृश्य खोए-खोए-से हैं वह कोशिश करके भी अपनी यादों में फैली टूटन और बिखरन को जोड़-बटोर नहीं पा रही। जब वह कराहती तो लगता न जाने कितने भयानक नजारों को देख चुकी है। कराह थी कि जिबह होती बकरी जैसी मिमियाहट में डकराहट मिली हुई। बेला बहू खुद सिहर उठतीं, मानो जिबह होने की दरिन्दगी उनके अपने ऊपर ही गुजर रही हो। वे क्या करतीं इस नंग-धड़ंग लड़की का? अपनी धोती को ही आधा फाड़ डाला और आधे हिस्से में लड़की के पूरे शरीर को लपेट लिया। जंगल में घास काटती औरतें न मिलतीं तो बेला बहू

इसको अपने मुकाम तक ला भी नहीं पातीं। उन औरतों ने मदद की और वे यहाँ तक इसे लादकर लाईं। समझो कि तीन मील पैदल चली होंगी।

कच्चे फर्श के कोठे में धरती पर पुरानी दुतई बिछाकर इसे लिटा दिया। शरीर से खून अब भी बह रहा था। बेला बहू ने एक औरत की तरह उस खून को रोकने का इन्तजाम किया। समझो कि यहाँ जितने भी पुराने कपड़े थे, खून से गीले होते गए। बेला बहू बुरी तरह घबरा गईं। ज्यादा खून बहना खतरे की निशानी है। अगर यह मर गई तो? अगर पुलिस इसके बारे में पूछने आ गई तो? अगर पुलिस ने बेला को ही मुजरिम ठहरा दिया तो? तो क्या होगा? वे क्या बताएँगी इसके बारे में? अनजान अनपहचान लड़की। इसे उठाकर क्यों ले आई? संकट खड़ा कर लिया। पुलिस को मुजरिम नहीं मिलता तो बेला जैसे सहायताकार हमदर्दों को पकड़ लेती है।

अगर ऐसा होगा तो बेला कहेगी–मदद करनेवालों पर शक मत करो नहीं तो लोग घायलों की, लावारिसों की, मरते हुओं की सहायता करना छोड़ देंगे। हमदर्दों को मत पकड़ो नहीं तो लोग हमदर्दी को ही गुनाह मान लेंगे। सोच–सोचकर हलकान थीं बेला बहू...

कि लड़की ने करवट लेना चाहा। बेला बहू ने लपककर उसका सिर अपनी गोदी में रख लिया और उसके होश में आने का इन्तजार किया। अगर यह होश में आई ही नहीं तो? इसके शरीर पर किसके हाथों के निशान हैं, देखा जाएगा। बेला बहू के हाथों के ताजे निशान आएँगे पहचान में!...तब क्या इसे यों ही अकेले तड़पती छोड़ दिया जाए? जेल में रहकर कितनी–कितनी पुलिसिया आशंकाएँ गाँठ में बाँध लाईं बेला बहू। बेकार की जाँच-पड़तालों ने उनको हलकान कर लिया था, बस इसलिए ही घबराने लगीं।

उन्होंने लड़की को गौर से देखा, उसे तो बेरहम यातना ने अन्धा–बहरा बना डाला है, इतना सोचते ही उनका जी उमथाने लगा, तीखी करुआहट के मारे। जल्दी–ही–उल्टी आ जाए तो अच्छा है।

'हे भगवान! औरत जात से इतनी नफरत कि उसको मवेशी से भी बदतर गिनो। बेला बहू की आँखें खुद–ब–खुद मुँद गईं।

और अब लड़की ने आँखें खोल दीं।

''मैंने क्या गलती...'' भाँय–भाँय करते सन्नाटे में वह बुदबुदाने लगी।

उसके सवाल का कोई जवाब नहीं आया। बस कुछ आवाजें आसपास गूँजने लगीं। आवाजें–पुख्ता, कठोर और सिसकारियों से लबरेज।

''कितना मजा आया।''

''साली लोहापीटा औरतों की बात ही मस्तीभरी होती है।''

"क्यों न हो, ऊपर से नीचे तक लोहे की-सी ढली देह में कसावट!"

"आय हाय! कहीं भी ढील-झोल नहीं।"

"लाजवाब निकला माल।"

सूली पर लटकी हुई लड़की की यादों में यह दहशतजदा टुकड़ा क्या आया कि वह फिर होश खोने लगी। जिस तरह उसने अपना सिर दोनों हथेलियों के बीच जकड़ लिया और दाँती भींच ली, बेला बहू ने कहा–ब्रह्मांड घूम रहा है। धरती ऊपर और आसमान नीचे आ गया लड़की कहीं बीच में–

बेला बहू का अपना अनुभव बोल रहा था–सूली पर चढ़ानेवाले लाखों बार आँखें खोलने के लिए कहेंगे, अपना शिश्न लड़की के होंठों पर रगड़ेंगे और होंठों के बीच घुसाने की जिद ठानेंगे। अगर लड़की नहीं सम्भव होने देगी तो उसकी योनि की चीरफाड़ जैसी दर्दनाक क्रियाएँ करने लगेंगे। बलात्कार जिसके साथ हुआ हो...ऐसी बेला बहू ने लेटी हुई लड़की की पीठ को सहारा देते हुए उठाया और अपने सीने से लगा लिया। ज्यादा देर यह मुद्रा सम्भव नहीं हुई तो उसका माथा सहलाती रहीं। फिर धीरे से पूछा–"बिन्नू, तुम्हारा नाम क्या है?"

लड़की जैसे होशोहवास से बचना चाह रही थी क्योंकि होश जैसा कुछ आते ही उसके दर्द बिलबिला उठते थे। वह दाँती भींच लेती थी जैसे भीतर टीसों की दराँती लगी हो। ऐसे में न जाने उसे क्या याद आ गया कि चेहरे पर तड़प में भी संगीत का-सा स्वर पढ़ा जा सकता था!

"उजाला" उसने बहुत धीमे मगर बहुत साफ शब्द बोला।

बेला बहू ने लड़की की आवाज पर कान बिछा दिए, "उजाला! उजाला नाम है बिन्नू तुम्हारा? ठीक सुना न हमने?"

बेला बहू ने पूछा तो उसने अपनी नजरें बेला बहू की आँखों से जुड़ा दीं। तब बेला बहू को और भी उम्मीद लगी सो पूछ बैठी, "तुम वीर-वीर कह रही थीं सो यह वीर कौन है?"

उजाला आँखें खोलकर देख रही थी। अपना सिर भी इधर-उधर घुमाया। मगर तभी उसके चेहरे पर तीखी टीस का मौन चीखा और वह अपनी जाँघों की ओर हाथ सरकाने लगी। बेला बहू लड़की के साथ ऐसी एकमएक हुई कि उनके सीने में ही वेदना का संगीत झनझनाया हो। ऐसी बेरहम लहरियों से बेला बहू वाकिफ हैं। इन लहरियों को अपनी कराह में बदलने के लिए तरसती अनगिनत कहानियाँ मौन में खो जाती हैं। इस लड़की को किसी भी कुँआरी लड़की की तरह मर्द के संसर्ग का पहली बार ज्ञान हुआ है। निश्चित ही और वह भी कई मर्दों की दरिन्दगी भरी कामुकता से गुजरने का नारकीय अनुभव...

बेला बहू अपने स्तर पर वही कुछ सोच रही थीं जो कुछ उजाला अपने

शारीरिक और मानसिक स्तर पर भुगत रही थी। दोनों को महसूस हो रहा था कि कामुक लोगों का वीभत्स वीर्य कीचड़ जैसी जुगुप्सा के साथ उजाला के बदन से लिथड़ा पड़ा है ऐसे ही जैसे कोई घिनौना कीड़ा अपना लिज़लिजा जाल फैलाता जाए।

इस घृणा भरे जाल को उजाला के आवेश ने तोड़ दिया और कहानी खुलने लगी–

तब की उजाला आज सामने बैठी थी। टूटी-बिखरी नहीं, अपने समूचे रूप में।

'वीर!' उजाला का स्वर अन्दरूनी लहर की तरह मौन में ही लहराता रहा। इसी समय उसे अपनी बैलगाड़ी की याद आई। बैलगाड़ी में सफर करते हुए उसने अब तक मंजिलें पार की थीं। बैलगाड़ी छोड़कर बस में बैठी थी कि बस ने ही लूट लिया।

गाँव के सहारे सजे हुए गाड़ियों के डेरे! छोटी-सी उजाला, जिसकी नजरों से गुजरते थे किसान, अमीर लोग, पार्टियों के राजा और गाँव के सामन्त, खाते-पीते घरों की फैशनवाली लड़कियाँ। इनके सजीले काफिलों के पीछे भागते धूल-मिट्टी में सने लोहापीटाओं के गाजर-मूली से बच्चे। नेताओं की जय बोलनेवाली औलादें, असलियत में राणा प्रताप के वंशज थे। इनको लोग अपनी तरह नचाते और अन्त में लाई के लड्‌आ खाने को दे देते। लड्‌आ पाकर बच्चे फूले न समाते। अपना कद ऊँचा मानकर किसानों के ट्रैक्टर और ट्रॉलियों पर लटक जाते! ट्रैक्टर झटके से चलता और बच्चों को उसका धक्का जमीन पर पटक देता। बच्चे गिरते और उनके बदन भादों की फूँट की तरह फट जाते।

'अनधिकार चेष्टा' वीर इस शब्द को कहता था, उजाला कब समझती थी कि यही खानाबदोश जिन्दगी का हासिल है। अब जब वह छोटी बच्ची नहीं है कि ट्रैक्टर या ट्रॉली पर चढ़ने के अपराध में उसे पटक दिया जाए चोट खाने के लिए। वह बड़ी हो गई तो सजा भी अपना रूप बदलने लगी तभी तो उसकी देह टुकड़े- टुकड़े और किर्च-किर्च के रूप में छितरा दी। देह के भीतर ऐसा कौन-सा जहर प्रवेश कर गया कि नस-नस ऐसे सुलग रही है जैसे भट्ठी पर लोहे की सलाखें सुलग कर लाल हो जाती हैं। अँतड़ियों में खौलता सीसा उतार दिया जिसकी नुकीली गाँठें बनती जा रही हैं। इसमें सबसे ज्यादा भयानक अगर कुछ है तो वह यह कि बार-बार वे परछाइयाँ आँखों के आगे आती-जाती हैं जिनकी आँखों में इस देह के लिए लपक-टपक रही थी। वे चेहरे कभी टेढ़े-मेढ़े तो कभी अट्टहास करते हुए और एक बिन्दु पर आकर रोशनी गुल हो जाती है।

"क्या हर लड़की के लिए यही विधान है?" उजाला का सवाल कुछ इसी तरह का था।

"हर मर्द कह रहा था वहाँ–तू नखरे करती है? इसमें 'ना' करने की कौन-सी

बात है? देह ढीली छोड़। आगे तुझे यही तो करना है।''

बेला बहू सुनकर कराह उठीं। फिर उनकी आवाज में कठोरता आ गई।

''लड़की को देखकर कुछ मर्द पागल हो जाते हैं। कुछ नहीं, ज्यादातर वे इसके सिवा और क्या सोचेंगे? वे लड़की की रजामन्दी को जगह नहीं दे पाते और न देना चाहते, यह चलन यों तो बीते जमानों से चला आ रहा है, पर अब यह मर्दों की आचरण की नई सभ्यता बन गई है।

''लिखनेवाली बातें हैं बिन्नू। तुम्हारे हाथ में कलम है, अहोभाग्य!!''

उस सड़क के पास फैली कृषिभूमि के बीच कटीली झाड़ियों का भी झुरमुट है जो अपने अन्दाज में निडर-सा दिखाई देता है। निडर इसलिए कि हल, ट्रैक्टर इन झाड़ियों को अभी जोत या रौंद नहीं पाए हैं। शायद इसलिए भी कि ये झाड़ियाँ उन लोगों के बीच हैं जो हमारी चलती हुई सामाजिक सभ्यता के खिलाफ अपने साहस और दुस्साहस से ऐसी दुनिया को गुलजार किए हुए हैं, जिस पर मौसम भी मेहरबान नहीं रहते।

वीर सिंह नाम का युवक शिक्षामित्र की नियुक्ति का पत्र अपने लिए लेकर इस बस्ती में आया था। शिक्षामित्र को भी यही अनुभव हुआ कि तेज हवाओं के थपेड़े इन झाड़ियों में लहरें पैदा करते हैं। अपनी कद में छोटी मगर मजबूत ये झाड़ियाँ उस जंगली घास के बहनापे में रहती हैं, जिसको मवेशी रोज ही अपने खुरों से रौंद जाते हैं। झाड़ियों और घास को मानो उन छोटी-छोटी पहाड़ियों का भी सम्बल हो जो खनन के सौदागरों को अपनी खुदाई का मौका नहीं देतीं। अपने-अपने मिजाज की बात। पहाड़ियाँ खेतों की रक्षा करती हुई पत्थर-गिट्टी के रूप में टूटकर महलों में तब्दील होने से इनकार कर चुकी हैं। ऐसी ही तो है खुले में लौह मानवों की गाड़ियोंवाली बस्ती।

शिक्षामित्र वीर और लोहापीटाओं की बेटी उजाला का अपने-अपने रूप में यहीं परिचय हुआ था। वह शिक्षा के लिए गाड़ियों के नीचे बसे कुनबों के बच्चों की पड़ताल करने इसी बस्ती में उतरा था जहाँ उजाला बच्चों को इकट्ठा करने में उसकी सहायक बनी। इसी सहायिका ने वीर को गाड़ियों के रूप में बसी गृहस्थियों का अन्दरूनी ज्ञान कराया था-देख लो, खाने का सामान आटा, घी, तेल मसाले, सोने के लिए ओढ़ने-बिछाने के कपड़े, पाल तिरपाल सर्दी-गर्मी बरसात के लिए और गुजर-बसर के लिए भट्ठी, लोहा औजार ढालने के लिए निजी औजार। गाड़ियों में बसा भरा-पूरा संसार देखकर वीर ने जैसे नई दुनिया में प्रवेश किया हो।

यहाँ बवंडर भी कम नहीं। शीतल मन्द हवाएँ, इफरात में उतरती धूप और गाढ़े

होते अँधेरे जिन्दगी के सहचर हैं। साथ ही गाँव-बस्ती में इन खुले में रहनेवालों के लिए प्रेम, घृणा, उदारता, क्रोध, विश्वास और क्रूरता के साथ छल का शिकार होना भी जिन्दगी का ही हिस्सा है। इनमें से कोई भी भाव अपने प्रभाव में ताकतवर हो उठता है।

उजाला अपने बापू की इकलौती बेटी।

उजाला के बापू के सिर पर छींटदार लाल पगड़ी रहती है। मूँछें ऐंठी हुई और दाढ़ी के बाल अक्खड़-से, लगता है कि बापू से ज्यादा ताकतवर कौन हो सकता है? रामरतन नाम है बापू का, जिसकी ऊँची नाक के मोटे नथुने देखकर ताप-उत्ताप का अन्दाजा लगाया जा सकता है, जब वे काँप उठते हैं। नाइनसाफी, दुराचार जैसी बातों पर बापू के माथे पर पसीना छलछला आता है जैसे खून से छनकर आया हो। ऐसा रूप उजाला ने तब-तब देखा है, जब गाँव के किनारे से डेरे हटाने की नौबत आ जाती है। रहनुमा किसान भी बेगाने हो जाते हैं। अपने निजी रसूखवाले लाचार... बापू कहता है, अब इनके जश्न और रंजोगम से हमारा ताल्लुक नहीं रह जाएगा। अपने हाथों बसाई अपनी बस्ती उजड़ते हुए लगता है लौहमानव यहाँ से जीवन की हिस्सेदारी खत्म कर चले।

उजाला के अनुसार छूटे हुए गाँव में खानाबदोशों की विचित्र कथाएँ प्रचारित होती रहती हैं। लोक कथाकार, लोक गायक और गाँव के चरवाहे अपनी-अपनी तरह से इस समुदाय की औरतों के चरित्र की कहानियाँ और गीत गढ़ते रचते रहते हैं कि स्थाई रूप से रहनेवाले निवासियों का मनोरंजन होता रहे।

–चले गए। जाते कैसे नहीं? जाना ही पड़ता। वो लोगड़िया की मोंड़ी है न, साली छटी हुई निकली। सरपंच के लड़के को फाँस लिया। गाँव के कई आदमियों ने देखा, लड़का उजिरिया (उजाला) के संग पहाड़ के पीछे चला गया। वहाँ आड़ में उसने लड़के को अपने सामने बिठा लिया, फिर दोनों एक-दूसरे का चूमा लेने लगे और फिर कपड़े...

इसके आगे पूरा गाँव कोई तर्क नहीं सुनता न कोई तर्क करता। औरतें तो उजाला की बातें इतनी रुचि से सुनतीं जैसे वे उजाला की जगह खुद हों। प्रेम करने को लेकर उन्हें शायद क्रूर ईर्ष्या होती, इसलिए गन्दी-से-गन्दी अफवाहें फैलातीं। लोहापीटाओं की औरतों, लड़कियों के बारे में यह भी कहा जाता कि उनके पास कोई जादू होता है। उनके रूप में मोहिनी मन्त्र का वास होता है। बस्ती के लड़कों को उनसे बचकर रहना चाहिए। देख लो कि लड़की जवान होते ही आँखों से शिकार करने लगती है। घाघरा ऐसा पहनती हैं कि पिंडलियाँ दिखती रहें। छाती बिना पल्ले की दोनों पहाड़ियों का नक्शा दिखाती हुई। बताओ मर्द बच्चा अपनी नजर कहाँ तक सिकोड़े?

सरपंच का बेटा वीर शिक्षामित्र बनकर आता था बराबर।

उजाला अपनी लम्बी-लम्बी दो चोटियाँ बनाकर घाघरा ओढ़नी पहनकर पाठ पढ़ती, सुनाती शिक्षामित्र को।

वीर औचक-सा देखता रह जाता पीले ब्लाउज और सफेद घाघरेवाली लड़की को, जिसकी आँखें नई बछिया की आँखों की तरह भोली थीं और उसकी अल्हड़-सी उम्र मीठा-मीठा मुस्कराया करती। वीर और उजाला, दोनों के मेल-मिलाप से एक ही किस्म की खुशी निकलती। बिना बोले ही वे एक-दूसरे की बातें सुनने लगे थे। बेआवाज स्वर रिल-मिल गए, दोनों को खबर न लगी।

असर यह हुआ कि वीर का ज्यादा-से-ज्यादा समय बालकों की शिक्षा के लिए खर्च होने लगा। उजाला वहीं अपनी भट्ठी पर लोहा पीटने का काम मन लगाकर करने लगी। उसका ताजा युवा चेहरा, नई-नई ताकत से कसी देह खिंचाव और मेहनत के लिए मचल उठी। वह सबेरे भट्ठी जलाती और बापू के लिए दोपहर तक घन चलाकर तपता हुआ लोहा पीटती। चिमटा, कलछी के अलावा खुरपी, फावड़ा हँसिया ढाले जाते।

कैसे अच्छे-अच्छे दिन थे। प्यार से भी प्यारे दिन। वीर की नजरों से बने नजारे दिन। बापू की आमदनी के दिन और किसानों की खेती के लिए औजारों के दिन। ऐसे दिन वह अब कभी देखेगी कि कोई अपनी नजरों के रेशमी दुशाले से उसे सजाता-सँवारता रहे कि उसके बापू का बटुआ पैसे रखने के लिए छोटा पड़ जाए। वीर एक-एक औजार को सौगात की तरह ले जाता बदले में दो गुनी कीमत उपहार में देता। साथ ही बापू से कहता-"स्टील चल गई है पर आपको क्या परवाह? जो बात तपे लोहे के औजारों में है, वह सफेद स्टील की पतली चद्दर में कहाँ है?"

बापू हँसता-"हो तो तुम छोटे वीर सिंह, पर बातें तुम्हारी बड़ी हैं।"

"काका सा मैं पैदा तो छोटा-सा ही हुआ था पर बड़े होते देर नहीं लगी। माँ पैदा होते ही मर गई थी। किसी ने कहा, बालक को उँटनी का दूध पिलाओ, तभी जिएगा।"

वीर की बातें सुनकर बापू का दिल हिलोरों से भर आता, चेहरा प्यार से छलक-छलक पड़ता-"जुग-जुग जिओ, वीर सा।" उँटनी अपने ही कुनबे का जानवर, वीर से नजदीकियाँ जोड़ दीं।

नजदीकियाँ! उजाला के दिल में उतरती ही चली जा रही थीं नजदीकियाँ। इसी भावना के वशीभूत वह पढ़ने की ओर झुकती जा रही थी। डेरों के बच्चों को जोड़ती और खुद साफ कपड़े पहनकर वीर की पाठशाला चली जाती। यह ऐसी बात थी जो इस समुदाय के बच्चों के लिए इस गाँव में नई थी। उजाला दिन-प्रतिदिन नई से नई होती जा रही थी, उसे लिखना आ गया था, वह किताब पढ़ती, जल्दी-जल्दी पढ़ने

की कोशिश करती। वीर शिक्षा का महत्त्व समझाता। जबकि उजाला के परिश्रम का पसीना उसके दिल में नई विद्या की तरह महकता रहता। लोहे पर घन चलाती लड़की अब कलम--कागज के पास जा रही है।

वीर उस दिन पहली बार अकेले में नदी किनारे मिला था जब वह अपने बैलों को पानी पिलाने नदी पर ले गई थी। निर्मल चट्टान पर बैठा हुआ वीर। गीले किनारे पर बैलों की रास थामे चली जा रही घाघरे वाली उजाला। जैसे ही वीर दिखा, उसके मुँह से निकला–शिक्षामित्र! बदले हुए संसार में खड़ी लड़की के हाथों से बैलों की रास छूट गई। पाँव काबू के बाहर हो गए। क्या वह उजाला का इन्तजार कर रहा है? क्या जान–बूझकर सफेद कमीज और नीली पेंट पहनकर आया है क्योंकि उजाला ने कहा था–कितनी अच्छी है तुम्हारी ड्रेस, शिक्षा–मित्र या इसलिए कि उजाला उसे दूर से ही पहचान ले? क्या वह भी उसके ऊँचे सफेद घाघरे और पीली ओढ़नीवाली पोशाक को दूर से ही पहचान गया होगा?

नदी की लहरों पर शाम का सूरज लहरा रहा था, उजाला के दिल में भी लहर–सी उठी। बालू का पाट दमक रहा था, उसकी नजर चमकीली थी।

"उजाला! मैं आ रहा हूँ।" वीर ने वहीं से आवाज दी।

वह पास आया, इतने पास जैसे गले लगाना चाहता हो।

"तुझे पता था, मैं यहाँ बैठा हूँ?" वीर ने पूछा, मगर देखा ऐसे जैसे वह यह बात जानता हो, उजाला के मुँह से सुनना चाहता है।

"तुम जानते थे शिक्षामित्र, उजाला बैलों को पानी पिलाने आएगी!"

बैलों ने पानी पी लिया। वे दोनों नदी के किनारे बैठ गए। नदी के पारदर्शी पानी में मछलियाँ तैरती रहीं। किनारे से कुछ दूर खड़े वृक्षों पर चिड़ियों की चहचहाहट का ढेर सारा संगीत बजता रहा। सूरज पहाड़ी की तलहटी में उतर गया। बैल पानी पी कर डेरों पर खुद ही लौट गए। उजाला नियामत बटोरती हुई, अलौकिक और सांसारिक दुनिया का भेद भूल गई। वह तो वीर के साथ अपने कबीले और वीर की जातिवादी ऊँचाई से मुक्त होकर बातें करती हुई खुलकर हँस रही थी।

उजाला लौटी तो लौटने का समय उसके दिल में उतर आया। भय की मारी उजाला को वीर ने अपने सीने से लगा लिया। विदा की बेला अपनी झोली का मुँह खोलकर खड़ी हो गई जैसे मिलन के साथ आज बिछोह भी उसे सँजोकर रखना होगा। बिछुड़ते वीर का अक्स वीर से भी ज्यादा प्यारा लग रहा था। वीर के पाँवों के निशान गीली रेती पर बने हुए...चुम्बन का संकेत देने लगे।

क्या वीर को भी पीली ओढ़नी की रंगत में उजाला दिखती जाती होगी? सलेटी आसमान की ओर देखकर वीर उजाला की आँखों में खो गया था।

वह अपनी गाड़ियोंवाली बस्ती की ओर लौट रही थी। रास्ते में खेत, हरे चरागाह और साग-सब्जी के बेड़े पार करती हुई जब वह डेरों के नजदीक आई तो लोहा तपानेवाली दहकती भट्ठियाँ नजर आने लगीं। यह आग और लोहे की बस्ती...और उजाला का दिल मासूम नाजुक-सी मोहब्बत से लबरेज...उसकी नजर ने जब वीर का अक्स चूमा तो होंठ मुस्कराहट की लालिमा से खुद-ब-खुद सज उठे।

अपनी गाड़ी के पास उजाला जब पहुँची तो बापू की निगाह तलवार की तरह तनी हुई थी। बड़ा-सा पग्गड़ बाँधे बापू बैलों को गाड़ी में जोत रहा था। उजाला को फटकार की दहशत कम न थी, मगर नए पनपे प्यार का खुमार भय के ऊपर तैरने लगा।

''बैल कहाँ छोड़े थे?'' बापू के इस सवाल के जवाब का कोई हीला न था। यह कैसे कह दे कि शिक्षामित्र के प्यार में छूट गए बैल...

''बापू, लोहारी का काम खत्म हो गया?' यह पूछना चाहती थी, मगर नहीं पूछा।

गाड़ी के पहिए अपनी चरमराहट के साथ आगे बढ़ने का संकेत दे रहे थे। वह भट्ठी के पास खड़ी रह गई। कहाँ जाए अब? बिना गाड़ी के किस गाड़ी की छत के नीचे बैठ जाए? अँधेरा घिरता चला आ रहा है, बापू गाड़ी कहाँ ले गया है? किससे पूछे? रामप्यारी काकी से पूछेगी तो वह उससे पहले यह पूछेगी-बाप बताकर नहीं गया? उजाला अपने सिर को टटोलती हुई असमंजस में खड़ी थी।

बल्ब नहीं जल रहा। बिजली नहीं आई।

और दीया-लालटेन जलेगा नहीं। उजाला झुँझला उठी-बापू ने, काकाओं ने अँधेरों का ही चलन चला रखा है। पूछो तो कहते हैं, अपने महाराणा प्रताप अपनी जंग को चलाते हुए अँधेरे में ही तो भटकते रहे। हम उजाला करके उनकी तौहीन नहीं करेंगे क्या?

''कब तक ढोओगे इस अँधेरे रिवाज को।'' वीर ने कहा था, मगर वह अपने कबीले में यह बात कह सकती है क्या? कहेंगे, यह शिक्षामित्र हमारे बालकों को उल्टी विद्या पढ़ा रहा है। बेचाल बातें सीख रही है उजाला।

बापू रात के समय गाड़ी ले कहाँ गया? उसका मन गाड़ी के पीछे-पीछे दौड़ने का हो आया लेकिन उसके पाँव रामप्यारी काकी की गाड़ी की ओर बढ़ गए जो भट्ठी पर चढ़ी कढ़इया में आलू छौंक रही थी। उसके बेटे की बहू सिल पर गरम मसाले के साथ धनिया-मिर्चा पीसने में जुटी थी। सारा काम दहकती भट्ठी की रोशनी में चलाया जा रहा था। आज काकी ने भी देर कर दी नहीं तो रात की रोटी के लिए अँधेरा कौन होने देता है? उजाला ने आसमान की ओर देखा सुनहरे सितारों

के बीच चन्द्रमा उजियारी बरसा रहा है। उसने उजियारी अपने चेहरे पर उतार ली, ज्यों वह इस अँधेरी बस्ती से अलग हो–

"उजाला!" रामप्यारी काकी ने अपनी पैनी आवाज के जरिए उसे बस्ती में खींच लिया।

"हाँ, काकी।"

"तू कहाँ गई थी री?"

"क्या हो गया? बापू कहाँ गया है?"

"पूछ कि क्या नहीं हो गया?"

उजाला का जी धक-धक करने लगा।

"सुन, वीर का बाप आया था। खरी-खोटी सुनाकर गया है। तू बैलों को पानी पिलाने गई थी कि वीर...? उनके मजूर ने देखे होंगे तुम दोनों। नदी पर तुझे वह पढ़ाने तो गया नहीं होगा। बोल।" काकी का स्वर कटखना था या उजाला को ही लगा?

उसने तो यह बात दूर-दूर तक नहीं सोची थी।

"बाप की ऐसी-तैसी करा दी तैने। वीर का बाप धमकाकर गया है कि तुम सब गोली का निशाना बनोगे। हमारे लड़के पर डोरे डाल रही है तुम्हारी बदफैल लड़की। सालो, पिस्तौल से उड़ा दूँगा।"

उजाला की प्यार में सराबोर धड़कन अन्धड़ की तरह चलने लगी।

खड़ी भी न रह सकी। अपनी गाड़ी जो खाली जगह छोड़ गई थी, उसी धरती पर बैठ गई और फूट-फूटकर रोने लगी।

उजाला याद करती है तो याद आता है–

वे फसल कटने के दिन थे। किसानों ने खलिहानों में अन्न को देखकर धनवानों जैसा महसूस किया। साहूकार और सरकारी कर्ज देने वालों के कारिन्दे चक्कर काटने लगे। गाड़ीवाले लोहारों का भी मेहनत से बनाए औजारों की कीमत पाने का वक्त था।

फावड़ा, खुरपी, कुल्हाड़ी जैसे धारदार औजार बनाने में उजाला के बापू का मुकाबला नहीं। मजाल है जो सालों साल हैंडल उखड़ जाए। दूसरे गाँव के लोग भी बापू के सामान के ग्राहक हैं, इसलिए ही बापू स्टील के चलन से कभी घबराया नहीं। रामप्यारी काकी इस बस्ती की खबरुआ है, आए दिन डराती है कि अब फावड़ा-खुरपी भी स्टील के बनने लगेंगे तब अपनी लोहारी कहाँ जाएगी? इसलिए ही रामप्यारी काकी की भट्ठी के पास स्टील की छोटी-छोटी प्लेटें फैली रहती हैं–नई चमचमाती प्लेटें। उन प्लेटों में छेद बनाकर काकी और बहू कोकिला झरिया और

करछुल बना देती हैं। बस अब लोहे के झरिया-करछी गाँव की औरतों को सुहाते नहीं। पर लोहे की संसी ने अभी तक अपना चलन नहीं खोया है। काकी संसी को ऐसे पकड़ती है जैसे यह उसकी अमर कलाकारी हो और स्टील तथा पीतल की संसी को चुनौती देती हो। काकी का पीटा हुआ लोहा अपने आप में खास होता है। इस गाँव की विवाहिता बेटियाँ काकी की संसियाँ अपनी ससुरालों तक ले जाती हैं। काकी उजाला को यही सीख देती है-जिनके औजारों की पकड़ ही मजबूत न हो, लानत है उनकी लोहारी पर।

बस इसलिए ही गाँव में यह धारणा बन गई है कि लोहार औरतों की पकड़ भी संसी की जकड़ से ज्यादा मजबूत होती है।

रामप्यारी काकी गाड़ीवाले डेरों में उस्ताद मानी जाती है। उसकी आशा के कई बिन्दु जगमगाते रहते हैं, जैसे बना ले कोई स्टील की फुकनी। पीतल की फुकनी भी नहीं चलती यहाँ। ब्याह के दहेज की शोभा का बासन है बस।

मगर जब दो-चार घरों में गैस के चूल्हे का आगमन हुआ, काकी की कला का स्वाभिमान थर्रा गया। गैस का चूल्हा खुद ही फूँक लेता है आग को। नीली लौ, धुएँ का नाम नहीं। अब चूल्हे-बरोसी फोड़कर फेंक दिए जाएँगे। चूल्हा चमचम, जगमग। गैस का चूल्हा लोहे के चिमटे को भी बर्दाश्त करनेवाला नहीं, अलमौनियम का चिमटा चले तो चले। इन दिनों काकी पर उदासी नदी की बाढ़ की तरह चली आई।

ट्रैक्टर का चलन बढ़ा, हाथ से हल की फाल निकल गई। किसानों का सबसे प्यारा औजार हल अब मशीन में फिट हो गया तो लोहारों की क्या गिनती गाँव के बहुत-से मजदूर तबाह होने लगे। भूमिहीन लोग हैं, मगर भूमि को प्यार करनेवाले, जोतने-बोने के कारीगर धीरे-धीरे बेकार और व्यर्थ होकर बैठ गए।

गाड़ीवाले लोहारों ने कैसा-कैसा वक्त नहीं देखा...दहलाने-डरानेवाला वक्त, असहाय कर देनेवाला वक्त, भुखमरी से त्रस्त कर देनेवाला वक्त! अब भेदभाव को कौन गिनता, गरीबी हमलावर हो गई और रोजगार ईद का चाँद। छोटी जोत वाले किसान भी हल से हलकान थे। वे भाड़े पर ट्रैक्टर उठाने लगे, लोहारों की ओर से पीठ फेर ली।

रामप्यारी काकी तब घाघरा-लूगड़ा पहनेवाली बहू थी। उसकी सास सोमती, रास्ते चलते किसान को पुकारती-"ऐ राजा! मालिक! कटाई के लिए हँसिया बने रखे हैं।"

मगर कौन सुनता सोमती लोहारिन को। लोग व्यर्थ करके छोड़ जाते। अपमान लगाता या भूख का भय, सदमे में कई दिनों तक सोमती ने भट्ठी नहीं दहकाई थी। वह तो रामप्यारी काकी थी जिसके जवान बदन में हौसला भी जवान था, सास को हाथ पकड़कर उठाया और गुड़ घोलकर शरबत बनाकर पिलाया। शरबत, जैसे सास

को साहस का टॉनिक पिला रही हो।

"अम्मा, हमारी हैसियत हमारे हाथ है, जमाना बदल रहा है तो हमारा हुनर भी बदलेगा ट्रैक्टर-फरेक्टर भी तो आसमान से नहीं टपके, बनाए तो किसी आदमी ने ही हैं। मशीन हर हालत में अम्मा आदमी की मोहताज रहनी है।"

मगर सोमती का साहस रो रहा था। जैसे ट्रैक्टर ने इन लौह मानवों की बाँहों पर चढ़ाई करके हिम्मत और जज्बे की रग-रग कुचल डाली हो। गाड़ीवाली बस्ती की हर गाड़ी के नीचे ऊपर शोकपूर्ण बेचैनी फैल गई।

बेचैनी का शोरगुल, रामप्यारी काकी ने अपनी चढ़ती अवस्था में ही सुन लिया था क्योंकि ट्रैक्टरों की आमद के साथ बैलों की बेदखली और आदमी की मेहनत का खारिजनामा लागू हो चला। अब इस अद्‌भुत अनोखी मशीन ने लोहापीटाओं को किसानों की दुनिया से निर्वासित कर दिया। बस्ती बेआवाज विलाप करने लगी। लौहमानव अपना सिर खुजलाते हुए गाँव की ओर देखते और नजरें झुका लेते। औरतें आँसू बहाती हुई उस मैकेनिक को मरने की बददुआ देतीं, जिसने ट्रैक्टर रूपी लोहे का दानव रंग-रोगन से सजाकर गाँवों की ओर रवाना किया है।

बातें और भी होतीं-जब नदी में मशीनी नाव चलने लगीं तो खेतों में मशीनी हल क्यों नहीं चलेंगे? मल्लाहों का दुख आज समझ में आया। लकड़ी की नाववाला मोटरबोट कैसे खरीद सकता है? कीमत में जमीन-आसमान का अन्तर। हाकिमों की कब्जेदारी में घाटों की बोली लगने लगी। जिसके पास मोटर-बोट होगी वही बोली लगाएगा।

मल्लाह तबाह हो गए, तब लोहापीटाओं ने कहा-नदी के कारोबार से उनका क्या सम्बन्ध? आज अपने ऊपर संकट अपने ही पाँव की बिवाई की तरह फटा है। आज उनके मुख मलिन हैं। अपनी ही चिन्ता के मंथन में भूल हुए कि दिन कितना चढ़ आया। धूप अपने रौद्र रूप में और पेड़ों की छाँव छोटी होने लगी। गाड़ियाँ, किसानों के फालतू हो गए बैलों की तरह मुँह झुकाए खड़ी हैं। सन्नाटा भंग होता है उनके कुत्तों के कारण, बस ये ही खुद को फालतू नहीं होने देते, भले कैसे ही हालातों में रहें। यहाँ आदमी हुक्का पी रहे थे और औरतें अपने अलग समूह में बीड़ियों के कश खींच रही थीं। सब-के-सब भूसा और मिट्टी के ढेरों से सटे बैठे थे। गाँव के दो चार मशहूर गप्पबाज उनके पास चले आए।

-भाई, अब तो ट्रैक्टरवालों ने ऐलान कर दिया है कि गाँव में कोई हल नहीं चलाएगा।

-अब तो फसल की कटाई भी हारवेस्टर से होगी।

-और थ्रैसर से थ्रैसिंग। बैलों की दॉय के जमाने विदा हुए।

-ऐसे ही जादू की-सी करामात वाली तमाम मशीनें।

–आप लोग भट्ठियाँ बन्द करो और बढ़ाओ अपनी गाड़ियाँ।

–कम्पनी उधारी पर ट्रैक्टर देने को राजी है, समझे?

–अब तो डोल-बाल्टियों का भी राज जाने को है, गाँव-गाँव टोंटी के नल आ रहे हैं।

ऐसी दिल जलानेवाली बातों को सुनना और सहना आसान नहीं था। सोमती अपने पेशे की बेदखली सुनकर तेजी से आई और इन गपोड़ियों के बीच खड़ी हो गई। सीधी बाँह लहराकर बोली–"तुम्हारी टट्टी धोने के लिए कौन-सी मशीन आ रही है कि अपनी देह से भी हाथ न लगाना पड़े। मुँह में कौर डालने की मशीन नहीं बनी कि हाथों का काम खतम हो। बताओ कब आ रही है वह मशीन जो आदमी को मांस की लोथ में बदल दे।" क्या करती बूढ़ी सोमती उसने मेहनत की तौहीन अब तक देखी नहीं थी। हुनर की बेकदरी पर बौखला उठी।

रामप्यारी काकी बताती है कि जब उसका पति खडग सिंह सचमुच की कटार लिए गाड़ी के पहिए का सहारा लेकर बैठा था तो उसका सिर रह-रहकर उठता और गिरता। हाथों की उँगलियाँ भयंकर रूप से काँपतीं जो कटार को धीरे-धीरे सहला रही थीं। ऐसे आदमी के पास काकी जाने का साहस कैसे जुटाए? वह खडग सिंह था जो अपनी खूबसूरत पत्नी के दीदार को नियामत समझता था। उस आदमी में से निकला यह दूसरा आदमी...वक्त ने कैसा सितम किया! सबेरे से ताड़ी पिये जा रहा है। नशे का तो गुस्सा ही अलग होता है...यह सब देखकर रामप्यारी की आँखों में भट्ठी के कोयले सुलग आए।

फिलहाल छोटे किसानों के साथ मिलकर ही इस मशीनी हमले का सामना किया जा सकता था। वरना लौहमानवों की अन्तरपीड़ा को यहाँ कौन समझ सकता था? आपस में एक-दूसरे की ओर देखते हुए वे रह-रहकर अपने पुरखों को याद करते। उनका त्याग और बलिदान दोहराते तो अपनी ही आवाज गले में फँसने लगती–

"महाराणा प्रताप के वंशज...उनकी आन रखनेवाले खानाबदोश...अपनी ईमानदारी और वफादारी के गुनहगार अपने ही मुल्क में पाँव रखने भर की जमीन तलाश रहे हैं। ये अपने ही लोग न मुगल हैं और न अंगरेज, मगर टिकने के साधन छीन रहे हैं।"

व्यग्रता भरा शोक मँडरा रहा था।

उजाला ने अपने बापू से ही सुनी थी ये बातें–

'सुख के दिन नहीं रहे तो दुख के दिन भी सदा नहीं रहते। आदमी उदासी में भी उपाय खोजना बन्द नहीं करता।'

हेमन्त ऋतु का आगमन हुआ। किसान अपने खेतों को तैयार करने लगे। बापू ने ही बताया था कि उन्हीं दिनों एक दिन जगमोहन नाम का किसान शहर के उस वर्कशॉप में जा रहा था जहाँ ट्रैक्टर के कलपुर्जे दुरुस्त किए जाते हैं। वह गाड़ीवालों की हमदर्दी में दो घड़ी के लिए इधर रुक गया।

बातों के बीच बोला, ''यार, ट्रैक्टर के पीछे लगनेवाली फाल टेढ़ी हो गई है। यहाँ इसकी मरममत हो नहीं सकती। यह है भी तो स्टील जैसे लोहे की।''

लोहे का नाम सुनते ही लौहमानव जाग्रत हो उठे।

बापू ने ही पूछा, ''वहाँ कोई कारखाना है?''

''नहीं, मैकेनिक की दुकान समझो।''

''मशीन लगाकर पुर्जों को ठीक करते हैं?

''करते होंगे। मामूली मजदूरों को ते वे रखते नहीं।''

''अच्छा!''

''अरे, वे तुम्हारी तरह गाड़ियों में थोड़ेई पड़े हैं, उनके अपने घर हैं, उनको अच्छा पैसा मिलता है क्योंकि उनको पैसा कमाने की कला आती है। मालिक की आँख बचाकर भी कैसे कमाया जाता है, वे जानते हैं। हुनर ही ऐसा है कि कलपुर्जों के साथ अपने भी पुर्जे फिट रखें। अब मुझे ही ले लो, फाल को सीधी कराने की रसीद लूँगा, गारंटी लूँगा तो रुपया कुछ और लगेगा और रसीद नहीं लूँगा तो पैसा आधा ही लगेगा। गारंटी की भी क्या गारंटी? मशीन तो कभी भी खराब हो सकती है। गारंटी में बड़ी घपलेबाजी है, चीज ठीक करने में महीनों लगा देते हैं, हमारा कितना नुकसान हो जाता है।''

तब रामप्यारी काकी का पति खडग सिंह लपककर उठा था और बोला, ''ठाकुर, एक बार तुम्हारे इस फाल को हम देख लें?''

''तुम! यार, मशीनरी का जानकार सिर्फ मैकेनिक होता है।'' जगमोहन ने महान टैक्नीक के बारे में बताना चाहा।

''दिखाओ तो। ठाकुर, अच्छे घरों में रहनेवाले ही अच्छे कारीगर हों और राह-रास्ते पर मिलनेवाले कुछ न जानते हों, यह जरूरी तो नहीं है।''

''बातें तो बड़ी समझदारी की कर लेते हो खडग सिंह! साधन न हों तो बातें भी बेकार की हो जाती हैं।''

खडग सिंह मुस्करा पड़ा।

''यार, तुम हँस रहे हो! अब तुम्हारी हैसियत गाड़ी से बँधे बैल से ज्यादा की नहीं है।''

खडग सिंह इस समय थूक निगल रहा था या खून, वही जाने। ठाकुर उठकर चला गया।

उसी दिन की बात है बादल घिर आए। पानी बरसने लगा। गाँव गीले अँधेरे में डूब गया। लोहा पीटा लोग अपने डेरे पर गाड़ी पर ढके पाल के नीचे प्रार्थना करते रहे। उनके पवित्र स्वर रोशनी की तरह बूँदों में झिलमिलाते थे। संकट के दिनों को व्यतीत करने का यही एक साधन उनके पास था।

स्त्रियों ने इतिहास में गूँजता वह गीत गाया जो विकट अभावों में राणाप्रताप और महारानी का सहारा बना था। घास समाँ की रोटी और उसे भी बच्चे के सामने से बिलाव ले भागा। भूख और बिना छत के जीवन जीनेवालों को लोग आज मशीनरी की धमकी दे रहे हैं या इनसान को मशीन के मुकाबले नाचीज मानकर ठुकरा रहे हैं।

खडग सिंह रातभर फाल के बारे में सोचता रहा। फाल के टेढ़ेपन को सीधा करना उसको चुनौती देने लगा। आगे यह उम्मीद भी जगी कि ऐसे कितने ही पुर्जे होंगे, जिनके बारे में वह सोच सकता है। उसका साहस सहसा छाती तक आ गया। युक्तियाँ जमा होने लगीं तो दिमाग तेजी से चलने लगा। साथ ही हताशा भी दबे पाँव चली आती, कर पाएगा वह? मशीन के इस हमले से हम लोग जिन्दा नहीं रह पाएँगे...निराशा का जहर आज इस बस्ती का हर आदमी पी रहा है कि उनके लौह शरीर गलने लगे।

'देखा जाएगा' उसने मन-ही-मन कहा। माना कि हम बिखर गए हैं, आज से नहीं, महाराणा के जमाने से तितर-बितर हो गए। बटे हुए लोगों का यही हश्र होता है। हर समय बेरोजगारी खोंटती रहती है हमारी मांस-मज्जा। वे कौन और कैसे लोग थे जो हमारे लिए धरती को बंजर रहने का 'वरदान' दे गए। झाड़ियाँ, कँटीली बेलें, जंगली रास्ते, बस हाँक दो हम जैसे लोगों को बंजर धरती की गोद में...

खडग सिंह को याद आया, जब उरई में उनके डेरे थे, तब उनके औजार खूब बिकते थे। आस-पास ही नहीं दूर-दराज के लोग भी सामान खरीदकर ले जाते थे। बस एक दिन में सब कुछ खत्म हो गया। जहाँ गाड़ियाँ खड़ी होती थीं, वहीं कोतवाली बनने का हुकुम हो गया, सरकार दरबार से। सुनकर तब तो खुशी लगी थी कि पुलिस के रहने से बेघर औरतों की हिफाजत रहेगी। कोई धौंस नहीं जमा पाएगा।

आसपास के सारे लोहापीटा वहाँ जुड़े। सभा हुई, तय हुआ कि अगर यहाँ से गाड़ियाँ हटाई गईं तो झाड़ियाँ काटकर साफ जगह बनाने के लिए जवान लड़के आएँगे। औरतें जमीन को एकसार करके लिपाई-पुताई करेंगी। उस दिन सबने थालियों में शामिल हो-होकर खाया था, एकजुटता की निशानी। भाईचारे की विरासत। लड़कों में गजब का जोश था और लड़कियाँ तथा औरतें उमंग भरे गीत गाती रही थीं।

बस इसी तरह खानाबदोशी बसावटों में तब्दील होती रही है। लावारिस-सी जिन्दगी एक विरासत बन गई है। बूढ़ों ने ऐसी बातें कहीं कि लडकों में हिम्मतों की हिलोरें पैदा हो गईं।

लेकिन...

फरमान आया कि लोहापीटा लोग कोतवाली के आसपास हरगिज न रहेंगे। उनको कहीं नजदीकी जमीन पर भी नहीं बसने दिया जाएगा। कोतवाली का मामला 'सेंसेटिव' होता है। इसको लेकर सवाल-जवाब हुए।

"हम कहाँ जाएँगे?"

"इससे पहले तुम कहाँ थे?"

"कोंच कस्बे के बाहर।"

"अच्छा तो तुम ही हो लोहापीटा लोग जो दिन में औजार बनाते हो और रात के समय उन्हीं औजारों को इस्तेमाल करके चोरी करते हो, कूमल लगाते हो।"

"तुम्हारे किसी चाचा-ताऊ को सजा हुई थी न?"

इस सवाल का क्या जवाब दिया जाए? पुलिस की मेहरबानी से सजा तो सज्जन से सज्जन आदमी को भी हो सकती है।

"बस, चलते बनो यहाँ से। नहीं तो हथकड़ी लगेगी, समझे।"

लौहमानव! मोम के से पुतले। एक शब्द भी नहीं बोल पाए। यह भी नहीं कि सजा जब गाँव के आदमी को होती है तो क्या उसके रहवास को खाली करा लिया जाता है?

ऐसी कहानियाँ सुनकर उजाला पिता से पूछती थी-"बापू इतनी बड़ी दुनिया में हमारे हिस्से की कोई धरती नहीं है? धरती का छोटा-सा टुकड़ा भी नहीं?"

बापू के वजूद से जैसे सदियाँ गुजर जातीं। कह तो सकता है पिता कि-है हमारे हिस्से की धरती क्योंकि इसपर हमने जन्म लिया है मगर पाँव ऐसे उखड़े हुए हैं कि उनके निशान कहीं नजर नहीं आते। हम उखड़े हुए लोग...

उरई से सब लोग चुपचाप चले आए थे। पगड़ी-साफे की ओट में फुस-फुस करके बातें करने की आपसी हिम्मत जुटाई, लेकिन सामने इस्पात के आदमी खड़े थे। लगता था कि खामोशी भी खाँसने तक की मोहलत नहीं पाएगी। कारण कि खडग तो खून थूक रहा था, बात बहस में पड़ गया था एलकार से।

इसी खडग की माँ सोमती चिमटा, खुरपी, करछुल चिमटा बेचने निकली और पुलिसवाले ने छेड़ दी और आपस में बहस करने लगे वे दोनों सिपाही-पहले मैं, पहले मैं!

सोमती और संसी ने मिलकर सिपाही का मरदाना अंग कस लिया। दूसरा सिपाही इस भयानक कृत्य से डरकर भाग गया और यह पहला गिड़गिड़ाता हुआ

धरती पर गिरकर बेहोश-सा हो गया। कोई यकीन करे न करे आत्मरक्षा के गुर लोहा पीटा औरतों को आते हैं।

"फिर डेरे कहाँ लगाए बापू?" उजाला यह सवाल करना चाहती थी, लेकिन नहीं किया सवाल, बापू को जरूरी काम से जाना था।

उजाला ने बेला बहू की ओर ऐसे देखा जैसे किस्सा-दर-किस्सा कहते जाने का यहाँ कोई मकसद भी है?

बेला बहू इतनी दिलचस्पी से सुन रही थीं जैसे ये सब अपनी ही विरासत की कथाएँ हों-अजनबीपन में अपनेपन की गन्ध मिली जैसे।

"कहो तुम तो। जिन्दगी की कथा कई-कई जिन्दगियों में खुलती है बिन्नू। हम भी तो जानें कि हम से अलग दिखने वाले लोहा पीटा ऐसे ही होते हैं जैसे हमारे कुनबा खानदानों को बेघर खानाबदोश होना पड़े और फिर वे अपनी जिन्दगी से जूझ-जूझकर अपने लिए इनसानी जगह बनाएँ। मामूली बातें नहीं हैं उजाला, बड़े जीवट का काम है। सो बेटा तुम तो कहो अपनी पीढ़ियों की दास्तान।

उजाला ने बताया-

अब रहने-बसने के लिए जो जगह तय हुई, वह एरचरोड थी। मगर कुछ बूढ़े पुराने हमीरपुर की ओर जाना चाहते थे। हमीरपुर से उनको हठी हमीर का स्मरण हो आया। बस उनके भीतर महाराणा प्रताप जाग उठे। जोगी काका डेरे के सबसे बूढ़े आदमी ने अपना कंठस्थ दोहा सुना दिया-

सिंह लगन सुपुरुष वचन, कदलि फरत इक बार
त्रिया तेल हम्मीर हठ, चढ़ै न दूजी बार

अपनी जाति, अपने समुदाय की मर्यादा घोषित करना जोगी काका का प्रिय विषय है। अर्थ भी करते हैं-लोहापीटाओं में अपने वचन पर डटे रहना, तिरिया का ब्याह एक बार ही होता है। हमारी हठ बार-बार नहीं बदलती जैसे कदली एक बार ही फलती है।

मगर हमीरपुर नहीं गया कोई।

रेलगाड़ी का स्टेशन है एरचरोड। लोहार वहीं ठहर गए। जोगी काका अपने समुदाय का इतिहास यहीं बखानते रहते जैसे इस इतिहास के सहारे ही वे राजपुताने के राजा बने बैठे हों। छींटदार कपड़े का बड़ा-सा पगड़, कानों में सोने की मुरकियाँ, गले में काले सफेद गुरियों की माला। हाथ में कड़ा। मिरजई और दुलांघी धोती। जोगी काका का यह वेश अटपटा लगता है, मगर वह अपने आप में राजवंशी है। सफेद मूँछों की मरोड़ से इतिहास झरता है-'हमारे महाराणा प्रताप ने मुगल बादशाहों

के ऐसे छक्के छुड़ाए कि ससुर गुलाम से बदतर हो गए। राजगद्दी हथियाना तो धोखाधड़ी का खेल है। चाल और दाँव का तमाशा है। जंग में बादशाह या राजा लड़ता है क्या? आम इनसान लड़ता है, कटता और मरता है। ये सब तो मुकुट-ताज के शहजादे हार-जीत का हिसाब लगाते रहते हैं।'

जोगी काका की बातें हैं कि शानदार विरासत-कथा?

"महाराणा प्रताप तो राजगद्दी, घर से बेघर हो गए, उनको राजा कौन कहेगा? उनके बच्चों को क्या शाही परवरिश मिली? तभी तो महाराणा प्रताप के सपूत अमर सिंह ने शहंशाह अकबर तक के नाकों चने चबवा दिए। अमर सिंह नहीं गए थे समझौता करने, वे खुद आए राणा अमर सिंह के पास। उनकी भी हिम्मत कहाँ पड़ी आने की, सो संवदिया भेजे। अपनी बात उनके जरिए कही-'राज वापस करेंगे।'

"अमर सिंह मान सिंह की तरह नहीं थे कि बहन बेटियों को मलेच्छों को सौंपकर अपनी खैरियत बहाल करें। अकबर ने खुद इल्तजा करी कि अमर सिंह आप अपनी फौज मत बनाना। तुम्हारी गोरिल्ला फौज बड़ी खतरनाक है, उस फौज को वापस बुला लो।'

जोगी काका ने बहादुरी की कहानियाँ सुना-सुनाकर लोहापीटाओं का हिम्मत पस्त नहीं होने दिया। उजाला बताती है, बापू या खडग सिंह काका को जब उदासी लगती जोगी काका को हनुमानजी की तरह याद करते। सुमिरन होता।

बापू के मुँह हाथी की कहानी सुनी है उजाला ने, तब तो साथ में वीर भी था, उसका शिक्षामित्र, इतिहास में घटे अजूबे सुन रहा था।

हाथी था, जिसे अपनी सूँड़ से तलवार चलानी आती थी। उस हाथी के करतब से ही राणाप्रताप का घोड़ा चेतक खेत रहा। महाराणा के रणबाँकुरे सैनिक, हथियारों के कुशल कारीगर थे, वे चेतक की मौत को सहन नहीं कर पाए। तब इन लोहे के कारीगरों ने ऐसी 'साज' बनाई थी जिसे घोड़े को पहना दिया जाए तो वह हाथी का बच्चा लगे। एकदम सूँड़वाला शावक। दो मन वजन की साज ऐसे नाप की थी कि हल्दीघाटी में से निकल सके। पीले रंग की घाटी क्या थी सँकरा दर्रा थी, जिसमें दो आदमी घुसें तो आर-पार न निकल पाएँ।

गुरिल्ला युद्ध के वीर सैनिक तब से लेकर आज तक बरछी, भाले, तीर, तलवार, गुप्ती और ऐसी ढालों का शोध कर पाए हैं जिनमें विष बुझा तीर तक छेद नहीं कर पाता। जोगी काका की आँखों के दायरे में घूमती पीली सी पुतलियाँ इस कथा को सुनाते हुए बिजली-सी कौंध जाती है और वे धरती को छूकर कहते हैं-'वीरों के लिए धरती उनकी माता है, वे कहीं भी रहें बसें।'

आगे अपनी प्रतिज्ञा-"हम नहीं लौटे तो नहीं लौटे। अकबर के बुलावे पर लौटना हमने अपनी तौहीन माना। उस मलेच्छ के आसपास रहने से अच्छा है

किसानों के आसपास रहना। राजगद्दियों के मुकाबले खेतों के दर्शन करना। हमने अपनी सेवाएँ बादशाहों राजाओं के संग नहीं, किसानों के संग बाँट लीं। हर हालत में हम आजादी को ऐसे ही पहचान लेते हैं जैसे पानी को मछली। यह बात किताबों में भी लिखी है। राणा अमर सिंह की यह वाणी हमारे साथ चल रही है।''

मगर...

सच को खोटा करने के लिए कुछ बुराइयाँ भी संग-संग चलती हैं ऐसे ही जैसे समय का रेत इतिहास के शानदार पन्नों को धुँधला कर देता है। जोगी काका क्या जानते नहीं कि महाराणा के वंशजों का समाज में आज भी उतना ही मान है, जितना पहले था? क्या इस शौर्यगाथा से जोड़कर आज भी उनको देखा जाता है? सच बात तो यह है कि पीढ़ी-दर-पीढ़ी लौहमानव, ये गर्वीले सैनिक अपनी चमक खोते चले गए। अपनी प्रतिज्ञाओं ने ही इनको लौहमानवों से लोहापीटा बना दिया।

उजाला के अनुसार लोहापीटा बापू को वीर के पिता कैसी भी गालियाँ देकर जा सकते हैं। जोगी काका सरीखे बूढ़ों के मन में महाराणा प्रताप की हठ इकतारे-सी बजती रह जाती है।

नए लड़के जोगी काका को जोहार करते हैं-

''काका, तुम तो हमारे महाराणा प्रताप हो।''

''हम?''

''और क्या? तुम तो हमारे राजा हो।''

''राजा जब मरता है, चन्दन की लकड़ी से जलाया जाता है।''

''तुम मरोगे तो हम नारियल से जलाते समय चार लकड़ी चन्दन की भी जरूर डाल देंगे। मान तो रखना ही है।''

लेकिन...

न नारियल न चन्दन, जोगी काका का मृत शरीर एक दिन सड़क के किनारे खुदी खाई में गिरा पाया गया, जिसे चील-गिद्ध खा रहे थे। अधखाई देह को बापू और खडग सिंह काका उठा लाए तो देखा उनकी कान में पहनी मुरकियाँ गायब थीं और हाथ का कड़ा भी हाथ में नहीं था। ये दोनों सोने की चीजें उनकी हत्या का कारण बनीं क्योंकि काका ने हाथापाई किए बिना खुद को लूटने नहीं दिया था।

महाराणा प्रताप का यह सैनिक वीरगति को प्राप्त हुआ।

उजाला की गाड़ी पीतल से जड़ी हुई अपनी खूबसूरती में अनमोल गाड़ी है। बापू इस गाड़ी को ऐसे ही चाहता है जैसे उजाला को। गाड़ी से बापू की शान-शौकत ही नहीं, कई-कई यादें जुड़ी हैं। बापू के अनुसार जिस तरह से पीढ़ी-दर-पीढ़ी का सफर करने के बाद उसके यहाँ बेटी पैदा हुई थी, उसी तरह परदादा के दादा वाले समय

की सौगात यह गाड़ी बापू को अपने पिता से मिली थी। जोधपुर के राजा ने पुरस्कार में दी थी पीतल की गाड़ी क्योंकि हमारे परदादा के दादा ने उनके लिए बेजोड़ गुप्ती बनाई थी। गुप्ती देखने में एक दम छड़ी लगती थी, लेकिन उसका वार भाले से भी ज्यादा खतरनाक कि शर्तिया मौत की निशानी होता।

बापू कहता है, "राजे रजवाड़ों की शान, कहाँ गुप्ती और कहाँ पीतल की रथनुमा गाड़ी। वे लोग तो खरगोश के शिकार पर मोती लुटानेवाले ठहरे।"

उजाला अनुमान लगाती रही उस रात जब बापू गाड़ी लेकर चला गया था, गुस्से में और वह वीर से मिलकर आई थी खुशी-खुशी। बापू जरूर वीर के पिताजी के पास गया होगा कर्ज पटाने की अरदास लेकर। बापू समझ गया होगा कि वीर के पिता को उजाला के मिलने-जुलने से ज्यादा अपनी रकम न वसूल होने पर क्रोध है। वैसे यह तो लोग मानते ही हैं कि लोगड़िया अपने वचन के पक्के होते हैं। मानते तो वीर के पिताजी भी हैं, मगर उनको पीतल की गाड़ी हथियाने की हिरस लगी है।

क्या इस मामले में वह वीर से बात करे? कहे कि वह अपने पिता को मना ले कि कर्ज के रूप में गाड़ी नहीं, रुपयों की अदायगी पर मान जाएँ। चार खेप में सारा रुपया अदा कर देगा बापू। दो हजार ही तो हैं।

कर्ज अदा करने के लिए बाप-बेटी ने दिन-रात मेहनत की है। स्टील की झरिया और करछुली बनाना उजाला को काकी से भी अच्छा आता है। जब हैंडिल के लिए बापू छड़ तपाता है वह घन चलाने में देह की पूरी ताकत झोंक देती है। अभी चार दिन पहले लोहा तपाकर उसने घन की चोटों से खूबसूरत तवा बनाया था, हेंडिल अलग से लगाया। तवा तो हर घर को चाहिए। तवा ही ऐसा वफादार बर्तन है कि आज तक अपनी लौह प्रकृति नहीं छोड़ी । उजाला के बर्तनों में उसकी मीठी बोली भी मिली रहती है–

"भाभी, गैस के चूल्हे के हिसाब से ढाला है तवा।"

"अरे उजाला तुम्हारा हाथ लगते ही बासन सुगढ़ हो जाता है बिन्नू।" भाभी उससे भी मीठा बोलनेवाली।

"भाभी घन चलाते समय तुम्हारा ध्यान आ रहा था कि भाभी इस पर अपने हाथ से रोटी बेलकर डालेंगी तब उनकी कलाइयों की चूड़ियाँ कैसे छनकेंगी? भाभी बिन्दी का पत्ता हम मोंठ के बाजार से ले आए थे, बीरबहूटी के रंग की बिन्दी।"

भाभी खिलखिलाकर हँस पड़ी।

"बीरबहूटी! हैं उजाला?"

उजाला ने अपनी जीभ काट ली। और फिर बात बदल दी।

"भाभी, अब हम ऐसा चिमटा बनाएँगे जिसमें घुँघरू बजें।"

"जोगिन होने है क्या उजाला? चिमटा और घुँघरू!"

"भाभी! जोगिन होके कहाँ जाएँगे?"

घर लौटकर उजाला को लग रहा था कि सब कुछ वीर की मर्जी से हो जाएगा। जिन्दगी सहज हो जाएगी। यही सोचकर वह वीर को नदी के पार पर खोजने गई थी। बैलों को पानी पिलाना तो बहाना था लेकिन पाट के नजदीक भी नहीं पहुँच पाई कि हवा का मिजाज कोमल रेशम सरीखा हो गया। हाँ रेशमी, हवा के साथ बहती हुई एक दिलकश-सी आवाज...गीत सी, संगीत सी धुन और लय में सजी हुई कड़ियाँ!

'कौन आया मेरे मन के द्वारे, पायल की झनकार लिए...।'

हैं! अपने शिक्षामित्र जो पढ़ाई कराते हैं, गाते भी हैं? वीर के मन के द्वारे कौन आया है? गाँव-समाज के किसी लड़के ने आज तक लोहापीटाओं की लड़की के लिए ऐसा गीत न गाया होगा। उजाला के मन की मुराद कि ना ना करते हुए भी गीत की पूरी मधुरता अपने वजूद से लपेट ली। वीर ने क्या सोचकर या किस उमंग-तरंग में आकर या किसी दिल से लगी याद को लेकर गीत गाया, अब उजाला का क्या वश कि वह अपनी औकात भी याद रखे? कौन रख सकता है गीत-संगीत के सामने अपनी छोटी-बड़ी हैसियत का हिसाब? उजाला तो यह भी भूल गई कि वह किस चिन्ता में डूबती उतराती यहाँ आई थी, कि वह गीत नहीं, वीर से अपनी गाड़ी की मुक्ति की बात करने आई थी। मगर-'आँख न जाने दिल पहचाने, सुरतिया ये कैसी...' सुनकर उसके पाँव जहाँ के तहाँ ठिठक गए। आशा भी मुरझाने लगी। इस गाते हुए लड़के से वह अपनी परेशानी कैसे कहे? वह सुनेगा भी?

'पागल मनवा सोच में डूबा सपनों का संसार लिए...' उजाला ने कौन-सी कड़ी सुनी, कौन सी नहीं, उसको समझ में जो आया, वह यही था। वीर के मन में जो इकतारा बज रहा है, उसकी लय और धुन से उजाला की समस्या का कोई मेल नहीं।

वह विचलित हो उठी। किसी नवयौवना के लिए जो आकर्षण की डोर को मजबूत करनेवाला हो सकता था यह गीत, उजाला के लिए अड़चन बन गया। वह वापस जाने लगी। मगर बैलों की प्यास? बैल अपने आप नदी किनारे जाकर पानी पी रहे थे।

उजाला को काम से काम। बैलों के साथ बैलों की तरह आज्ञाकारिणी-सी लौट आई।

उस दिन की बात उस दिन के साथ।

वह ऐसे पिता की बेटी तो नहीं है कि घर भीतर रहकर काम चल जाए। वह तो घर की सार क्या होती है यह भी नहीं जानती। जैसे ही चिमटा, करछी, तवा, हँसिया, खुरपी जैसे औजार तैयार होते हैं गाँव में बेचने जाना ही होता है। वीर के घर के आसपास भी जाती ही है और उसके शिक्षामित्र होने के नाते थोड़ा-बहुत

पढ़ती भी है। मगर आने-जाने और पढ़ने के दौरान रामप्यारी काकी की हिदायत–'बेटी, अपना सत्त राखिओ'–बराबर पूजा की घंटी की तरह बजती रहती है। उजाला ने मन को समझाया शिक्षामित्र लोहापीटा नहीं है। उसकी जाति अलग और ऊँची मानी जाती है।

वह गली में होकर जा रही थी, वह अपनी बैठक में गा रहा था–'कौन आया मेरे...'

सन्ध्या भाभी वीर से मसखरी करने लगीं–"लला कौन आया तुमारे मन के द्वारे? इतै तो उजाला चली आ रही है।"

फिर उजाला की ओर चेहरा घुमाकर बोली–"काये उजाला, पायलें तो पहनी नहीं हैं, बिना पायलों के ही झनकार गुँजा दी!"

उजाला का कलेजा धक से रह गया था। सन्ध्या भाभी से उसे ऐसी उम्मीद नहीं थी कि पैना बोल मारकर छिपी बात उजागर कर देंगी।

वह आगे बढ़ गई जब कि गीत की हिलोरों में उसके दिल की नाजुक-सी डोंगी हिचकोले खा रही थी। सन्ध्या भाभी के घर के लिए जो सामान देना था, दूसरे मोहल्ले की काकी को दे आई। और जल्दी-से-जल्दी लौट आई। यह इन दिनों हो क्या रहा है? जिस काम को जाती है, उसके बदले कुछ और ही कर आती है। उसे वीर अच्छा लगता है या अपना-अपना सा लगता है, मगर उतना ही उसे डर लगता जाता है जैसे वह कोई अपराध कर रही है। उसकी सोच में पाप है, उसका सत्त उससे सँभल नहीं पा रहा।

बस तभी तो लौटकर बिछौने पर रामप्यारी काकी की गाड़ी के नीचे लेट गई थी। हँफनी-सी अलग से लगी थी। गाड़ी ऊपर और उसकी छत के नीचे उजाला, मानो एक किला उसे घेरकर खड़ा हो गया हो। बापू के हिसाब से महाराणा प्रताप का दुर्ग। इस दुर्ग की सन्तानें तो हैं ही सारे-के-सारे लौहमानव। अपनी प्रतिज्ञाओं के धनी। इन प्रतिज्ञाओं की ऊँची दीवारों में न कोई खिड़की न झरोखा, दरवाजा होने का तो सवाल ही नहीं है।

अपनी तरफ देखकर उजाला को झटका लगा, ऐसा न हो कि वीर की आवाज की लहरियाँ, उसकी नजदीकियाँ कठोर कठिन प्रतिज्ञाओं में सूराख न कर दें।

'वीर के आस-पास भी नहीं फटकेगी। पोथी-कलम भी लौटा देगी।'

वीर का स्वर जैसा भी हो उसके इलाके के लायक नहीं है। वह भी कैसी पगली है, क्या पक्की बात है कि वीर ने उसके लिए ही गीत गाया था? हाँ, नहीं गाया, अपने गाँव की किसी युवती के लिए था वह गीत। उजाला को क्षण-भर के लिए ठंडक जैसा सकून मिला।

बड़े लोग सब कुछ भाँप जाते हैं। उनका अनुभव बड़ा सयाना होता है। रामप्यारी

काकी ने बताया था कि बापू क्यों अनमना रहता है? उजाला के पाँव अनजाने ही वीर के बैठकावाली गली में मुड़ जाते हैं, बापू के दिल में ऐंठन पड़ने लगती है। हाँ, चिमटा-करछुल क्या कोई रोज लेता है? मगर वह तो रोज ही चल देती है। इधर से निकले या उधर से बीच में वीर का बैठका आ ही जाता है। वे दिन! यादों के खजाने में अशर्फियों की तरह जमा हैं-जागते, सोते और सपनों में सुरीली धुन से सजे दिन! इन दिनों उसे लगता कि वीर का एक ही काम है-उजाला के लिए मोहब्बत भरे गीत गाना।

हाँ, यह जरूर है है कि इन गीतों में मन रम जाता, होश गुम हो जाता, लोहापीटाओं की बेटी का वजूद गाँव की लड़कियों का स्वभाव धारण करने लगता और तभी उसके कानों में रामप्यारी काकी की गाड़ी की दिशा से घन की चोट करती टंकार गूँज उठती। टंकार प्रेमगीत को चुनौती देती जो इस जाति समुदाय की पवित्र और कठोर दीवारों को तोड़कर खंड-खंड करने और बिखेरने में लगा है। उजाला का ध्यान भंग होता जैसे उसकी समाधि टूटी हो। वह सावधान हो जाती, जैसे उसने प्रेमगीत सुनने का अपराध किया हो।

अपने जुर्म को कबूल किया जैसे कि लड़कियाँ मोहब्बत के जज्बे को जुर्म मान लिया करती हैं। सन्ध्या भाभी के घर की ओर आना-जाना छोड़ दिया, बस इसलिए कि उस रास्ते वीर का बैठका पड़ता है। दिली हुमक को मसोसकर रखना आसान काम नहीं है फिर भी वह अपनी बरजोर इच्छाओं को स्प्रिंग की तरह पूरे जोर से दबाए रही। मन समझाने की बहुत कोशिश की-वीर को अपने गाँव या रिश्तेदारियों में उजाला के मुकाबले क्या दो-चार लड़कियाँ बेहतरीन न मिली होंगी? उनके लिए भी उसने प्रेमगीत गाए होंगे?

अब तो बापू को भी चिन्ता होने लगी थी कि उजाला का मन उदास और तन अलस क्यों रहता है? लोहा तपाकर पीटकर एक-से-एक अच्छे सामान तैयार किए हैं उजाला और बापू ने, मगर सबके सब ज्यों-के-त्यों गाड़ी में रखे हैं। उनकी बिक्री में घाटा लगा हुआ है। सन्ध्या बहू के घर औरतों की अच्छी बैठकी जुड़ती है, यहाँ तक कि इस गाँव की बेटियाँ उजाला के बापू के बनाई करछुल, चिमटा, संसी, झरिया जैसी चीजें अपनी ससुराल ले जाती हैं।

उजाला, माताविहीन बेटी, मोहब्बत जैसी भावना पर खुद को सावधान कर रही थी जैसे वह अपनी माँ बनकर जाग उठी हो। लड़की की पवित्रता के लिए जितना कुछ अपने समुदाय में सुना-गुना है, उसी की पैनी धार पर चलने की कोशिश कर रही थी। जब दिल वश के बाहर होने लगता तो खुद को रामप्यारी काकी की गाड़ी के पास ले जाकर पटक देती। फिर भी वीर के लिए हृदय के कोमल रेशे दबाई हुई दूब की तरह उठ खड़े होते और लहलहाने लगते तो बापू के एकदम नजदीक भट्ठी

में तपाये हुए सुर्ख लोहे पर झुककर घन चलाती हुई लोहे को मुड़ते देखती और अपने दिल को मुड़े हुए लोहे के साथ तोलती। इससे एक हद तक प्यार के प्रति जनमी दहशत कम हो जाती कि वह भी अपने दिल को मोड़ लेगी, जीत लेगी। यह एक बीमारी ही तो थी जैसे ही दिल के कड़ियलपन को मोड़ने लगतीं, आँखें अपनी जिद पर उतर आतीं, वीर की मुस्कराती तसवीर लेकर! उजाला मुँह फेर लेती। बापू और रामप्यारी काकी वाला संसार सामान्य-सा हो उठता है। रहस्य बिला जाए तो चैन-ही-चैन! अनैतिक की आशंकाओं और लोगड़िया समाज की लड़की के पथभ्रष्ट होने के पापों से दूरी बन चली।

एक दिन!

वह अचानक घन चलाते थम गई। बापू देखता रह गया, वह आग में तपी हुई लाल सलाख को मोड़ने का उद्यम कर रहा था।

वीर का गीत इस तपन और घन की चोटों के ऊपर लहरा गया अपनी सुरीली तान में।

'बस्ती-बस्ती परबत-परबत गाता जाए बंजारा, लेकर मन का इकतारा...।'

उजाला की बाँहें ऊपर की ऊपर उठी रह गईं। बापू ने विचित्र नजरों से देखा तो उसने दोगुनी ताकत खींच डाली अपने बदन की और होश खोकर घन चलाने लगी। उजाला की साँसें धौंकनी की हवा हो गईं। चेहरा लाल भभूका, अपने आप को कसने का ताप या प्रेम की कोई आग, उजाला ने अपना ही दिल आग पर रख दिया, मन की भावनाओं पर घन चलाने लगी तो हृदय राँगे की तरह पिघलकर वीर की ओर बह चला। इस तरह की बेदर्दी, बेरहमी और बेमुरब्बती अपने ही साथ निभाती हुई वह कोई दूसरी रसज्ञता खोज ही नहीं पा रही।

अब वह बच्ची नहीं है, वीर की निकटता ने ही उसे युवती बना दिया है और अब वह चंचल होकर नहीं गम्भीर होकर सोच समझ रही है कि कुछ भी हो, दूरी ही उसके लिए दवा है।

दो दिन बाद।

वीर खुद डेरे पर आ खड़ा हुआ। उजाला बुरी तरह चौंकी। उसकी सहजता चटक गई। धड़कन बेकाबू और देह थरथराहट से भरने लगी।

आँखों के सामने हल्के पीले रंग की कमीज और गहरी नीली पैंट पहने हुए कद से लम्बा और तन से तन्दुरुस्त वीर का उजला चेहरा दमक उठा। उसने तो सोचा था, वीर इधर से गुजरेगा तो वह गाड़ी के नीचे छुप जाएगी, लेकिन वह तो ऐसे झोंके की तरह आया कि होश गुम हो गए। हाथ-पाँवों को लकवा मार गया और जुबान तालू से चिपक गई।

"तेरे बापू कहाँ हैं उजाला?"

वह चुप। देर तक चुप।

"बोलती क्यों नहीं? मैं क्या पूछ रहा हूँ?" वीर का अंडाकार चेहरा झुँझला गया।

"बापू? बापू लोहा उठाने गए हैं छोटे माते।"

वीर हँस पड़ा।

"क्या कह रही है उजाला? मैंने कब पूछा कि तेरे बापू कहाँ गए हैं? मैं क्यों पूछता? उनसे मुझे कोई काम भी नहीं है।"

उजाला एकटक देखती रह गई वीर को। उसने क्या सुन लिया फिर? अपने पागलपन पर उसे हँसी आने लगी लेकिन मुस्कराहट भी उसने बाहर नहीं आने दी और न यह पूछा कि वीर को बापू से नहीं तो किससे काम है?

वीर मुस्कराकर बोला–"घन चलाने वाली लड़कियाँ क्या ऐसी डरपोक होती हैं, जैसी कि उजाला? मेरे यहाँ चले आने पर मुस्कराई तक नहीं।

वीर उसका व्रतभंग करने आ गया है, इस पर वह कैसे खुश हो?

"हमारी गली में फेरी देने क्यों नहीं आई उजाला?"

अचानक उसके मुँह से निकल पड़ा–"गली में किसी के गीत की चाशनी बिखरी हो तो चिपकना कौन चाहेगा?"

"तुम मक्खी हो या ततइया?"

उजाला हँस पड़ी। और वीर डेरे से उस डगर की ओर मुड़ गया जो गाँव की ओर जाती थी। उजाला की हँसी बुझती हुई रोशनी की तरह तिरोहित हो गई बस एक वाक्य जुगनू की तरह चमक जाता था–मैंने तो पूछा ही नहीं, तुम्हारे बापू कहाँ हैं? इस जुगनू को हथेली पर धरकर वह भूल बैठी कि उससे वीर के गीतों का, उसकी आसक्त नजर का कोई मेल नहीं हो सकता याकि लौहमानवों की जातीय हठ से टकराने की उसमें हिम्मत नहीं है।

उसका मन वीर के संग-संग भाग रहा है। भागते-भागते उसने वीर को छू लिया है। छूते-छूते अपने आगोश में ले लिया...

यह प्रेम यात्रा या मोहब्बत का सफर और गीतों की लय दिन, महीनों और सालों का वक्त तय करते रहे।

मौसम गाँव से लेकर डेरों पर उतरते। गेहूँ के शिशु पौधों के बीच खड़ा कच्ची धूप में नहाता हुआ वीर दिखाई देता। हवा के संग उसका मादक स्वर लहराता–

'रात कली एक ख्वाब में आई, और गले का हार हुई।'

वीर जानता था बुन्देली गीतों के मुकाबले उजाला फिल्मी गीतों को आसानी से समझ लेगी और सचमुच ऐसे आग्रह उजाला को अभिभूत कर जाते। वह खेतों की ओर उड़ती दिखाई देती, लोग समझते ईंधन बीनने जा रही है।

वीर!

लड़के तो गाया ही करते हैं। वीर का स्वर असरदार है। उसकी लय सधी हुई है लेकिन यह किसी ने गौर नहीं किया कि उसका दिल लोहापीटाओं की लड़की के लिए धड़कता है। प्रेम की आग वह उजाला को उपहार में देना चाहता है। या अपने मोहब्बत में तपे हुए हृदय पर उजाला के प्रेम-घन की चोटों को सहने का अनूठा आनन्द लेना चाहता है। अब तड़प ही उसको प्रिय है। प्यार की तड़प मीठी कसक-सी होती है।

अब ये दिल की बातें दिल में ही नहीं थीं, उजाला से सीधा वार्तालाप था।

''दिखा वह रेशम की डोरी, जिससे तू मुझे खींचती है।''

''तुम दिखाओ पहले वह चुम्बक जिससे मुझ लौह बालिका को पकड़ रखा है।''

''पढ़ाईवाली बोली हमीं से सीखकर हमीं पर अजमाइश के काम आ रही है।''

''यह बोली हमने खुद बनाई है।''

''बड़ी योग्यता आ गई।''

''शिक्षामित्र से पूछो।''

हँसी का फव्वारा जिसमें उजाला और वीर की हँसी का जल उछलता हुआ जमीन पर गिरता और जमीन भीग उठती।

ऐसे में ही एक दिन लाल और सफेद छींट के शलवार-कमीज लेकर आया था वीर। कहने लगा कि आज उसका जन्मदिन है। उसने कपड़े खरीदे हैं। देखती हो न यह नीली धारियोंवाली सफेद कमीज और सफेद पैंट। पैकेट में उजाला के लिए कुछ...

उजाला ने पैकेट खोला तो हतप्रभ रह गई।

''मैं! मैं कैसे पहनूँगी शलवार-कमीज? घाघरा-ओढ़नी हमारे रिवाज में है।''

''रिवाज में? तो तुम्हीं बची हो रिवाजों को जिन्दा रखने के लिए। तुम्हारे डेरों के लड़के दुलंगी धोती और मिरजई क्यों नहीं पहनते? पग्गड़ क्यों नहीं बाँधते? वे क्यों बुश्शर्ट-पैंट पहनते हैं? पूछ अपनी रामप्यारी काकी से।''

उजाला की आँखों में अनूठी चमक आ गई, मगर उलाहना देती-सी बोली, ''ऐ वीर, तुम मुझसे अटपटे काम क्यों करवाते हो? ये कपड़े पहनकर क्या मैं लोहापीटाओं की लड़की नहीं मानी जाऊँगी? इतना जरूर है कि अपने लोगों के ऐतराज की निशाना बनूँगी। मतलब कि न तुम्हारे समाज की न अपने समाज की रहूँगी।

''हमारी रामप्यारी काकी बात न चले तो चला देती है कि उजाला के लच्छिन अच्छे नहीं हैं। कुचाल चल रही है। देखो तो रोज नहाने बैठ जाती है। अब ऐसी

नहावे-धोवे की क्या जरूरत आन पड़ी? अपने यहाँ तो महीनों-महीनों तक नहाने का चलन नहीं है।''

वीर हँस पड़ा।

''अरे रामप्यारी काकी तो अपनी बिरादरी की ज्ञानगुरु है। नहाने की बात तेरे बिगड़ जाने से जोड़ रही है।''

''हाँ, काकी मान रही है कि मैं किसी आशिक के लिए नहाती धोती हूँ, वह भी साबुन से।''

उजाला ने हाथ जोड़कर कहा, ''शिक्षामित्रजी, तुमसे पढ़कर ही हम बरबाद हुए।''

पीतल की गाड़ी : रईसों का खटका

अब बात साफ हो गई कि बापू गाड़ी लेकर कहाँ गया था। भोर होने से पहले ही बापू लौट आया था। उजाला बैलों के गले में बँधी घंटियों की ध्वनि से जाग पड़ी। वैसे वह सोई भी कहाँ थी। बापू की चिन्ता में नींद ने भी आवाजाही की किस्तें बाँध लीं। दहशत भी कम न थी कि हो न हो बापू अपनी बेटी की करतूतों को सूँघकर डेरे से निकल गया है कि उजाला के कारण बापू के ऊपर वीर का बाप कहर बरसा सकता है।

कहीं ऐसा तो नहीं कि बापू उजाला के अलावा अपनी पीतल की गाड़ी की रक्षा के लिए चारों दिशाएँ टटोल रहा हो। गाड़ी को हर हालत में वीर के पिता से बचाता फिरता हो।

इस गाँव की हवा में ही नहीं, हर गाँव की हवा में जहर घुल गया है और उस हवा में इस बात की बू फैल रही है कि लोहापीटा लोग लोहे के औजार बनाने का काम करें या न करें, मगर उनके पास अपनी विरासत का जो कुछ है, आज के बाजार में वह बेशकीमती है और यही बात गाँवों से शहरों तक चली गई। शहर, व्यवसायियों के ठिकाने जहाँ पाँच से सात सितारा होटलों की कतारें हैं। होटल, होटल नहीं होते, यह वीर ने ही बताया था, ये होटल पुराने रजवाड़ों से बढ़कर होते हैं। यहाँ राजा नहीं रहते, वीर ने बताया था, यहाँ दौलत के महाराजा ठहरा करते हैं, जो अपनी कमाई से महल नहीं खड़े करते, महल किराये पर लिया करते हैं। नौकर-चाकर, शानोशौकत और आराम तथा अय्याशी सब कुछ किराये पर। यहाँ तक कि सुरा-सुन्दरी की तलब के लिए भी भाड़ा चुका दो और ऐश करो।

वीर ने ही उजाला को बताया था, जैसे वह कोई नई खबर सुनकर आया हो।

"उजाला, राजस्थान, गुजरात और हरियाणा के होटल व्यवसायी हमारे पिताजी के पास आ रहे हैं इन दिनों। उनको पता लगा है कि इन गाँवों के आस-पास लोहापीटाओं के डेरे जमे हैं। वे पिताजी से कहते हैं कि उनको लोहापीटाओं से पुराना सामान चाहिए।"

"पुराना सामान?" उजाला की समझ में नहीं आया।

"हाँ, पुराना सामान। जैसे तुम्हारी गाड़ी, पोशाकें (दादा के जमाने की) पुराने गहने और पुराने पीतल-ताँबे के बर्तन।"

उजाला के अचम्भे का ठिकाना न था।

'वे हमारी गाड़ी का क्या करेंगे? मोटरगाड़ियों से काम नहीं चलता उनका? रेलगाड़ी और जहाज के सामने हमारी गाड़ियाँ! बैलगाड़ियाँ!!"

वीर क्या कहे? असलियत खोलकर उजाला को अप्रसन्न करना उसे गवारा न था। और उजाला अब उसे याचना भरी नजर से देखने लगी–क्या छिपा रहे हो वीर?

वीर भीतर तक पिघल गया। इस लड़की को अँधेरे में रखकर क्या पाएगा वह? ऐसी खुशफहमी किस काम की जो आगे उजाला को गहरे सदमे में उतारनेवाली हो।

"रामप्यारी काकी ने तुझे कुछ नहीं बताया?"

"क्या बताना था मुझे?"

"यही, कि पीतल की गाड़ी की भारी माँग है।"

"रामप्यारी काकी इन बातों को कितना जानती है, मालूम नहीं। वह तो बस मुझे यही सीख देती रहती है कि लौहमानवों की बेटियों को अपने चाल-चलन को लोहे की तरह रखना है कि आसानी से उन्हें कोई गला-पिघला न सके।"

वीर को छोटी-सी खोखली हँसी आ गई।

"तब तो उजाला तुझे मुझसे भी दूर रहना चाहिए ही।"

"और क्या।" उजाला मुस्करा रही थी, उसके गुलाबी होंठों पर हँसी सज उठती है।

"पर तू तो रामप्यारी काकी का उपदेश नहीं मान रही।"

यकायक वीर गम्भीर हो गया, बोला, "उजाला, बात यह है कि होटल व्यवसायियों के आदमी गाँव में घुस आए हैं, वे तुम लोगों की ऐसी गाड़ियाँ खरीदने आए हैं जो पीतल से जड़ी मढ़ी हुई हों।"

"गाड़ी खरीदेंगे? वे चलाएँगे गाड़ी?"

"नहीं, होटल के दरवाजे पर सजाएँगे पॉलिश और रंगरोगन से चमकाकर। पोशाक और गहनों को भी शोकेशों में रखा जाएगा। देशी-विदेशी जनता देखने आती है। देखकर उनको लगता है कि यहाँ इन महलनुमा होटलों में राजस्थान के बहादुर बाँकुरों की निशानियाँ उनके वारिस सँजोये हुए हैं। राजस्थानी शोभा की पहचान होना जरूरी है व्यवसाय के लिए।"

उजाला वीर की ऐसी ही और भी बातें सुनती रही। कुछ देर चुप रहने के बाद बोली–"तो हमें भी ले जाएँ। होटल में रहने की जगह दे दें। क्या वे यह नहीं जानते कि लोगाड़िया जाड़ा-गर्मी-बरसात का कहर किस तरह झेलते हैं? जलती-झुलसती गर्मी में गाड़ी पर मोमजामे की पन्नी लगाकर खुले में कैसे रहा जाता है? पाला पड़ती

हुई किटकिटाती ठंड में लोहापीटा आग में तपते लोहे पर घन चला-चलाकर अपने बदन में गर्मी पैदा करते हैं। वे नहीं जानते वीर तो हमारे डेरों के छोटे-छोटे बच्चों से पूछ लें कि गाड़ी हमारा कितना बड़ा आसरा है। बापू कहता है–इस मुल्क में हमारे पास इंच भर धरती नहीं है, सोचो हम इसी देश की गुलामी के खिलाफ लड़े थे और गुलामी ही हाथ रह गई। नहीं तो लोग गाड़ी छीनने भी आ जाते?

"जब बादल पूरे जोर-शोर से बरसेंगे तब गाड़ी के बिना हम कहाँ शरण पाएँगे?" उजाला का चेहरा लगातार सन्ताप की सूरत होता जा रहा था।

वीर चला गया। वह गाड़ी के लिए अफसोसनाक मंजर के सिवा कहाँ जाए? वह तरह-तरह से सोचती रही। बापू गाड़ी को बचाने के लिए दूसरे गाँव के डेरों पर गया होगा। रामप्यारी काकी से बापू की जो बात हुई, उस पर उजाला ने अपने कान बिछा दिए–"दो हजार कर्ज लिया है, वीर के पिता की रकम चुकानी थी। नहीं तो वे गाड़ी को दलालों के हाथ बेचकर मानते। हमें क्या मिलता और वे क्या लेते, इसके लिए हमें नहीं पूछा जाता। हम तो उनके गाँव के पास बसे डेरों की मेहरबानी पर ही लुटे जाते हैं। दबंग आदमी की बात न मानें तो गाँव का कुत्ता तक हमें फाड़कर खा जाए।

"रामप्यारी भाभी, गाड़ी पीतल की नक्काशी से सजी है सो खूबसूरत बेटी की तरह रोज खतरे की घंटी बजा देती है। बचाते-बचाते ही हलकान हो रहे हैं। साले शहरी दलाल न हो गए भडुओं की औलाद निकले।"

बापू के आगे रामप्यारी काकी ने रोटी और तरकारी रख दी। लोटा भर पानी रख दिया। बापू हाथ धोकर खाने बैठा। कौर तोड़ रहा था मगर उसका ध्यान यहाँ नहीं था।

बापू बोला, "रामप्यारी भाभी, गाड़ी बचाना लाजिमी था। पाँच रुपए सैकड़े की दर से कर्ज लेना पड़ा है। बात यह भी तो है कि बिचौलिया आएगा और फिर बाद में सब मनख और हग्गी (समधिन। उजाला का सम्बन्ध भी तो..."

"तू जानता है रामरतन, लड़के के बाप को?"

"ना।"

"उसकी रिश्तेदारी कहाँ-कहाँ है?"

"उरई के पास डेरों में। कालपी के डेरों में भी।"

"अच्छा। कालपी के पास मोहनपुरा में तो मेरी भतीजी रामा के मौसा हैं। सब बातें खुल जाएँगी।"

"हाँ, भाभी बस टैम लगना है सो वो तो लगता ही है।"

उजाला लड़कियों के ब्याह की बातें सुनती रही है। उसका ब्याह आज नहीं तो कल होगा। ऐसे ही रामा का भी, विमला और सन्तोषी का भी।

"वीर!" यकायक यह नाम दिल में धड़का। लगा कि ब्याह के मंडप में विस्फोट हुआ। उजाला ने आँखें बन्द कर लीं। कान बन्द करके उकडूँ बैठ गई।

शादी की बातों के बीच वीर कहाँ से आ गया? वह तो अपने गीतों का धनी, प्यार की लहरों से खेलनेवाला बड़े घर का लाड़ला बेटा है। मर्जी से आता-जाता है। उसके साथ सब दूर के खेल हैं। हँसने-बोलने का प्यार भर का रिश्ता।

उजाला ने कल्पना की, मानो वीर उसका वर है। वह भट्ठी के पास बैठा धौंकनी चला रहा है। वह लाल शोलों पर लोहे को तपा रहा है। उजाला अपनी ताकत भर घन चला रही है, दोनों बाँहों को ऊपर से नीचे की ओर फटकारती हुई, पेट और पीठ में बल डाल-डालकर पसीने से लथपथ और साँसों से हाँफती हुई...

उजाला थरथरा उठी इस कल्पना पर। वीर इस छवि पर निछावर होकर अपनी छवि बदलेगा? डेरों पर बड़े बूढ़े कहते हैं कि शादी-ब्याह अपनी बिरादरी और बराबरी में ही फलते-फूलते हैं। हाँ, ऐसा ही तो है नहीं तो वीर उसकी बराबरी में फिर क्यों नहीं बैठ रहा? वह वीर के साथ अटपटी क्यों लग रही है, जब कि यह तसवीर उसने ही बनाई है।

इसके बाद उजाला ने वीर की जगह अपने साथ एक अनजान युवक की मूर्ति को जगह दे दी जिसकी सूरत की कल्पना तक उसके पास न थी। बिरादरी का ऐसा करिश्मा होता है? जाति का ऐसा दबदबा है? उजाला ने अपने कुँआरेपन की अधीरता पर नियन्त्रण का विराम लगा दिया। अब उसने अपने तन-मन को बापू और रामप्यारी काकी के हवाले छोड़ दिया।

आसपास खड़ी गाड़ियों पर जब यह बात उजागर हुई तो रतनी दादी उजाला के सिर पर हाथ फेरने आ गईं। रतनी दादी के चेहरे की झुर्रियाँ तक लाड़ से भरी थीं और सन जैसे सफेद बाल शुभाशीषों के साथ मुस्कराए जा रहे थे, रतनी दादी आज खुशी का खजाना थीं। दादी ने अपनी छोटी बहू को पुकारा-'सिरी देवी, उजाला के बालों में से जुएँ बीन दे और फिर सिर धुलवाकर तेल डालकर वेंड़ा बाँध देना।'

गाड़ियों की बसावट छोटे मोहल्ले के रूप में थी, अब एक परिवार जैसी लगने लगी। बूढ़ी औरतें लड़केवालों के आने से लेकर रुकने और बात तय होने को लेकर देर रात तक बतियाती रहीं। बहुएँ उनकी बातें सुनतीं और अपने अनुभव के आधार पर दखल देतीं। वे अपने-अपने ब्याह के किस्से सुनातीं।

सिरी देवी ने खुद रतनी दादी को याद दिलाया कि बात तय करने के लिए तुम लोग दस दिन तक हमारे यहाँ मेले रहे थे। तब भी बात तय नहीं हो पाई थी।

रतनी दादी अपनी ही बोली बोलती हैं-"सिरी देवी, हमारौ छोकरौ कानौ लूलौ कोई नी। तेरे बाप ने घणी रकम माँगी।"

"तो क्या मुफत में दे देते अपनी बेटी?"

"मुफत में हम ना माँगते।"

"और क्या बात थी? घणी रकम क्या होती है, जो हमारे बाप ने माँग ली?"

रामप्यारी काकी ने सास-बहू की चकल्लस को यह कहकर शान्त किया कि- "अब उजाला के ब्याह की बात का दिन है कि यह बहू अपने ब्याह की बात उखाड़ बैठी?"

काकी ने रतनी दादी का ध्यान अपनी ओर खींचा, "ए रतनी बऊ, अठै आ जाओ। सलाह करनी है। मनख आएँगे, दस दिन ही बचे हैं।"

ब्याह की बात, कुँआरी लड़की का सत्त और लौहमानवों की क्षत्रिय हठ के बावजूद उजाला के उमड़ते प्यार की हिलोरों ने संयम की नदी के किनारे तोड़ने शुरू कर दिए। वह यह देख-देखकर विचलित थी कि वीर अपने पिता की हिदायतों और डाँट फटकार के बाद भी पुलिया पर बैठा कोई प्रेमगीत गाता रहता है। शायद उजाला सो जाती है, तब वह अपने घर लौटता है। क्या उसे गाड़ीवाले डेरों पर मची हलचल से उजाला की शादी के बारे में पता चल गया है? तभी तो वह इतनी बेचैनी और जल्दी-जल्दी से डेरों की ओर आता दिखाई देता है। अब उसका गाना पहले जैसा नहीं लगता, आवाज में मस्ती नहीं कँपकँपाहट होती है। लय भी दर्द भरी-सी...। उजाला को चिन्ता ने घेर लिया। क्या किया जाए? उसने वीर को गौर से देखने की खातिर चुपचाप आगे कदम बढ़ा दिए। देखा। वीर अपनी ताकत में दमक नहीं रहा, चेहरा बेनूर-सा...उजाला भी फटी-फटी आँखों से उसे देखती रही।

उसे अपने ऊपर शर्म आने लगी। चुपचाप खड़ी रही। तभी अचानक मन में बिजली-सी कड़की-यह भी क्या दोष नहीं है? पाप नहीं है? खता नहीं है? कि वीर को उसके प्यार की आग झुलसा रही है और वह अपने ब्याह के बारे में सोचकर पवित्र कन्या का फर्ज अदा कर रही है। ऐसा कुछ सोचते हुए उजाला के सामने दो बिन्दु बन जाते-एक वीर और दूसरा अपने डेरों का समूह जिसके आगे बापू खड़ा होता।

'मैं वीर को प्यार करती हूँ। करती रहूँगी। इस ब्याह-शादी से वीर के प्यार का क्या मतलब? मेरे प्यार की डोर मेरे हाथ में रहेगी, इसमें किसी का क्या दखल?' उजाला का निश्छल और अबोध-सा मन विवाह के अनदेखे बन्धनों को न समझा पाता। उसे प्यार और शादी, दो अलग-अलग शय दिखाई देतीं।

वीर पुलिया तक आता और लौट जाता। उजाला से कोई सवाल नहीं। जो कहना होता गीतों की जुबानी अपने स्वर के जरिए खेतों और मैदानों में बिखरा देता। लोगों को अब भी पूरा पता न था कि वीर और उजाला किस सम्बन्ध में बँधे हैं।

अगर कोई भाँप रहा था तो वीर का पिता। मगर अब तो ऐसे आसार दिखने लगे थे कि वे भी मानने लगे–लड़की के ब्याह के साथ ही ऐसे मामले खतम हो जाया करते हैं। यों तो जवान होते लड़के और लड़की में प्यार–मोहब्बत जैसा कुछ बहुत बार दिखाई देता है। शादी ऐसी भारी ऊँची दीवार है, जिसके पार पुराना दिखाई नहीं देता।

तभी! जब चन्द्रमा खेतों में चाँदनी छिड़क रहा था, वीर पुलिया पर बेसुध–सा बैठा था। लगा कि एक परछाईं उसकी ओर चली आ रही है। लौह मानवों की देवबाला के रूप में, रंगीन घाघरा और चोली के साथ ओढ़नी में...

"वीर!" भरी हुई–सी आवाज।

वीर ने सिर झुका दिया देवमूर्ति के सामने।

"क्या कहते हो?"

"क्या कहूँगा? कहूँ तो कर पाएगी?"

"बोलो।"

"चल, मेरे संग चल।"

"चलूँगी, पर अभी नहीं।"

"फिर कब?"

"जब घड़ी आएगी तब।"

वीर अब क्या कहे? बड़ी मुश्किल से उसने अपनी गर्दन सीधी की और सिर उठाया। उजाला के दोनों कन्धे पकड़कर खड़ा हो गया और बोला, "ऐसी घड़ी क्यों आए उजाला कि तेरा गृहस्थी बिखरे! तू बस खुश रहे।"

वीर के बोल...उजाला कट–सी गई। एक–दूसरे के सामने अपने दिल को ऐसे ही खोलने की बात सोची थी क्या? वह भी विदा बेला में!

बापू उजाला की सगाई के लिए आए मनखों की गाड़ियाँ खाली जगह बता–बताकर लगवा रहा है। गाड़ियों में जुते बैल गर्मी और पसीने से बेहाल हो गए। जानवरों को बँधवाकर, उनके लिए भूसा और हरा चारा डालकर बापू और डेरों के बड़े बुजुर्ग इकट्ठा होने लगे।

रामप्यारी काकी के संग उसकी भतीजी रामा जो कि उजाला की ही उम्र की है आ गई। रतनी काकी की बहू सिरी देवी भी उपस्थित है जिसने आज नाक में छोटी–सी सोने की बाली पहनी है। ओढ़नी के रंग की सुर्ख बिन्दी लगाई है। तारा फुआ, जिससे उजाला का कोई खास सम्बन्ध नहीं था, मुस्तैदी के साथ हाजिर है। मुँह धोकर बढ़िया कपड़े पहने हैं। रामा ने तो क्रीम पाउडर भी लगाया है और होंठों पर गुलाबी रंगत मली है। पीले रंग का घाघरा और हरी चुनरी में वह सिनेमा की

गँवई हिरोइन लग रही है, गोरे रंग की गदबदी रामा। रतनी दादी खुद हमेल पहनकर आई है जिसमें चाँदी के सिक्के और सोने की एक मोहर गुँथी है। मीना, समीना नाम की दो बहनें रामा की मौसी की बेटी हैं, नाच में जिनसे कोई टक्कर नहीं ले सकती। उन दोनों की पोशाक भी एक सी है–नीला घाघरा और सफेद महीन चुनरी।

दो बुजुर्ग सामने आ गए जिनकी घुमावदार बड़ी-बड़ी मूँछें खिचड़ी बालों की हैं। मोमजामा के पाल की जगह आज रंगीन शामियाना है। बड़े कमरे जैसा शामियाना बापू ने भाड़े पर लगवाया है। सारा सामान आ गया, जिससे खाना तैयार होगा। आटा, दाल, मसाले भी खूब आए हैं, सगाई तय होने में न जाने कितने दिन लग जाएँ।

हग्गी (समधिन) लाल घाघरे वाली औरत अपने साथ छह-सात औरतें और भी लाई हैं। सब घेरा बनाकर एक ओर जाजिम पर बैठी हैं। समधिन के साथ वे शादी-ब्याह की बातों में तल्लीन हैं। तम्बाकू खा रही हैं और बीड़ी पी रही हैं। कश लगाकर धुआँ नाक से निकालती हैं, उजाला का जी मिचलाने लगा क्योंकि धुएँ में उनकी नाक में पहनी बड़ी-सी पंगुरिया भी गुम हो जाती है। उनके हाथों में चाँदी के खड़ुआ और पाँवों में झांझन हैं। उनके शीशों पर बोलड़े बँधे हैं अपनी चाँदी की नक्काशीदार लड़ों के साथ। गले में हँसली और हमेल जैसे गहने। दूर से देखो तो अपनी सजावट में वे कठपुतलियाँ लगती हैं।

बात समधिन ने शुरू की–

"हमारा लड़का स्याना है। औजार बनाना सीख रहा है। तुम्हारी लड़की भी अच्छी सुनी है। फुर्ती से घन चला लेती है। नहीं तो आजकल काम से जी चुरानेवाली लड़कियाँ ज्यादा हैं। जोड़ी अच्छी रहेगी।"

रामप्यारी काकी ने बात आगे बढ़ाई, "है तो सब ठीक-ठाक, पर बात तो गुंजाइश की है। उजाला के ब्याह की खातिर तो और लोग भी आए हैं।"

भावी समधिन व्यावहारिक ज्ञान की मालकिन थी, रामप्यारी काकी की बात पर पेशतर जवाब तैयार था, "लड़का-लड़की ब्याह लायक होते हैं तो लोग भी आते-जाते हैं। पर इतना जाने रहो कि हमसे लुका-छिपी का खेल खेलना नहीं आता।"

रामप्यारी काकी के पास बैठी तारा फुआ अपनी नाक में पहनी छोटी नथुनी टटोलती हुई अपनी राय देने लगी, "हाँ हाँ, पूछ-ताछ होने दो।"

बहू सिरी देवी आज के लिए काँच की हरी चूड़ियाँ बारह-बारह के हिसाब से पहनी हैं और चूड़ियों के आगे सोने के खड़ुआ भी सजे हैं। अपना हाथ औरतों के सामने करते हुए बोली, "पूछ-ताछ को क्या रह गया है फुआ? बिचौलिया ने तो दोनों ओर का सब कुछ खोलकर धर दिया है।"

समधिन थोड़ी आक्रोशित हो गई, "बताओ तो खुलासे में हमारे छोकरे में क्या

दोस बैठा? और कोई कह दे कि हमारे गाड़ी-बैल से लेकर भट्ठी-धौंकनी में कहाँ कमी है?"

रामप्यारी काकी असली बात पर आ गई, "दोस की बात कौन कह रहा है, लेन-देन की बात का सवाल है।"

"लेन-देन की बात? अरे जो रेट चल रहा है, वो ही तो देना है।" समधिन की आवाज सपाट थी।

औरतों में से तारा फुआ ने सबको चुप रहने का इशारा किया और उँगली के संकेत से बताया कि मर्दों के बीच बात चल रही है।

लड़के का बाप बराबर माथे पर छलक आया पसीना पोंछ रहा है।

यह दृश्य देखकर औरतों के समूह में सन्नाटा-सा छाने लगा, कहीं बात टूटने...

तभी लड़के की माँ बोली, "छोकरी-छोकरे की जोड़ी का खयाल जरूरी है।"

तारा फुआ जब कभी डेरों पर आने-जानेवाली, खम ठोककर उजाला के चलन की गारंटी लेती हुई बोलीं, "उजाला जैसी छोकरी दीया लेके ढूँढ़ोगे, तब भी न मिलनेवाली।"

"सो हमारा छोकरा भी बेसकीमती है चोर-उचक्का नहीं।" समधिन ने हिसाब बराबर किया। और ठोड़ी को टटोलती हुई मर्दों के समूह की ओर देखने लगी।

देखकर जो भाँपा, औरतों के बीच उगल दिया, "दस हजार बोले हैं। लो, सरबत पिलाया जा रहा है।"

रामप्यारी काकी तमाकू थूकने के बहाने उठी और शामियाने के बाहर चली गई जहाँ रतनी दादी पहले से जा बैठी थी। काकी ने दादी के सामने बैठकर अपना भाव उगल दिया-"देखो तो, छोकरे की माँ की जुबान तो कैंची की तरह चलती है। चुड़ैल। उजाला कैसे निभेगी? बोलो तो रतनी बऊ?"

रात घिर आई। मेहमान और मेजबान सब मिलकर खाना बनाने की तैयारी में लग गए। तीन-चार भट्ठी सुलगाई और साग-सब्जी छौंकने के लिए खड़ा ताजी मसाला सिलों पर पिसने लगा। लहसुन, प्याज, ढेरों गरम मसाला और मिर्च धनिये की चटनी सब सरसों के खौलते तेल में छोड़े गए तो डेरों से लेकर खेतों में खूशबू फैल गई।

उजाला भी काम में हाथ बँटा रही थी। वह बहुत बड़े आकार की थालियाँ ले आई और उनमें शाक-सब्जियाँ परोसी गईं। एक थाली में पचासियों चुपड़ी हुई रोटियाँ रखी थीं। पाँच थालियों में पच्चीस आदमियों ने साथ-साथ खाना खाया। ऐसे ही तीन थालियों में से बारह औरतों ने भोजन किया। पीछे से खीर आई, किशमिश, छुआरे और कसा कटा हुआ नारियल गुड़ से मीठी की गई खीर में पड़ा था। बड़े-बड़े कटोरों में खीर थी, मगर सबको अलग-अलग। पहले हाथ से खाई

फिर पीकर खीर खत्म की।

छोकरे के पक्ष की औरतें उजाला को अपलक निहारे जा रही थीं। काम करने के ढंग से रूप-रंग तक। उसके भरे हुए चेहरे और गालों में पड़ते गड्ढे, चमकदार काली आँखें, हाथ-पाँव लम्बे और मजबूत, हथेलियों में घन चलाने से पड़ी हुई खूबसूरत ठेकें।

छोकरा बराबर उजाला के वक्ष को घूरे जा रहा था। आँखों में छातियों का अक्स उतार रहा था। उजाला यकायक दृश्य से छिटक गई। मगर वह फिर आसपास मँडराने लगा। फिर उसके बदन को तोलने लगा। क्या यही है अपनी माँ का वह बेटा जिसके लिए मोल-तोल हो रहा है? यह बापू को उसकी बेटी की कीमत चुकाएगा और खरीद ले जाएगा।

उजाला ने कनखियों से देखा और गौर किया, छोकरा वाहवाही की निगाहों के साथ मुस्करा रहा है। उजाला ने निगाहें फेर लीं।

अब तक खाते-पीते सोते-जागते और ब्याह को सौदे की तरह पटाते हुए पाँच दिन बीत चुके थे। छोकरा बराबर नजदीकी बनाने की कोशिश में लगा हुआ था और डेरे पर रोज ही कोई-न-कोई नया आदमी आता जो लड़के के पक्ष में अपनी शिनाख्त देता। लेकिन बापू था कि अब तक भी राजी नहीं हुआ। रुपयों पर बात ठहर नहीं पाई या कोई दूसरा मशवरा बात को अटकाये हुए हैं? क्या यह कि-बुआ क्या देगी? मामा क्या लाएगा? रिश्तेदारों में कितनी गुंजाइश है? गहना, कपड़ा क्या होगा?

हग्गी बोली, "ये सब क्या एक दिन में तय होनेवाली बातें हैं? हम फिर आएँगे। तब देख लेंगे।" यह कहकर समधिन ने अपने साथियों के साथ विदा ली।

नहीं, लड़के के माँ-बाप विदा नहीं हुए। बात यह थी कि इतने दिनों में रामप्यारी काकी ने अपनी भतीजी रामा के लिए समधिन से बात कर ली। यहाँ मसला दस या पन्द्रह हजार का नहीं था, यहाँ बात 'साँठ सगाई' की थी।

'साँठ सगाई!' मतलब कि बदले का ब्याह। रामप्यारी काकी को छोकरा अच्छा लगा था और उसकी बहन भी सुहा गई थी। रामा का ब्याह इस छोकरे से होगा तो रामा के भाई, जिसकी शादी कहीं लग नहीं रही, उससे इस छोकरे की बहन की शादी हो जाएगी।

उजाला का बापू रामरतन हतप्रभ रह गया जब उसने सुना कि रामप्यारी काकी ने अपनी भतीजी का रिश्ता तय कर दिया। साँठ सगाई, पक्की हो गई। लोग-बाग यहाँ एक का रिश्ता तय करने आए थे, दो-दो जोड़ों के ब्याह तय हो गए। रिवाजों की अहमियत का करिश्मा है यह या संजोगों का चमत्कार? रामरतन, उजाला का बापू इससे ज्यादा कुछ नहीं समझ पाया।

उजाला ने माना कि उसका ब्याह वीर के प्यार की ताकत ने रोका है। अच्छा

हुआ या बुरा? उसने खुद से ही पूछा, क्या वह चाहती थी कि ब्याह तय हो जाए? बिछोह पर उसका दिल तड़प नहीं उठता था? लेकिन ऐसा तो लड़कियों के साथ होता ही है...

उजाला अनमनी है। सारे क्लेश कट गए फिर भी? उदासी उसका पीछा नहीं छोड़ रही। क्यों? क्योंकि उसे अपनी तौहीन का दुख है। जो कुछ उसके साथ हुआ उसकी पीड़ा है। अपने डेरों की एकमात्र पढ़ी-लिखी-सी और सुन्दरी भी और गुणी लड़की मानी जानेवाली उजाला के लिए कोई वर दस हजार देने के लिए राजी नहीं हुआ! पाँच दिन तक वह उम्मीद और नाउम्मीदी के भँवर में चक्कर खाती रही, वीर से टूटने के दर्द से गुजरती रही...कितना कष्ट था!

अब क्या होगा? अपनी नहीं, पीतल जड़ी गाड़ी के अपहरण की चिन्ता सताने लगी। बापू के हाथ रकम नहीं आएगी तो जिस किसी से कर्ज लिया है, वह कैसे पटेगा? होटल के दलालों के हाथ गाड़ी बिक जाएगी तो लगेगा जैसे बापू के पाँव ही काट लिए हैं किसी ने...बापू से ज्यादा लाचार उजाला हो जाएगी। वीर अपनी हैसियत से अपने पिता को रामरतन लोगड़िया के पक्ष में मनाएगा? वीर अब तो शिक्षामित्र की नौकरी पर भी नहीं है, सो बेरोजगार बेटे की बात बाप मान ले वह भी किसी नाचीज लोगड़िया के लिए, ऐसा चलन कहाँ है? ऊपर से वीर का संगीत प्रेम उसके पिता को सख्त नापसन्द है।

उजाला सोचती है, शादी तय होना जरूरी था क्योंकि इससे दो-तीन मुश्किलें आसान हो जातीं।

उजाला के होंठों पर अनचाही मुस्कराहट फैल गई-'तो मैं अपनी शादी के लिए शादी नहीं, मुश्किलें आसान करने के लिए शादी चाहती हूँ।'

गाड़ी की छाँह तले बैठी उजाला अपने हाथों में पहनी चूड़ियों से खेल रही थी। सोच रही थी-'क्या मेरी तरह ही लड़कियों का कोई-न-कोई वीर होता है? क्या माँ-बाप और परिवार की मुश्किलें आसान करने के लिए ही लड़कियाँ अपनी चाहत अपने सपनों से मुख मोड़कर शादी की राह चल देती हैं? ऐसा नहीं हो पाता तो मर-खप जाने का आलम आ जाता है। वह ऐसी तमाम बातों से गुजरने लगी, लेकिन बार-बार यही भाव उभर आता कि उसने शादी नहीं चाही थी। फिर भी विवाह सम्पन्न न होने पर दिल में हाहाकार मचा है। रामप्यारी काकी का व्यवहार गहरी ठेस दे गया। माँ की जगह खड़ी रामप्यारी काकी धड़ाम से क्यों गिरी? रतनी दादी क्या ठीक ही कहती हैं कि-'प्यार पहाड़-सा टूट जाता है नाता महीन धागे-सा भी बरकरार रहता है।'

उजाला का आज उठने तक का मन नहीं। बापू ने उसकी उदासी को भाँप लिया तभी तो जल्दी-से-जल्दी आटा गूँथ लिया पिता ने। आटे को पानी में सानकर घंटा-

दो घंटा रखना होता है, बापू क्या जाने? उजाला जैसी उदासी गाड़ी और बैलों पर घिरी हुई है। निराशा और हताशा का उनका अपना माहौल निजी है, जिसमें कोई शामिल नहीं। दूसरे लोग तो मनखों के विदा होते ही गप्पें मारने बैठ गए। रामप्यारी काकी की अक्लमन्दी के चर्चे हो रहे हैं कि ऐसी औरतों से ही लौह मानवों की आदिम परम्पराएँ जिन्दा हैं।

प्यार और विवाह के बीच कैसी खींचतान है! वह जानती है कि ब्याह हो जाता तो एक मर्द का साथ मिलता जो पति कहलाता। फिर वीर की एक झलक पाने के लिए, उसके स्वर में गीत की एक कड़ी सुनने के लिए वह कितने-कितने जतन करती और उजागर होने पर कितनी-कितनी सजाएँ मिलतीं। आज तो उसे खुश होना चाहिए कि अपने लिए आजाद तो है। शादी के लिए अस्वीकृत हो जाना, आत्मसम्मान को ठेस पहुँचाने का कारण नहीं होता। उसके वजूद की स्वीकृति वीर के प्रेमगीतों में है।

वीर! उजाला अपनी दुविधा में है। वीर उसके परिवार को इज्जत नहीं दे सकता। वह लड़का ही इसके योग्य माना जाता, जिससे ब्याह होता। 'प्यार' यह शब्द फालतू में ही अपना जलवा दिखाता रहता है। रिवाजों का हक नहीं जानता जो प्यार को एक क्षण में लूला-लँगड़ा करके डाल देती हैं। वीर कितना ही प्यार लेकर आए, वह कंगाल ही माना जाएगा। वह कितना ही नेक इनसान बने, कबीले के लिए वह हर हालत में अजनबी है।

डेरों के नजदीक जिस पुलिया पर आकर वीर बैठता था, आज उजाला बैठी है। कपड़े वे ही पहने हैं, जिनमें सजकर भावी ससुरालवालों के सामने जाना था। माना कि सारी कोशिश नाकाम हो गई, लेकिन उजाला का मन तो रद्दी की टोकरी नहीं कि पाँच दिन के कूड़े-कचेरे को समेटे फिरे। उसके मन में बीती हुई चुभन के बाद एक ताजा गुलाब खिला है। गुलाब, जो वीर के स्वरों से निकला था, उजाला ने चुनकर दिल में सँजो लिया।

'गुलाब जिस्म का यों ही नहीं खिला होगा
हवा ने पहले तुझे फिर मुझे छुआ होगा'

उजाला का मन हुआ, अपनी गाड़ी में बैल जोतकर नदी के पाट की ओर जा निकले। वीर को पुकार ले-देखो वीर, हम दोनों सलामत हैं। हमारा मोल भाव सहज नहीं और मेरा बापू भी विरासत का व्यापारी नहीं। लोग कहते रहें-'उजाला का ब्याह नहीं होता। उजाला को कोई लड़का स्वीकार नहीं करता।'

वैसे गाँव की बात तो उजाला जानती है कि लोहापीटा लोगों की औलादों के ब्याह होने या न होने से उनको कोई मतलब नहीं, भले लोहापीटा पचासियों साल से यहाँ रहते आए हों, वे यहाँ के बाशिन्दा नहीं माने जाते। न गाँव में रहनेवाली

जाति- बिरादरियों में शामिल माने जाते। वे परदेसी, किसी भी रिश्ते से परे। पड़ोसी भाव भी इनके मामले में काम नहीं करता। बस चलते-फिरते ये लोग अपनी गाड़ी और औजारों के व्यवसायी चेहरे से पहचाने जाते हैं। फिर किसी को क्या पड़ी कि उजाला के ब्याह का क्या हश्र हुआ? वे तमाशा सा देखते रहे।

इन दिनों उजाला तमाशा ही बन गई है।

गाँव के शोहदों के लिए तमाशा! शराब का ठेका नया खुला है। डेरों से दूर नहीं है। तमाम नशाखोर यहाँ जुटते हैं। डेरों की ओर इशारा कर-करके बातें करते हैं। गाँववालों को उज्र नहीं है। लोहापीटाओं की बहू-बेटियाँ उनकी अपनी बहू-बेटियाँ थोड़ेई हैं। जैसे मर्जी हो, कोई देखे, बोले, व्यवहार करे।

''ब्याह कैसे होता इस छछूँदर का, आशिकी की खबर लग गई होगी।''

''सीधे कह यार, जूठी थाली में कौन खाता है।''

''चल तू भोग लगा ले, मजा के लिए क्या बुरी है, ब्याह की बात अलग है।''

''आए तो सही, हम तो तैयार बैठे हैं।''

''अरे चुप। चुप।''

''क्या हुआ ऐसा?''

''वीर। वीर...''

उजाला ने अपने कान बन्द कर लिए थे, मगर जिस तरह बदबू नाक बन्द करने पर भी नहीं रुकती, ऐसे ही गन्दी आवाजें कानों में इधर-उधर के रास्तों से समाने लगीं।

'वीर वीर' क्यों कह रहे हैं? कहाँ है वीर? उजाला ने अपनी जगह खड़े रहकर चारों ओर देखा तो ठठाकर हँस पड़ा नशेड़ी मर्दों का जत्था। वह तुरन्त हटने लगी वहाँ से कि अब अपने डेरों के पास भी महफूज जगह नहीं बची। उसने डेरे पर खड़ी गाड़ी का तिरपाल नीचे तक खींचा और उसके पीछे खुद को छिपा लिया। धड़कते सीने पर हथेली रखकर खुद को शान्त करने लगी। बापू यहाँ है नहीं। अगर इनमें से कोई...या दो-तीन एक साथ...?

उजाला ने नजर घुमाई। गाड़ी के नीचे रखे कुल्हाड़ी, फावड़े और हँसियों को गौर से देखा! बाप का कहना याद आया-'तू अकेली कभी नहीं है क्योंकि तुझे हथियार ढालना आता है, तेरे साथी ये औजार ही हैं। तू राजपूताने की बेटी है, जिसके बदन में खून नहीं, मुकाबला करने की ताकत बहती है।' बापू के इस मन्त्र का उजाला ने बार-बार स्मरण किया। हिम्मत जुटाती रही। लगा कि मन्त्र उसको रास आ रहा है। उजाला ने उस दिन के आमने-सामने वाले वाकये को याद किया जब

कुछ लड़के उसका रास्ता रोककर खड़े हो गए थे। वह चक्कर काटकर दूसरे रास्ते से भी जा सकती थी, लेकिन उन दिनों बापू का दिया मन्त्र ताजा-ताजा था, सो उसका असर रगों में सनसना रहा था।

"देखो, देखो आ रही है।"

"यह! कौन है प्यारे, बताओ।"

"नचनियाँ। फिल्मी गाने पर कूल्हे मटकाकर और अपने दूध हिला-हिलाकर नाची थी, क्या दिलफरेब नाच था इस बेड़िनी का।"

"है तो गरमागरम माल।"

"इसकी बिरादरी के लौंडे इससे डरते हैं। इसके किस्से सुनकर बैरंग वापिस। ब्याह के लाले पड़ गए।"

"आजा मेरी जान। कहाँ चलेगी, बता।" टी-शर्ट और जींसवाला लड़का अपने होंठों पर जीभ फिराता हुआ अश्लील इशारे करने लगा।

उजाला को लगा कि पीछे लौट जाए। उसने आवेग में अपना निचला होंठ कुचल डाला। इतना कि खून निकल आया जिसमें आक्रोश बह रहा था। भीतरी तहों में ऐसा अन्धकार लगा कि आँखें बन्द होने लगीं। लड़कीपन की लज्जा का यह भयावह अनुभव था। इसी दहशतनाक स्थिति में उसने हिम्मत खींची कि अपना तन-बदन थर्रा उठा। दाँती भींचकर कन्धे पर लटके थैले से हँसिया निकाला और वार करने के लिए आगे बढ़ गई। लौहमानवों की बेटी ने बेधड़क वार किया। अभी तक जो सबसे ज्यादा उत्तेजक मर्दानगी का मालिक बन रहा था, उसके गले से चीख की जगह दर्द फट पड़ा। वह घुटनों के बल गिरा। खून देखकर सहम उठी उजाला। उसके तीन दोस्त कहाँ गए? भाग खड़े हुए?

यह वारदात ऐसे ही शान्त नहीं चली गई थी, गाँव की पंचायत में लोहापीटाओं को सख्ती से तलब किया गया था। उजाला पेश हुई। बापू ने कह दिया? "आज तो हमारी बेटी है, कल के दिन गाँव के बेटी के साथ ऐसा कुकर्म होगा तो वह बेटी क्या इन दरिन्दों को माफ कर देगी? आप लोग तो अपनी बेटियों को हथियार चलाना भी नहीं सिखाते। वह चुपचाप जिबह हो जाएगी, हमने भी माना।"

"जिबह होती नहीं हैं क्या?" गाँव की बूढ़ी औरत ने पंचायत में हाथ उठाकर कहा।

डेरों पर उस दिन यह चर्चा खासतौर से हुई कि इस गाँव में बहुत-सी अन्याय भरी बातें हैं मगर यहाँ औरतें सच्ची और खरी बात कहने से चूकती नहीं हैं। उजाला उसी वृद्धा की पैरवी से बच गई। बात यह भी सिद्ध हुई कि स्त्रियाँ पुरुषों से कुछ अलग राय रखती हैं।

रामप्यारी काकी की भतीजी रामा अपने ब्याह के बाद यहाँ डेरों पर लौटकर आई। पूरे दस दिन बाद आई थी रामा। दस दिन में कोई इतना बदल सकता है? उजाला ने आश्चर्य से देखा। घाघरा ऊँचा नहीं, पाँवों तक नीचा है। ओढ़नी भी सीने पर ढँकी हुई। रामा ने बालों का बैना नहीं बनाया, एक चोटी गूँथी है। सिर की माँग में बोलड़ा पहनना जरूरी है, मगर बोलड़ा से उसके सिर में दर्द होता है। बाँहों तक हाथी-दाँत के चुड़ला की भी यही दास्तान है। रामा की बाँई कलाई पर चूड़ियों के साथ घड़ी बँधी है।

"सब बहानेबाजी है रामा की।" सिरोदेवी ने होंठ ऐंठकर कह दिया।

"नई फेसन बता रही है रामा। कहती है, मरद दारू पीता है, उसके लिए बियर लाता है। बियर की तासीर हल्की होती है। सिरीदेवी बाबी (भाभी) को खुद बताया रामा ने।"

रामा महकउआ तेल लगाकर रहती है। चेहरे पर क्रीम-पाउडर का लेप भी करती है, तारा फुआ ने दूर से ही गन्ध पकड़ ली। सिरी देवी बाबी और तारा फुआ ने रामा से फुस्स-फुस्स की बोली में न जाने कितना कुछ पूछा। दस दिन में कैसा गुप्त खजाना बाँध लाई रामा?

डेरे की युवतियों की आँखों में मस्ती लहरा उठी। इस महफिल ने गाड़ी के पास बहारों के बाग उगा लिए। हँसी-ठिठोली और मजाक, औरतों के स्वर ही बदल गए। रामा का ब्याह हुआ और ये सब अपनी-अपनी सुहागरात जीने की इच्छा से जगर-मगर हैं।

"रामा, सुना है तुम्हारे ससुरालवालों ने कमरा बना लिया है। बिस्तर वहीं लगा था?" यह सिरी देवी बाबी थी।

रामा शरमा रही है। उसके लाली लगे होंठ दाँतों के नीचे आ गए और ठोड़ी छाती से जा लगी। क्या बता दे वह?

"कमरा में तो सोने-बैठने की खूब आजादी रही होगी, है न?"

"न बाबी न।" रामा ने लजीला चेहरा हिलाया।

"तो?"

"वो तो गाड़ी में ही...तिरपाल तानकर...।"

"घर के लोग? सास-ससुर कहाँ सोए?"

"वहीं गाड़ी में एक ओर को। इतने जाड़े में कहाँ जाते?"

"हैऽ! दुनिया बदल गई पर हमारी रिवाज वहीं के वहीं। बहू-लड़का के नजदीक ही सास-ससुर सो रहे हैं। अब नए खसम-लुगाई क्या बहन-भइया की तरह सोकर रात काटें? आग में जाए ऐसी रिवाज।"

रामा थोड़ी खुलने लगी, "बाबी, जैसे ही मदन (पति) पास आए और

कनबतियाँ करने लगे, ससुर को खाँसी का दौरा पड़ गया। यह भी अच्छा था कि खाँसी के शोर में मदन जोर-जोर से चूमा ले पाया। और हम दोनों एक-दूसरे से प्यार...अब बाबी, सबके ससुर को तो खाँसी आती नहीं। और मदन के बाप को भी रोज-रोज खाँसी नहीं आई। न आओ खाँसी खुर्रा। हमें तो अपनी ब्याह की रातें निभानी ही थीं। हमने तो तय कर लिया था। पर दूसरे दिन सास का दमा उखड़ आया, साँस फूलने लगी। ससुर जन्तर पढ़ने लगा तो समझ लो कि भोर का तारा निकल आया। जिठानी इशारा करती रही कि ऐसे ही होता है सब, एक कोने में हारी-बीमारी, गाड़ी के दूसरे कोने में सुहागरातें। जब घर मड़ैया डालने का रिवाज नहीं है तो लाज-शरम की रसम कैसे निभाई जाए?''

सिरी देवी ने ताना मारा, ''यहाँ तो हग्गी बड़ी बातें बना रही थी कि कोठा बना है।''

तारा फुआ ने कोठे में पति से मिलन की कल्पना की, उसके चेहरे पर आनन्द की लहर उमड़ आई जैसे उसके कुँआरेपन की भूख अभी शान्त न हुई हो।

प्रसंग बदल गया, ''वीनावी (जीजा) ने क्या सौगात दी रामा?''

रामा ने अपने साथ में लाया पर्स खोला और उसमें से एक पैकेट निकाला। पैकेट तुरन्त रतनी दादी की बड़ी बहू ने लपक लिया। और बड़ी उत्सुकता से खोलकर देखने दिखाने लगी-पैकेट में एक बिना फुलाए गुब्बारे जैसी रबड़ निकली।

''है तुम्हारे का। यह तो मर्दों की चीज है। तुम्हें क्या यहाँ भी किसी मर्द से...''

रामा झेंप गई, ''है बाबी, भूल से चला आया गुब्बारा।''

सिरी देवी शैतानी से बोली, ''एक-एक सबको दे दो रामा, सब मजा करेंगी।''

सब ठठाकर हँस पड़ीं।

कुछ दूरी पर उजाला खड़ी थी। वह न पास आई और न हँसी में साथ दिया। वह तो जैसे उदासी के आँगन में खड़ी हो। शारीरिक हाव-भाव ऐसे जैसे दिल में दुख की लहरें थपेड़े मार रही हैं। ये औरतें जब बात कर रही थीं, वह पीठ फेरकर गाड़ी के दूसरी ओर खड़ी थी। सामूहिक हँसी जब उसके नजदीक लहरा उठती, वह अपने कान बन्द कर लेती।

जो लोग समझौता नहीं करते, उन्हें बाकी लोग अपमानित करने पर उतर आते हैं। उजाला एकमुश्त यही सोच पाई। रामा की विशेषता यही है कि उसका ब्याह हो गया है, वह चाहे जैसे हुआ हो। उजाला और बापू का आत्मसम्मान यहाँ पछाड़ दिया गया। पीतल की गाड़ी को बचाने की मुहिम में बाप-बेटी लगे हुए थे, मगर अब सम्मानित हठें भी क्या ढीली पड़ जाएँगी?

बापू उदास है। उजाला बापू की ओर देख नहीं पा रही। थकान से चूर बापू न जाने कहाँ-कहाँ भटककर लौटता है, एक ही चिन्ता है, कर्जा कैसे पटाया जाए कि गाड़ी बच जाए।

यों तो रामप्यारी काकी ने बापू को तरह-तरह से समझा दिया है और दिखा दिया कि अब लोहा पीटाओं के डेरों पर कितनी पीतल जड़ी गाड़ियाँ नजर आती हैं? जयपुर, जोधपुर, बीकानेर जैसे शहरों से दलाल यहाँ तक चले आ रहे हैं। वे डेरों पर पहुँचते ही डेरों के हो जाते हैं। मीठी बोली के धनी ये लोग हमें शहद का स्वाद चखाते हैं। मिठास का तो आदमी जनम-जनम का गुलाम है। ऊपर से नोटों की गड्डियाँ जैसे राजपूताने का खजाना खोद लाए हों। कहते हैं–

"तुम लोगों की इज्जत राजपरिवारों में जितनी है उससे जयादा मारवाड़ियों के दिल में है और उससे भी ज्यादा नई इमारतों की साज-सज्जा वाले पढ़े-लिखे लोगों के मन में है। आखिर अपना राजस्थान देश का सिरमौर है।" दलालों की बातचीत की शुरुआत ऐसे ही होती है।

"आज तुम लोग ही हो, जिनकी बहादुरी और त्याग भावना की मिसालें दी जाती हैं। और क्यों न दी जाएँ, बड़े-बड़े राजा-महाराजाओं ने राजगद्दी के लालच में बहन-बेटियों तुर्कों के हाथ बेच दीं (तुर्क शब्द मुगलों के लिए जान-बूझकर इस्तेमाल करते हैं क्योंकि महाराणा प्रताप अकबर को बादशाह नहीं, सदा तुर्क कहते थे।)

"महाराणा जी-जान से लड़े, हार गए तो भी सबसे बड़े दुश्मन अकबर के लिए तुम ही लोग रह गए थे। तुम लोगों को ही बन्दी बनाने के लिए सेनाएँ दौड़ पड़ीं। पर तुम बाँके बहादुर लोग, तुम्हारी वीरता का जवाब कहाँ था? तुर्क कहाँ पाते? वे समझ रहे थे कि तुम जिन्दा नहीं रहोगे। उनको यह इल्म था कि राजघराने की स्त्रियों की तरह लौहमानव भी जौहर करेंगे। आग में भस्म होकर खत्म हो जाएँगे।"

दलाल लोगों को राजपूताने के गाइडों की तरह लोगड़ियों की वीरगाथाएँ कंठस्थ करके यहाँ आने का हुक्म है। वे दादा परदादाओं तक की विरुदावलियाँ गाते हैं। शीश झुकाते हैं और याद दिलाते हैं–

"तुमने जौहर नहीं किया, अपनी कौम के लिए संकल्प लिया।

"अपने लड़ाकू योद्धाओं को गुरिल्ला फौज में तब्दील कर दिया।

"प्रतिज्ञाएँ लीं-इस जगह को छोड़ देंगे।

–साथ में रस्सी नहीं रखेंगे कि कोई सदस्य फाँसी का फन्दा तैयार न कर ले।

–चारपाई पर नहीं सोएँगे क्योंकि धरती हर जगह मयस्सर है।

–दिया नहीं जलाएँगे जो इनसानी रहवास का पता देता है।

–औरतें नहाएँगी नहीं कि अपने खरे रूप के कारण किसी पुरुष की नजर में चढ़ जाएँ। तुर्कों ने अब तक औरतों को माल की तरह लूटा है।''

डेरों पर उपस्थित लोगों को ये कथाएँ ऐसी लगतीं जैसे शब्द-शब्द उनकी जन्मपत्रियों से लिया गया है। बापू तो ऐसे विभोर होकर सुनता जैसे वही महाराणा प्रताप का सच्चा और असली वारिस हो जिसे लौहमानवों की गौरवगरिमा को किसी भी हालत में बचाए रखना हो। सो बस दलालों से घिरा बापू पीतल की अपनी गाड़ी को माथा ऊँचा करके देखता।

रामप्यारी काकी की गाड़ी का सौदा जब वीर के पिताजी ने पन्द्रह हजार में कराया था तो दूर-दूर के डेरों पर हल्ला हो गया था–इतनी बड़ी रकम!

रामप्यारी काकी का पाँव धरती पर न पड़ता था। पैसे में क्या उड़ने का जादू भरा रहता है? जश्न मना था। दारू-मुर्गा की दावत। राजपूताने के भूले बिसरे गीत गाए थे।

तब बापू दो गुना उदास हो गया था। भट्ठी भी नहीं सुलगाई। हाँ, उजाला से पानी माँगा था। वह लोटा में पानी लेकर गई तो देखा बापू अकेला बड़बड़ा रहा है।

''एक बार ये छलिया लोग यहाँ आना सीख गए तो हमें फँसाते ही जाएँगे। भले हम नहीं चाहें। संसी की-सी पकड़ में हमारी गर्दन कस ली जाएगी।''

उजाला क्या पूछे? क्या बोले?

बापू ही बोला, ''उज्जू, बात ऐसी है जो अभी तेरी समझ में नहीं आएगी। जब हमारे इन लालबुझक्कड़ों की ही समझ में नहीं आ रही तो बेटा तू तो अभी नादान है। देखा, जो लोग रुपयों के बंडल लेकर आ रहे हैं, वे ठग हैं। ऐश-आराम करनेवाले लोगों के एजेन्ट हमें लूटने आ गए हैं। बेचने-खरीदने का कारोबार इनके संग चलता है। हम इनकी खरीद-फरोख्त के शिकार हैं बेटा।

''उज्जू, ये नोट दिखाते हैं, हमारी जन्म भर की कमाई पर ठगी का कोड़ा चला देते हैं। जिस पर चोट पड़ती है, कराहता वही है। अपनी चीजें बेचकर डेरों के लोग खुश हो रहे हैं, नहीं...ये अपनी छाती पीट रहे हैं, बेआवाज। कलेजे के नीचे से विरासत की टेक का जज्बा निकला जा रहा है। खाली-खाली बासन से ढनढना रहे हैं।''

उजाला को बापू के जरिए नया ज्ञान हुआ। बापू खुद को जज्ब नहीं कर पा रहा। बेटी को सुना रहा है या ललकार रहा है? उजाला को भी बढ़िया और फैशनेबिल पोशाकों में आए आधुनिक पढ़े-लिखे युवक भेड़िया नजर आने लगे कि ये भेड़िया तेजी से दौड़कर गाड़ी के ऊपर कूदेंगे। पैसे का हमला करेंगे।

बापू अपना माथा रगड़ रहा था जैसे कुछ कहने को था, अब भूल रहा है।

''ये लोग गाड़ी लेने आए हैं। फिर मर्द और औरतों के गहने उतरवाएँगे और

फिर हमारे कपड़े-लत्ते...बोली सब चीजों की लगेगी। बोली हमारे ऊपर ही टूटेगी।'' बापू विलाप कर रहा था।

उजाला फुर्ती से अपनी गाड़ी पर चढ़ गई थी। बक्से की ओर बढ़ी, मगर बक्से के पास जाकर बैठी रही। बेचैनी थी कि बढ़ती जा रही थी, बक्सा खोलकर देखने लगी। उल्टे-सीधे कपड़ों के छोटे-से ढेर को ताकती रही। माँ के पुराने घाघरे, रंग-बिरंगी ओढ़नियाँ जो कलाकारियों से सजी हुई थीं। तरह-तरह की भंगिमा, जिनमें बाँहें तो कोहनी तक हैं, पीठ पर कपड़े की जगह बाँधने के लिए पतली तनी है। उजाला को यकायक हँसी आ गई, माँ क्या टीवी में दिखनेवाली औरतों की तरह कपड़े पहनती थी?

अन्दर हाथ डाला तो उजाला का हाथ किसी कड़ी चीज से टकराया। बाहर खींच के देखा तो चाँदी के झाँझन थे। फिर हँसली और हाथी दाँत का चूड़ा भी निकल आया। बिछुआ, बोलड़ा और करधनी जैसी चीजें!

उजाला ने चाँदी के सिक्कों से गुँथी हमेल अपने गले में पहन ली। हमेल की लटकन पर देवी की मूर्ति बनी थी। बापू ने इतनी चीजें सँभालकर रखी हैं; माँ की निशानी...उजाला का दिल भर आया। वह रोने लगी। रोते-रोते हिचकियाँ बँध गईं। काँपती-सी देह के साथ वह बक्से पर सिर रखकर रोती रही।

प्यार, किसका प्यार? बापू का माँ के लिए प्यार या वीर का उजाला के लिए? प्यार का हर जगह हर हालत में एक ही रूप क्यों होता है?

उजाला अब हाथ जोड़कर देवता मनाने लगी-''हे देव कृपा करना। हमारे पास यह गाड़ी है, इस पर दलाल न लगें, बस। बापू में जो बल है, संकल्प है, वह सूरज की धूप की तरह रहे। मुझमें ऐसी ताकत कि बापू का साथ दे सकूँ।''

''हमें यहाँ से कहीं जाना पड़ेगा उज्जू।'' बापू का यह वाक्य आसपास मँडराने लगा। वह थर्रा गई जैसे प्रार्थना बिखर गई हो। इस प्रार्थना में तो कई प्रार्थनाएँ शामिल थीं, जिन्हें उसने प्यार के रूप में वीर के साथ बाँध दिया था। मगर खानाबदोशी यकायक दबोचने लगी। और वह तथा वीर इसके नीचे आ रहे हैं। खानाबदोशी का रुक्का भी हमारे पुरखे ही हमें थमा गए...बस हम अपने साथ अपनी बेदखली लिए फिरते हैं। जहाँ-जहाँ लोहापीटाओं की गाड़ियाँ रुकेंगी, वहीं ठहराव पर हमला होगा। मुल्क में कहीं भी चले जाओ, उखाड़ देने का चलन पीछा नहीं छोड़ता।

कैसी-कैसी प्रार्थना करे उजाला? यही कि हे देव कोई धरती हमारे लिए उभर आए, भले वह पहाड़ की चढ़ाई के बाद मिले या समुद्र के बीच निकल आए। बापू ऐसी ही किसी धरती माँ के लिए रोता है। अपने शरीर में ऐसी धरती तक जाने का

बल माँगता है। लोहे जैसी चीज को अपने पराक्रम से मोड़ देनेवाला बापू, भालों और तीर-तरकश को फारों में बदल देनेवाला बापू अपने पाँवों को टिकाने के लिए मुकम्मल मिट्टी नहीं सहेज पाता। काबू नहीं चलता, तब हमारी बिरादरी की वह ताकत जो लोहे से भिड़ी रहती है, कैसी दयनीय दीख पड़ती है। देवता हमारी रक्षा में कब आते हैं? बेघर लोगों पर स्वर्ग जैसे आसमान से ओलों की सूरत में पत्थर बरसते हैं। और हवाएँ अपने साथ अंगारे बाँधकर गर्म मौसम की अगुआई करती हैं। जाड़े की ऋतु बिना छत के आसमान के नीचे रहने वालों पर जमकर बर्फ गिराती है। इन हालात में भी हम देवताओं के भक्त हैं। अपनी फरियादें दर्ज करते रहते हैं।

उजाला के चारों ओर वीरानगी है। उम्मीद उस भेड़ की भाँति कहीं जा दुबकी है, जो भेड़िया की आहट सुनकर छिप जाती है। ऐसे में वह किसको पुकारे? उसके अपने अंगों में भी तीखे दर्द जैसी सिहरन होती है। बदन में कँपकँपी-सी लगी है और वह देखती है-कहीं वीर की आहट मिले। उसकी आवाज, उसके गीत के स्वर की गूँज हवा ले आए। उसे वीर से अपना नाता ऐसा नजदीकी क्यों लग रहा है, जैसे माँ और सन्तान का रिश्ता हो। भक्त और भगवान का सम्बन्ध हो। दोस्त को जिगरी दोस्त याद आ रहा हो। यादें उसे चुम्बक की तरह खींचती हैं। वह भरोसे के साथ खड़ी हो जाती है। भरोसा उसे हिम्मत से भर देता है।

उजाला ने अपने आपको नदी के तट की ओर बढ़ते हुए पाया।

बहती हुई चौड़े पाटवाली धारा को देखकर वीर की याद दो गुने वेग से सताने लगी। लगा कि नदी पर बिछलता हुआ उसका स्वर लहरों की तरह की अँगड़ाइयाँ ले रहा है। उजाला के मानसिक तनाव का ताना-बाना टूटा तो वीर के बोल निर्मल जल के झरने की ध्वनि में बहने लगे-'आ लौट के आजा मेरे मीत...तुझे मेरे गीत बुलाते हैं...'

गीत की यह कड़ी उजाला के लिए नई नहीं थी। वीर कहता है, उसके जन्म-जन्मान्तर का यह गीत उसकी आत्मा में बसा है। सुनते-सुनते उजाला इतनी अभ्यस्त हो गई कि उसे लगता, वह खुद भी यही गा रही है-'मेरा सूना पड़ा रे संगीत, तुझे मेरे गीत बुलाते हैं...।'

वह नंगे पाँवों जा रही थी और पाँव बिलकुल धुले-पुछे से! वीर कहता है, नदी का तट तमाम कीचड़ को धोने के लिए तैयार रहता है। बालू जैसी भुरभुरी मिट्टी मुसाफिर का स्वागत करती है। उजाला उसी मिट्टी पर खड़ी वीर का इन्तजार करती है। उसके साथ क्या-क्या तो आ जाएगा-ताकत, हिम्मत और हृदय में नमी भी। वीर के गीत इस बात के धनी हैं, कहता तो है कि गीत में नमी न हो तो लय में नमक

कहाँ से आएगा?

वीर तो उजाला के बारे में भी बहुत कुछ कहता है–लौहमानवों की बेटियाँ घन चलाते–चलाते अपनी पवित्रता को साधती हुई ससुराल चली जाती हैं। एक तू ही है, जिसकी जिन्दगी डेरों से लेकर जंगल तक जंगल से लेकर नदी के चौड़े पाट तक फैलती जाती है। तू मान रही है कि तेरी हिस्सेदारी सब कहीं है। आकाश और आवाज की तरह। तेरा बापू तेरे स्वभाव को जानता है तभी तो जब न तब उसके आस–पास हलचल मच जाती है।

"और वीर तुम?" उजाला ने पूछा था।

"मैं! मैं गाँव के लड़कों की तरह ऐसे माहौल में हूँ जहाँ वे पुराने रीति–रिवाजों से छूटने के लिए छटपटा रहे हैं। ये लड़के तेरे समाज से अलग समाज के हैं।"

"हाँ, हमारे यहाँ तो अभी भी लड़के–लड़कियों की जिन्दगी महाराणा प्रताप के जमाने में तय की गई रिवाजों में उलझी हुई है। कबीलों की रस्में, हिदायतें और कायदे हमें उन भुतहा खंडहरों की तरह लगते हैं, जिनको अपनाने में हमारा दम घुटता है। पर हम सब रिवाजों को ढोते हुए चुपचाप चलते रहते हैं। नींद में भले कोई सपना दूसरी तरह का देख लें। महसूस कर लें कि हाथी दाँत के बाँह से लेकर कलाई तक जकड़न भरे चूड़े, सिर को घोंटनेवाले बोलड़े और बिछुआ–खड़ुआ से मुक्ति मिल गई। नींद टूटते ही फिर कैदें।"

वीर!

यह वीर का भ्रम नहीं, वह सचमुच आ रहा है।

नारंगी टीशर्ट और नीली जींस पहने हुए वही तो चला आ रहा है। माना कि दूर है, मगर उसका अक्स उजाला की आँखों में बसा है। उसकी पहचान बहुत गहरी है। इतनी गहरी कि जैसे जिन्दगी में उसने सिर्फ वीर को ही पहचाना हो। पक्के रंगों से उसकी तसवीर रची होगी।

वीर को देखने के लिए उसकी आँखें अलौकिक ढंग से खुलीं, जैसे कोई प्यार को देख ले।

वीर के चौड़े माथे पर रोली का लाल तिलक है। उसके कपड़े नए–नए लग रहे हैं। उसका उजला चेहरा अपने ज्यादा–से–ज्यादा नूर में है। नुकीली नाक के नीचे छोटी काली मूँछें, एकदम लड़के के माफिक। सिर के बाल अपनी बनावट में बाँके हैं। बिना माँग निकाले हुए ऊपर की ओर काढ़े गए।

"बता कैसा लग रहा हूँ?" मुस्कराहट भरे होंठों ने उजाला से पूछा।

उजाला देखती रह गई।

"ऐसे क्यों देख रही है?"

"आज तो गजब है।" उजाला बड़ा–सा मुस्कराई।

''अच्छा! तो देखती रह।''

''आज ही।''

''हाँ, कल से शायद तुझे मेरी सूरत न सुहाए।'' वीर फिर मुस्कराया।

''अरे! कैसी बात है यह? क्यों नहीं सुहाएगी सूरत?''

''मैं जो कह रहा हूँ, उसे झूठ मत मान।''

उजाला ने आगे बढ़कर वीर का हाथ पकड़ लिया। वीर संजीदा हो आया।

''उजाला!''

''हाँ वीर।''

''देख रही है तू, यह मेरे माथे का तिलक? उस लड़की के बाप ने लगाया है, जिससे मेरा ब्याह होगा। ये नए कपड़े भी तिलक के लिए ही पहनाए गए हैं।''

उजाला के चेहरे पर हैरानगी उतर आई। चकित रह जाने का स्थिर भाव। दिल भी अब तपने लगा है, ऐसा महसूस हुआ।

''तो वीर तुम यहाँ क्यों चले आए?'' उजाला ने स्वर साधकर पूछा।

''और कहाँ चला जाता?'' वीर फिर मुस्कराया।

भीतर से बहुत कुछ उमड़ा, वीर के 'और कहाँ चला जाता' कहने पर और एक भरा बादल आँखों में आकर घुमड़ने लगा।

लौहमानवों की बेटियाँ सरे राह रोया नहीं करतीं, उसे बचपन से सिखाया गया है।

''ब्याह होगा वीर!'' उसने अपने उल्लास को आवाज में ढाल लिया।

''होगा।'' वीर ने छोटा-सा शब्द बोला और दोनों की लम्बी जिन्दगी बदलने लगी।

''मैं नाचने आऊँगी वीर।'' ऐसे कहा जैसे कोई वरदान माँग रही हो और आँखें मूँदकर पलभर खड़ी रही।

वीर हतप्रभ-सा। चेहरा ऐसा हो गया जैसे इस लड़की का मन्तव्य समझने की उसमें क्षमता न हो। उसने सोचा था ब्याह की खबर सुनकर उजाला लड़की की तरह बेहोश हो जाएगी, नहीं तो कम-से-कम जार-जार रोएगी। वीर एक गहरी साँस लेकर रह गया।

''अगली पूर्णमासी के बाद पंचमी के दिन का महूरत निकला है।'' वीर ने ठंडे स्वर में कहा और उजाला ने गर्मजोशी के साथ सुना।

वह बोली, ''वीर, अभी तो दिन है, मैं एक अच्छा-सा घाघरा रामप्यारी काकी से बनवा लूँगी। काकी गोटेदार ओढ़नी भी तैयार करती है। और हाँ, मेरी माँ की पायजेबें हैं, तुमको दूँगी, सुनार के यहाँ उनको निखरवा देना। नाच में पायजेब न हों तो नाच कैसा?''

वीर के चेहरे को कोई देखता तो पाता कि वहाँ भय और निराशा की तितलियाँ उड़ रही थीं। एक लोहापीटा सुन्दर युवती वीर के भीतर पैठे मजबूत जातीय संस्कारों को तोड़ने में लगी हुई है। क्या सोचकर आया था और क्या देख रहा है।

"आ उजाला, पाट पर उधर बैठें, जहाँ शीशम के दो दरख्त हैं। जहाँ बैठना तुझे अच्छा लगता है।"

"हाँ, मैं भी यही सोच रही थी।"

वीर के चेहरे की उलझन भी उजाला से छिपी न थी जैसे इस समय वह उसके व्यवहार को सह नहीं पा रहा। यह व्यवहार एक प्रेमिका का कैसे हो सकता है? वह तो ऐसे समय के लिए गीत भी लाया था–

'तेरी आँख के आँसू पी जाऊँ, ऐसी मेरी तकदीर कहाँ...

तेरे गम में तेरा जी बहलाऊँ, ऐसी मेरी तकदीर कहाँ...।

लड़की में यह नया परिवर्तन कि वीर का छिन जाना उसे रुला तक नहीं पाया। जबकि वीर का अपना दिल लड़के के दिल की तरह कहता है–ब्याह-शादी, जीवन में प्रथाओं, रिवाजों और सामाजिक कानूनों के नाम पर खेले जाने वाला खेल मात्र है। कोई संयोग संजोग नहीं होता। पिताजी तो इन बातों को इसलिए मानते हैं कि उनको पुरानी परम्परा को ढोने में गर्व महसूस होता है।

'क्या मैं ऐसे ही मिलता रहूँगा उजाला से, विवाह के बाद भी?' सवाल अपने आप से था।

उजाला जानती थी कि अब उसके और वीर के बीच क्या हो सकता है। अनचाहे ही दर्द का अहसास क्यों होता है? क्या वीर के ब्याह की खबर ऐसे हमले के रूप में उस पर गिरी है कि भीतर की हरी-भरी बगिया नेस्तनाबूद हो गई। सँभलने का मौका तक नहीं मिला क्योंकि दिल के आसपास टेढ़ी-मेढ़ी और गहरी खाइयों का सिलसिला बनता गया। ऊपर से वीर के विवाह की सजी-धजी घोड़ी अपने खुरों से नाचती हुई उजाला को रौंदकर छार-छार करने लगती है। अपने हृदय से वीर के हृदय तक जाता रास्ता आतिशबाजी के धमाकों से छलनी हुआ जाता है। अनुमान करना मुश्किल नहीं रह गया कि अनचाही खूँखार जंग किस रास्ते आ रही है। सुरीले प्यार का इशारा देती जाती जिन्दगी बेसुरी बेरहम राह से गुजरेगी, कहाँ पता था। वह कटी हुई मछली-सी तड़प उठी। नदी का पाट और पाट से सटे हरे-भरे खेत उसके लिए अब क्या हैं? एक मोर्चा, जिस पर फिसलन भरी पड़ी है।

उजाला के दिल को कोई देखे तो वह जगह स्याह धब्बों से भरी मिलेगी, जिस पर वीर का अक्स सितारों की तरह चमकता रहता था। उजाला ने आँखें बन्द कर लीं।

''क्या हुआ?'' वीर ने उसका हाथ थामकर पूछा।

''कुछ नहीं, वीर।''

''फिर?''

''तुम गीत गाओ न।''

''गीत के लिए तेरे भीतर जगह है?''

''तुम डर तो नहीं रहे वीर?''

वीर को गीत के अलावा उजाला को सहज करने का कोई उपाय भी नहीं दीख रहा था। अति की सहजता दिखानेवाली यह लड़की क्या सचमुच अपनी सहज प्रकृति में है?

''पर्वतों पेड़ों पर शाम का बसेरा है
सुरमई उजाला है, चम्पई अँधेरा है...''

''सुरमई उजाला!'' उजाला ने ही कहा और दोनों ने भावी बिछोह के दुख से निजात पाने की कोशिश की।

वीर सहज और सँभली हुई आवाज में कह उठा, ''उजाला, ब्याह की घटना से हम एक-दूसरे को भूल जाने की बात को क्यों जोड़ रहे हैं? ब्याह में पहले प्यार को भूल जाने का कानून है क्या? जो लोग शादी से पहले किसी से प्यार करते हैं, उसे भूल भी जाते हैं क्या, बता उजाला, बता।''

''क्या मालूम, अब देखें कि हम एक-दूसरे को भूलते हैं कि नहीं।''

इसके बाद जितनी थोड़ी सी देर दोनों एक दूसरे के सामने रहे, चुपचाप ही रहे। फिर अपने-अपने रास्ते चल दिए। रोजाना की तरह शरीर में फुर्ती और चाल में चुस्ती नहीं थी। मिलन का उल्लास लेकर पिछले दिनों लौटने वाली उजाला के सीने पर भविष्य के बिछोह का भारी बोझ लदा था। वीर चाहकर भी उजाला को अपनी बाँहों में खींचने का साहस न जुटा पाया। निगाहों में असमंजस जैसा कुछ था जो दोनों की समझ के परे था। इसी असमंजस के पार जाने के लिए वीर ने उजाला के कन्धे को छूकर कहा-''क्या हो गया आखिर? अभी तो किसी ने कुछ कहा नहीं। हमारे प्यार की परवाह तक किसी ने नहीं की फिर क्यों गुमसुम-सी लगी है उजाला?''

उजाला ने पलकें उठा दीं।

वह हँसा तो खोखली-सी हँसी पाट पर बिखर गई। दोनों मिलकर विवाह के उस देवता से जूझ रहे थे जो हर बार उन्हें शिकस्त दे रहा था।

''उजाला, हमारे खिलाफ कोई नहीं है, बीच में सिर्फ विवाह है जो हमें डरा रहा है। विवाह ही हमसे बतिया रहा है कि हम अपने दादा-परदादाओं के कुल-खानदान की मर्यादा से गद्दारी कर रहे हैं। माँ-बाप को धोखा दे रहे हैं। आज के बाद प्यार का संग-साथ किया तो हमारी खैर नहीं!''

उजाला के होंठों से कटीली-सी मुस्कान झर पड़ी। और अब नदी के पाट की सरहद पर बने गौरी-शंकर के सफेद मन्दिर के गुम्बद पर बैठे कौवों की काँव-काँव शुरू हो गई। कोई भक्त सन्ध्यावन्दन का प्रसाद चढ़ाने आया है।

"चलो वीर, प्रसाद लेते हैं।"

"यह हुई न बात!"

वीर ने उसका हाथ थामा और बालू भरे तट पर अपने पास ही बिठा लिया, मन्दिर के एकदम पास। फिर बोला, "गीत गाऊँ?"

क्या कहे उजाला? अपने ताजा सदमे को जब्त करती हुई 'हाँ' में सिर हिलाने लगी।

वीर ने अपना गला खँखारकर साफ किया। उसने अपने घुटने पर तबले की तरह उँगलियों से ताल दी।

'ये मेरा दीवानापन है, या मोहब्बत का सुरूर
तू न पहचाने तो है ये तेरी नजरों का कसूर...'

बेशक!

प्रेम के इस निश्चित विधान का असर अपने रूप में गहरे-से-गहरा होता गया। उजाला राजरानी मीरा की तरह सुधबुध खोने लगी। बिछोह का प्रेम अपनी आग में सबसे ज्यादा तीव्र होता है। दर्शन की प्यास ने आँखें की दिया-बाती रोशन कर दी।

अन्याय घटित हो रहा है, इस बात को लेकर किसी विशेष व्यक्ति के प्रति नाराजगी न होकर भी मन में विद्रोह की लपटें उठने लगतीं। अपने आपको बहुत रोकती उजाला।

"नहीं मिलेंगे तो क्या हो जाएगा?"

"कुछ भी नहीं" जैसे वीर भी सहमत हुआ हो।

"हमारे डेरों की ओर पुलिया पर तो आओगे ही।"

"हाँ, बिलकुल।"

"एक गीत से ज्यादा हमें चाहिए भी क्या?"

"और एक दरशन से अधिक मुझे भी कुछ नहीं..."

मगर।

इस मामूली-सी योजना का रूप आगे क्या होगा? उस रूप की सूरत क्या होगी? रंगत में लालिमा या कालिमा?

एक-दूसरे पर भरोसा करते हुए वीर और उजाला अपने-अपने रास्ते चले गए।

सगाई की रस्म के दिन से ही वीर के पिता ने अपनी शानदार बखरी की सजावट

शुरू करा दी। सगाई भी मामूली घर से नहीं हुई थी, लड़की के पिता नब्बे एकड़ के मालिक थे। तीन ट्रैक्टर और सूमो, स्कॉर्पियो तथा फॉर्चुनेट जैसी आधुनिक गाड़ियाँ। पहले जमाने की बातें नहीं रह गईं अब कि समधी की हैसियत उसके बैल-भैंस और घर के रौबदार दरवाजे को देखकर आँकें। अब तो एक ट्रैक्टर भी किसान की मामूली माली हालत बयान करता है।

सोने में सोहागा तो यह होता है कि खेती के साथ आदमी का व्यवसाय-व्यापार भी चले। यहाँ लड़की के बाप की ठेकेदारी कमाल करती है। बेतवा से लेकर जमुना तक की बालू खोदने और ढोने का ठेका उन्हीं के हाथ है। जब उस अमीर आदमी का दामाद वीर होगा तो वीर के पिता का शामिल खाता अपने आप हो जाएगा।

बस इसलिए ही पिताजी ने वीर की शिक्षामित्र वाली नौकरी छुड़वा दी। इस नौकरी से क्या लाभ, जिससे आदमी की हैसियत छोटी मानी जाए। उन्होंने बिचौलिए से यही कहा कि वह वीर को प्रदेश की सत्तारूढ़ पार्टी का राजनीतिक कार्यकर्ता ही बताए।

वीर के पिताजी ने यह भी हिदायत दे दी कि वीर के गायक होने का जिक्र तक न करे। यह उनके यहाँ हुनर नहीं है, नचैये-गवैयों का भाँड़पन माना जाता है। बस वीर की सभा में बोलने की कला पर जोर देना क्योंकि आजकल यही योग्यता राजनीति की वैतरणी पार करा देती है।

हाथ कंगन को आरसी क्या? मौका भी बन गया। बिचौलिया हमीरपुर में होनेवाली सभा में वीर का भाषण लड़की के पिता को सुनवा लाया था। वहाँ वीर आदिवासियों के लिए जल, जंगल और जमीन की अपील कर रहा था और धरती पर बैठे हजारों लोग तालियाँ बजा रहे थे। लड़की के बाप की समझ में भाषण आया कि न आया, वह तालियों पर कुरबान हो गया और बोल उठा-"लड़का क्या है, नेताओं का नेता है।"

बिचौलिया बताता है कि वह कहने जा रहा था-अपने वीर सिंह परोपकारी हैं मगर बीच में ही वह अपनी जीभ काटकर रह गया क्योंकि लड़की का बाप अपना मत प्रकट कर रहा था-"भइया, जनता के लिए लड़नेवाले अपना क्या भला कर पाएँगे?"

"इनकी आमदनी समझाओ हमें।"

बिचौलिया अपने पेशे की जरूरत जानता है सो समझाया-"माते, अपने सूबे के बड़े नेताजी की हैसियत कैसे बनी, मालूम है? पहले तो बेघर, कंगाल और दर-दर ठोकर खाते मजूरों के कन्धे पर ही उन्होंने अपनी बाँह धरी। चतुर आदमी जानता है कि हमारे मुल्क में गरीबों की संख्या ज्यादा-से-ज्यादा है। बेशक उनकी ताकत

कुछ न हो, पर वोट उनके बेशुमार हैं। बस यही तरकीब जेब में धरकर अपने नाम के नेताजी काम के मन्त्री जी बन गए।

आगे वीर की राजगाथा बनाम यशगाथा कितनी गढ़ी और रची गई, इसका अन्दाजा इस बात से लगाया जा सकता है कि लड़की के बाप ने पन्द्रह लाख कैश और स्कॉर्पियो गाड़ी अपनी तरफ से ही ऑफर कर दी।

वीर के पिता उड़ती चिड़िया पहचानते हैं भला अपने लड़के को न पहचानेंगे? जवानी चढ़ा लड़का आदर्शवादी होता है क्योंकि उसने दुनियादार होने के लिए दुनिया देखी ही नहीं है। बस अपनी मनमर्जी के कुलाबे जोड़कर प्यार और दया के साथ हमदर्दी की नदिया बहाता रहता है। नहीं जानता कि गृहस्थी बसते ही माया-माया चिल्लाने लगती है।

वीर का व्यक्तित्व देखकर बेटीवाला इतना प्रभावित हुआ कि उसने एक कार वीर के पिता के लिए अलग से देने का वचन दिया। आखिर इसी पुरुष की देन तो है यह सुदर्शन लड़का, उनका भावी दामाद, उनकी बेटी का पति! यही पिता उसकी बेटी की कद्र करा सकता है क्योंकि इसके संस्कार उखाड़ू-पछाड़ू नहीं हैं। ये विचार लड़की के पिता ने बिचौलिया के सामने रखे थे जिससे उसकी आहत आत्मा का साफ पता चल रहा था कि दो-चार जगह लड़के कैसे मिले होंगे।

लेकिन...

वीर इन दिनों वीतरागी।

कोई नहीं जान सका कि इस मुबारक मौके पर उसके सीने की क्षत-विक्षत जमीन पर शुभ महूरतों के काले-गोले धमाके कर रहे हैं। एक अन्धड़ सा है सामने और लगातार हमला करती रस्म-रिवाजें अपनी भयावह लहरों में न टूटती हैं न बिखरती हैं, सारी की सारी बारूद वीर के सीने में जमा होती जाती हैं।

मंगल गीतों ने धरती से आसमान तक का दायरा करुण गूँजों से भर दिया। वीर, एक पुतला, जिसको परिवार और रिश्तेदारों की खुशियाँ पहाड़ तोड़ती मशीनों की तरह काट-काट कर छेद-छेद कर उड़ाने की तैयारी में हैं। कितनी बार उसकी आत्मा की पुकार शगुनों, मंगलगीतों और रस्म-रिवाजों के विरोध में बढ़ी, लेकिन सदियों से चलते आ रहे वैवाहिक कार्यक्रमों की पवित्रता के कँटीले तारों की रुकावट से टकराकर धराशायी हो गई। और वीर के सामने अपना ही रक्तपात कोलाहल मचाने लगा। अब गुहार-पुकार सब गूँगी साबित होने लगी! उसे लगा जितनी हलचलें भीतर जन्मीं, उसके साथ-साथ पली-बढ़ीं, सबका अंत समय है...

अपने ही विनाश पर मुस्कराता वीर!

अपने ही गीतों की लय पर बिलबिलाता नया दूल्हा!

अपने ही उद्गारों पर पछाड़ें खाता हुआ उदीयमान नेता!

अपने ही वजूद पर शर्मिन्दा नौजवान!

'मैं अपने लिए भी नहीं लड़ पाया तो फिर किसके लिए लड़ पाऊँगा? पढ़ा और सुना तो यही है कि कोई भी लड़ाई सबसे पहले खुद के साथ ही शुरू होती है और यह विवाह की भीषण घटना भी मुझे यही बता रही है।'

उजाला शिद्दत से याद आ रही है क्योंकि आसपास मचते शोर की खामोशी उसे जख्मी किए दे रही है। कैसे चली गई वह, शादी की बात सुनकर। न शिकवा न शिकायत। उसकी गोरी ठोड़ी में पड़ते गोल गड्ढे को देखता रहा था वह, जैसे पहली बार देख रहा हो कि गड्ढा अपनी मासूमियत में रह-रहकर काँप उठता था। 'अलविदा' जैसा कुछ इशारा देता हुआ उसका निचला होंठ दाँतों के नीचे से चीख रहा है-'अब मुलाकात नहीं होगी वीर।'

दिल चीर देनेवाली उजाला की इस मुद्रा पर वह धैर्य खोने लगा। नदी के तट पर कितने मछुआरे, कितने चरवाहे हो सकते हैं, सब भूलकर उजाला को अपनी बाँहों में कस लिया। वह भी आगे बढ़ आई। दोनों ने एक-दूसरे का चेहरा चूमा। कितनी देर खड़े रहे जैसे हमेशा के लिए जुदा हो रहे हों। वह थोड़ी पीछे हटी थी कि वीर ने उसके सिर को अपने कन्धे पर टिका लिया। अविस्मरणीय क्षण...

"उजाला! यह क्या? इतनी गहरी और गीली साँसें? तू लोहे पर घन चलानेवाली लड़की, मोम का दिल लिए फिरती है? सदा आग के पास रहती है, फौलादी दिल की जरूरत है।" वीर अपने कहे को याद करता है।

वह मुस्करा दी थी। ओढ़नी के नीचे छाती पर हाथ रखकर बोली, "हम तो लोहापीटा फौलादी ही हैं फिर तुम हमें लौहमानव क्यों कहते हो?"

"यह मेरा अपना शब्द है तेरे और तेरे समुदाय के लिए-लौहमानव!"

वीर गाँव की ओर चला आया। रास्ते में खेतों की घायल फसलें मिलीं। भैंस और गायों के उदास काफिलों से सामना हुआ। बकरियों का रेवड़ सुस्त चाल से चला आ रहा था। एक खेत में गिद्ध जमा थे, जिसके आकाश पर चीलें उड़ रही थीं। आते-जाते ट्रैक्टरों के भड़भड़ाते शोर में बैलगाड़ियों की घिसटन दिखाई दे रही थी। इस रास्ते वह चल रहा था या रेंगने लगा था? वीर, घायल मरियल और कायर। कितना ऊँचा बनता था यह लड़का कि गाँव का कोई युवक उसे छू नहीं सकता था।

ऊँचाई से ढहना मर्मान्तक पीड़ा देता है।

वीर घर वापस आ गया और कोफ्त में अपने ही कन्धे झटक दिए। अपने आप से बहस बड़ी देर चलती रही। अन्त में बड़े दर्द के साथ खुद पर काबू किया। चुप रहा। विरोध को आगे बढ़ाना खतरनाक होगा, अपने लिए कम, उजाला के लिए ज्यादा क्योंकि सामने पिता की अक्षौहिणी सेना खड़ी है।

दूसरे दिन उजाला के डेरों से रामा आई। रामा मट्ठा लेने आई है, घरवाले यही

जानते थे। उसने मौका देखकर वीर से पूछा, ''भइयाजी, क्या हालत है? ब्याह में तो हम भी नाचेंगे।''

वीर ने सारी रुखाई अपनी जुबान पर चढ़ा ली, ''तुममें से कोई नहीं आएगा यहाँ। कोई भी नहीं, समझी?''

वीर को उन फिल्मी गीतों ने घेर लिया, जिनमें किसी आदमी की प्रेमिका परिस्थितिवश वेश्या बन जाती है और फिर उसी आदमी के घर किसी भी जश्न में नाचने आती है। वीर का दिल घबराने लगा।

नहीं, यह हरगिज नहीं होगा। फिल्मों से हमें कुछ तो सबक लेना चाहिए। उस नजारे को बर्दाश्त करना किस प्रेमी के बस की बात है? इस हद तक किसी स्त्री का अपमान कोई कैसे कर सकता है?

यह सोच ही रहा था तभी घर के आँगन में एक भयंकर-सी मरदानी आवाज उठी। वीर के कान खड़े हो गए–

''कौन है? लोहापीटाओं की मोंड़ी होगी। वही आ रही थी इधर। इनकी तो अच्छी तरह पिटाई होनी चाहिए। कुतिया की तरह घर-घर झाँकती फिरती है, रंडी।''

वीर को अन्देशा हुआ। उजाला के बारे में घर के लोगों को कुछ पता चल गया है क्या?

ए मोहब्बत, तेरे अंजाम पे...

''वीर की मोहब्बत, उजाला का सौभाग्य या दुर्भाग्य?'' गुलाब ने ऐसे पूछा जैसे प्यार के फलसफे को गहराई से जानना चाहता हो। हमारी कथा-यात्रा में गुलाब के रास्ते ज्यादातर सीधी-सपाट दिशा में खुलते रहे हैं। पगडंडियाँ भी उसने पहले से बनी हुई ही अपनाई हैं और उसका अपना धन्धा भी पुराने समय से चला आ रहा लेन-देन जैसा है।

बस उजाला को लिवाकर यहाँ आया है, यह गुलाब की अलग और विशेष भूमिका है।

बेला बहू गुलाब के सवाल पर 'क्या बोलें' की मुद्रा में थीं और बसन्ती 'उँह' करके रह गई जैसे गुलाब ने बेवकूफी भरा सवाल किया हो। अजय सिंह दाऊ के होंठों पर हल्की-सी मुस्कान उभरी जो उनकी चुप्पी पर ही चहलकदमी करती रही।

''यह भी कोई पूछने की बात है गुलाब?'' बेला बहू से रहा नहीं गया-''जानते तो हो कि दौलत से हैसियत बनती है आदमी की, मोहब्बत से नहीं बनती। हैसियत के साथ ऊँची जाति भी हो तो सोने पर सुहागा, ऐसा शख्स छत्रपति बनकर राज करता है और अपनी औलादों को राजकुँवर मानता है। राजकुँवर खजाने और राजगद्दियों के मालिक होते हैं किसी इश्क-आशनाई के नहीं। वीर उजाला से मोहब्बत कर बैठा जो उसके खानदानी कानून के खिलाफ है। लोहापीटा की लड़की जाति से जो भी रहे, खानाबदोशों में गिनी जाएगी। दर-बदर लोगों की बेटी उजाला।

''गुलाब यह कहो कि वीर की मोहब्बत, उजाला की सजा! तभी तो चार-पाँच दरिन्दे भेज दिए वीर के बाप ने कि लड़की की देह की चीर-फाड़ करें। जब तक उसमें बिफरने का दम रहे, घसीटते रहें। अन्त में उजाला खून के फब्बारों में तब्दील होकर साँस छोड़ती जाए। मरी मानकर फेंक गए।

''खाई में गिद्ध न उतरते, खाई के ऊपर चीलें न मँडरातीं तो लड़की का पता नहीं लगता। जंगल में लकड़ी चुनती औरतों को गिद्धों ने ही उजाला का पता दे दिया। देख लो आदमी और पखेरू में अन्तर! सीता मइया का पता जटायु ने दिया था।''

गुलाब बोला, ''यही तो हम जानना चाह रहे थे कि उजाला की बरबादी का

कारण वीर है। फिर यह उस दुष्ट को याद क्यों करती है? बस लड़कियों में यही तो कमजोरी होती है।''

मैं उजाला का निजी पक्ष सुनना चाहती थी क्योंकि यहाँ उससे ज्यादा वीर को कोई नहीं जानता था। मगर यह बात मैंने कल के लिए रख ली। बेला बहू मेरा आशय भाँपकर मेरे सोने का इन्तजाम देखने बरामदे में पहुँचीं। वहाँ पानी भरे लोटा के अलावा पलंग की सफेद चादर से ठोस तकिये को उठाकर ले गईं। बसन्ती से बोलीं, ''पत्थर जैसा कठोर-कड़ा, यह गेंदुआ होता है? कल को ही बिन्नू की घिची (गर्दन) रह जाएगी। सब धरी रह जाएगी तुम्हारी कथा-कहानी। और उनके जाने की घड़ी आ जाएगी।''

दूसरे दिन नहा-धोकर दलिया-दूध का नाश्ता करने के बाद हम सब इकट्ठे हुए। अब गुलाब भी साथ बैठा था अजय सिंह की खटिया के पैताने। बसन्ती, जुझार और बेला बहू को उत्सुकता थी कि उजाला ने वीर से बिछुड़कर और कुछ क्या किया होगा?

बेला बहू बोलीं, ''क्या करती बेचारी? जो लड़कियाँ करती हैं वही करती रही होगी। जैसे कभी रोती होगी, खुद को कोसती होगी और कभी वीर पर आग बरसाने का मन करता होगा।''

उजाला बोली-

''मैंने क्या किया? वीर की शादी को लेकर यों तो बार-बार उदास रही मगर यह भी सोचा कि शादी तो मेरी भी हो रही थी, वीर को कैसा लगा होगा तब?''

बेला बहू बीच में बोली, ''मोहब्बत में डूबी लड़की अपने प्यारे से विलग होने की आशंका में उदास न रहेगी? फिर यहाँ तो आशंका भी नहीं थी, वीर का बिछोह खरी सच्चाई की तरह सामने था। उजाला तो बच्ची है, हमने तो ऐसे वाकए भी देखे हैं, जहाँ मोहब्बत करनेवाले लड़की-लड़के ने किसी की परवाह नहीं की।''

मैंने बेला बहू का यह बयान ऐसे दर्ज किया-'प्रेमी-प्रेमिका ने अपनी इच्छा से प्रेम के ऐसे नक्शे बनाए कि रास्ते अपने आप निकलते चले गए। ऐसी जमीन बिरलों के पास ही होती है।'

''वीर क्या कर रहा था तब?'' बेला बहू ने उजाला को बोलने के लिए उकसाया।

''वीर शादी को बिछोह तो नहीं मान रहा था बेला बहू, अपने प्यार की राह में आया रोड़ा मान रहा था।

''मैं भी जानती थी कि वह मेरी खातिर हमारे डेरों में तो रहने नहीं चला

आएगा। इससे भी ज्यादा इस सच्चाई को जानती थी कि रिवाज पत्थर पर खिंची लकीर की तरह हमारे डेरों में अपनाई जाती है। वीर को डेरे पर रुकने की इजाजत कोई नहीं देता। बंजारों की जिन्दगी बसर करनेवाले गाँव-कस्बे के बाशिन्दों को अपने बीच रहने का खुशी से स्वागत नहीं करते। मैं बापू से ऐसी बात पूछने का साहस भी कैसे करती?

''वैसे मैं असमंजस में थी कि बापू से अपने लगाव की बात कह दूँ या नहीं? तभी जब मैं औरतों के बीच गेहूँ बीन रही थी, रामप्यारी काकी ने ऐसी बातें छेड़ दीं कि मेरी समझ में आ गया कि काकी के साथ सिरी देवी बाबी, तारा फुआ और रामा वीर से लगाव का भेद समझ चुकी हैं। बस वहाँ सन्तो की कथा छिड़ गई। सन्तो जिसने हदें लाँघी।

–सुनी कुछ, सन्तो आ रही है।

–आ रही है? अरे काये को!

–आएगी नहीं, उस छोकरे ने तो छोड़ दी सन्तो।

–छोड़ दी, सो काये?''

इन सवालों और सूचनाओं के पीछे सन्तो की कहानी छिपी है, उजाला कहना चाहती थी जो नजरों से कह दिया। लौहमानवों की कुल्टा बेटी की कथा जो दो साल पहले गाँव से लेकर डेरों तक गन्दी हवा की तरह चली थी और आज भी चाहे जब बह उठती है। अब आ ठहरी है यहाँ।

उजाला बता रही थी कि रामप्यारी काकी ने उसकी ओर ही मुँह करके कहा था–''अपना तो भाग ही कुभाग है कि बहू-बेटी गली, गैल, चौराहे और सड़क पर खड़ी हैं। डेरे क्या हैं? खुले का नाम रहवास। यहाँ आसपास के गाँवों तक के शराबी-कबाबी जुआरी बेखटके चले आते हैं।''

''नास जाए सन्तो के बाप का।'' सिरी देवी ने कड़ुआ मुँह बनाकर गाली दी।

''हाँ, शराबी लोग सन्तो के बाप को दारू पिलाकर सन्तो को छेड़ते थे।'' तारा फुआ ने समर्थन किया और रतनी दादी अपना सफेद बालोंवाला सिर लगातार हिलाए चली जा रही थीं।

सिरी देवी ने गले को हाथ लगाकर सौंह खाई और बोली, ''एक बेर तो हमें दबोच लिया! सच्ची, हमारे दिल में अब तक हौल जमा है।''

''टिरकवाले ज्यादा बदमास होते हैं'' यह रामा का अनुभव था।

''हाँ, सन्तो की गाड़ी के आस-पास टिरकवाले ही तो उतरते थे। उनकी काँख में बोतल और हाथ में गोश्त की पन्नी।''

''सन्तो ने टिरकवालों के लिए दसियों बेर गोस राँधा।''

''बाप ने रँधवाया बिचारी से।'' सिरी देवी को सन्तो से हमदर्दी है।

"बाप तो छककर पीता था नासिया और पीकर टुन्न। फिर टिरकवाले और सन्तो।"

"चाहे कुछ नहीं कर पाते थे टिरकवाले, सन्तो हाथ आती थी क्या? बिना छत और भींत के रहवासियों के यहाँ यह तो सहूलियत है कि चाहे जिधर दे भगो। शोर मचा दो। बस ऐसे ही वाकयों के बाद टिरकवाले चोरी-छिपे दबे पाँव आने लगे और फिर तंग करने की जगह बहलाने-फुसलाने लगे। औरत को राजी करने की विद्या तो कोई टिरकवालों से पूछे।"

यह कहकर औरतों ने ऐसे-ऐसे अनुभव सुनाए कि हँस-हँसकर पेट में बल पड़ गए और बताया कि उन्होंने टिरकवालों से क्या-क्या ठगा, क्या-क्या बाजार से मँगवाया और कैसे-कैसे मीठे झाँसे दिए।

सन्तो बिचारी तो भोली लड़की थी, टिरकवालों से तंग आकर सुनार के लड़के दिनेश के संग भाग गई। सन्तो को दिनेश ने ही इन राक्षसों से बचाया था सो वही उसके मन बस गया। दिनेश वैसे शरीफ लड़का था।

रामा ने खुलासा किया, "सन्तो कैसी विभोर होकर कहती थी-बहुत चाहता है दिनेश हमें। देख रामा ये पायजेब, खास हमारे लिए अपने भइया से बनवाई है।"

बस ऐसे ही एक दिन सन्तो के बाप के लिए दिनेश महुआ की दो बोतलें और सन्तो के लिए मारुति वैन ले आया। बोला, "चल नरक से निकल।"

रामा ने रामप्यारी काकी को याद दिलाया, "फुआ, सन्तो ने एक दिन पहले पेट में दर्द बताया था ? तुमने कितना चूरन दिया पर आराम नहीं आया। तुम फिर झारने वाला गुनिया भी लाई थीं न फुआ?"

रामप्यारी काकी सन्तो के लिए दिल में मलाल लेकर बैठी थी सो बुझे स्वर में बोली, "गुनिया लेकर आए तब तक तो छोकरी फुर्र उड़ गई। फिर क्या था बदनामी हींग की बास की तरह उड़ी। डेरे-डेरे फैल गई बात।"

"बाप का नशा उतर गया। अभागा सिर पीटकर और छाती कूटकर बैठ गया। फिर तो दारू की बातलें फोड़ डालीं और गाड़ी से टकरा-टकराकर अपनी खोपड़ी घायल कर ली। लहूलुहान हो गया हीरामन लोगड़िया। इतना लहू बह गया कि चेहरे पर मुर्दनी छा गई।" इस दृश्य की चश्मदीद गवाह मिरी देवी, रतनी दादी और रामप्यारी काकी हैं जो आगे का वाकया भी बताती हैं-

पुलिस ने काम बहुत किया। दिनेश के घर दबिश दी क्योंकि कई लोगड़िया मिलकर थाने गए थे। बात यह भी थी कि दिनेश क्या सन्तो को गाँव में अपने घर रखने ले गया था? वह क्या जानता नहीं था कि लड़की को दुष्टों और गुंडों से बचाना एक बात है और प्यार करना दीगर बात और उसे अपने घर में सम्मान देना नाक कटनेवाली बात!

वह यह भी जानता था कि सन्तो के डेरेवाले उसे ट्रकवालों से ज्यादा सताएँगे। हो सकता है सन्तो की हत्या ही कर डालें। नाक और मूँछ से बड़ी नहीं होतीं लोहापीटाओं के लिए बेटियाँ। क्षत्रिय होने की कसौटी यही है। वह सब जानता था, यह भी कि लौहमानव अपनी बेटियों की रक्षा नहीं कर पाते इसलिए उन लड़कियों पर ही फरमान कसते रहते हैं। उनको सतियों की कथा सुनाते रहते हैं। सन्तो ने सारे फरमानों और सारी कथाओं को धता बता दिया। इस कृत्य की अपराधिनी का डेरों पर अब काम क्या?

पुलिस को दिनेश नहीं मिला। उसके भाई शिवचरन को पकड़ लिया और जिस वैन में सन्तो गई थी, उस मारुति वैन के मालिक को धर लाए। लोहापीटाओं ने इसे अपनी सफलता माना और अपनी पीठ थपथपाई। यह अलग बात है कि सन्तो के बाप के बैल और गाड़ी बिक गए क्योंकि बिना पैसे के तो थाने का सिपाही अपनी कुर्सी से उठता तक नहीं है। पैसा दिनेश के परिवार से भी जमकर खींचा गया क्योंकि बिना पैसा वसूल किए पुलिस मुजरिम बनाए गए लोगों को हवालात में डालकर भूल जाती है।

छह महीने बाद खबर मिली कि दिनेश और सन्तो ने कानूनी शादी कर ली है। उसने लौहमानवों की वैवाहिक रस्मों और कायदों को अँगूठा दिखा दिया। यह खबर सुनी तो डेरों पर ऐसा मातम छा गया जैसे कोई अकाल जवान मौत हुई हो। जाति सम्मान की हत्या उस कलमुँही लड़की ने कर दी। डेरे असहनीय दर्द से कराह उठे।

बातें चलीं। बातें हुईं।

–इस ब्याह को नहीं माना जाएगा। पंचायत होगी।

–क्यों नहीं मानोगे, लड़की बालिग है, डॉक्टर ने सर्टीफिकेट दिया है।

नहीं मानेंगे क्योंकि लौहमानवों के पास महाराणा प्रताप के शौर्य की सनद है। वह किसी अलाय-बलाय कानून की मोहताज नहीं है। उन्होंने ऐलान किया–हमारे कानून हमारे ही बनाए हुए हैं क्योंकि जब हम तुम्हारी धरती के वारिस नहीं, पानी के हकदार नहीं, फसलों के हिस्सेदार नहीं, तो कानून के शिकंजों के ताबेदार क्यों?

उन दिनों ही एक खबर बिजली की तरह गिरी–सन्तो ने एक बच्ची को जन्म दिया है।

कितनी भाग-दौड़ की थी कि पुलिस सन्तो को बरामद कर लाए मगर कौन सुनता है, ये तो पुलिस के लिए रोज के किस्से हैं। लोहापीटाओं के लिए अनहोनी है तो हुआ करे।

दुख! दुख की आग में तपते हुए लोहापीटा खुद-बखुद पिघलने लगे और उन पिघले हुए लोगों पर दिनेश की खुटखुट नहीं, लोहापीटाओं की बेटी सन्तो ने घन की भारी चोट मारी।

सन्तो दिनेश के साथ डेरों पर चली आई।

तन्दुरुस्त बदन की सन्तो का रंग निखरा हुआ था। उसने पीले शलवार-कमीज पर लाल दुपट्टा ओढ़ा हुआ था। उसकी गोद में गोरी और गदबदी बच्ची थी जिसके हाथों में घुँघुरुदार छोटे-छोटे कंगन थे और गले में काले धागे के साथ बँधी हुई ठेठ बुन्देलखंडी अशर्फी थी, जिस पर 'हाय' लिखा हुआ था यानी नजर न लगे।

सन्तो के आगमन पर डेरे खुसुर-फुसुर की आवाजों से भुनभुनाने लगे।

सन्तो ने खुला ऐलान किया-"मैं आ गई हूँ। मुझे वापस ले लो।"

लोगों को चुप्पी ने बुरी तरह घेर लिया।

"मैं तुम्हारे सम्मान के लिए ही आई हूँ, तुम्हारे बारे में सोचकर।"

रामप्यारी काकी उस दिन को याद करके आज भी मुँह पर पल्ला डाल लेती हैं मानो अभी रो देंगी। रुलाई मिली आवाज में उन्होंने कहा-

"हमारे मरद, लोहापीटा आदमी राणा प्रताप की कथा कहकर जिन्दा रहने वाले, उनके नैम-कानून पालन करनेवाले बहादुरी के पुतले सन्तो के मामले में सारा हौसला हार गए। किसी ने हिम्मत नहीं की कि आगे आए और कहे कि सन्तो हमारी बेटी है और अब यहीं रहेगी। कोई जवान आगे आए और सन्तो को अपनाए।

"फिर पंचायत फिर हुई।

"आसपास के ही नहीं, दूर-दराज के डेरों से लोहापीटा पंच जुटे क्योंकि जो हुआ था उसकी सबको खबर दी गई।

"बड़ी-बड़ी मूँछें, ऊँची-ऊँची पगड़ियाँ। सन्तो की अपनी उम्मीदें!

"कुल जोड़ फैसला सुनाया गया-इस छोकरी का अब यहाँ क्या होगा? ब्याह एक बार होता है, बार-बार नहीं। हम क्षत्रिय हैं, अहीर जाटों और छोटी जातियोंवाली रिवाजें नहीं हैं हमारे यहाँ कि औरत दूसरा ब्याह कर ले। हमारी जाति में कोई छोकरा इसे ब्याहता बनाकर नहीं रखेगा।"

रामप्यारी काकी कड़ुआ-सा मुँह बनाकर कहती हैं, "सुनार का दिनेश हमारे मर्दों की इस आन-बान और शान पर थूक गया था, यहीं आकर। कह गया था कि तुम लोग ज्यादा विलाप कर रहे थे, सन्तो के दुख में मरे जा रहे थे सो हमने अपना कलेजा कड़ा कर लिया और कह दिया कि मैं सन्तो को छोड़ रहा हूँ, तुम लोग सँभालो। जैसे ले गया था वैसे ही वापस ले आया।

...मगर तुम लोग तो बेहद टुच्चे निकले। अपनी ही बेटी को बेइज्जत करनेवाले किस इज्जत की दुहाई देते हैं? तुम सब ढोंगी हो जो बहादुरी का स्वाँग करते हो। इनसान के दुश्मन हो तुम लोग, मन में तनिक भी गुंजाइश नहीं, तभी तो अब तक मारे-मारे फिरते हो।"

दिनेश ने सब लोगों के सामने सन्तो का हाथ पकड़ा और उससे कहा, "चल

यहाँ से, चल। यहाँ तेरा कोई नहीं है। झूठे और घटिया लोग किसी के होते भी नहीं हैं। ये तेरे पीछे पुलिस दौड़ा रहे थे, तेरे भले के लिए नहीं, अपनी जात की झूठी शान के लिए।''

डेरे के लोगों ने दिनेश की फटकार और ललकार को सन्तो के गुनाह में ही जोड़ा और नए सिरे से ऐलान किया कि आइन्दा किसी छोकरी को सन्तो की तरह का जुर्म नहीं करना है। मरजाद त्यागनेवालों के साथ क्या व्यवहार हो, लोहापीटा अच्छी तरह जानते हैं। माँ-बाप जात बाहर हो जाएँगे तब मालूम होगा कि पंच क्या होते हैं? हुक्का-पानी बन्द, शादी-ब्याह जैसा व्यवहार खत्म, फिर कहाँ जाओगे, फिर क्या छोकरियाँ गाँव के छोकरों के संग भागेंगी?

सन्तो के बाप ने नदी में डूबकर जान दे दी।

उजाला बताती है, यह सब सुनकर उसको सन्तो के बाप की लाश में अपने बापू की छवि दिखने लगी थी। घबराहट ने वजूद घेर लिया। यकायक सोचा-वीर की तो परछाईं भी खतरनाक है।

'सुनार के बेटे दिनेश में हिम्मत थी' उजाला के कानों में यह वाक्य कुनमुनाने लगा। क्या जात की आन-बान नष्ट करने वालों की भी हिम्मत देखी जाती है? अगर यही हौसले का लक्षण है तो फिर आनबान क्या चीज है? क्या सन्तो को त्यागकर लोहापीटाओं की शान बन गई? कहानी तो यही रह गई कि दिनेश के प्यार की ताकत ने इन नाक-मूँछवालों को हरा दिया। लाचार करके बिठा दिया। इन्होंने ही सन्तो के पिता की हत्या कर दी। इनके पास भयानक मिसालों के प्रेत हैं, डरावने जौहर व्रत हैं जिनके साये में इनकी लड़कियाँ पलती-बढ़ती हैं। फिर बिना दीवारों और छतों के गढ़ों, किलों और दुर्गों में कैद होकर जिन्दगी की खैर मनाती हैं।

उजाला अपना मन्तव्य जाहिर करती हुई बेला बहू की ओर देखती है।

''शायद मैं वहाँ ऐसी सुरंग बनाना चाहती थी, जिसमें से मैं बाहर निकल जाऊँ और दुश्मन को दिखाई न दूँ।''

बेला बहू ने सवाल किया, ''बिटिया, फिर वीर का ब्याह?''

''बेला बहू, मेरी आजादी से वीर की शादी का क्या रिश्ता? रिश्ता तो खुद से ही है कि मुझे किसी लोहापीटा की औरत बनना है या नहीं? मुझे किसी वीर जैसे छोकरे को अपने कब्जे में रखना है या नहीं? मुझे क्षत्रियवंशी पिता का नाम डुबोना है या नहीं? शादी-ब्याह, इसके आगे सोचने के लिए जैसे कुछ हो ही नहीं।

''बेला बहू, प्यार-मोहब्बत, यह क्या है? शादी जायज, प्यार नाजायज, यही न?''

''प्यार और जिन्दगी की टूटन-फूटन में घटा सर्वनाश, दन्तकथा की तरह यही जिन्दा रखा जाता है उजाला!''

''जबकि एक दिन में ही ऐसी कथा बदल सकती है बेला बहू। वीर कहता तो

था, एक करवट पूरी नींद को झकझोर कर रख देता है, उसने कहीं पढ़ी है यह बात। गाय का सींग हिलाना, उसके सींगों की हलचल से उसकी प्रकृति बदल जाती है। बने बनाए रास्ते से अलग पड़ते कुछ कदम जिन्दगी की राह बदल देते हैं। वीर ऐसी ही बातें जमा करता रहता था किताबों से। और तमाम छोटी-छोटी बातों को बड़े नतीजों से जोड़ता रहता था।''

बेला बहू उजाला की बातें सुनकर अभिभूत थीं। वहाँ बैठे हम सब और और की मूक रटन लगाए हुए...

''वीर न जाने क्या-क्या कहता है। क्या करना चाहता है। पिता रसूखवाले हैं। धन-दौलत की कमी नहीं। गाँव में राजकुमार सरीखा है वीर। मगर राजकुमार का दिल गाने-बजाने में रमता है। लोग कहते हैं, राजा के घर जोगी जन्मा है।

''वह मुझे समझाता था, बेला बहू, कि वह सर्वहारा है। सर्वहारा क्या? मैं पूछती थी तो कहता था कि जैसी हालत में तुम हो, बेघर-बार, मेहनत की धनी, थोड़े से थोड़े में गुजारा करनेवाली।''

सुनकर बेला बहू की आँखें चमक उठीं। बसन्ती मुस्कराई और जुझार तनकर बैठ गया। गुलाब हाथ में पकड़ी नीम की हरी सींक को मोड़ता रहा।

''वीर अपनी बात को वजनदार बनाने के लिए अपने वंश से ही मिसाल पेश करता। आप लोग सुनें।

'सच्ची उजाला, हमारे खानदान में हमारे एक पुरखे थे, जिनको याद करना भी गुनाह है। जान-बूझकर भुलाने के लिए छोड़ दिया है।'

'सो क्यों?'

'सो ऐसे कि मान-मर्यादा की बातों को वे हवा में उड़ा देनेवाले थे। यों तो मुझसे पहले की तीसरी पीढ़ी की बात है, लेकिन गाँव में छिपानेवाली बातें अपना पर्दा खोलने के लिए बगावत कर डालती हैं। बस मुझे पता चल गया कि उमर सिंह नाम के हमारे वे पुरखा बचपन में ही शादी के बन्धन में बाँध दिए गए।'

उजाला ने वीर से सुनी उसके पुरखे की कहानी मानो पूरी रट रखी थी।

ब्याह हो गया, गौना पाँच साल बाद होना था। तब तक दुल्हन अठारह की और उमर सिंह उन्नीस वर्ष के हो जाते।

''मगर होनी को कुछ और ही मंजूर था। उमर सिंह को खेत-खलिहान नहीं सुहाते थे। उनको ड्योढ़ी या बैठक का आराम भी रास नहीं आता था। उन दिनों जब उनके होंठों के ऊपर कोमल रोम जमने लगे, मसें भीग आईं, वे अपने दोस्त-यारों में बैठते। दोस्तों में तो सभी लड़के उठते-बैठते हैं, मगर उनके दोस्त खास

खँजरीबाज, तुरही-बाँसुरी के उस्ताद और ढोलकिया होते। ऐसे लड़के बड़ी जात में नहीं पाए जाते। ये तो चरवाहे, गड़रिया, माँझी-मछुआरे, ढींवर-काछी और बसोर ही थे।

''उमर सिंह ने रुचिपूर्वक खँजरी बजाना सीख लिया। सीख ही नहीं लिया, ताल साधने का भरपूर अभ्यास हो गया। इधर उनकी साधना पूर्ण हुई, उधर उनका गौना दे दिया गया। लशलश करते जोबनवाली गुलनार-सी दुल्हन आ गई।

''भाग्य या दुर्भाग्य, दूसरे गाँव में नौटंकी का नगाड़ा बजने लगा। गाँव में तीन-चार नचनियों के नाम चमकीले जुगुनुओं की तरह उड़ने लगे। चन्दा, सितारा, बिजली और गोपा। साथ में पार्ट करनेवाले पुरुष पात्र-सूरज, करन, अर्जुन और कन्हैया।

''कहते हैं कि रातों में नई दुल्हन रेशमी बिछौने पर मखमली तकिया गोद में रखे, काजल भरी आँखें कमरे के दरवाजे पर गड़ाए रही। मगर उमर सिंह थे कि अपने गाँव के सीवान से ही खँजरी बजाते हुए दूसरे गाँव के उस पंडाल में पहुँचे, जहाँ नौटंकी का संचालन हो रहा था। गोपा नचनिया पूरी अदा के साथ नाच रही थी। उमर सिंह की जिन्दगी का यह पहला अनुपम मनोहारी दृश्य था।

''बस आव देखा न ताव अपनी खँजरी की ताल ढोलक-मजीरों की लय में जोड़ते हुए हारमोनियम के साथ बिठा दी और मंच पर चढ़ गए।

''यकायक व्यवधान पड़ा तो गोपा नचनिया सकते में आ गई। संगीत बन्द हो गया। 'नीचे उतरो, नीचे उतरो' की आवाजें आने लगीं।

''उमर सिंह मंच से नीचे उतर आए। गोपा ने दोबारा नाचना शुरू किया। अब पहले वाले गीत की तो बात ही खतम थी। नया गीत उठाया-

'सैयाँ का रंग गुलाबी, हमारा रंग बादामी...'

''उमर सिंह फिर आगे बढ़ते गए। दीवानगी की हदें पार करना उनकी मजबूरी था।

और एक दिन :

'तुम्हारे नैन देख के, सुना है लोग जोगी हो गए हैं। तुम्हारे नैन...'

''सारे इशारे गोपा की ओर थे। गोपा कुछ देर बाद मंच पर खड़ी-की-खड़ी रह गई। ऐसा कोई उसने अपने नचनिया जीवन में देखा न था। उसने ढोलकिया से कहा भी लोग तो नोट फेंकते हैं, छुहारे किशमिश बरसाते हैं, मेरे नाच पर सीटियाँ छोड़ते हैं और जोबन की कसमें खा-खाकर ठंडी साँसें भरते हैं मगर यह कैसा आशिक है कि मेरे नयनों को देखकर जोगी होना चाहता है!

''जोगी कौन हुआ, कौन नहीं हुआ, उमर सिंह गोपा के नैन देखकर बैरागी जरूर हो गए। फिर घर नहीं लौटे। नौटंकी मंडली में शामिल होकर घर-गाँव छोड़ गए।

"लोग कहते हैं कि उमर सिंह झाँसी के इलाइट टाकीज में ऐसी एक फिल्म देखकर आए थे। सिनेमा ने उनको बिगाड़ दिया तभी तो जी उचाट हो गया।"

"और नई दुल्हन?" बेला बहू ने उजाला से पूछा।

"वीर कहता है, उसकी परदादी थीं वही नई दुल्हन। तब तक उमर सिंह के छोटे भाई मेहर सिंह कुँआरे थे। बस उनसे ही दुल्हन की बछिया कर दी गई यानी कि दूसरा ब्याह। वीर कहता है–'हमारे यहाँ बुरी प्रथाएँ अनेक हैं मगर कुछ रिवाजें अच्छी भी हैं। तुम्हारे कबीले की तरह नहीं कि औरत कम उम्र में विधवा हो या पति छुट जाए तो जीवन ही तबाह हो जाए। वे हमारे घर की सम्मानित स्त्री के रूप में याद की जाती हैं। हम उन्हीं की सन्तानें हैं।"

"वीर कहता है, 'पिछली पीढ़ियों का असर नाती-पोतों में आता है। साइंस की भाषा में इसे जींस कहते हैं।'

"मैंने सहमकर वीर को देखा था। सावधान भी किया था–तुम अपने ऊपर यह असर मत लो वीर। यह असर गजब कर देगा।"

"गोपा मिल जाए तब भी?" वह निछावर होती नजरों के साथ मुस्कराया। साथ ही मेरे हाथ अपने हाथों में ले लिए, मानो मुझे गोपा होने की सनद दे रहा हो। बस ऐसे ही पल-छिन मेरे भीतर साँस लेते हुए मुस्कराते हैं कि मैं सारे दुख भूलने लगती हूँ। यह भी कि अपनी औकात में मैं लोहापीटाओं की बेटी वीर की दी हुई ऊँचाइयों से दहल उठती क्योंकि ऊँचाइयों पर जाकर गिरने का डर हमेशा सताता है।"

दहशत की परछाइयों के बीच उजाला के कंठ से उसी गीत की लय बराबर लगी हुई थी, जो उमर सिंह ने गोपा नचनियाँ के लिए गाया था–'तुम्हारे नैन देख के, सुना है लोग जोगी हो गए हैं...।'

उजाला कह रही थी कि उसने उस फिल्म को देखना चाहा था कि आगे क्या हुआ? उमर सिंह गोपा के साथ-साथ ही चलते रहे या...? मगर इस फिल्म से उसकी अपनी क्या निकटता? फिर भी वह इस गीत के बोलों के साथ सारे डेरों, सारी दहशतों और सारे क्षत्रिय कानूनों की दीवारों से बाहर आ खड़ी हुई। उस हल्की और पंख वाली चिड़िया की तरह जो अपनी मर्जी से कहीं भी उड़ जाती है। उड़ान ऐसी कि उसके पंखों की छाया तक को कोई न छू पाए।

हकीकत बेरहम हुआ करती है, सो डेरों के नजदीक आते ही उसने अपने आप को कठोर जमीन पर पाया। लहराते गीत पर खुद-ब-खुद लगाम लग गई। सामने सिरी देवी बाबी चली आ रही थी। लाल घाघरा और हरी ओढ़नी सिरी देवी की पहचान है। तेज चाल भी उसी के स्वभाव से मेल खा रही है। बाबी की नजर को धरतीफोड़ मानती है रामप्यारी काकी। यह बहू किसी को भी भीतर तक खँगाल ले। ऐसे ही नहीं डेरे पर उजाला के किस्से बिखरा दिए हैं। उजाला की समझ में नहीं आता कि डेरों

पर अनब्याही लड़कियों के चाल-चलन के किस्से क्यों इतने दिलचस्प माने जाते हैं? जबकि लड़कियों से चटपटी बातों से दूर रहने को कहा जाता है। और यह कैसा कमाल है कि अपने ब्याह के बाद लड़कियाँ (औरतें) भी कुँआरी लड़कियों की निगरानी में तैनात हो जाती हैं जैसे अब इनकी यही ड्यूटी हो गई हो।

उजाला ने सिरी देवी की ओर देखा तो वह अपने भरे हुए गालों और सुर्खी लगे होंठों से मुस्करा पड़ी। उजाला विनम्र हो गई, ''कहाँ जा रही हो बाबी सा।''

''बस्ती में से अपना पइसा लेने। मेला जाना है ना।''

''मेला! अरे हाँ, मेला!'' उजाला ने कहा तो मगर आवाज में चहक नहीं थी जो मेले की कल्पना से ही भर जाती है।

''तुम कहाँ से आ रही हो उजाला?''

''ऐसे ही, नद्दी तरफ से।' इससे ज्यादा वह कुछ कह नहीं पाई।

सिरी देवी हँस पड़ी। मानो उसकी भेदभरी आँखों ने उजाला के बयान का झूठ देख लिया हो या उजाला की आँखों में कोई चोरी लहरा रही हो...

कितनी मेहनत से झूठे बहाने गढ़ने पड़े हैं उजाला को। झूठ उसके मुँह से सामान्य तरीके से निकलता ही नहीं। निकले कैसे, कंठ में तो 'तुम्हारे नैन देख के...' वाला टुकड़ा अटका हुआ है।

''मैं पइसा लेकर आती हूँ उजाला, बजार चलोगी?'' सिरी देवी का उत्साह एकदम मेले जैसी हलचल से भरा हुआ था।

''बापू से पूछना पड़ेगा बाबी सा।''

''बापू? तेरे बापू तो गाड़ी बेचने चले गए।''

''कहाँ?'' उजाला ने क्या अटपटा सा सुना...

''गाड़ी बेचने।'' फिर वही उत्तर।

वह अवसन्न-सी खड़ी रह गई। आगे कुछ और पूछने का साहस न कर सकी।

''अच्छे पइसा लग गए हैं। पइसा की जरूरत भी है।''

''बापू चला गया बाबी सा?''

''अरे तुझे पता नहीं क्या?''

''नहीं।''

''कैसी बात करती है, तेरा बापू तुझे ही नहीं बताएगा?''

दुख की बात है यह, रकम की खुशी की खबर नहीं, उजाला जानती है। बापू नहीं बताएगा दुख की बात अपनी उजाला को...मगर वह तो सोचती थी कि यह दुख अभी उससे कोसों दूर है, आँधी की तरह चला आया!

डेरे पर पहुँची। लगा कि डेरे पर बहती हवा बेहद कमजोर है। उदास और सुस्त। पीतल जड़ी दमकती गाड़ी की जगह अब सूनी और रूखी मिट्टी की सूरत में सामने

बिछी पड़ी है। उजाला को मर्मान्तक पीड़ा हुई जो उसने अकेले ही झेली। जब तक बापू लौटता नहीं, वह सो भी कैसे सकती है? डेरे की ओर बीहड़ छुपी धरती खुद विलाप कर रही है उजाला के आँसुओं से। बेचैन साँसों और गहरी उच्छ्वासों से...

बापू तब आया जब आकाश में शुक्रतारा उदय हो चुका था।

"उज्जू!" बापू का स्वर सामान्य और खुला-खुला-सा है।

"बापू!"

"हाँ, बेटा! आज तेरा बापू हल्का हो आया। अपनी काया-माया में निरा अपना। किसी का ऋण कर्ज उधार नहीं, जिसके नीचे दबकर अब तक गर्दन झुकाए रहता था।"

इसके आगे उजाला क्या कहे?

दोनों ओर मौन का पर्दा खिंच गया।

उजाला ने बड़ी जल्दी समझ लिया कि गाड़ी की चर्चा ऐसे ही होगी जैसे कोई अभी-अभी किसी अपने की मौत के बारे में बात करके बार-बार रोये। हाँ, अपने बारे में सोचकर यह भाव जरूर आया कि उसके लिए कोई दूल्हा बापू के हिसाब से रकम दे देता तो गाड़ी बच जाती। क्या बापू जानता था कि उजाला के ब्याह को इसी तरह रोका जा सकता है। भले गाड़ी का कुछ भी हो। बापू ने बेटी की भावना पढ़ ली थी क्योंकि उजाला डेरों की दूसरी लड़कियों की तरह नहीं है। उजाला को कोई लोहापीटा लड़का निभाएगा भी कैसे, उजाला चार अक्षर सीखकर किताबें पढ़ने लगी है।

जबकि उजाला को औरतें दिलासा दे रही थीं-"बैल की गर्दन सलामत रहे, जुआ तो एक-न-एक दिन मिल ही जाएगा।"

मगर आज...गाड़ी बिकने के बाद...

कोई भी कुछ कहता रहे, उजाला का दुख जो चिनगारी-सा भीतर-ही-भीतर कौंधा था, अंगारे की शक्ल में दहकने लगा। धधकते ताप में वह क्या निर्णय ले? यही कि वीर के पिताजी ने उजाला के बापू की गाड़ी बिकवा ही दी।

उसे अपने प्यार की आकांक्षाओं पर लज्जा का अनुभव हुआ। अभी तक मन में भरोसे की महीन-सी डोर टूटी नहीं थी कि गाड़ी की खरीद-फरोख्त को लेकर वीर की भी कोई दखलंदाजी चल ही जाएगी। वीर के सद्भाव पर गौरव करने के लिए वह तैयार बैठी थी।

उजाला बताती है-

खुली धरती पर बापू दोनों बाँहों में अपने घुटने बाँधे बैठा था। सिर की पगड़ी ढुलक आई माथे तक क्योंकि मुँह घुटनों की ओर झुका था बिलकुल अपनी गाड़ी की तरह जो बैलों से अलग होकर गर्दन झुका लेती है।

"बापू!" उजाला एकदम नजदीक आ गई और पिता का हाथ अपनी हथेलियों

के बीच दबा लिया। बापू ने सिर उठाया और आँखें भी, निगाहों से दर्द बह रहा था।

''गाड़ी फिर से ले लेंगे बापू!''

बापू शायद चुप ही रहना चाहता था लेकिन उसने उजाला के लिए 'हाँ' में शीश हिलाया कई बार।

''अब की बार नई चाल की कढ़इया, पौनी, छाज और चिमटा-फुकना बनाएँगे बापू। ट्रैक्टर की फाल बनाकर मेले में ले जाएँगे।'' उजाला ने भरसक प्रयत्न किया कि उसकी आवाज भर्राये नहीं क्योंकि गला भर-भर आता था।

उजाला ने बापू के कन्धों और पगड़ी उतारकर सिर पर हाथ धर दिया। स्पर्श ने ऐसी दिलासा दी कि बापू बच्चे की तरह फफक-फफककर रोने लगा। अब तक जिन भावनाओं पर नियन्त्रण किए बैठा था, बेटी के सामने फूट पड़ीं। उजाला का दुख भी आँसुओं की राह बह चला। रोना जरूरी था, रोना भी जरूरी होता है। निस्सहाय अवस्था और दर्द के क्षणों में आँसू ही आगे आकर दुख को बहाये दे रहे थे।

रोकर हल्के हो गए जैसे यह भी अपनी ही भावनाओं का कर्ज था।

''उदास नहीं होना उज्जू! तू बहादुर है।'' बापू की साफ आवाज थी अब। आगे बापू ने ठहर-ठहरकर कहा-

''बेटा, वीर के बाप ने ऐसी-ऐसी बातें कही हैं कि अब यहाँ रहना न हो पाएगा।''

उजाला क्या बोले और क्या पूछे? मगर कब तक बापू उन जहर भरी बातों को कंठ में रोके रहेगा? निगल लेगा तो क्या पचा पाएगा?

''क्या-क्या कहा बापू?''

''अरे, यही कि तुम लोग बैलों का धन्धा करते हो। तो हमने कहा कि हाँ मालिक हम बैल खरीदते और बेचते हैं। अकेली लोहागीरी से गुजर-बसर नहीं होती।''

वे कहने लगे, ''तुम्हें पता है कि किसान कितने लाड़-प्यार से गाय और बछड़े पालते हैं? कितने पवित्र भाव से बछड़ों को बैल बनाते हैं। ये भैंसा नहीं है कि चाहे जैसे रखो। और तुम...तुम इन बैलों को खरीदकर महँगे दामों में कसाई के यहाँ बेच देते हो क्योंकि इनका गोश्त बहुत महँगा बिकता है। तुम्हारी तो हम रपट लिखाएँगे।''

''वीर के पिता को हम अपनी क्या सफाई देते बेटा? इल्जाम लगानेवाला आदमी सफाई मानने के लिए इल्जाम नहीं लगाता। यह तो हमने कई बार देख लिया है। साथ में उन्होंने पक्का ऐलान कर दिया कि अब लोगड़ियाओं के डेरों में गाड़ी ही नहीं रहने देंगे। गाड़ी नहीं होगी तो बैल किस बहाने खरीदोगे? हमारी समझ में आ गया है कि तीन-चार हजार के बैल का वजन कम-से-कम तीन कुंटल होता है, मतलब कि तीन सौ किलो। सौ रुपया किलो भी मांस बिका तो लगा लो हिसाब

कि बैल तुम्हें कितने का पड़ा। तीस हजार का न?''

आगे कहा–

''साले तुम क्षत्रिय बनते हो और अपना इतिहास भूल गए हो। बहादुरी का नहीं कसाईगीरी का व्यापार चलाते हो। पुलिस से मिलीभगत कर लेते हो। गोहत्या करनेवालों को हम अपने गाँव के आस-पास रहने देंगे क्या?''

बापू को काटो तो खून नहीं। चेहरा सफेद पड़ गया। देह खोखली-सी होने लगी। वीर के पिता का ऐसा रूप रामरतन लोगड़िया ने अब तक न देखा था। इन्हें तो लोहापीटाओं की चिन्ता रहती थी। धुआँधार बरसात में छतरी लगाकर डेरों तक आया करते थे और बरसाती तिरपाल का इन्तजाम करके लाते थे। जाड़ों में रजाई-कथरी के इन्तजाम की शिनाख्त किए बिना नहीं रहते थे। अगर उनकी इतनी तवज्जो नहीं रहती तो इस गाँव के किनारे लोहापीटा इतना समय आराम से गुजार लेते?

आखिर ऐसा क्या हुआ कि वीर के पिता का मिजाज इस तरह उखड़ गया? वे परेशानी में घिरे हुए खूँखार लहजे में बात करने लगे। बापू उनका ऐसा चेहरा पहचान नहीं पा रहा। क्या वे यह चाहते हैं कि लोगड़िया अब भीख मांगे? जबकि वे जानते हैं कि लोहे से भिड़े रहने वाले भूखे रह लेंगे, भीख नहीं मागेंगे।

ठीक है डेरों के बच्चे पढ़ते-लिखते नहीं सो अपने पुरखों की वीरगाथाएँ बाँच नहीं पाते, मगर उनके बड़े होते ही तो बता दिया जाता है कि वे कौन हैं, कहाँ से आए हैं और उनकी प्रण-प्रतिज्ञाएँ क्या हैं। उनके गले में किसी देवता की नहीं, बहादुरी के राजा राणा प्रताप की मूर्ति पहना देते हैं। आदमी को खाली किताबें ही जिन्दगी का ज्ञान नहीं देतीं, आदमी को आदमी भी जिन्दगी का मर्म समझा देता है और किताबों से ज्यादा अच्छे सलीके से समझा देता है। आखिर तजुरबा भी कोई चीज है। ये बताई गई पुरखों की आन-बान हम भूल जाते तो क्या बस्तियों के बाहर की खाक छानते रहते? बस्तियों में रहनेवालों के सुविधा साधन देखकर ललचाते नहीं? ऐसा होता तो अपने लालच की भरपाई के लिए सैकड़ों नाजायज काम करते जैसे कि बस्ती के लोग अपनी हवस पूरी करने के लिए अत्याचारों पर उतर आते हैं।

यह सब लिखा जा रहा था कि बेला बहू ने मेरा हाथ रोक दिया।

''बिन्नू, जो कछू भी उजाला ने बोला है, वे दस-बारह लाइनें हमें दो-तीन बेर और सुना दो। मोंड़ी ने जीवन का मरम उड़ेल दिया कि हम यहाँ जितने भी हैं, सब के लिए पिरवचन बन गया।''

उजाला फिर शुरू हो गई–

मैं बनजारिन! साथ ही अपनी छवि में राजपूताने की मीराबाई। राजपाट त्यागने वाली मीरा थी, उजाला के लिए तो त्यागने के लिए बस यह गाँव का सीवान ही है जिसमें वीर रहता है। मीरा ने कृष्ण की मूर्ति उठाकर अपने साथ ले ली, उजाला वीर

की तसवीर लिए फिरेगी। मीरा की कथा उसने चुनरी की तरह ओढ़ ली।

मन की माया ने तन ढँक लिया। दृष्टि निर्मल हो गई।

"उजालाऽऽ!" उसके नाम को लेकर लम्बा स्वर गीत की तरह डेरों पर आकर लहराया।

अपना नाम सुनकर वह मुस्कराई। जो कलप अब तक मन मरोड़ रही थी, वह गायब हो गई। वीर...हाँ, यह उसी की आवाज है।

वह चलने के लिए तैयार हुई।

बापू सामने आ खड़ा हुआ।

"उज्जू, याद है मैंने क्या कहा था?"

"कुछ तो नहीं बापू।"

"यह बताना मैं भूल गया क्या कि वीर के पिता ने कहा था–रामरतन, हंस और सुअर की क्या बराबरी? इशारे में ही समझ ले और आगे ध्यान रखना।"

उजाला उजबक-सी खड़ी रही।

"तेरी कम उमर है अभी। दुनिया का दस्तूर नहीं समझेगी। समझ जाएगी कि जो तुझे आवाज देकर बुला रहा है, वह तेरा दोस्त नहीं, दुश्मन है।" कहकर बापू तपती हुई भट्ठी के पास जा बैठा जहाँ उसे लोहे की मोटी छड़ को तपाकर मोड़ना था।

क्या वह विपत्ति में पड़ गई है? वीर के बारे में क्या सुन रही है? बापू कुछ झूठ तो नहीं कह रहा? उस पर विश्वास न करने का कोई कारण नहीं है। उसकी पलक उठी और भौंह तन गई। फिर न जाने कितने गहरे में डूबने लगी उजाला।

रामप्यारी काकी कब आ गई भट्ठी के पास?

"अरी उजाला, गेला जाने को चार-पाँच दिन रह गए हैं। तू क्या कर रही है?" उजाला झटके से उठी।

"भारी बरसेगा अबकी बेर, भादों खूब घिरी है।" रतनी दादी का इशारा बादलों की ओर था और आँखें उजाला की ओर।

यहाँ तो हम गिनती के सात ही आदमी थे–मैं, बेला बहू, जुझार, गुलाब, बसन्ती, अजय सिंह और खुद उजाला।

सात लोगों में बैठी उजाला के मन में मेला भरा था।

वह यहाँ नहीं, अपने ही संसार में थी–गाड़ी के बिना दो महीने बीत चुके थे। असाढ़ महीने से अब भादों आ चुकी। बरसात का झमाझम मौसम लोहापीटाओं के लिए मनोहर या मनोरम नहीं होता। तकलीफ देता हुआ ही गुजरता है। ऊपर से जिसके पास गाड़ी का आसरा नहीं, वे तो बेघर और नंगे सिर ही रहते हैं। मोमजामा

और तिरपाल किस आधार पर टाँगा जाए? पानी और मिट्टी मिलकर कीचड़ जैसी साजिश रच देते हैं कि लोहेवाले कीचड़ की ही औलाद लगने लगते हैं। जब तक पानी बरसा उजाला अपने बापू के पास बैठी भीगती रही। रामप्यारी काकी और रतनी दादी की गाड़ी के नीचे कितने मनख समाते? भीगे रहना अब आदत हो गई है। कभी-कभी उजाला हँस देती, "बापू, हम लोगों में नहाने का चलन नहीं है न सो बादल आकर नहला जाते हैं जबरदस्ती। देख लो बापू हमारे डेरों की चिरइया तक नहा रही हैं, इनको रतनी दादी कैसे रोकेगी?" कहते-कहते उजाला के चेहरे पर नन्हा-सा बचपन उतर आया।

"गाड़ी का इन्तजाम कर लेंगे उज्जू। फिर बेवजह भीगेंगे नहीं और न जाड़े-गर्मी ही इतना सताएँगे। उजाला के सिर पर रंगीन मोमजामा तान दिया करेंगे।"

बापू का हृदय लाड़ से लबरेज है। गाड़ी लाने की जुगत में बापू उजाला के कारण ही लगा हुआ है नहीं तो वह ऋतु विजेता ठहरा।

चिलचिलाती धूप के आग बरसाते मौसम में भट्ठी जलाकर बैठने वाला बापू लोहे से जूझता रहता है। उजाला उसी बापू की बेटी बराबर घन चलाती रहती है।

ऐसे में ही एक दिन वीर आ गया था। उजाला का तन-बदन पसीने से नहाया हुआ था और चमड़ी आग की लपटों से दमक रही थी। निरन्तर बहते पसीने से आँखों में नमक उतर आया।

तभी रामप्यारी काकी प्रकट हुई।

काकी के बोल मेला के बोल हो गए। काकी ने उजाला को अपने पास बुलाया। अब वह वीर की ओर देखने का दुस्साहस करती हुई इशारा करनेवाली थी कि रामप्यारी काकी की घोषणा होने लगी-"भादों उतरते ग्यारस को भरेगा मेला। तेरे बाप को अभी-अभी गाड़ी गँवानी थी।" उजाला कैसे कहे कि गाड़ी होती भी तो क्या इतनी दूर गाड़ी से जाती?

काकी ने अपने हाथ का सिला एक पीला घाघरा उजाला की ओर बढ़ा दिया।

"पहनकर चलना।" काकी ने आदेश दिया।

काकी की तिरंगी अँगिया, पीली ओढ़नी और लाल घाघरा काकी की मेलाघुमनी छवि का ऐलान कर रहा था। अँगिया में बाँहें तो अलग कपड़े की लगी थीं मगर पीठ पर कपड़े की जगह तनियाँ थीं। रामा तनियों को नूडल्स कहती है। लड़कियाँ खूब हँसती हैं। काकी नूडल्स का महत्त्व समझाती है-'घन चलाते में पीठ का कपड़ा फटे नहीं सो तनी ही लगाकर बाँध लेते हैं।' उजाला ने गौर किया काकी ने दाँतों में मिस्सी और बालों में मोम लगाया है।

"मठरी-खुरमा बनेंगे मेला के लिए। तू आ-जा उजाला, काम करा ले संग। रामा तो खसम के संग सनीमा देखने चली गई है।' काकी ने उजाला की ओर ऐसे

नारंगी...बापू कहता है, लोहापीटा अपने दुख पर हरदम आँसू नहीं बहाया करते, लोहे की तरह उसे तपाते रहते हैं।

लम्बे से लम्बा सफर। बस, जैसे ठूँसे हुए आदमियों का टीनवाला डिब्बा। बिना नहाए-धोए लोगों के गन्धाते-बसाते शरीर, रगड़ खाते कन्धे, फैलती जाती घृणा जैसी गन्ध, इंजन का कर्कश शोर और लोहापीटाओं की कड़क आवाजें। गालियाँ।

रास्ते में कतारों में खड़े पीपल, जामुन और नीम के पेड़ों ने उजाला को हरियल हवा के बीच उतार लिया। उजाला बस में फैले यथार्थ से बहुत दूर चली गई। गीत-संगीत की धुनें इस रास्ते पर इकट्ठा होने लगीं। मन का राजमहल सजने लगा। राजपाट जैसी तन्द्रा में वह तीर्थ का रास्ता तय कर रही थी। ढोलक, ताल, मजीरे बस में बजे और वृन्दावन उसके भीतर उतर आया।

बस जोधपुर सीमा पहुँच गई। इमारतें दिखने लगीं। बगल में लेटी रतनी दादी उठकर बैठ गई। यात्री अपना-अपना सामान सहेजने लगे।

'रामदेवरा, उनका कुल खानदान फले-फूले। हमारे तीरथ का पुन्न उन्हें लगे जैसे बोलों से बस गूँज उठी। साथ में चाय-शरबत बेचनेवालों की तेज और सुरीली पुकारें।

ढाबा देखकर लोग उतरने लगे। जलपान के लिए ड्राइवर यहीं बस रोककर खड़ा हो गया।

उजाला भी उतरी। मक्खी भिनकती मेज के सहारे पड़ी कुर्सी पर बैठ गई। उसने पराँठा और दही कलेवा के रूप में लिया। रामप्यारी काकी ने खुरमा निकाल लिए। उजाला को चाय चाहिए थी।

नाश्ते के बाद बड़ी जल्दी ही यात्री लोग बस में चढ़ने लगे। दर्शन के लिए भीड़ बढ़ती जाएगी फिर।

"बस भर गई।"

"दूसरी गाड़ी सूमो है, इसमें ही बैठना होगा।"

उजाला बस की ओर देख रही थी कि बस ने लम्बा हॉर्न दिया। उजाला बस की ओर भागी। तेजी से दौड़ लगाई, मगर बस ने उजाला से ज्यादा तेज गति पकड़ ली।

पीछे से आवाज आ रही थी, "बेबी! ओ गुड़िया। अरे कहाँ भाग रही है। यह सूमो गाड़ी बस के पीछे-पीछे ही जाएगी। रह गई सवारियों को ले जाएगी।"

उजाला को एक पढ़े-लिखे से आदमी ने सूमो में चढ़ा दिया। उसने देखा इस गाड़ी में दो औरतें भी बैठी हैं। उन औरतों की बराबरी पर ही उजाला बैठी। रामदेवरा की पूजा को जाने वाली औरतें!

सूमो गाड़ी बस के पीछे-पीछे चलती रही।

बीच में एक मोड़ ऐसा आया जहाँ वे दोनों औरतें उतर गईं और दो आदमी वहीं से चढ़े। दो आदमी और एक ड्राइवर के साथ उजाला। आदमी बेहद शरीफ और शर्मदार कि उजाला की ओर देखा तक नहीं।

दोनों आदमियों में से एक ने, जिसकी काली मूँछें छोटी थीं और ठोड़ी पर हल्की दाढ़ी थी, ड्राइवर से कहा कि वह बस का साथ पकड़ ले। दूसरे आदमी का रंग साँवला था और मूँछ-दाढ़ी नहीं थीं। वह पान खाकर आया था होंठ लाल थे।

सामान्य-सी यात्रा। जब-तब बस भी दिख जाती।

यकायक रास्ता बदल गया।

मन्दिर का रास्ता एक कोठीनुमा घर की ओर मुड़ गया और उस घर के आगे ही सूमो रुक गई।

''उतर!'' शरीफ आदमी ने शराफत से ही कहा।

''यहाँ? मन्दिर कहाँ है? हमारे साथ आए लोग कहाँ हैं? बस कहाँ हैं?''

इतने सारे सवाल करते हुए उजाला खोई-खोई निगाहों से इधर-उधर देख रही थी और हड़बड़ी में बोल रही थी।

'भीतर चल।' शरीफ आदमी की आवाज कड़े स्वर में बदल गई।

'नहीं।'

'नहीं, कहते ही साँवले आदमी ने उसकी चोटी कस ली। बाल पकड़कर भीतर की ओर खिचेड़ने लगा उजाला को।

ड्राइवर भी दो के साथ तीसरा आदमी था। उजाला तीनों से हाथापाई करने लगी। नाखून और दाँतों को हथियारों की तरह इस्तेमाल किया मगर उसे अपनी शिकस्त नजर आने लगी।

'रामदेवरा!' इस देवता के आँगन की आस्था झूठी पड़ रही है। तीर चलाकर प्यासे लोगों के लिए सरोवर बनाने वाले देवता की छाया में उजाला अन्धकूप में गिरती चली जा रही है।

'छोड़ दो। मैंने तुम्हारा क्या बिगाड़ा है?' कहते-कहते तो उसका नया घाघरा फट चुका था और अँगिया उतार दी गई थी।

''नहीं-नहीं...रहम तो करो...''

शरीफ आदमी की आवाज जैसे दाँती पीसती हुई उसकी गुहार पर गुजरी हो, ''साली, अब रहम माँग रही है! गिड़गिड़ा रही है। कुतिया, तब नहीं सोचा जब हमारे लड़के को अपने जाल में फँसाया था।''

साँवला थूक छोड़ता हुआ गालियाँ देने लगा फौहश भाषा में।

''बदजात, पता है उसकी सगाई कहाँ हुई है?'' कहकर जोर का तमाचा मारा उजाला के गाल पर कि कान तक पूरा चेहरा झन्ना उठा। आँखों के आगे तरइयाँ

चिलकने लगीं।

आँखें बन्द हो गईं उसकी। ये कौन लोग हैं, समझ में आ गया। मगर ये वीर के घर के तो नहीं हैं।

"मैं वीर के ब्याह से कोई मतलब नहीं रखती।" आँखें बन्द करके ही वह फुसफुसाई।

"यह तू वीर को समझा। वीर जो बहादुरी दिखाता हुआ तुझे अपनी माशूका कहता है। उस पर जादू डाला है कि वह अपने बाप की भी परवाह नहीं करता।"

उजाला समझ गई, उसका ये लोग कुछ नहीं बिगाड़ पाए, बदला उजाला से लिया जा रहा है। आज उसका यह हश्र न होता अगर वीर पिता के आज्ञाकारी बेटे की तरह अपनी मोहब्बत से बाज आ जाता।

यह घर है या कोई जेल? जेल भी ऐसी, जहाँ क्रूर से क्रूर सजा दी जाए...

लगातार पिटाई होने लगी क्योंकि वह हाथ-पाँव चला रही थी।

खूँखार मर्दों की कामुक चढ़ाई का सिलसिला शुरू हुआ और बीच-बीच में पूछा जाता-'अपनी आशानाई को कब तक चलाने का इरादा है तेरा? अभी तो हम हैं मर्द अपनी मर्दानगी से तुझे पस्त करते हुए। पर तू बड़ी सख्त जान है, हार नहीं मानती। नहीं कहती कि वीर को छोड़ देगी।'

उजाला बर्फ की शिला हो गई, जो न टूटे न पिघले। एक-से-एक घृणित व्यक्ति उसके ऊपर से गुजरता गया।

"लोहे की सरिया डालो इस कुतिया के भीतर कि आर-पार हो जाए।' यह बात सुनते ही उजाला की दाँती भिंच गई।

तीसरा दिन :

चौथा दिन : होंठ भींचकर, दाँती कसकर अपने स्त्री-अंगों पर यौनिक यन्त्रणा का नंगा नाच होते देखकर आँखें पथराने लगीं। उजाला की पत्थर पुतलियों पर उन मर्दों के नंगे शरीरों की वीभत्स तसवीरें जमने लगीं, तब लड़की इस भयानकता से चीखी कि घर की पक्की दीवारों में दरारें पड़ जाएँ। उसकी मर्मभेदी आवाज को यों तो कोई भी नहीं समझा क्योंकि चीत्कार, ललकार और शब्दों के आकार आपस में घुल-मिल गए थे। अनुमान ही किया जा सकता था कि लड़की ने शिकस्त नहीं मानी है।

"हरामजादी, कराह रही है या फुफकार रही है?"

"अरे, यह लोगड़ियों की बोली में हमें ललकार रही है।"

"बुला। बुला ले अपने फरिश्तों को।"

"अरे, यह तो अपनी अम्मा को पुकार रही है।"

औरत के सहवास के नशे में धुत ये आदमी 'मजा-मजा' चिल्लाकर पैशाचिक जुलूस खड़ा कर रहे हैं या उजाला नाम की लड़की के कुँआरेपन पर डाका डालकर

खुशी से नाच रहे हैं? ये कायर और बहरे अन्धे लोग नहीं जान पा रहे कि उजाला 'वीर वीर' पुकार रही है।

मैंने दर्ज किया–

अगर उजाला जैसी प्रेमिकाओं के दिलो–दिमाग को पढ़ लिया जाए तो उन लाखों–करोड़ों के मर्म, मानचित्र की तरह फैलकर अपने जीवन का मकसद साफ–साफ दिखा देंगे। ऐसी न जाने कितनी हजार, कितने लाख और कितनी करोड़ कहानियाँ गुजर जाती हैं जो दर्ज नहीं होतीं, जो ओझल हो जाती हैं। अनदेखी कर दी जाती हैं कि प्यार के लिए यहाँ कितनी बेरहम सजाएँ हैं। उन सजाओं की यातना एक–दूसरे से अलग नहीं।

उजाला का एक–एक आँसू रामदेवरा के तीर से निकली जल की बूँदें हैं। ये बूँदें ही प्यार का सरोवर बनाएँगी। उजाला चिलचिलाते दर्द की आह में अपनी इसी भावना के सहारे सकून पा रही है।

होगा यह भी कि बलात्कारी उसकी देह को चिन्दियों में बाँटकर अपनी विजय का जश्न मनाएँ कि उजाला खत्म हो गई। वे अँधेरे में वीर के घर पहुँचेंगे और बताएँगे कि लड़की अन्तिम साँस पर थी जो सारे शरीर से निचुड़कर आते हुए खून के साथ लम्बी पड़ रही थी। इस वाकये को औरत की चली आ रही हत्या–कथाओं से जोड़ दिया जाएगा जिन्हें लोग अक्सर कहते–सुनते हुए ताश के पत्तों की तरह फेंटते हैं।

बेला बहू के कलेजे में उजाला की आग का टुकड़ा सुलग रहा था। चिनगारियाँ छिटकने लगीं–

"बिन्नू, अपनी दुनिया में मर्द की ही माया रही है सदा से।

"औरत जात को क्या इलम अपनी जिंस का?

"वह तो आदमी का रुतबा ओढ़कर खुद को बिसराये रही।

"जब औरत को अपनी दुर्गति, दुर्दशा का इलम हुआ तो मर्द से नफरत करने लगी।

"औरत की नफरत को देखकर मर्द नरम हुआ तो औरत को आस बँधने लगी। उसने प्यार उलीचना शुरू कर दिया।

"पर बिन्नू, प्यार का दान देकर भी निराशा ही हाथ लगी...बस इतनी–सी है तिरिया की कथा और इतनी–सी ही जिन्दगानी!"

"नहीं बेला बहू नहीं।" बसन्ती एकदम बोल पड़ी।

"इतनी–सी कथा नहीं है, न इतनी–सी जिन्दगानी...कथा अभी बहुत बाकी है। जो मुझे लिखनी है और तुम्हें कहनी है आगे की कहानी।"

हम सब आगे की किसी कथा को कल के लिए स्थगित करके उठने ही वाले थे कि बड़ी देर से क्या, कई दिनों से मौन साधे बैठे अजय सिंह ने मुझे हाथ का इशारा दिया और अपनी खटिया से उठकर मेरे पास सामने पड़ी कुर्सी पर आ बैठे।

कुर्सी पुरानी थी, उनके बलिष्ठ शरीर के आगे चरमरा उठी।

"लिखो," उन्होंने हाथ का इशारा दिया।

अजय सिंह उवाच :

"बिन्नू, अपने समाज में यह बात बड़े प्रामाणिक तरीके से सिद्ध की जाती है कि औरत अक्सर ही बड़ी हैसियत वालों, दौलतमन्दों और बड़ी जाति वालों को अपनी जवानी का लालच दिखाकर फाँस लेती है, जिसे वे नादान मोहब्बत समझ लेते हैं। मोहब्बत की बेड़ियाँ बड़ी कसावट वाली होती हैं। आदमी दिखाता है कि पुरानी आशनाई खत्म हो गई मगर भीतर ही भीतर उस पर कुढ़ता रहता है। यही कारण है कि इश्क के जोर का हथियार खानदान तक को नहीं छोड़ता। जानी दुश्मन हो जाते हैं मर्द नाम के इनसान। और तब ये औरतें अपनी जीत का आनन्द लेती हैं। डंकिनी-शंखिनी, दूती, कुटनी औरतों की कहानियाँ ऐसी ही हैं।"

अजय सिंह का पिछला वाक्य जैसे ही खत्म हुआ, बेला बहू जो कुछ कहना चाहती थीं, कहने लगीं, "दाऊ, अपने हिसाब से तुमने बातें एकदम काँटे की कही हैं। हम भी कहते हैं कि ज्यादातर औरतें रसूखदार, हैसियतदार और दौलतमन्दों की नजदीकी में चली जाती हैं। पर काये चली जाती हैं, यह तो सोचो? हम तो समझते हैं कि हर दीन-हीन, कमजोर, असहाय और अभावों का मारा आदमी, जिसे मुकद्दर का मारा माना जाता है, अपने से ज्यादा ताकतवर, दौलतमन्द, हैसियतदार की ओर देखता है क्योंकि उसके पास तो कुछ ऐसा होता ही नहीं, जिससे वह अपने आबरू तो क्या जिन्दगी भी बचा पाए। आबरू तो यहाँ भी लुटती रहती है, बस जान की खैरियत रहे, यह बहुत है।"

उजाला बहुत ध्यान देकर दोनों की बातें सुनती रही।

अजय सिंह फिर बोले-

"सलीम और अनारकली के इश्क को अकबर ने किस रूप में समझा? यही कि एक लौंडी इतनी बड़ी सल्तनत के शहंशाह को चुनौती दे रही है। दे भी रही थी। गुलाम, बाँदी, वेश्या और कलाकार बलिदान देने के लिए होते हैं, किसी तरह का बल दिखाने के लिए नहीं, इस प्रथा को खारिज करनेवाली अनारकली हो या यह उजाला, सजा तो पाएँगी क्योंकि पाती रही हैं। इनकी चमड़ी जो ज्यादातर अपने दीवानखानों में सजाकर रखना चाहते हैं, बेला बहू उन्हीं रसूखवालों की चमड़ी खींचने निकली हैं...है न?"

अजय सिंह के ऐसे बोल...हमारे रोएँ खड़े हो गए।

सिरोधन उँटरा : मोहब्बत का दूत

दो आदमी!

ऊँट की सवारी!!

दो आदमी बेला बहू को खोजते हुए आए हैं। भई, क्यों आए हैं? कोई खुफिया लोग? कहो चाहे कुछ भी, अजय सिंह, जुझार सिंह, बसन्ती और बेला बहू जैसे लोगों की यह टोली अपराध की दुनिया से ही आई है।

क्यों मिलना चाहते हैं दोनों लोग बेला बहू से? पूरी टोली कुछ देर के लिए तनाव की हालत में तरह-तरह की बातों का अनुमान लगाती रही। बैठक भी बन्द दरवाजे के भीतर की। और आखिरी फैसला यह हुआ कि इस गाँव के लोगों तक ही नहीं, लगभग पूरे इलाके और इलाके से बाहर भी उनकी कहानी फैली हुई है। मगर यह बात भी अपनी सफलता में शामिल है कि विपता और कुबखत टोली में एकजुटता दिखाई देती है। अजय सिंह और बेला बहू जैसे वरिष्ठ लोगों की खामोशी बता रहा थी कि वे कैसे भी खतरों के लिए तैयार हैं। जुझार, बसन्ती, उजाला और गुलाब के चेहरों पर आवेश की रेखाएँ बनती और मिटती दिखाई दे रही थीं। ये सभी लोग चैतन्य थे क्योंकि जीवन के प्रति नफरत, घृणा और निराशा छोड़ चुके थे। ये जानते थे कि उन पर कीचड़ उछालनेवाले लोग या हमला करने की नीयत रखनेवाले सज्जन नागरिक फरिश्ते दिखने के लिए कैसे-कैसे गन्दे खेल खेलते हैं। वे लोग इस टोली के बीच बैठने और गर्व का अनुभव करने तो नहीं आएँगे। उजाला अब यहाँ के संरक्षण में है, वीर का पिता कब गोटियाँ चलने लगे, कहा नहीं जा सकता। उजाला का ऐसा ही विचार है कि बेला बहू ने उसके दर्द को अपना लिया है।

''अरे नहीं, यह जरूर कोई बसन्ती के घर से आया है। जुझार सिंह उनका अपराधी माना जा रहा होगा क्योंकि बसन्ती डाकुओं को खाना सप्लाई करने का काम त्यागकर जुझार सिंह को साथ लेकर भाग आई। बाप की मोटी आमदनी ठप्प हो गई।'' गुलाब का अपना मत इसी बात पर अड़ा है।

बेला बहू ने अपना मत ऐसे रखा, जैसे यह उनकी आत्मा की आवाज हो, ''जरूर उजाला का पिता अपनी बेटी को खोजता हुआ यहाँ तक आया होगा। इसी

से समझ लो कि ऊँट पर आया है। लोहापीटाओं के संगी-साथी उँटेरे और रायका (भेड़ चराने वाले) ही होते हैं। अब वह भेड़ की सवारी तो ले नहीं सकता था, कोई उँटेरा बन्धु ही टेरा-पुकारा होगा। लो, हमें तो यही लग रहा है, आपकी आप जानो।''

उजाला की आँखों में अब भी आतंक की छायाएँ बन-बिगड़ रही थीं। वह कहने लगी, ''बापू को खबर ही कहाँ से लगी होगी कि हम यहाँ हैं। उस दिन लोहापीटाओं के डेरे ढूँढ़ते हुए हम और गुलाब भइया गए थे, पर डेरे वहाँ थे ही नहीं। डेरे मिल जाते तो खबर शर्तिया बापू को मिल जाती। लोहापीटाओं के आपसी तार कहाँ से कहाँ तक जुड़े रहते हैं, ज्यादातर लोग जानते नहीं।''

बेला बहू ने ज्यादा तर्क-वितर्क करके समय गँवाना नहीं चाहा। मगर उससे पहले ही उजाला बोल पड़ी, ''बेला बहू, वे ही तो नहीं आ गए जो हमें मरा मानकर फेंक गए थे? या फिर वे, जिन दो आदमियों के...को पकड़-पकड़कर हमने ऐसे झिंझोड़ा और चोटें मारी थीं, जैसे हम घन चला रहे हों। वे मर ही तो नहीं गए कि खुफिया पुलिस हमें पकड़ने आ गई हो?'' उजाला अपनी स्मृति पर जोर डाल-डालकर बहुत-सी बातें उजागर कर रही थी।

''चल! नामर्द आएँगे फिर से? या मुर्दा उठ आएँगे जिन्दा होकर? उजाला बिटिया, हमें तो लगता है तुम 'वीर वीर' पुकार रही थीं गैर होशी में, वे वीरबहादुर ही तो नहीं आ गए। मोहब्बत की पुकार बड़ी देर तक रहती है, बड़ी दूर तक जाती है।'' बसन्ती दो टूक बात कहकर बड़ा-सा मुस्कराई। और उजाला ने सिर झुका लिया जैसे इस वक्त भी वह अपनी मोहब्बत को सलाम कर रही हो।

''गुलाब, जाओ तो बाहर, खबरची से कह दो, वे आ जाएँ, जो हमसे मिलने आए हैं।'' बेला बहू ने यह फैसला देते समय किसी की ओर नहीं देखा। बस इतना कहा, ''दाऊ, बखत बरबाद करने से क्या फायदा?''

जो दो व्यक्ति आए, वे अपरिचित और अनपहचान!

सबसे पहले अपनी पहचान उजागर की।

''हम सिरोधन हैं। बीस ऊँटों के मालिक। अपनी जाति के नामी उँटेरे।''

सिरोधन की वेशभूषा ही बता रही थी कि वह उँटेरा और रायका के सिवा कुछ हो भी नहीं सकता। अँगरखी और दुलाँघ धोती, सिर पर पीले रंग का पग्गड़। गले में बड़े-बड़े लाल-पीले मनकों की माला। बाँकी मूँछें अपने खिचड़ी रंग में और दाढ़ी भी मूँछों से मैच करती हुई। दाँत बता रहे हैं कि तमाकू खाता है। अपना परिचय देने के बाद सिरोधन ने अँगरखे की जेब से एक कागज निकाला।

कागज ऐसे निकाला जैसे मोहर-अशर्फी निकाल रहा हो। कागज जुझार सिंह

की ओर बढ़ा दिया–

वीर का खत या मोहब्बत के दस्तखत!

उजाला!

जी चाहता है, तुम्हें एक खत लिखूँ। मगर मैं क्या लिखूँ?

यों तो मैं किसी असमंजस में नहीं हूँ कि तुम मेरे करीब नहीं हो क्योंकि अक्सर ही दिल के इतने पास हो जाती हो कि धड़कन मोहब्बत की तेज रफ्तार अख्तियार कर लेती है। मैं और मेरा वजूद प्यार से लबरेज! तुम्हारे रूप के चर्चे गाँव भर में हैं, लेकिन तुम्हारा रूप-रंग क्या है, मुझे पता नहीं क्योंकि तुम्हारा समूचा वजूद मेरा हमदम बनता जाता है। तुम साँवली हो या धूप-सी उजली गोरी...मुझे तो बस ऐसा महसूस होता है कि हमारे बुन्देली पलाश-वनों में दिखाई देती दहकती आग की रंगत तुम्हारे भट्टी के नजदीक बैठने पर तपते हुए चेहरे की लालामी से मेल खाती है।

उजाला, तुम वनकन्या!...जब अमलताश के कतार बाँधे वृक्ष अपनी बसन्ती दुनिया में खिले रहते हैं तब लगता है तुम्हारी पीली ओढ़नी लहराई है।

मुझे यह क्या हो गया उजाला? मैं तो अब तक राजनीति की चुनाव सभाओं में कठिन और कठोर से लेकर शहद भरी बहकाऊ-भरमाऊ भाषा में भाषण दिया करता था क्योंकि मेरे पिता ऐसा ही चाहते थे। मगर अब रसूख और धन-सम्पत्ति के साथ जय-विजय से मुँह क्यों फेर लिया? बस तुम्हारी बाँहों की घन-गर्जना ने मेहनत का ऐसा सन्देश दिया कि मैं शानदार जिन्दगी से आजिज आने लगा।

मैं आवदारी की ओर दौड़ता चला जा रहा हूँ, कभी डूबता तो कभी उतराता हुआ और तुम यहाँ तक भी चली आईं। अब हम एक दूसरे के इतने करीब आकर पीछे लौटने भी लगें तो क्या यह वापसी होगी? मोहब्बत कभी पीठ नहीं दिखाती तो लौट कैसे जाएगी?

वन में बहेलिये आ गए हैं। दरख्तों, पौधे, लता और फूलों से सजा मंजर अपने रूप में चटख बसन्ती है, इसका अर्थ तुम समझती हो न? समाज में तो बहेलिये ही शूरवीर और पुरुषार्थी माने जा रहे हैं तो मेरे जैसा युवक उत्तम पुरुष कैसे माना जाएगा? मैं नहीं बताना चाहता कि मेरी आँखों में जो बसन्त है वह मेरी मर्दानगी के कारण नहीं, एक खानाबदोश घुमन्तू लड़की की रौशन आँखों के कारण है। मेरे भीतरी गहन अँधेरे छँटते चले गए।

मैं कैसा लड़का हूँ? तुमने ही मुझे जैसा बना डाला। देखो न कि हमारे समय का सिनेमा कैसा है–एकदम दबंग दबंग, धूमों की झड़ी लगा देनेवाला। सिनेमा से युवक-युवतियाँ सबसे ज्यादा प्रभावित होते हैं। तुम भी गीत-संगीत सुनती होगी,

उस धूम-धड़ाके के शोर में खो जाती होगी। मैं भी सुनता हूँ और लगता है कि मेरी उजाला की मोहब्बत का इन गीत-गानों से कोई मेल नहीं।

यही कारण है शायद कि मैं उस गीत-संगीत के जमाने में जा पहुँचा जो मेरे बाप-दादाओं और परदादाओं का रहा है। जिसकी स्वर लहरी पर तुम्हारी चाल-ढाल खरी उतरती है और चितवन सौ-सौ बार मुझे खींचती है। तब लगता है कविता और संगीत मोहब्बत की तरह ही कभी पुराने नहीं होते। क्या स्त्री भी ऐसी ही होती है-अपने रंगों और रसों से भरपूर। तभी तो वह कितने ही पुरुष-प्रवरों को रास्ता बदलने के लिए मजबूर कर देती है। तुम वही तो हो उजाला-दमयन्ती, संयोगिता, पद्मिनी और नौटंकी की बाई, जिनके अनदेखे सूत्रों में बँधकर लोग जोगी हो गए। बागी हो गए।

आईने में अब मुझे अपनी सूरत पहले वाले वीर की सूरत नहीं लगती। कैसी असरदार किरणों ने मुझे छुआ कि मेरे भीतर तुम्हारा अक्स उतरता चला गया। इतिहास प्यार का अहसानमंद रहा है। तुम्हारे इस उपकार को हमारा समाज भले अभी स्वीकार न करे मगर भूल नहीं पाएगा। हम जैसे कपूतों की कहानी जब-जब लिखी जाएगी वह तुम्हारी रौशनी से सुनहरी रौशनाई लेकर इबारत के रूप में रची जाएगी।

हमारी ऐसी ही छवि, ऐसी ही कथा...उजाला!

तुम्हारा-वीर

सिरोधन ने साथ आए व्यक्ति की ओर इशारा किया।

"और ये हैं वीर सिंह। अपने गाँव के सरपंच के परतापी बेटा।"

उजाला ने वीर को देखते ही पहचान लिया था क्योंकि वह तुरन्त भागकर कोठे में घुस गईं। बेला बहू का ध्यान जहाँ आगन्तुकों पर था, बसन्ती की नजर उजाला के हाव-भाव ताड़ रही थी।

कुर्सी डाली गई। खटिया बिछी थी।

वीर कुर्सी पर बैठ गया लेकिन सिरोधन ने धरती का ही आसन ग्रहण किया।

बसन्ती ने पानी भरा लोटा प्रस्तुत किया तो वीर ने विनम्र प्रार्थना की, "गिलास मिल जाएगा?"

जब सिरोधन ने धरती छूकर माथे से लगाते हुए अपने दोस्त रामरतन लोहापीटा की बेटी के गुम हो जाने की बात यहाँ बताई तो लोगों को सिरोधन पर विश्वास होने लगा। विश्वास की जमीन उसकी छोटी-छोटी बातों, आपसी आवाजाही और मोहब्बत में मिली हमदर्दी के जज्बातों से बनती चली जा रही थी।

वीर चुप था, मगर उसकी आँखें जैसे सारे भुवन को खँगाल रही हों। वीर उजाला की पसन्दवाली पोशाक यानी नीली पैंट और सफेद कमीज पहनकर आया

था। मगर यहाँ उजाला कहाँ? उसकी छाया तक नहीं...

बसन्ती की निगाह पहले उजाला पर थी, अब वह वीर को थाहने निकली हो जैसे। लड़का बेचैन-सा है। प्यार की राह पकड़कर यहाँ तक चला आया है। बड़े बाप का बेटा उजाला के पीछे...सवाल बहुत-से हैं, मगर इस समय तो सवाल 'दर्शन' का है।

बसन्ती उसी कोठे की ओर चली गई जहाँ दीवारें उजाला की पर्देदारी में खड़ी थीं। मगर दरवाजा तो था ही न।

"अरे! रो रही है! अब तक रोई नहीं थी, आज क्या हुआ?" बसन्ती कह रही थी और जान भी रही थी कि प्यार के साथ ही आँखें उमड़ने लगती और फिर घटाएँ बरसने लगती हैं। यह कोई अजूबा तो नहीं। बिछोह तो रोता ही है, धीरज भी बाँधता है, खुद को तरह-तरह से मजबूत करता है प्यार...यह बात बसन्ती जानती है।

बेला का हाथ पकड़कर बसन्ती लगभग उसे खींचती हुई बाहर ले आई।

मगर वीर के सामने पड़ने से पहले उजाला ने बसन्ती की ओट ले ली। वीर भी उसकी ओर सीधा नहीं देख पा रहा था जैसे नजरें मिलाना पहाड़ लाँघना हो।

"लला, दुख रोता है या प्यार!" बेला बहू के अनुभव से निकला उद्‌गार।

बसन्ती मुस्कराकर माहौल को सहज बनाने में लगी थी–

"पक्की अनारकली निकली उजाला।"

उजाला लगातार अपने गुलाबी दुपट्टे से आँखें पोंछें जा रही थी।

सिरोधन उठा।

सिरोधन आगे बढ़ा और उजाला को अपने सीने से लगा लिया। उसका सिर चूमा और आशीर्वाद देने लगा, "मेरी बिटिया, जुग-जुग जीबै।"

अपनी जगह धरती पर बैठकर सिरोधन बहुत-सी बातें बताना चाहता था।

"उजाला का बाप इसे ढूँढ़-ढूँढ़कर हलकान हो गया। निराश-उदास होकर ऐसे बैठा है जैसे किसी भयानक बीमारी ने चाँप लिया हो। अरे, हमें तो पता भी कैसे लगता अगर हम उँटेरे न होते। जगह-जगह जाना, देस-देस का पानी पीना। इलाकों की खाक छानना हमारे मुकद्‌दर में नहीं है, हमारे जनून में है। बस हम बेतवा नदी के किनारे-किनारे अपने ऊँटों के संग चले जा रहे थे कि अमीचन्द रायका (भेड़पालक) मिल गया। बातें हुईं। बातें चल रही थीं कि वह जमाने-जहान की बातों पर आ गया। बस इन्हीं बातों के बीच रामरतन लोहापीटा की बेटी के गुम हो जाने की खबर थी।

"रामरतन! हमारे बचपन का साथी। कबके बिछुड़े थे हम, बीसियों साल गुजर गए। हमें रामरतन याद आया कि अपना बचपना नहीं भूले थे हम। रामरतन इतनी विपता में...अकेला, जिसकी घरवाली मर चुकी है और अब बेटी खो गई!

"इतना सुनना बहुत था हमारे लिए। अपने दोस्त के संकट में विकट होने के लिए। बेटी खो गई? ऐसा कौन माई का लाल है जो सिरोधन उँटेरे के यार की बेटी का अपहरण कर ले जाए?

"बस हमने अपने उन्नीस ऊँट हरीराम उँटेरे के हवाले किए और एक ऊँट को, जिसका नाम हमने विक्रम रख लिया है, लेकर चल दिए। रामरतन को रत्ती भर भरोसा नहीं है कि हम उसकी बेटी को ढूँढ़ लाएँगे। भरोसा कैसे हो, लोहापीटा और उँटेरे की जिन्दगी में पानी का फर्क होता है, हवा और आग का फर्क होता है। रामरतन ने अपनी बुझी हुई भट्ठी के सामने बैठकर ही यह खबर सुनी कि एक खाई में एक लड़की की लाश पड़ी थी। उस लाश को चारों तरफ से घेरकर गिद्ध बैठे थे।

"बेला बहू, यह खबर हमें भी झूठी नहीं लगी क्योंकि हम ऊँटेरे हैं, जहाँ भी जाते हैं, ऐसी अनहोनी, घिनौनी और भयानक खबरें सुनते हैं। लगता है, पूरा मुलक लड़कियों और जनानियों की बेहोश देहों और लाशों से पटा पड़ा है जिनके आसपास चील-गिद्ध मँडरा रहे हैं। रामरतन क्या, हमारा कलेजा दहल-दहलकर दरकने लगा।

"सपने में नहीं सोचा था कि जीती-जागती उजाला से भेंट होगी। मगर हौसला खोना हमारी फितरत में नहीं है, वही हिम्मत हमें यहाँ तक ले आई।"

उजाला पिता का जिक्र सुनकर हिलक-हिलककर रोने लगी।

सिरोधन ने अबकी बार उठकर बेला बहू के पाँव छू लिए और हाथ जोड़कर बोला, "बेला बहू! यही नाम सुना था हमने। इस गाँव के पास दूसरे गाँवों में भी बेला बहू को लोग जानते हैं। क्यों न जानें, बेला बहू हैं ही लाखों में एक। नहीं तो कौन किसकी विपता में पड़ता है? घायल, अधमरे और मरते हुए लोगों की तरफ से तमाम लोग मुँह फेरकर निकल जाते हैं। कराह, गुहार और पुकार के लिए बहरे हो जाते हैं। वह कौन-सा जमाना था जब घायल हिरन को अपनी गोद में उठा लिया था राजकुमार ने, बेला बहू क्या तुम उसी जमाने की हो? तुम सर्वसुखी रहो बेला बहू। तुम्हारा परिवार फूले-फले।"

दोबारा प्रणाम करके सिरोधन अपनी जगह बैठ गया।

अब तक उजाला भी भावावेश से उबर आई थी।

"काका, डेरों पर क्या हाल है?" उजाला ने पिता की कुशल-मंगल और डेरों पर रतनी दादी, रामप्यारी काकी के साथ तमाम बाल-बच्चों के नाम लेकर उनके बारे में पूछा।

इसमें भी सन्देह नहीं कि उजाला डरी हुई थी कि सिरोधन काका न जाने वहाँ का कैसा हाल-हवाल बताए। वीर के पिता ने लोहापीटाओं को पता नहीं कौन-सी सजा बख्श दी हो। रौब-रुतबे, धमकियों और सजाओं की कुछ तसवीरें उजाला के मन में इतनी सजीव थीं कि उसे लग रहा था, आज भी उन यातनाओं को देख रही

है। गाँव के खफा पंचों के हुक्मनामे जो बैलगाड़ी को खड़ी करने की जगह को खाली कराने के लिए पुलिस से हाथ मिलाकर लोहापीटाओं पर उतरते तो रास्ता झाड़ियों और जंगलों के सिवा कहीं को जाता नहीं दिखता। गृहस्थी और औजार बनाने के सामान से लदी गाड़ियाँ ऊँची-नीची जमीन पर गड्ढों से पगडंडी बनाती हुई घिसटती रहती हैं। सारे लोग उद्विग्न और थके हारे-से...कहीं भी दिन निकलता, कहीं भी रात होती।

उजाला अपनी आँखें में उतरती आती तसवीर पर घबरा गई।

नहीं।

''डेरे वहीं हैं, वीर के गाँव की सड़क के किनारे।'' सिरोधन ने बताना शुरू किया।

सारे लोग सिरोधन की बताई बातों को ध्यान से सुनने लगे क्योंकि ये बातें उजाला से खास सम्बन्ध रखती थीं।

''उजाला जब रामदेवरा के तीर्थ से अपने डेरेवासियों के साथ लौटी नहीं तो रामरतन आशंकाओं से हिल गया।

''वह एक दो दिन के लिए तो एकदम मूक हो गया जैसे उसकी जुबान को लकवा मार गया हो। आँखें फाड़-फाड़कर लोगों को देखता ज्यों पूछ रहा हो, अपनी आँखों से उजाला को तुमने देखा है?

''लोगों को उजाला के साथ रामरतन की चिन्ता होने लगी। यह पिता की तरह रोता क्यों नहीं? यह अभागे की तरह अपना करम क्यों नहीं धुनता? यह लड़की को गालियाँ क्यों नहीं देता? यह कब रोएगा? पछाड़ खाएगा? बेटी को पुकारेगा...।

''रामरतन चौथे दिन बोला, 'अरे उजाला...तू तो रामदेवरा के तीर्थ को गई थी। भजन गाती हुई, देवता की पूजा में डूबकर कुटम परिवार और डेरों की खैरियत मनाने गई थी। तू देवता तक पहुँची भी नहीं कि...।'

''अगले दिन रामरतन को 'वीर' नाम की धुन चढ़ गई कि वीर-वीर चिल्लाता रहा। आवाज देता रहा कि नाते-रिश्तेदार भी अचम्भे में पड़ गए। पूछने लगे कि यह वीर कौन है?

''मगर वीर कहाँ? वीर की परछाई भी आसपास नहीं। जबकि रामरतन की आवाज को रास्ते से निकलते लोगों ने आसानी से सुना होगा। नहीं सुनते तो शराब में धुत गाँव के कुछ लौंडे आवाज ऊँची करके क्यों कहते-वीर नहीं है, हम आ जाएँ! मजा ही मजा!

''मैं तो एक हफ्ते बाद पहुँच पाया।

''सबसे पहले रतनी दादी के पास गया। रतनी दादी ने हमें बचपन से देखा है इसलिए ही रामरतन को देखकर दादी का समूचा वजूद बिलख रहा था। डेरे, गाड़ियाँ

अलग हैं तो क्या, है तो सब एक कुटुम-परिवार, महाराणा प्रताप का खानदान।

''रतनी दादी को मैंने अपना नाम बताया और रामरतन के दोस्त के रूप में अपनी याद दिलाई।

''कोई किसी के बच्चे को पथभ्रष्ट कर दे, उस 'कोई' को पुरखे भूलते नहीं।

सिरोधन बताए जा रहा था और उसकी बातें सुनने में सब इस कदर तल्लीन थे मानो सुन नहीं रहे हों, अपनी आँखों के आँखे घटता हुआ देख रहे हों।

''सिरोधन!''

''अच्छा सिरोधन। वो ही सिरोधन न जिसके संग रामरतन भाग गया था अपने डेरे छोड़कर। रायका बन गया था। नासपीटे के ब्याह के लाले पड़ गए थे कि छोकरा तो भेड़ें चराता है, गड़रिया हो गया।''

''हाँ, हाँ दादी, वही सिरोधन हूँ मैं।''

दादी ने प्यार से सिरोधन का हाथ थाम लिया। अपने पास धरती पर बिठा लिया। पीठ पर हाथ फेरने लगी।

''दादी...मैंने सुना है कि...''

''जो सुनी है बेटा, सही सुनी है। रामरतन की छोकरी का अता-पता नहीं। तू अच्छा आया सिरोधन। रामरतन के भारी संकट में आ गया। ऐसे बखत ही तो यार-दोस्त की जरूरत होती है।''

इसके बाद।

''अब मैं और रामरतन आमने-सामने थे। वह बड़ी देर एकटक देखता रहा और फिर धीमी-सी आवाज में बोला, ''तू सिरोधन है न?''

रामरतन की खुशी, उसके अचरज का ठिकाना नहीं। शायद वह बात सही है कि सदमे में आदमी या तो बहुत कुछ भूल जाता है या वह बचपन में उतर जाता है।

सिरोधन ने रामरतन का हाथ गह लिया तो रामरतन बैठे-ही-बैठे उसके गले से लग गया। जितना रो सकता था, रोया।

''मैं उजाला को ढूँढ़कर लाऊँगा मेरे यार।'' रामरतन की पीठ थपथपाते हुए उसने कहा।

''कहाँ से लाएगा? उसे तो चील-गिद्ध...।''

रतनी दादी ने उसे डाँटा, ''चल! सिरोधन उँटेरा है, जगह-जगह थांग लगाएगा। तेरी पुलिस फुलिस कुछ न करेगी। सिरोधन के ऊँट चलेंगे और पुलिस के कागद, बता किसकी चाल तेज होगी? पहली बातों में धोखाधड़ी कम थी बेटा।'' रतनी दादी की जुबान पर अनुभव बोल रहा था।

''सब कह रहे हैं-एफ.आई.आर.।'' रामरतन ने सिरोधन को बताया।

रतनी दादी लगभग चिल्ला पड़ी, ''पुलिस सुनेगी? अरे पुलिसिया तो गा-गा के

कहते हैं कि लोहापीटाओं की औरतों का कोई ठौर-ठिकाना नहीं। सामान बेचने कहाँ से कहाँ तक चली जाती हैं। खानाबदोश लोगों की रिहाइश क्या और शिनाख्त क्या?

''बेटा, किसकी शिकायत पर अमल हुआ है?''

सिरोधन का अपना मत है और इस बार वीर ने भी मुँह खोला, ''डेरों पर औरतों की लोमहर्षक कहानियाँ मँडराती रहती हैं। हमारे गाँव में यों तो तफ्तीश के लिए दरोगा भी आया है और लड़की को उठाकर अपने साथ ले गया है। फूलो के मामले में ऐसा ही तो हुआ था। शिकायतनामे से ज्यादा दरोगा भारी पड़ गया। वह पीछा ही नहीं छोड़ता था। अपने आचरण में ऐसा दरोगा खाँटी पुलिस होता है, यह मैं खूब जान गया हूँ क्यों कि मेरा वास्ता डेरों से रहा है। वहाँ तब भी आता-जाता था जब शिक्षामित्र था। बाद में भी आना-जाना रहा और समझ गया कि पुलिस के लोगों को औरत और पैसे को अपना माल समझने की आदत पड़ जाती है। बस दरिन्दों से ज्यादा दरोगा का डर लगता है।''

सिरोधन बोला, ''रतनी दादी रुआँसी हो उठी-पुलिस नहीं रे रामरतन...।''

''उजाला को तैने कटार थमाई थी कि नहीं?'' रतनी दादी का सवाल था।

''मैं लुहार हूँ, उजाला के संग कटार रहे, इसका मतलब जानता हूँ, पर उजाला तो देवताओं की सरन में गई थी। वहाँ हथियार का क्या काम जहाँ फूल-फल चढ़ते हों। रामदेवरा तो खुद हमारी रक्षा के लिए हैं। मुझे नहीं पता था कि देव लड़की को नहीं बचा पाएँगे। मेरी धर्म की मानता, देवता की आस्था सब आज धूल में लोट रही हैं दादी...बस एक ही टूटी-फूटी घायल मूर्ति दिखाई देती है कि उजाला लुटी-उजड़ी और खून में लथपथ पड़ी है।'' यह कहकर रामरतन रोने लगा।

सिरोधन जानता है कि शहरों में कैसे गुनाह हो रहे हैं, रोज ही चींथने-फाड़ने की खबरें आ रही हैं। सिरोधन चुप रहा कि रामरतन सुनकर काँप उठेगा।

हाँ, न भट्ठी सुलगाने का होश है उसको न औजार बनाने का। पूछो तो कहता है-घन चलानेवाली ही गुम हो गई...वह अकेला डरावने सपनों के सिवा कुछ नहीं देख पाता। एक बार भी तसल्ली नहीं होती है कि वह सलामत होगी।

उजाला बार-बार रोये जाती। बार-बार सब्र बाँधने की कोशिश करती। शायद वह सोच रही थी कि बापू जान ही न दे दे। बापू कायर नहीं है मगर उजाला को संकट में घिरते देखकर डरने लगता है, बौखला जाता है।

''इन दिनों हाल यह है कि औरतों के भरोसे को मरदानी जमात ने हिलाकर रख दिया है। खेत-खलिहानों से लेकर शहर की चौड़ी चमचमाती सड़कों तक ऐसे शिकारगाहों की कतारें हैं, जिनसे बचने के उपाय चारों खाने चित्त पड़े हैं।'' वीर की इस बात पर बेला बहू जैसे नए सिरे से जागी हों-''हाँ, ऐसा ही है नहीं तो रामरतन

लोगड़िया की साँसें सूली पर टँगी होतीं?''

सिरोधन बता रहा था, ''वह डेरे की किसी औरत के सामने नहीं पड़ना चाहता क्योंकि उन औरतों के पास मरदानी जिंस के अत्याचार, व्यभिचार और हत्याओं की इतनी कहानियाँ हैं कि उजाला का बापू बेटी का पिता होने के नाते लज्जा से धरती में गड़ जाता है।''

सिरोधन थोड़ी देर कुछ सोचता रहा।

''विलाप कर रहा था रामरतन–मैंने अपनी बेटी का नाम उजाला रखा था कि यह अपने प्रताप से हमारी जिन्दगी में रोशनी भर देगी। क्या सारे पिता अपनी बेटी से ऐसी ही उम्मीद न करते होंगे? फिर वे कौन से लोग होते हैं जो बेटियों के दुश्मन होकर उनको बुरी–से–बुरी सजा देते हैं और हत्या कर डालते हैं?''

सिरोधन बताता है–

अब मुझे वीर की तलाश थी। सुना कि उसका पिता बेटे को घर से नहीं निकलने देता। फिर वीर तो उजाला को खोजने से रहा। रामरतन का कहना था कि वीर उजाला से खफा भी हो गया होगा। मर्द बच्चा है, उसका अपना गरूर कमतर क्यों होगा?

सिरोधन को वे घटनाएँ याद आ गईं, जिनमें रसूखवाले बापों के बेटों ने छोटी–छोटी बातों पर लड़कियों को गोलियों का निशाना बनाकर मार डाला है। तेजाब से चेहरा जला दिया है। उन बड़ों के लिए ये बहुत मामूली बातें हैं।

सिरोधन ने वीर की ओर उँगली उठाई–

''पर हमारे वीर सिंह की कथा दूसरी ही है। इनके पिताश्री ने इनको नाथने के बहुत से उपाय किए जैसे ये बेटा न हों बैल हों। इनकी पहरेदारी में लोग लगा दिए जैसे ये नागरिक न हों कैदी हों। इनकी होनेवाली ससुराल में ये ऐसे ही मेहमान थे जैसे जेल में गुनाहगार होता है। क्यों न होते, अपने आप तो गए नहीं थे, रस्सियों से बाँधकर मरे हुए मवेशी की तरह मोटरगाड़ी में डालकर ले जाया गया।''

सिरोधन की यह कहानी काफी लम्बी हो चली थी मगर दिलचस्प और उत्सुकता जगानेवाली थी। अजय सिंह, जुझार, बसन्ती, गुलाब वगैरह बार–बार सँभलकर बैठते और आगे की कथा सुनने के लिए तैयार हो जाते। बीच में कोई न बोलता।

''पूत कपूत!'' सिरोधन ने वीर के लिए सम्बोधन दिया।

''कपूत अपनी मोहब्बत को जिद की जद पर ले आया और अपने व्यवहार को बगावत पर। कारण कि किसी से खबर मिली कि उजाला का अपहरण हुआ है और ये सोच रहे थे कि पृथ्वीराज की तरह अपहरण ये करेंगे अपनी संयोगिता का।

''मेरा अब इस घर से कोई नाता नहीं।'' बेटे ने ऐलान किया।

"किससे नाता है तेरा, उस लोगड़िया की मोंड़ी से?" पिता ने जवाब-तलब किया।

"मेरा नाता मेरे दिल से है।"

"अरे जा। तेरे जैसे मजनूँ बहुत देखे हैं। घर और जायदाद से बेदखल हो जाएगा तब दिल और दिल की रानी की असलियत पता लगेगी।"

बस, वीर के तेवरों ने वीर को बँधवा लिया। बात यह भी साफ हो गई कि बाप जब तक घर का मालिक होता है, बेटा कुलदीपक के नाम पर उस घर का सिर्फ ताबेदार होता है। बस, जिस घर के दरवाजे पर मौर धरकर घोड़ी चढ़कर दूल्हावेश में जाना था, वहीं हाथ-पाँव बँधे जीजा जू की सवारी पहुँची।

एक कोठा था कैदखाने में तब्दील किया हुआ।

मगर वीर का यह ऐलान उस कोठे में धमक पैदा करता रहता था-मुझे यहाँ कितने ही दिनों, कितने ही महीनों, कितने ही सालों बन्द करके रखो, मैं जब भी छूटूँगा, तुम्हारे आस-पास नजर नहीं आऊँगा...वीर का ऐसा रवैया पिता की इज्जत पर बट्टा था तो होनेवाले ससुर की चमकदार चादर पर दाग...

पता नहीं हिजड़े ब्याह-शादी की तारीख पर आए थे या वीर की बगावत पर? जोर-जोर से ताली पीट-पीटकर प्यार का गाना गाया-'जिन्दाबाद...ऐ मोहब्बत जिन्दाबाद!"

वीर की बगावतें यों तो छिपाकर रखी जा रही थीं मगर हिजड़ों पर किसी का वश न चला। जो लोग उनको मारने-पीटने आए, हिजड़ों ने अपनी साड़ी-धोती उतार कर एक ओर फेंक दी और भीतरी जांघिया पहनकर पूरी ताकत से लड़े साथ ही-प्यार के दुश्मन होश में आ, नहीं हो जाएगा बरबाद...का नारा लगाते रहे।

सिरोधन कहता है-

उस आदमी का पता कौन लगा सकता है जिसे अपनों ने ही कैद करके गुप्त जगह पर डाल दिया हो?

वह तो हम थे सिरोधन उँटेरे जिसका जगह-जगह परताप। हम कहाँ-कहाँ नहीं जाते अपने ऊँटों के साथ। बस पता लग गया कि जहाँ वीर सिंह बन्दी हैं, उनके घर के धान के बोरे हमने ढोए हैं। याद आया, पिछले दरवाजे से माल निकलता था क्योंकि कुछ गड़बड़ शामिल होती थीं। वहीं हमने सेंध मारी और इन भइयाजी को बोरे की तरह पीठ पर लाद लाए। फिर अपने ऊँट पर सवार कर लिया।

किसी को शक नहीं, सन्देह नहीं। कार या बस थोड़ेई थी कि कोई रोके-टोके या तलाशी ले। मजे में ऊँट की पीठ पर मलकते हुए चले जा रहे थे। ऊँट को देखता ही कौन है, रोकेगा तो तब। ऊँट की सवारी आजकल बहुत निचले पायदान पर है, बस यही बात हमारे माफिक पड़ी। हम तो सदा से यही मानकर चलते आए हैं कि

चलते हुए ढर्रे से बाहर रहो, मजे से मनचाहा करते जाओगे।

अजय सिंह दाऊ ने अबकी बार हस्तक्षेप किया–"बड़े ज्ञानी हो। कहाँ से दीक्षा पाई?"

सिरोधन हँस पड़ा। तमाकू खाये दाँत अपनी लाल रंगत में थे।

"अजय सिंह दाऊ, ऐसी बातें हमने आपके ही जाती भाई डकैत विक्रम मल्लाह से सीखी हैं। वह झाड़ियाँ, घाटियाँ छोड़कर सड़क पर चलता था। बताओ, डाकू और सड़क, मेल बनता है कहीं?"

"अजय सिंह, अपना नाम ऊँटेरे के मुँह से सुनकर दाऊ सकपका गए। कैसे जानता है उन्हें?

जुझार सिंह ने सिरोधन को सवाल के निशाने पर ले लिया, "तुम इनको अजय सिंह कैसे समझ रहे हो? ये अजय सिंह तो नहीं है।"

सिरोधन दो पल के लिए जुझार को गौर से देखता रहा और फिर मूँछों में बड़ा-सा मुस्कराया, बोला, "क्या बात है। बेटाजी, ये अजय सिंह नहीं हैं तो हम भी सिरोधन नहीं हैं। समझे कुछ? कि समझाएँ और अच्छी तरह?"

सिरोधन खुद को साबित करने लगा–

"याद है दाऊ आपके गिरोह का घनश्याम ढींवर घायल हो गया था। मुठभेड़ में छर्रे लगे थे। खून-खच्चर हो रहा था। हमारा रास्ता उसी बीहड़ से गुजरता है आज भी। तब भी हम घायल डाकू को ग्वालियर के अस्पताल अपने ऊँट पर लादकर ले गए थे।

"उन दिनों एक छोकरी रहती थी आपके गिरोह में। क्या नाम था उसका?" कहकर सिरोधन अपने माथे पर दो उँगलियाँ रखकर कुछ सोचने लगा।

"तुम तो आगे कहो, क्या कहना चाहते हो?" दाऊ ने बात को टालना चाहा।

"आगे तो हम तब बढ़ें जब वह छोकरी रस्ता दे। पता नहीं क्यों हमारी बात में जब छोकरी की बात आ जाए तो फिर हमें कुछ सूझता नहीं। और लो आ गया उसका नाम हमें याद...लिल्ली नाम था उसका, हाँ। बड़ी बहादुर छोकरी थी। रायफल कन्धे पर धरकर चलती थी तो लगता था दुनिया फतह करने निकली है। एक डकैती में तो हमने खुद देखा कि कैसे दीवारें फलांग गई थी और भीतर जाकर कैसे घर के आदमियों को ललकारा था। तब हम ऊँट लेकर उसी गाँव में डेरा डाले हुए थे और उस घर के मालिक के बच्चे के लिए ऊँटनी का दूध ले गए थे। बच्चा तो ससुर ऐसी हौलखाई हालत में कहाँ मिलता, लिल्ली को ही दूध पिवा आए।"

अजय सिंह देखते रह गए, सिरोधन क्या-क्या याद दिला रहा है।

"बताओ दाऊ, इतनी बहादुर छोकरी को तुम्हारे ही गाँव में गोली लगी। तुम समझौताबाजी करके बच गए और वह ईमानदारी ओढ़कर मर गई।' हम वहीं तो

थे अपने ऊँटों के संग।

अजय सिंह व्यथित होने लगे। कैसे कहें कि लिली की उस ईमानदारी भरी बगावत को इनसानियत का मोड़ देने निकले हैं वे क्योंकि लिली के ऋणी हैं।

क्या कहें अब दाऊ? बस सिरोधन को शाबाशी देने लगे, ''वाह! सिरोधन, कब-कब की और कहाँ-कहाँ की खबरें रखते हो। अन्तर्यामी की तरह खोलकर फैला देते हो।''

सिरोधन ऐसे मुस्कराया जैसे उसकी विजय हुई हो।

''बेला बहू, ऊँटों की खातिर क्या नहीं करना पड़ता? समझो कि तुम्हारे तमाम सिरोधन डांग-डांग जंगल-जंगल खाक छानते हुए खतरों को ओढ़ते-बिछाते हैं। चाहे जैसा संकट आ रहा हो पर ये ऊँट मनमानी करे बिना मानते नहीं। जहाँ से हम जल्दी-से-जल्दी निकलना चाहते होंगे, मगर इनको पेड़ देखते ही अड़ियलपन चढ़ जाता है। पेट भरा हो फिर भी पेड़ की पत्तियाँ खाए बिना मानेंगे नहीं। अगर पेड़ से दूर करने के लिए हाँकने लगे तो ऐसे बलबलाएँगे जैसे ये हमारे मालिक हों।''

सिरोधन के पास किस्सों का भंडार है, मगर उसके किस्से पिछली बातों के सन्दर्भ से जुड़े बिना आगे नहीं बढ़ते। सिरोधन ऐसा ही कुछ कहना चाहता है कि सुननेवाले अपनी दिलचस्पी बनाए रहें।

''इन ऊँटों के पत्तीखाऊ मिजाज के कारण ही एक दिन विक्रम मल्लाह से आमना-सामना हो पड़ा। इधर ससुर ऊँट पेड़ों को नोंचने से बाज न आएँ और उधर विक्रम मल्लाह अपनी बन्दूक का निशाना हमारे ऊपर साधने लगा जैसे पेड़ उस डाकू की बपौती में आते हों। हम क्या, ऐसे मौके पर पवनसुत हनुमान भी थरथरा जाते। नहीं तो हनुमान चालीसा का जाप तो हम भी कर रहे थे।

''हाँ, यह सोचकर जो अपनी हिम्मत का ही करिश्मा था कि धीरज रखें हम। हमारे पास तो ऊँट हैं, डाकू तो ससुर पैदल हैं।

''हौसला बड़ी चीज है बेला बहू। हौसला बाँध हमने गौर करके देखा कि हम तो अपने ऊँटों की डोरियाँ पकड़े हुए हैं और विक्रम थामे हैं फूलन देवी की बाँह। सौंह खाते हैं हम, लो आज कह रहे हैं हम, फूलन देवी तब तो हमने छोकरा ही समझी थी। विक्रम और फूलन, दोनों का इकहरा बदन, लम्बे बाल कन्धे तक, पुलिसिया वर्दी। हमने सोचा डाकुओं की भी ऐसी ही धजा रहती है जैसी अपने एरचवाली बस के ड्राइवर शम्भू की। कहीं ऐसा तो नहीं कि दिन में विक्रम शम्भू बनकर बस हाँकते हों और रात को डाँका डालते हैं।''

''तुमने विक्रम को पहचाना कैसे सिरोधन?''

''उनने खुद बताया-हम हैं विक्रम मल्लाह, इस इलाके के शहंशाह।''

''तुमने विश्वास कर लिया?''

"करते कैसे नहीं? खुद को चोर-डाकू कौन कहेगा? हम तो इस बात पर फूल रहे थे कि जब हमने डाकू से आमना-सामना कर लिया तो समझो कि हम डबल डाकू हो गए। असल बात तो यह है जो छाती में कसकती रही कि विक्रम के साथ फूलन देवी को देखकर एक हूक-सी उठी कलेजा में कि हमारी जिन्दगी भी साली कोई जिन्दगी है! रिवाजों में जकड़े और बँधे पड़े हैं फिर भी कहते रहते हैं कि हम वीर हैं, बहादुर हैं, क्षत्रिय हैं।"

सिरोधन ने उजाला की ओर देखा।

"हमारी उजाला! चार आदमियों में से दो को खस्सी कर दिया। हुई न पराक्रम वाली बात। घन चलानेवाली बाँहों का बल साबित हो गया। हमने तो उन दोनों बीमारों को हमीरपुर के अस्पताल की ओर जाते हुए देखा था। चुपके से ले जाए जा रहे थे। उनका भाई हमारा जानकार है, पूरी कहानी बता गया।

"हमारी उजाला कटार साथ ले गई होती तो उनमें से एकाध को मौत के घाट जरूर उतार देती। नाई बता रहा था, कि ये लोग कह रहे थे लड़की बेहोश होते-होते तक लड़ती रही। अब हम तो यह सोच रहे हैं बेला बहू कि हमारी उजाला का जोड़ तो विक्रम जैसे बहादुर आदमी से बनता है।

"ये भइया जी हैं न, वीर सिंह, बाँसुरी बजाने के सिवा कुछ न कर पाएँगे। अरे हम तो यह कहते हैं कि बाँसुरी तो कन्हैयाजी ने भी बजाई थी, पर सुदर्शन चक्र भी तो चलाया था।"

बेला बहू कुछ दूसरा ही सवाल पूछ बैठी, "तुम तो यह बताओ कि हमें कैसे जानते हो?"

सिरोधन महीन-महीन मुस्कराता रहा जैसे बात जो होंठों तक आई है, उसे कहे या नहीं कहे।

"जानते कैसे नहीं बेला बहू, महाभारत के बाद दूसरा लाक्षागृह तो भारत सिंह की भूमि पर ही रचा गया। उस लाक्षागृह की आग से तो पांडव बच गए थे, पर तुम्हारे लाक्षागृह ने तो भारत सिंह समेत पाँचों भाइयों को भसम कर दिया। तुम तो अमर रहोगी, नामी होकर मरोगी-जिओगी।"

बेला बहू गहरी साँस लेकर रह गईं।

बेला बहू ने बात को मोड़ दिया, "वीर यहाँ तक आ गए हैं तो विक्रम जैसा जज्बा भी होगा। हौसला भी और कारगुजारियाँ भी होंगी।"

सिरोधन ने वीर को गहरी निगाह से तोला जैसे जाँच रहा हो कि लौंडे में कितना दम है। फिर बोला, "बहादुरी और बगावत की कहानियाँ सुनकर जोश तो बहुतों को आ जाता है, पर होश आते ही वे कमजोरियों की गोद में दुबक जाते हैं। देखा नहीं, हमारे बुजुर्ग सावधानियों के गुलाम होते-होते वहाँ तक जा पहुँचते हैं जहाँ

डरपोकों का कोना होता है। यह बात हमें एक विद्वान ने किताब पढ़कर बताई थी कि ऐसे बड़े-बूढ़ों को दूसरों को सावधान करने की बुरी आदत पड़ जाती है।

''दाऊ, देखा था न? नई उमर का गबरू जवान विक्रम। बड़े-बड़े पहाड़ जैसे डाकुओं से न भिड़ता तो बहादुर बागी कैसे बनता? पहले तो आदमी को अपने घर-परिवार की दरोदीवार से ही लड़ना पड़ता है क्योंकि तुम्हारे नजदीकी ही तुम्हें चुनौती देने लगते हैं। अब उनकी औकात बताना भी लाजिमी है। है न?''

सिरोधन के पास इतिहास गड़ा दबा पड़ा था। वह जानता है कि डाकुओं को डाकुओं की कहानी सुनाना बेकार है।

बस उसने इतना कहा, ''हमने वीर को विक्रम के प्यार और पराक्रम की कहानी सुना दी है। कह दिया है कि अभी नादान उमर है सो जुल्मों की मार सहन नहीं होगी, पर इतना समझ लो कि जब तक जिगर में जानलेवा दर्द की लहरें हिलोर नहीं मारेंगी, तुम्हारी हिम्मत भी पस्त रहेगी।''

सबके सामने है वीर का चेहरा-कठोर आँखें और होंठों पर गुस्से की लकीरें। साथ में अपराधबोध के डोरे भी हैं उजाला की ओर उठती नजर में।

क्या उजाला को महसूस हो रहा है कि वीर अपनी देखी-भाली दुनिया के उस बिन्दु पर आकर खड़ा है जहाँ उस बस्ती की सरहद खत्म हो जाती है। उस दुनिया में क्या-क्या था, वीर ने देख लिया होगा।

अजय सिंह वीर से मुखातिब थे-''हम सब अपनी-अपनी दुनिया छोड़कर यहाँ आए हैं। समझते हो?''

जुझार ने अपनी बात कही, ''यहाँ आने का अपना कोई मतलब नहीं है, एक खास मकसद है। बेमकसद यहाँ रहना गुनाह है।''

सिरोधन ने वीर की ओर ऐसे देखा, जैसे कह रहा हो, लौंडे को कहाँ ले आया! शरीफ चेहरा या बोली-भाषा भले इस्तेमाल करें, हैं तो ससुर डाकू ही। खूनी और घरबदर बागी। वीर होश खोकर आपे से बाहर न हो जाए और यहाँ से भाग छूटे।

सिरोधन ने बात साधने के लिए कहा, ''वीर सा विक्रम अपनी तरह का बागी था। औरत को प्रेम और प्रेम का सम्मान रखनेवाला। पकड़ की गई औरत को सताना अपराध मानता था। यह परम्परा कई गिरोहों में चली, जिसे आपके पिताजी भी नहीं चला पाए। नहीं तो उजाला का हाल ऐसा न होता।

''वीर सा, विक्रम नीति में कुशल था। इसलिए ही उसने बाबू गूजर को होशियार किया था कि फूलन कुसुमा नाइन नहीं है, जिससे तुम मजे से निपटा करते हो। तुम देखोगे कि हम जंगल के रास्तों से नहीं निकल पाएँगे, यह पुलिस के पास दौड़ जाएगी और हम सलाखों के पीछे होंगे। वीर सा, अच्छी तरह सोच लो, उजाला

तो खून की भयानक नदी पार कर आई है।

वीर बोला,

"मैंने अभी तक कहाँ सुस्ती दिखाई सिरोधन काका? सबसे पहला काम तो यही था कि रामरतन काका से हमारे रिश्तेदारों के खिलाफ एक एफ.आई.आर. कराई जाए। अब उजाला भी मिल गई है, केस लड़ा जाएगा क्योंकि केस लड़ना जरूरी है।"

"और बेला बहू! बनाओ न एक और लाक्षागृह औरत के अपमान की कहानियाँ जलाने को।"

बेला बहू का स्कूल

दो साल बाद : एक दिन की बात :

यह सबेरे का वक्त है। मैंने अपने कमरे की खिड़की बाहर की ओर अभी-अभी खोली है। मैं ताजा हवा से सराबोर होती हुई प्रसन्न और ताजादम हूँ। सुबह की उजली और सुनहरी होती क्षितिज को मैं नजर भर देख रही हूँ ऐसे जैसे इस प्रत्यूष वेला के दृश्य की तसवीर मुझे अपनी कलम के जरिए कागज पर उतारनी हो। कागज पर उतरने के पहले हर तसवीर लेखक की आँखों में उतरती है। अपनी हर रचना के पहले मुझे ऐसा ही अनुभव होता है। अनुभव का यह स्थायी-भाव में कितने दिनों तक मन में सँजो पाती हूँ, यह भी निश्चित नहीं होता।

मेरा मोबाइल फोन बज उठा।

फोन उठाया और देखा कि मोबाइल फोन के स्क्रीन पर जो नम्बर फ्लैश हो रहा है, वह अनजाना है। शख्स जरूर परिचित नहीं है, फिर भी...

"हैलो!" मैंने रैसपोंस दिया।

कोई नहीं बोला जवाब में और फोन कट गया।

फोन की घंटी से लेकर फोन कट जाने तक की प्रक्रिया ने सबेरे-सबेरे की मेरी उर्वरा-मानस भूमि में अँकुराती रचनात्मक भावप्रवणता को यकायक झटका दिया। मेरे मन को क्लेश हुआ।

फोन को अब मैंने 'साइलेंट मोड पर डाल दिया क्योंकि मैं अपने भावना प्रधान विचारों की दुनिया के प्रवेश द्वार से लौटना नहीं चाहती थी क्योंकि मेरी कलम से जितनी भी रचनाएँ सम्भव हुई हैं उनका गर्भकाल सूर्योदय से पहले की प्रभात वेला ही रहा है।

मगर!

फोन के पर्दे पर अब बेआवाज वही नम्बर अपनी चमक में बरकरार था।

अरे! ऐसा कौन है जो बराबर...हिम्मत नहीं हार रहा?

"हलो।" मैंने फोन उठा लिया।

"हल्लो, हल्लो! बिन्नू!"

"हलो।"

"बिन्नू, हम बेला बहू। चीन्ह नहीं रहीं हमें?"

"अरे रे! ओ! बेला बहू! बेला बहू, कहाँ से?" मेरे भीतर की बिन्नू बोल उठी।

"कहाँ से क्या, अपने ही इतैसे, पहाड़पुर से।"

"अच्छा! बोलो बेला बहू, बोलो।" मैं चहकने लगी।

"अरे बिन्नू, बड़ी देर तुम्हारे फोन से हमारी मुलाकात हो पाई। कहाँ-कहाँ से तो तुम्हारे फोन का नम्बर जुटाया। यहाँ के सरपंच का भतीजा तुम्हारी दिल्ली में पढ़ता है, सो उसी ने खोज-खबर करके हमें नम्बर दे दिया। आएगा कभी तुम से मिलने प्रभुदयाल वर्मा नाम है उसका।

"कहो कहो बेला बहू,? सब ठीक ठाक तो है?"

"वो तो बाद में बताएँगे बिन्नू, पहले तुम इस फोन का नम्बर लिख लो कहीं फिर यह बिदक जाए? मशीन का क्या भरोसा? आदमी हो तो उससे कुछ कहते भी बने।"

"ठीक है, कट जाएगा फोन का कनैक्शन तो हम मिला लेंगे यहाँ से। वैसे कब ले लिया मोबाइल फोन?"

"अरे अबै दो महीना पहले ही। वे उजाला ही चला रही थीं जब से। हम तो अब सीख पाए हैं। अब उजाला कहीं आएँ-जाएँ तो हम क्या उनकी बाट में फोन लिए बैठे रहेंगे? बखत किसी का इन्तजार करता है?"

"अच्छा किया बेला बहू। अब बताओ, हमें कैसे याद किया?"

"याद? अरे तुम तो हर हमेशा हमारे दिल में रहती हो बिन्नू। हाँ, अबकी बार एक बात कहनी थी कि तुम्हें आउनें है पहाड़पुर। और हाँ, उजाला फोन करेंगी सो उनको अपना पता लिखवा देना कि चिट्ठी भेज सकें।"

"हमें आना क्यों है बेला बहू? क्या फिर कोई नई कहानी लिखवानी है?"

"तुम तो तैयार रहना बिन्नू। आदमी रोज ही नई कथा से गुजरता है, पर अबकी बार कुछ दूसरी चीज है।"

"कब आना है, यह तो बताओ। कहीं मैं उन दिनों दूसरी जगह व्यस्त हो जाऊँ।"

"अरे आहाँ बिन्नू। ऐसा न करना। तुम्हारे बिना हमारा काम नहीं होगा। तुम ही तो हमारे दुख-दर्द अपने कलेजे में समेट लेती हो और तुम्हें देखकर ही हम अपनी तकलीफों से निकलने की गैल बनाते हैं। तुम संगै न होतीं तो हमारी जिन्दगी की कहानी हमारे ही जैसे लोगों तक दूर-दूर जाती?"

फोन पर बेला बहू मेरी जरूरत को मेरी तारीफों के जरिए कितने भोलेपन से उजागर कर रही है! मेरे सामने वे ऐसा कुछ कहाँ बोल पाती हैं। मैं उनकी टोली की

खास सदस्य हूँ, आज मुझे पता लगा।

बहरहाल उन्होंने जो महीना बताया और निश्चित तारीख दी, वह बसन्तपंचमी का दिन है। सरस्वती का दिवस।

बसन्त के मौसम में अपने इलाके की घाटियों, पहाड़ियों और खेतों से लगी मेंड़, पगडंडियों पर उतरते रंगीन फूलपातों की कल्पना ने मेरे भीतर हूक उठा दी। सारी छवियाँ आँखों के परदे पर ऐसे उतरने लगीं जैसे मैं वहीं मौजूद हूँ। यह तो लेशमात्र भी याद नहीं रहा कि वहाँ बसन्त की खिलखिलाहट के पीछे आँधी-तूफानों के जेठ आषाढ़ी गर्जन-तर्जन भी हैं। बैशाखी रेत के बगूले और चिलकती चट्टानों में सुरंगों के विस्फोट भी...। मैं तो वहाँ के वन-प्रांतर में घूमती हुई देर तक चरवाहों की बाँसुरी की धुन में उन्मत्त की तरह लीन रही।

मेरी उत्सुकता को जगाकर बेला बहू न जाने कहाँ गुम हो गईं? जो हूक अपने प्यारे गाँव-गलियोंवाले इलाके के लिए उठी थी, वह धीरे-धीरे बढ़ती ही जाती। प्रकृति के दृश्यों में कई भूले-बिसरे चित्र शामिल हो जाते। यह चित्रावली कहाँ-से-कहाँ तक पहुँचती-एरचघाट से तालबेहट तक, तालबेहट से माता टीला तक और फिर लौटती बेतवा के साथ-साथ तमाम शिलाखंड पार करती हुई जलराशि की तरह ओरछा के किले के नीचे कलकल ध्वनि-सी तरंगित होती। मन के समतल पर प्रकृति का अपना खेल कि मैं विमोहित-विमुग्ध-सी इस महानगर की माया से मुक्त होने लगी।

तभी बेला बहू का फोन मिलाने की हुड़क उठी। उनकी आवाज सुनने का चाव जागा। क्या-क्या तो कह रही थीं अपनी मनमोहक आवाज में, जैसे प्यार का गीत गा रही हो, मोहब्बत का संगीत गुँजा रही हों। ऐसा ही तो लगा था, मुझे, ऐसा ही मनभावन था फोन पर संवाद! हो सकता है इसलिए भी लगा हो कि अब तक मैंने बेला बहू के मुँह से दहशत-भरी कहानियाँ सुनी हैं, हौलनाक दास्तानों से भरा रहा है उनका जीवन...अब वे सामान्य हँसी-खुशी भी जाहिर करती हैं तो वाणी का उत्सव-सा लगता है।

फोन मिलाया।

कॉलर ट्यून बजी-'चोरी-चोरी आप पर दिल आया, उफ् तौबा तौबा...' हैं। यह बेला बहू को क्या हुआ? अब चोरी-चोरी किस पर दिल आ गया?

गीत लगातार बज रहा था-चोरी-चोरी आप पर दिल...कैसा-कैसा प्यार ने तड़पाया, उफ...

इस उम्र में कौन भा गया बेला बहू को? क्या जिस पर दिल आ गया है, उसी

से कोई गठबन्धन करने की ठानी है? उसी का न्योता दे रही थीं क्या मुझे? बेला बहू की इस प्रेम कहानी को भी मुझे लिखना पड़ेगा? कलमकार हो तो इससे कैसा एतराज?

मैं फिर-फिर फोन मिलाती, वही गाना बजता।

''जो प्रेम करनेवाले हृदय का स्वामी होता है, वह प्रेम करने को अपनी आदत बना लेता है। मुझे यह जुमला याद आया।

''हलो!'' महीन मीठी युवा आवाज!

''अरे हम...''

''हाँ-हाँ, बिन्नू, बोलो। हम उजाला!''

''उजाला!'' मेरा उल्लासमय सम्बोधन उजाला तक पहुँचा।

बेला बहू की टोली के सारे सदस्य मुझे बिन्नू ही कहते हैं, बड़े हों या छोटे।

''उजाला, गाना तो बड़ा अच्छा लगाया है। हमने सोचा बेला बहू ने यह गाना...''

उजाला खिलखिलाकर हँस पड़ी जैसे काँच की कई-कई चूड़ियों की छनकार उठी हो।

''यह फोन अब हमारा है बिन्नू। बेला बहू ने दूसरा फोन लिया है।''

''वे हैं कहाँ? बुला दो न।''

''वे अपने मायके गई हैं। बलवीर वकील साहब हैं न, उनके ही संग चली गई हैं।

''कोई खास काम था क्या?''

''वो पाँच बीघा जमीन है न उनके पिताजी की। अब अम्मा तो उनकी हैं नहीं सो उस जमीन को बेचने चली गई हैं।''

''बेचने? बेचेंगी क्यों अपनी जमीन?''

''वहाँ रहना नहीं है न बेला बहू को। फिर यहाँ भी जरूरत है...''

''यहाँ ऐसी क्या जरूरत है कि उन्हें जमीन बेचनी पड़ रही है?''

''आपको नहीं बताया बेला बहू ने?''

''क्या?''

''यही कि वे अब पहाड़पुर में ही रहेंगी। हमारे सारे साथी यहीं रहेंगे।''

''वो तो ठीक है लेकिन...''

''अरे बिन्नू, आपको पूरी बात पता नहीं है। सारे साथी मिलकर यहाँ एक स्कूल खोल रहे हैं। बेला बहू यही चाहती है और अजय सिंह दाऊ भी और जुझार भी, मतलब कि सब जने।''

फोन पर इतनी बात ही हुई। इस जानकारी ने मुझे खुशी तो दी लेकिन असमंजस

में भी कम नहीं डाला। क्या कर रही हैं बेला बहू? स्कूल! इनके स्कूल में कौन भेजेगा अपने बच्चों को? बेला बहू, फूलन देवी का दूसरा अवतार...कुख्यात हत्यारी। माना कि थोड़ी-बहुत पढ़ी-लिखी हैं और अपनी पढ़ाई छूट जाने का बड़ा दुख मनाती हैं, लेकिन इससे उनकी जिन्दगी पर लगे दाग तो नहीं धुल जाएँगे।

तीन साल पहले की ही तो बात है जब पहाड़पुर में बेला बहू ने अपनी टोली के साथ पड़ाव डाला था, लोग दुआ करते थे कि हम लोग कब वहाँ से मकान खाली करके चले जाएँ। अजय सिंह दाऊ वहाँ देवता नहीं, डाकू के ही रूप में पुज रहे थे सो कोई खुलकर विरोध नहीं करता था।

करेला और नीम चढ़ा। बेला बहू के स्कूल की योजना के साथी भी सबके सब शराफत से कोसों दूर वाला रिकॉर्ड रखते हैं। अजय सिंह ने सजा काटी है तो जुझार सिंह भी डकैती की ट्रेनिंग पाया हुआ छोटा डाकू है। बसन्ती घर से भागी हुई लड़की, साथ में डकैतों को खाना पहुँचाने का बहुमूल्य अनुभव। गुलाब सरकारी कारतूसों का कुशल दलाल रहा है। उजाला, जिसके साथ बलात्कार हुआ, लोहापीटाओं की छोकरी जो दो बलात्कारियों की मर्दानगी की चटनी बना आई, यहाँ बच्चों को क्या सिखाएगी?

वीर! वीर के बारे में उजाला कहती थी-वीर मुझसे भी ज्यादा सीधा सच्चा है। एकदम भोला बच्चा। निश्छल निष्कलंक लड़का। मगर असलियत में तो वह अपने परिवार से गद्दारी करके समाज से दुश्मनी कर रहा है। अपने रिश्तेदारों के खिलाफ बलात्कार का केस दर्ज करा दिया है हमारे पक्ष में। बलवीर वकील साहब पैरवी कर रहे हैं हमारे पक्ष में।

कहता रहे खुद को समाज की बुराइयों का दुश्मन, मगर पिता की दुनिया को बेइज्जत करके आया है, जहाँ वह इज्जत, शान्ति के साथ आदमी के चोले में रह सकता था, मगर उसने उस सम्भ्रान्त जिन्दगी को तवज्जो ही नहीं दी। आज बीहड़ में हैं और आजादी का सपना देख रहे हैं...क्या गाँवों में लोग इस बात का मान करेंगे?

और वो सिरोधन उँटेरा...खुद को जासूसों का जासूस समझता है, मगर स्कूल में जासूसी का क्या काम? बहुत-से-बहुत मनोरंजन के लिए स्कूल के बाहर ऊँटगाड़ी खड़ी कर दे। बेला बहू की यह अलबेली टीम कितनी आदर्श है, क्या सब लोग जानते न होंगे? यही क्या कम है कि अब तक यह टोली पहाड़पुरवालों ने टिकने दी है।

मैं कैसे कहती उजाला से कि क्या बेला बहू अपनी हैसियत जानती नहीं हैं? मैं फोन पर कैसे बताती उजाला को कि अभी तक बेला बहू पर कैसे-कैसे हमले हुए हैं कि उनकी जगह कोई और होती तो मानसिक रूप से विचलित हो उठती। सब

उनकी करतूतों के कारण।

मैंने नहीं पूछा कि उनके पीछे किसका सहयोग है क्योंकि मैं समझ रही हूँ कि न गाँव का समर्थन हो सकता है न सरकारी सत्ता का सहयोग। जिस गाँव में तीन साल पहले लोग उनके नाम पर मुँह सिकोड़ते थे उस गाँव में वे अपनी मनचाही योजना लागू करने का सपना देख रही हैं। शेखचिल्ली का सपना... मुंगेरीलाल के हसीन सपने।

मैंने न जाने कितना मन मंथन कर डाला–क्या बेला बहू में नेतृत्व के गुण हैं? या जो उनके साथी अपराध की दुनिया से आए हैं, उनमें ही एक–दूसरे से मिलकर, अपनी–अपनी व्यथा कथा बाँटकर इनसानी चेतना जागी है? बेला बहू ने ही उनको ऐसी ऊँचाइयों पर चढ़ा दिया है जैसे उनकी सारी कालिख धुल गई हो।

एक वह उजाला है, खुद को सताई हुई नायिका से कम नहीं समझती, बड़े ही समर्पित भाव से कहती है–"बिन्नू, वीर एक–एक बात नाप–तोलकर कहता है। ठीक ही तो कहता है कि जो कुछ हमारे साथ हुआ...यानी औरत पर कातिलाना हमला वे ही करते हैं जिनको अपने–अपने डर सताते हैं। हमारे साथ दुराचार इसलिए ही तो हुआ क्योंकि वीर हमारे साथ था। लोहापीटाओं की बस्ती में तब भी आता–जाता था जब उसके पिता ने उसकी शिक्षामित्र वाली नौकरी छुड़वा दी थी। उस नौकरी को दो टके की मजूरी माना था। मगर मैं उसे देखती तो मेरी खुशी का ठिकाना न रहता। नौकरी गई, गीत कौन रोक सकता है? वह गाता, आनन्द की लहर मेरे तन–मन में दौड़ जाती।

"वीर की सगाई! हाँ, इसके बाद मैं अपने उल्लास से बाहर हो गई। वीर की अपनी अलग जगह बनती है तो बने। मगर तभी 'आओ उजाला' वीर आगे बढ़कर मुस्कराया। और बिन्नू, हम कहाँ–से–कहाँ तक मोहब्बत के रास्ते निकल गए।

"इसके बाद मैं हैवानों के चंगुल में थी, आँखों के आगे अँधेरा था, विकट अँधेरा!"

मैं अब क्या पूछूँ और क्या कहूँ?

वहाँ क्या घटित हो सकता है, खुदा ही मालिक है। कहीं ऐसा न हो आसपास गाँव के लोग इस दागदार टोली का सशस्त्र विरोध करें। क्या पता कि पुलिस ही बुला लें। 'बद अच्छा बदनाम बुरा' वाली कहावत अनुभव सिद्ध है।

अबकी बार कुरियर द्वारा एक पत्र मिला।

पत्र अजय सिंह दाऊ की ओर से था।

प्रिय बिन्नू!

खुश रहो।

हम सब कुशल-मंगल हैं। आशा है तुम भी सकुशल होगी। तुम्हारे बारे में तो बातें होती ही रहती हैं। होंगी क्यों नहीं, तुम याद ही इतनी आती हो। हम हँसा करते हैं कि अपने बीच बेदाग और पाक-साफ आदमी ढूँढ़े नहीं मिलेगा, अगर कोई है तो वो बिन्नू हैं। तुमको साथ लेकर हम भी खुद को दागी मानना भूल जाते हैं। बहुत दिनों से तुम आई नहीं, तो समझ लो कि हमें अपने करम याद आने लगे और हम अपराधबोध में घिर गए।

हाल यह हुआ कि बेला बहू उदास होतीं तो हम उनको दिलासा देते और हम उदास होते तो उजाला हमारी हिम्मतों की कहानी कहती। उजाला उदास होती तो बसन्ती उसे गुदगुदाती। अच्छा भी लगता कि हमारा परिवार एक-दूसरे की खुशी के लिए बना है।

अखबार यहाँ रोज आता है। ट्रांजिस्टर में खबरें भी हम अपने डकैत जीवन से सुनते रहे हैं सो आदत ऐसी हो गई है कि खबरें बिना सुने नींद नहीं आती। इस गाँव में सरपंच के घर और दो-चार घरों में टेलीविजन भी हैं, मगर हम वहाँ जाते नहीं हैं। अखबार में हम क्या पढ़ें? हत्याओं, बलात्कारों और औरतों को जलाने की वारदातों से पटा पड़ा रहता है। हमें अजूबा लगता है बिन्नू कि हमें लोग डकैत, हत्यारा क्यों मान रहे हैं? औरतों और लड़कियों की गुहार ऐसी कि रास्ता न सूझे...क्या वे बाहर निकलना छोड़ दें, सड़क उनके लिए नहीं है, विश्वविद्यालय खूनी जंगल हैं, बसें बलात्कारों के लिए सेफ जगह! ऐसा तो किसी निजाम में नहीं था। क्या अब आदमी नहीं, भेड़िये जन्म ले रहे हैं और लूट का माल खा-पीकर बलवान की तरह लड़की के शिकार का मजा लेते हैं। बिन्नू, हमने समर्पण क्यों किया था? शान्ति और भाईचारे के लिए ही न? सब अकारथ चला गया। लगता है कि हम से ज्यादा अभागा कोई नहीं...इस शरारत ने तो हमें लुंज-पुंज कर डाला। हम किसी काम के न रहे। बोलो अब क्या करें? भीतर जो बीहड़ों से आग संजो लाए थे, जब-न-तब दावानल की तरह भड़कने को आतुर हो जाती है।

बिन्नू, हमारी मदद करना। हमें रास्ता बताना...हमारे पास अब उस प्रार्थना के सिवा कुछ नहीं है, जिसे हमने अपना इबादत-गीत माना-

'एक मालिक तेरे बन्दे हम/ ऐसे हों हमारे करम...
नेकी पर चलें और बदी से टलें/ ताकि हँसते हुए निकले दम...

तुम्हारा दाऊ
अजय सिंह

चिट्ठी...पढ़ते-पढ़ते दाऊ का चेहरा नजरों में बराबर घूमता रहा। दिलेर दबंग और भीतर से मोम का दिल रखनेवाला अजय सिंह डकैत। उनको अखबार और रेडियो के समचारों ने ऐसा पछाड़ दिया है कि...उनकी लाचारी मेरी आँखों पिघल

आई। मैं इसका क्या उत्तर दूँगी? कौन–सा रास्ता बताऊँगी जो उनके मकसद से जा मिले। कैसा विधान है यह कि नागरिक डाका डाल रहे हैं, हत्या कर रहे हैं, बलात्कारों के क्षेत्र बनाते जा रहे हैं और एक डाकू, तथाकथित अपराधी, समाज का कलंक इस दशा पर विलाप कर रहा है, सज्जनता की रस्सियों में बँध छटपटा रहा है।

वे फोन कर सकते थे, लेकिन फोन पर ऐसी बातें, अपनी आवाज में लाचारी, इस भयानक समय के मुकाबिल अपनी असहायता दिखाना उन्हें गवारा न होगा...सो चिट्ठी लिख दी।

अब मैं इसका जवाब दूँगी? कब लिखूँगी, कब भेजूँगी और कब पहुँचेगा मेरा सन्देश कि दाऊ तुम्हारी बिन्नू भी अँधेरों में घिरी हुई है, रास्ते ही तलाश रही है...मगर कौन से रास्ते, यही कि जो भी हो, इस टोली को जैसे भी देखा जाए मगर एक जबरदस्त जज़्बा जो मोहब्बत और एकता का है, जो आपसी भाईचारे का है और जो औरत के लिए समानता, प्रेम और उसकी गुण ग्राहकता का है, इससे तो इनकार नहीं किया जा सकता। और यह सब पहली बार दिखा है। इसी जज्बे से लोग प्यार करना सीखेंगे।

उस दिन क्या कह रहे थे अजय सिंह दाऊ?

फोन पर यह भी तो कह रहे थे कि बिन्नू लगता है कि जो लोग मुल्क पर शासन कर रहे हैं उनमें शासन करने की योग्यता नहीं है। बस वे ऐसे माँ–बापों के घर पैदा हो गए हैं जो शासन करते रहे हैं और यही उनकी योग्यता मान ली जबकि उनकी क्षमता और कार्यकुशलता जीरो है। देश को बाड़ा बना दिया और नागरिकों को भेड़–बकरी। भेड़–बकरियों को भेड़ियों का भोजन बनना लाजिमी है। अब हमारे मन में यह आता है कि फिर से हथियार उठा लें क्योंकि इन भेड़ियों को गोलियों से भूनने में ही हमारे जीवन की सार्थकता है।

लोग तो समझते नहीं हैं कि वे खुद कितनी बड़ी ताकत हैं। वोट हथियारों से भी बड़ा हथियार है, इसे बेचो मत, इसे चढ़ावे की तरह चढ़ाओ मत क्योंकि इसको लेकर ही तुम आजाद हो। अपनी आजादी बचा लो। अपनी सभ्यता कायम रखो। फिर देखोगे कि तुम्हारी ताकत, जिस पर तुम गर्व करोगे। नागरिकता को भी नाज होगा अपने ऊपर।

मगर नहीं, नागरिक तो अपने बच्चों को पैदा होते ही अन्याय से लड़ने के लिए नहीं, नाइनसाफियों से सौदा और समझौता करने की घुट्टी पिलाने लगते हैं। आजाद देश में उनको बड़े करीने से गुलामी की ट्रेनिंग दी जाती है। गुलाम दूसरों को गुलाम बनाने की फिराक में रहता है। बिन्नू, अखबार, रेडियो और टेलीविजन पर बनती जाती गुलामी की जंजीर, लम्बी जंजीर की खबर दे देकर हमारी गर्दन जकड़ते जाते

हैं। कहने को हम रोज 'मेरा भारत महान' कहते हैं, तब गर्व और शक्ति कितने खोखले लगते है।

प्रिय दाऊ!

सादर नमस्ते!

आपका पत्र मिला। पत्र पाकर अचरज भी हुआ और अच्छा भी लगा। आपकी कुशल-क्षेम मिली। दाऊ, चिट्ठी पढ़कर मैं खुश भी हुई लेकिन दुख उस खुशी से भी ज्यादा हुआ। मैं आपसे फोन पर बात कर सकती थी लेकिन कई बार जुबान से संकोचवश कुछ बातें नहीं कह पाते हैं। हाँ, कलम कुछ भी कहने में झिझक नहीं मानती। कागज पर आपसे बात करना मेरे लिए आसान है क्योंकि यहाँ आप मेरे कहे को मेरे हिसाब से सुनेंगे।

बेला बहू के स्कूल के बारे में मुझे उजाला ने बताया था। सुनकर पहले तो मुझे विश्वास ही नहीं हुआ कि गाँव के लोग आप लोगों के साथ अपने बच्चों को लेकर शामिल होंगे। फिर यह भी सोचा कि तीन साल का अरसा आदमी का व्यवहार परखने के लिए कम नहीं होता। बेला बहू भी अब वहाँ के लिए पहेली नहीं रही होंगी। हाँ, इतना जरूर है कि आप जैसे लोगों से वे अपराधों की ही उम्मीद करते हैं किसी सत्कर्म की नहीं। इतिहास आदमी का पीछा नहीं छोड़ता तभी तो साधु-सन्त अपने इतिहास की ओट में तमाम ऐसे कुकर्म कर डालते हैं जो कोई कुख्यात-से कुख्यात या लुटेरा नहीं कर सकता। किसी नामी रंडीबाज को हमारे सन्त-महात्मा अपने मुकाबले चाहे जब पटखनी दे सकते हैं। मगर मठ के नाम पर चकलाघर कौन चला रहा है? इतिहास उनका रक्षक है, पैरोकार है।

आपका पत्र था जिसने मुझे प्रेरित किया कि बेला बहू का सोचना शेखचिल्ली का सपना नहीं, वाजिब बात है।

मैंने उजाला से पूछा था, स्कूल में बच्चों को पढ़ाएगा कौन?

वह हँसने लगी थी। आगे बोली, "बिन्नू, एक तो यह स्कूल कक्षा पास करनेवाला स्कूल नहीं है। अध्यापकगण तो अपनी टोली के ही लोग होंगे। अजय सिंह दाऊ, जुझार सरीखे लोग, वीर और बेला बहू भी।"

"क्या कह रही हो तुम?" मैंने उजाला को झिड़क दिया था।

आज याद आ रही हैं दाऊ आपकी वे बातें जो आप अक्सर कहा करते थे, जब कभी अपना मौन तोड़ते-"हमने अपने छोटे-छोटे डाकूदलों की एकता के कारण कई बार पुलिस के बड़े-बड़े दस्तों को हराया है क्योंकि आरामतलब पुलिस के सिपाही और अफसरों में आपसी तालमेल नहीं रहता था।"

आप कहते थे, "बिन्नू मारकाट, लूटपाट और खून-खराबा यह सब हमने

विद्रोह के रूप में किया है और इसी की ट्रेनिंग घाटी में अन्याय के मारे नवयुवकों को देकर उनको नामी डकैत बनाया है।''

दाऊ! जिस तरह की छटपटाहट अब मैं आपके भीतर देख रही हूँ तो लग रहा है कि वही घाटियों वाला जज्बा अब किसी और तरह का होगा। आप किशोरों की दुनिया में भाईचारे, संवेदना, समानता और मोहब्बत का अलख जगाएँगे।

आप कहा करते थे, आदमी कच्ची मिट्टी को ही मनचाहे साँचे में ढाल सकता है। अगर आपको नए खून में नामी-दामी डकैत ढालने की कला आती है तो बेशकीमती इनसान इस धरती पर उतारना कतई मुश्किल नहीं है। मैं अपनी ओर से कुछ भी तो नहीं कह रही, सब आपकी ही बातें हैं, आपके ही करिश्मे। इन करिश्मों की परिभाषाओं और मिसालों को मैं अपनी गिरह में बाँध लाई थी, अब आपको ही लौटाती हूँ। आप बस मायूस न होना क्योंकि इन दिनों सारा देश मायूस है...अबकी बार मैं आपकी आवाज में वह खाँटी टंकार सुनूँ, जिसको सुनने की हम पहाड़पुर में प्रतीक्षा करते रहते थे। मुझे वह टंकार सोचने पर मजबूर करती है-

-सात आठ साल की उम्र में कौन इतना शैतान होता है कि इनसान का दुश्मन हो जाए।

-जिन नवयुवकों के पास न करुणा होती है न दुख-दर्द तो हमदर्दी कहाँ से आएगी?

-औरतों की जिन्दगी की जो सच्चाई है, मर्द उसका सामना नहीं कर पाते।

-औरत से सच्चा प्यार करनेवाला नौजवान उस बच्चे जैसा होता है जो अपनी प्रकृति में मासूम, पवित्र और निष्कलंक होता है।

-स्कूल के इन नए बच्चों के जरिए आने वाले कल की आहट शुभ संकेतों में सुनाई देगी।

ये चंद पंक्तियाँ, आप कहते थे दाऊ कि एक किताब में पढ़ी थीं और यह किताब आपको डकैती के दौरान एक खुली अलमारी में रखी दिख गई थी, आप उठा लाए। बताइए, ऐसा दिलेर अध्यापक, अपने दल का नेता, बेला बहू का सलाहकार मायूस कैसे हो सकता है? फोन पर बात करूँगी।

आपकी-बिन्नू

अबकी बार फोन पर जुझार सिंह था।

''बिन्नू, राम राम!''

मुझे हँसी आ गई। पूरी टोली ने मेरा फोन नम्बर ले लिया है, जो देखो वही फोन करने को तैयार रहता है। जादू की डिबिया हाथ में क्या आ गई, बातें करने की आजादी हो गई।

"हाँ, बोलो जुझार। कैसे हैं सब?"

"सब ठीक-ठाक है। बेला बहू को तो फुरसत नहीं है। खेती बेचने में तमाम झंझट हैं। पर मामला सुलट गया।"

"बेचना जरूरी था क्या?"

"बिलकुल। अजय सिंह दाऊ ने जो कुछ कमाया सब स्कूल के अर्पण है और बेला बहू अपनी खेती की रकम फिक्स में डालकर उसकी ब्याज से स्कूल में मदद लगाएँगी। फिर हम लोग भी कोई-न-कोई काम कर ही लेते हैं।

"आप तो यह बताओ कि उस रोज कितने बजे तक पहुँच जाओगी?"

"चिन्ता मत करो, समय से पहुँचेंगे हम। इस स्कूल को चलाने का कार्यक्रम क्या है? तुमने सब समझ लिया, हमें समझाओ।"

"बिन्नू, समझने की बात तो यह है कि वीर जिनको जीवन-मूल्य कहता है, समझो तो उनमें बड़ी ताकत है। बिल्कुल ऐसे, जैसे जिन्दगी में जीने की शक्ति होती है। अपने तजुरबे से हम तो यही समझे हैं कि बैरभाव, रंजिश, खुदगर्जी जहाँ तुम्हें अपराध की ओर ले जाती है वहीं किसी से हमदर्दी, किसी के जीवन की रक्षा तुम्हें सच्चे धर्म के दर्शन कराती है।

"बिन्नू, लगता है यह स्कूल हमारे जीवन का दूसरा युग शुरू करनेवाला होगा। जो आज बच्चे हैं या पन्द्रह-सोलह साल के किशोर हैं, वे बड़े होकर दौलत कमाने, दहशत दिखाने या दलबन्दी करके राजनीति पर कब्जा जमाने वाले नहीं होंगे। वे बेला बहू के स्कूल में लाए जाएँगे, सिखाए जाएँगे कि अपने वतन के लिए अच्छे-से-अच्छे सपने क्या होते हैं, कि आपसी भाईचारा क्या होता है, कि लड़की और लड़के में समानता जरूरी है। वह तुम्हारी साथी है, शिकार नहीं। डर, दहशत जैसे भयानक भावों के लिए जगह नहीं बचेगी। लो, अब तो हमारा यही मकसद है और सुनो बिन्नू, हमारे यहाँ एक लड़की आई है, पहूज नदी के वा पार की है, सारा चेहरा तेजाब से जला हुआ है। समझो कि अत्याचार, अन्याय और बलात्कार के सारे मॉडल यहाँ इकट्ठे हैं।"

मेरे कानों में अजय सिंह दाऊ की बातें अब भी जीवित हैं-"हम अखबार क्यों पढ़ते हैं? रोज ही हत्या, डकैती, बलात्कार और खून-खराबे की खबरें आती हैं। हम नहीं सोचते कि इन घटनाओं को कौन अंजाम देता है? हमारे जैसे तमाम घरों के लड़के या आदमी ही न? क्यों करते हैं ये ऐसा? पुलिस पकड़ लेती है, कचहरी सजा बोलती है? ये सजा भुगतते हैं, मगर कुछ सुधरता क्यों नहीं है? कितने लोग सोचते हैं कि गलती आखिर कहाँ है? नहीं, बस हम कल कोई नया खूनखराबा, बलात्कार, दहेज के लिए दहन पढ़ने के लिए पिछले दिनों के हादसे भूल जाते हैं। सारे कुओं में भाँग पड़ी है।"

मैं जब उस गाँव पहुँची तो उद्घाटन के लिए रंग-बिरंगा पंडाल लगा चुका था। गुलाबी और सफेद रंग का शामियाना किसी भी शोरगुल से दूर शान्त सजावट के साथ था।

मैंने महसूस किया कि मेरी कार आज उस रास्ते पर सहज गति से चल रही है, दो साल पहले जिस राह पर हिचकोले खाती हुई भी नहीं निकल पाती थी। जरूर यह ग्रामीणों और बेला बहू की टोली का मिला-जुला श्रमदान रहा होगा जिससे यह रास्ता आसान बन सका। मैं सपना देख रही हूँ या असलियत में ऐसा हुआ है? वे लोग जो इस गाँव पर राज करते थे उनके सामन्ती मिजाज और अकड़े हुए अहंकार में क्या कोई परिवर्तन हुआ है क्योंकि परिवर्तन धरती पर नहीं, सबसे पहले मनुष्यों के मन के धरातल पर घटित होते हैं।

नजर सामने से हटती नहीं। चलती गाड़ी में ही जैसे नारंगी, हरी और सफेद, तिरंगी पताकाएँ लहरा रही हों। शामियाने के बाहर पताकाओं का अपना जलवा अपना राज है। नाजुक कागज की पंखुड़ियों को नाज करने का मौका मिला हो जैसे। मेरी नजर भी रंगों में लहराने लगी। तिरंगी रंगत हमारे राष्ट्रध्वज की निशानी किसी के भी मन में जोश भर दे।

पंडाल में लोगों की आवाजाही का भान होते ही मुझे लगा कि मैं शहरी स्त्री की तरह या नेताओं-मंत्रियों की तरह देर से आनेवाली रिवाज में शामिल हो रही हूँ। मैं खुद से शर्मिन्दा हुई, इसलिए और भी लज्जा आई कि कार से उतरने के पहले ही कुछ बालक-बालिकाएँ हाथों में गेंदे के फूलों से बने पीले गुलदस्ते लेकर मेरे पास तेजी से आए और अपने-अपने फूल देने की कोशिश में जुट गए।

यह उत्सुकता बराबर लगी हुई थी लगभग एक चिन्ता की तरह, कि देखें गाँव और आसपास के गाँवों के लोग इस रहस्यमय से स्कूल का कैसे स्वागत करते हैं क्योंकि बेला बहू अजीब-सी स्त्री, एकदम खामोश होकर अपने लिए बहुत कुछ सुनती-सहती रही हैं। यह खामोशी या चुप्पी उन्होंने किस रूप में तोड़ी है, यह तो लोग देखने आएँगे ही। क्या यह अब तक मिली यातना के खिलाफ विस्फोट का रूप है? या उनकी अपनी अनवरत साधना का स्वरूप जिसमें वह अभी तक नाकाम की तरह खुद से सवाल करती रहीं।

मैं बच्चों के समूह के बीच उतरी। हल्की नीली कमीज और गहरी नीली निकर या पैंटवाले लड़के तथा नीली ब्लाउज और लाल स्कर्ट वाली लड़कियाँ। बड़ी लड़कियों ने कुर्ता और चूड़ीदार पहन रखा था, लाल दुपट्टे के साथ। यह सब समान उल्लास था और एक-दूसरे की खुशी आपस में हिलमिल गई थी। धूप खिली हुई थी, जिसने सारा वातावरण चमकदार बना दिया। इन बच्चों के चेहरों पर उनके मन की तसवीर साफ-साफ देखी जा सकती थी, जिसमें उन्मुक्त, स्वस्थ और सहज

जीवन चित्रित है। मुक्ति और आश्वस्ति एक-दूसरे की जुड़वाँ। ये बच्चे जरूर कोई मुक्तिगीत गाएँगे।

मैं बच्चों के साथ उनके बताए दिशा निर्देशों पर उस कुर्सी की ओर चली जाने लगी जो उद्घाटन से पहले मेरे बैठने और जलपान करने के लिए मेज के साथ डाली गई थी।

कुर्सी? लगा कि मैं उम्मीदों के झूले पर बैठी हूँ, मगर बीच-बीच में हिचकोले...

'मासूम बच्चे!' क्या सचमुच इन्हें उस 'ज्ञान' से बचा लिया जाएगा जो इनके बचपन को बचने नहीं देता? क्या इन्हें उन हथियारों से अलग रखा जाएगा जो इनकी सुरक्षा बनाम खुशी के नाम पर इनको सौंप दिए जाते हैं, पूरी आजादी के साथ। और ये हथियार इनको कभी खुशी नहीं देते, उनमाद को भले बढ़ाते रहें। क्या धरती के इस छोटे-से टुकड़े पर गाँव के बीच 'आधुनिक सभ्यता' को चुनौती देने जा रही है बेला बहू की मामूली-सी टोली?

न जाने कितने सवाल बिना जवाबों के लावारिस की तरह मेरे मन में भटकते रहे। बच्चे कभी चाय लाते तो कभी फल और मिठाई जैसे मैं इस समारोह की अमूल्य निधि हूँ। मैं अपने भीतर सिमटती जा रही थी। बेला बहू और उनकी टोली का इतिहास मुझे बार-बार धमकाने लगता। ठीक कहा था अजय सिंह दाऊ ने– 'तुम्हारा इतिहास दूसरों को दहलाने के लिए लिखा जाता है। सच बात यह है कि फिर लोग उस इनसान को नहीं, इतिहास में दर्ज चेहरे को देखते रहते हैं।'

मुझे लगा मैं कुर्सी पर अकेली बैठी हूँ और भयानक-से-भयानक बातें सोच रही हूँ। बातें भयानक हैं या अकेलापन?

मैंने घबराकर एक बच्ची से कहा, "मुन्नी, जाओ उजाला को बुला लाओ।" ऐसा कुछ कहकर मैंने चैन की साँस ली और सोचा, शहर में रहकर मैंने डरते रहने के अलावा सीखा क्या है? क्या उजाला इतनी निडर है कि भय से घिरी मेरी मनस्थिति की रक्षा करेगी? क्या उजाला जानलेवा हालात से निकलकर मेरे लिए भरोसेमन्द हो गई है? मैं पचाससाला औरत और उजाला नवयुवती! शायद समय पलट रहा है...

इस साल बेला बहू के स्कूल को बसन्त पंचमी के दिन पूरे तीन साल हो जाएँगे इतने दिनों में यह भी देखा गया है कि 'बेला बहू का स्कूल' नाम से तीन शाखाएँ और खुल गई हैं।

मुझे यह सब क्यों याद आ रहा है आज?

किताबों की अलमारी में वह एलबम रखी दिखाई दे गई जो 'बेला बहू का स्कूल' के उद्घाटन दिवस की है। पुरानी तसवीरें देखने की अपनी ही उत्सुकता और उल्लासमयता होती है। बहुत दिनों से उन लोगों के बीच जाना नहीं हो पाया। एलबम में चेहरे देखकर उनकी नजदीकी महसूस होगी। मैं मन-ही-मन बातें करूँगी, हँसूँगी, गुनगुनाऊँगी, वही स्वागत गान जो चार लड़कों और चार लड़कियों ने सामूहिक स्वर में वहाँ जुड़े मेहमानों को पेश किया था।

यह तसवीर : स्त्रियों और पुरुषों से भरे शामियाने की है। मैंने ऐसी कल्पना तक नहीं की थी। मेरे बराबर में जो सफेद कुर्ता और कन्धे पर तिरंगा अंगवस्त्र डाले बैठे हैं, वह गाँव के सरपंच हैं। उन्होंने कहा था-बिन्नू, यह गाँव भर का अपना स्कूल है, कोई चुनावी भाषण का मंच नहीं। लोग शामिल होने आए हैं। पार्टी का रुतबा देखने नहीं।

मंच की तसवीर :

बेला बहू सफेद साड़ी पहने खड़ी हैं। सफेद ही ब्लाउज है। बेला बहू हमेशा सिर ढँककर रहती हैं। हाथ में लाल गुलाबों का हार लिए अच्छी लग रही हैं। आत्मविश्वास से भरी हुई...कहाँ यह समझा जाता था कि औरत अकेले नहीं रह सकती, मगर अकेली बेला बहू के साथ कितने-कितने लोग जुड़ते चले गए। जीवन के बारे में उनको किसने ज्ञान दिया और किसने बताया कि अपने वजूद से बड़ी चीज दुनिया में कोई नहीं है। बेला बहू जिन्दा भी रहीं और आजाद भी, इसी भावना के तहत उन्होंने आनेवाले समय के लिए उम्मीद और अनुराग सँजोकर रखे, भयानक स्थितियों में भी आशा छीजने नहीं दी।

ऐसी बहादुर स्त्री ने जब मुझे फूलों का हार पहनाया तो मैं उनके सामने नतमस्तक हो गई। अब तक न जाने कितने समारोहों में गई थी, कितने समारोहों के फीते काटे हैं और फूलों के हार पहने हैं, लेकिन बेला बहू के स्कूल का अनुभव अनिर्वचनीय, अकथनीय और गूँगे के गुड़-सा रूह पर आज तक तारी है।

यह तसवीर :

स्कूल में बच्चों को प्रवेश कराया गया, तब की है। इन बच्चों की उम्र खास तौर पर आठ साल से लेकर सोलह साल तक रखी गई है। वही बखरी जिसमें शुरुआती दिनों के बीच बेला बहू अपनी टोली के साथ ठहरी थीं, आज स्कूल हो गई। रँगाई-पुताई और नए फर्श की चिकनाई देखते ही बनती है।

मन्दिर के पुजारी महाराज :

पीले वस्त्र और गले में रुद्राक्ष की माला है। माथे पर रोली का लम्बा तिलक, दाढ़ी सफेद, मूँछें भी बर्फ के रंग की। आँखें कोमल। बोले तो वाणी से मिठास झरती थी-

हम निर्बलों के लिए हमदर्दी का एक पाठ तैयार करें तो कुदरती संकटों के समय एकजुटता की जरूरत समझें। स्वार्थ और अहंकार से मुक्त होना आदमी को इनसान बनाता है। लालच के वशीभूत न होकर परोपकार को समझना। अन्धविश्वास हमारी जिन्दगी का सबसे बड़ा रोग है। परम्परा के नाम पर दादाओं और पिताओं के उन पदचिन्हों पर नहीं चलना है जो हमारी शान-शौकत के लिए दूसरे को गर्त में गिरा दें। सामन्ती सोच से ज्यादा मनुष्यता के लिए कोई चीज खतरनाक नहीं। बराबरी से ईश्वर ने सबको पैदा किया है, भेदभाव की बातें उन लोगों ने चलाई हैं जो दूसरों पर क्रूर शासन करना चाहते हैं। इस स्कूल का मकसद बुराई पर अच्छाई की जीत में छिपा है।

बेला बहू का स्कूल बच्चों से हफ्ते में केवल दो दिन माँगता है शनिवार और इतवार के तीन घंटे। बाकी स्कूलों में विद्यार्थी अपनी कक्षा की पढ़ाई करेंगे।

अरे!

यह तसवीर :

यह तो उजाला है। माइक के सामने आकर अनाउंस कर रही थी कि एक बहन आपके सामने आना चाहती है। लोगों ने समझा था, शायद कोई बहू होगी। झिझक रही होगी बोलने में।

इस तसवीर में :

बुरकावाली स्त्री! लोगों ने उसे मुसलमान मान लिया था। वह आई और माइक के सामने खड़े होकर बोली–मैं एक कविता पढ़ना चाहती हूँ। इसके सिवा मुझे कुछ भी कहना नहीं है। मेरा गला भर आए शायद...और उसने अपने ढके चेहरे से कविता सुनाई थी–

उफ् उस कविता की पंक्तियाँ और वह बुरके में ढँकी लड़की! समवेत आह-सी फैल गई थी शामियाने में। मौन ऐसे काबिज हो गया था जैसे अपने किसी प्रियजन का मृत्युशोक...सनाका खाए माहौल की तसवीर मेरे सामने है और आरजू सिंह की दर्द-भरी आवाज आज भी ज्यों-की-त्यों गूँज रही है। शायद इस दृश्य को वहाँ के लोग अखबार में पढ़ी जाने वाली तमाम जलाई और काटी गई औरतों की खबरों की तरह नहीं भूलेंगे। 'बेला बहू का स्कूल' जब-जब दिखाई देगा, उस क्षत-विक्षत चेहरे वाली लड़की, जिसके होंठ गायब हो गए थे, आँखें भीतर धँस गई थीं और चेहरे पर पानी रिसते फफोले थे...को नहीं भूल पाएँगे। वह लम्हा मैं भी कहाँ भूली हूँ, जिसने उत्सव की उल्लासमयी छवि पर कुछ देर के लिए तेजाब छिड़क दिया था।

मुझे बेला बहू की बातें याद आ रही हैं–

''बिन्नू, दिक्कत तो यही है कि बालक के रूप में मर्द खुद को मर्द मानने में

शान समझता है। समझेगा काये नहीं, हम बात-बात पर उसको ललकारते हैं-रोता है लड़कियों की तरह, अरे शर्म कर। तू लड़का होकर झिझकता है? अरे तेरा भाई मर्द बच्चा है, उसकी पहरेदारी कौन करेगा? सुन लड़की, अपने भाई को अपने साथ ले जा, रास्ते में तमाम लफंगे मिलते हैं।

''बिन्नू, लफंगे भी तो लड़के ही होते हैं। उन्हें लफंगे हो जाने की छूट है, खुली छूट। घर में जो कुलदीपक हैं, बाहर लफंगों के रूप में उन्हीं छूटों का फायदा उठाते हैं जो रोजाना घर की औरतों की जुबान पर मचलती रहती हैं और मर्दों के व्यवहार में लागू होती हैं। तेजाब डाल दिया तो क्या बुरा किया? वह हरजाई लड़के को धोखा दे रही होगी। किसी और से याराना जोड़ लिया होगा। अरे ऐसी बातों पर तो औरत की नाक काट लेने की मिसालें हैं, जो परपुरुष से आसनाई करने की इच्छा प्रकट करती है। दलीलें और दलीलें! बस यहीं लाचार है औरत...।''

''बेला बहू, कहते हैं कि भले घरों के लड़के बलात्कार नहीं करते क्योंकि उनको भोजन, स्वास्थ्य और शिक्षा से मरहूम नहीं रखा जाता। अपराध तो संकट का मारा ही करता है, चाहे वह सोलह साल का बच्चा हो।'' जुझार ने सवाल दाग दिया था।

बेला बहू थोड़ी देर चुपचाप रहीं, कुछ सोचती हुई।

''जुझार लला, भूख और मुफलिसी का मारा उम्र से जवानी की तरफ बढ़ता बालक चोरी, उठाईगीरी, जेबकतरी, लूट या झपट मार तो करता देखा है, बलात्कार नहीं करता। बलात्कार जिसे तुम कह रहे हो वह तो खाए-पीए या पेट भरे लोगों का मजा है। यहाँ सब धान सत्ताईस सेर के खाने में नहीं रख पाओगे। हमें बता दो जो एक भी भूखे-प्यासे आदमी ने बलात्कार किया हो। पर यह भेद कोई नहीं तलाशना चाहता कि सोलह-सत्रह की अवस्था का किशोर भले मजदूरी कर रहा था, मगर वह भूख का मारा नहीं था। और न किसी भूख के मारे ने लड़की पर तेजाब फेंका होगा न उसकी हत्या की होगी...''

ऐसा कुछ कहते-कहते बेला बहू का चेहरा लाल पड़ने लगा था। उनके भीतर जरूर ऐसी आग जल रही थी जो तथाकथित समझदारों, न्यायकारियों और घर के सामन्ती माहौल के खिलाफ थी। बेला बहू अपने तजुरबों से कहती रही हैं कि आजकल घर से लेकर स्कूल-कॉलिजों तक की शिक्षा में जहर घुला है। भारत सिंह सरीखे, वीर के पिता जैसे लोग हर घर में, हर स्कूल में, हर कॉलिज में घुसे हुए हैं क्योंकि वे खुद को 'मुखिया' मानते हैं। वे अनुशासन की नहीं, आनन्द की दुनिया ढाल रहे हैं और आनन्द की दुनिया पर अपना कब्जा रखते हैं। अखबारों में टेलीविजन में इन्हीं महापुरुषों की करतूतें दिन में बीसियों बार खुलती हैं, जिनको इनके बच्चे, बच्चों के यार-दोस्त और दोस्तों के दोस्त अपनाने में झिझकते-हिचकते नहीं...।''

बेला बहू ऐसा ही सब कह रही थीं जो मैंने अपनी भाषा में नोट किया।

गहरी साँस लेकर अजय सिंह दाऊ बोले थे, "बिन्नू, हमसे कितने लोगों ने कहा कि राजनीति में आ जाओ। चुनाव में हर हालत में जीत होगी। हमने कह दिया कि भइया हमारी जिन्दगी अब किसी हार-जीत के लिए नहीं है और राजनीति के लिए तो बिलकुल ही नहीं, क्योंकि राजनीति में घुसे लोग जिस तरह हमें गुंडे, बदमाश और व्यभिचारी लगते हैं, उनको हमारा आचरण पचेगा नहीं। हम तो यह मानकर चल रहे हैं कि अत्याचारियों की यह छोटी उम्रवाली पौध जो तैयार हो रही है, उसके लिए खाद-पानी राजनीति ही जुटाती है जहाँ पचासी साल के बूढ़े औरतों को पकड़ते फिरते हैं, उनसे बच्चे पैदा करते हैं और मुकर जाते हैं। सबूत मिलने पर बेशर्म की तरह खीसें निपोरते हैं। जहाँ मन्त्री पद प्राप्त लोग अपनी करतूतों का नतीजा लड़की के गर्भ के रूप में देखते हैं तो या तो उनका गर्भपात कराते हैं या उनकी हत्या का बन्दोबस्त कर देते हैं।

"आजकल समर्थ आदमी वही है जिसके खजाने दौलत से भरे हैं। उसी के पास औरतों और छोटे गरीब लोगों को रिझाने के साधन होते हैं। ये वेश्या और गुलाम पालते हैं बिन्नू, क्योंकि ये खुद को बादशाह से कम नहीं समझते। हाँ, हम यह भी कहेंगे कि बड़ा होता बच्चा भी इनकी ओर लालच से देखता है। इनके भय को ताकत मानता है। और ताकत मर्दानगी की निशानी मानी गई है। या फिर अपने आसपास के किशोरवय लड़कों को आनन्द करते देखकर खुद कुढ़न में उतर जाता है। आनन्द और कुढ़न दोनों ही अपराध के दलदल की ओर जाते हैं। आज का बालक दिशा की तलाश में भटक रहा है, मगर उसे दिशा देनेवाले तो खुद ही आपाधापी की दौड़ में ऐसे मशगूल हैं कि होशोहवास में नहीं..."

बात तेजाबवाली लड़की की चली थी, मुझे याद आया जुझार ने फोन पर इसका जिक्र किया था। कविता वाली बात भी कही थी। याद आया, नाम भी बताया था। प्रसंगवश बेला बहू और दाऊ का वार्तालाप यहाँ आकर जुड़ गया और मैं भूल गई कि दूसरी तसवीर मेरे सामने पड़ी है।

अरे!

इस फोटो में तो वीर है। आज विशेष रूप से निखरकर आया है। आना ही था, उसने इस मंच को मोहब्बत के गीत की गरिमा दी है। उसने यों तो अपना परिचय शिक्षामित्र की हैसियत से दिया था और अपने शानदार वक्तव्य के बीच कई-कई शेर सुनाए थे। उसने बेला बहू की ओर संकेत करके शेर कहा था-

मैं तो अकेला ही चला था ज़ानिबे मंजिल
लोग जुड़ते गए और कारवाँ बनता गया

मैं वीर की प्रतिभा की मुरीद हो उठी थी। उजाला के लिए आज जिन्दगी का

सुनहरा दिन था क्योंकि कितने ही दिन उसने काली अँधेरी भयावनी रातों की तरह काटे हैं।

आज उसी स्याह समय में गर्भ से सूरज निकला है। आत्मविश्वास की ऐसी धूप फैली है कि आत्मा पर चढ़ी सीलन गायब हो गई।

वीर ने कहा था–

"हमारे बहुत-से रिवाज, परम्पराएँ और लोकाचार की रीतियाँ बेरहमी, दर्दनाक और अन्यायपूर्ण आधार पर टिकी हुई हैं, जिसके प्रत्यक्ष-अप्रत्यक्ष शिकार औरतें और वे मजलूम लोग हैं जिनको निचले-से-निचले पायदान पर रखा जाता है। हम इन नाइनसाफियों पर खुद से सवाल करें, इस बात से घबराते हैं। नहीं पूछ पाते कि औरत को प्रेम करने का अधिकार क्यों नहीं है? और यह हक पुरुष को ही क्यों है? अगर वह प्रेम में पहल करती है तो बदचलन मानी जाती है और वह किसी पुरुष के प्रेम को अपने काबिल नहीं मान पाती तो उसे बेवफा, गद्दार और बदचलन कहा जाता है। क्या औरत हर तरह से बदचलन ही पैदा होती है? तेजाबी हथियारों और हत्यारे करिश्मों को जो स्त्री या लड़की पर आजमाता है, उसे हम प्रेमी क्यों कहते हैं? मैं उसे सुअर कहता हूँ और अपने स्कूल के बच्चों को समझाऊँगा कि मनुष्य होकर सुअर बनना कितना घृणास्पद है!"

और!

यह तसवीर...

उजाला माइक पर घोषणा कर रही है।

"अभी-अभी एक बड़ी-सी तसवीर हमने जड़वाई है। उस तसवीर को गाँव के चार-पाँच लोग अपने हाथों से स्कूल के सबसे बड़े कमरे में सामने की दीवार पर लगाएँगे। यह वही तसवीर है जिसकी कविता बड़े कागजों पर छपवाकर आप लोगों में बाँटी जा रही है। आप चाहें तो आप भी इसको जड़वाकर अपने घरों में प्रतिष्ठापित कर लें। हम भी यही चाहते हैं।"

हाँ, यह फोटो उसी समय का तो है। सरपंच ही नहीं, कई-कई किसानों ने इस तसवीर का स्पर्श किया। बारी-बारी कितने ही लोग आए जिन्होंने फ्रेम की मजबूती और शीशे की पारदर्शिता का अवलोकन किया।

पुजारी महाराज ने कविता को तेजी से पढ़ने का उपक्रम करते हुए कहा, यही हमारे किसान माता-पिताओं के लिए गीता है क्योंकि यह ऐसे पिता की अभिलाषा है, जिससे सारे माता-पिता और उनके बच्चों का भविष्य निर्माण जुड़ता है।

मुझे याद है–

वह कविता के रूप में इबारत है। अब्राहम लिंकन के मशहूर 'प्रधानाध्यापक के नाम पत्र' का हिन्दी में अनुवाद। हम सब के लिए अनुपम भेंट! बसन्त वापट ने

हिन्दी में हमें उपहार दिया है, बेटों-बेटियों के लिए!

'अब्राहम लिंकन लिखते हैं'–इसी वाक्य के साथ कविता को जड़वाया गया।

गुरु जी!
सभी आदमी न्यायप्रिय नहीं होते। नहीं होते सभी सत्यनिष्ठ
मेरा बेटा सीखेगा यह कभी-न-कभी।
मगर उसे यह भी सिखाइए। दुनिया में हर बदमाश की तरह
होता है एक साधुचरित पुरुषोत्तम भी।
स्वार्थी राजनेता होते हैं दुनिया में जैसे होते हैं उसी तरह,
पूरी जिन्दगी निछावर करनेवाले नेता भी।

मैं जानता हूँ/ पूरी बातें झटपट सीखते नहीं बनतीं
फिर भी हो सके तो उसके मन में जमाइए,
पसीना बहाकर कमाया हुआ एक पैसा तक
फोकट में मिले हंडे से ज्यादा मूल्यवान है

सिखाइए उसे कैसे झेलते हैं हार और सिखाइए जीत की खुशी को संयम से
मनाए अगर आप में ताकत हो तो,
उसे ईर्ष्या द्वेष से दूर रहना सिखाइए।
सिखाइए उसे अपना हर्ष संयम से दिखाए...
कहना, गुंडों से डर मत जाना क्योंकि उनको झुकाना सबसे आसान होता है।

जितना बन पड़े दिखाया कीजिए उसे, पुस्तक भंडार का अद्‌भुत वैभव
पर साथ ही दीजिए उसके जी को जरा फुरसत,
कि सृष्टि की सनातन सुन्दरता महसूस कर पाए।
चिड़ियों की गगन उड़ान...सुनहरी धूप में मँडराते भँवरे...
और हरी-भरी पहाड़ी की ढलान पर / झूमते नन्हे-नन्हे फूल।

पाठशाला में उसको सबक मिले : बेईमानी से पाई सफलता से
सीधे-सीधे टकराई विफलता श्रेयस्कर है।

यह भी सिखाइए कि अपने खयाल, अपनी सूझ-बूझ पर
पक्का विश्वास रखे वह, भले ही सब लोग उसे गलत ठहराएँ।
वह भले के साथ भलाई बरते और टेढ़ों के सबक सिखाए।

अगर मेरे बेटे के दिमाग में जमाते बने तो देखिए :
विजय के झंडे के नीचे खड़े होने को दौड़ती भीड़ में
शामिल होने का साहस न जुटाये।
और यह भी समझाइए उसे कि सुने सबकी, हर एक की...
पर छान ले उसे सत्य की छलनी में, और छिलका फेंककर
ग्रहण करे विशुद्ध सार।
बन पड़े तो उतारिए उसके मन में / हँसते रहो दुख दबाकर।
कहिए कि आँसू बहाते शरमाए नहीं वह...सिखाइए उसे,
ओछेपन को ओछा मानना और चाटुकारी से सावधान रहना।

उसे पक्की पूरी तरह समझाइए कि खूब कमाई करे ताकत और अक्ल की लागत से
लेकिन कभी भी न बेचे अपना हृदय अपनी आत्मा।
धिक्कारती हुई आती है भीड़ अगर तो अनदेखा करना सिखाइए उसे,
और लिखिए उसके हृदय पर, जो सत्य जान पड़े, न्यायोचित लगे,
उसकी खातिर धरती में गड़ाकर पाँव लड़ता रहे।

उसे ममता दीजिए मगर, लाड़ करके मत बिगाड़िए।
आग में जल तपकर निकले बिना लोहा मजबूत फौलाद नहीं बनता।
उसे आदत डालिए कि अधीर होने से धीरज सँजोए
और धीरज से काम ले वह,
अगर दिखानी हो बहादुरी, हमें विश्वास चाहिए, स्वयं का मजबूत,
तभी आएगी उदात्त श्रद्धा मनुष्य के प्रति।

क्षमा कीजिए गुरु जी! मैं बहुत बोल रहा हूँ,
बहुत कुछ माँग रहा हूँ...
फिर भी देखिए...जितना बन सके करिए जरूर।

मेरा बेटा बहुत प्यारा बच्चा है भाई!

सारी तसवीरों की एक तसवीर 'बेला बहू का स्कूल'!

मैं अपनी कलम के जरिए कथाओं से निकली नई कथा का कैसा चित्र खींच पाई खुद नहीं जानती। क्या यह चित्र उतना ही जीवन्त है जितने कि कथा-पात्र रहे

हैं? जानती हूँ बस इतना कि जिस अज्ञात शक्ति ने मेरे हाथ में यह लेखनी थमा दी, उसी ने अभिव्यक्त करने की सम्भावना बख्शी है कि मैं बेला बहू की संघर्षगाथा को पन्नों पर रच सकी। मुझे पन्ने दिखाई देते हैं या वह रक्तरंजित धरती जिस पर बेला नाम की स्त्री दरिन्दों द्वारा क्षत-विक्षत किए गए शरीरवाली उजाला को सीने से लगाए हुए खूनी तालाब से पार होने की अथक कोशिश में लगी है। कराहती है भारतमाता...अपनी कटी-जली बेटियों को आगोश में समेटती हुई...पुकारती है, दाऊ, जुझार, बसन्ती और वीर के साथ सिरोधन उँटेरे को..इस पुकार में वे कैसे स्वर शब्द होंगे जो पाठकों का हृदय छू लें...बेला बहू की टोली की सदस्य के रूप में बिन्नू की भूमिका बस इतनी सी है।

●●●